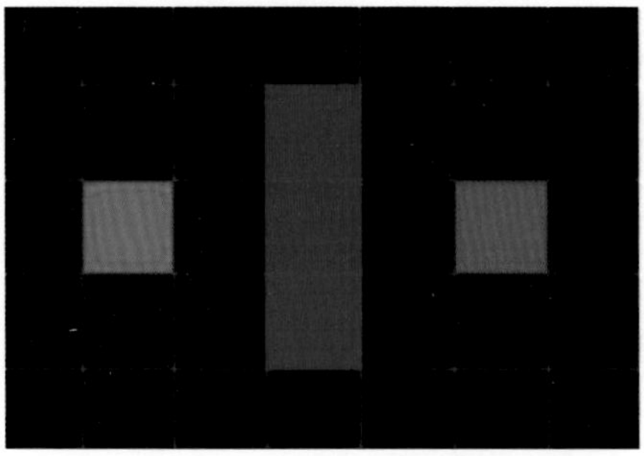

图 3-19　路径搜索地图

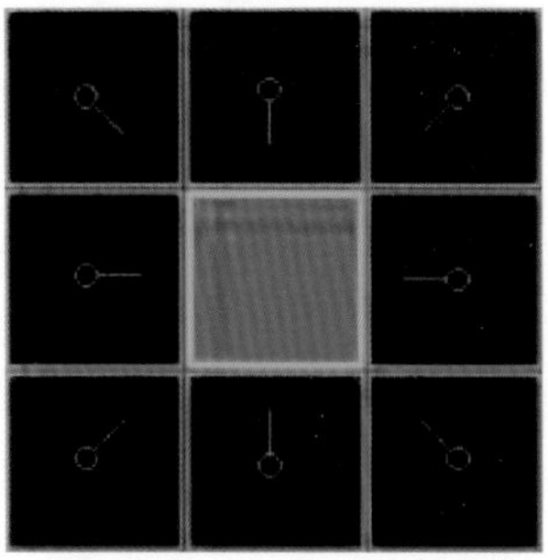

图 3-20　起点 *A* 及其相邻方格

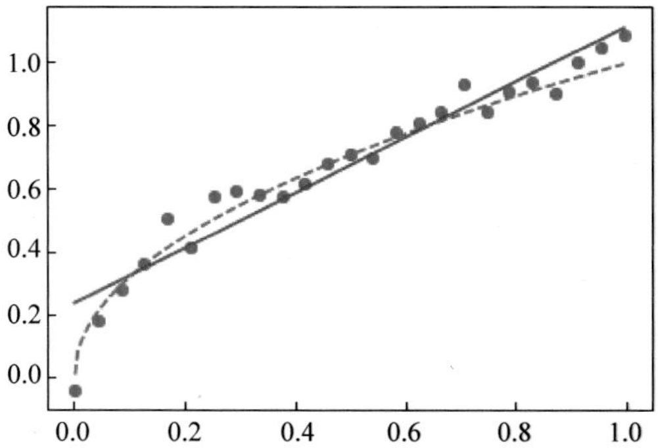

图 10-1　简单线性回归

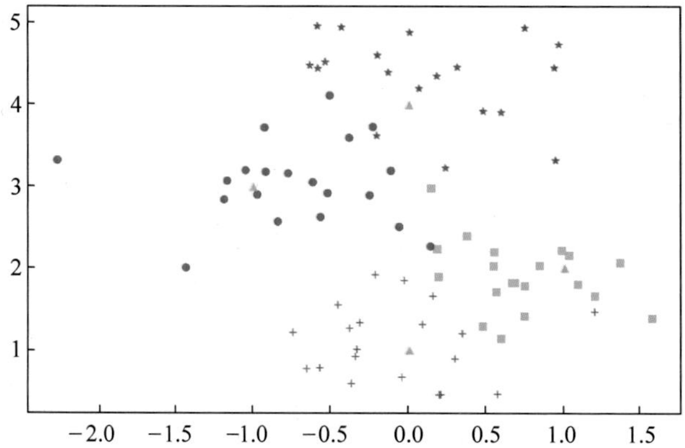

图 11-1　已标记的训练数据集

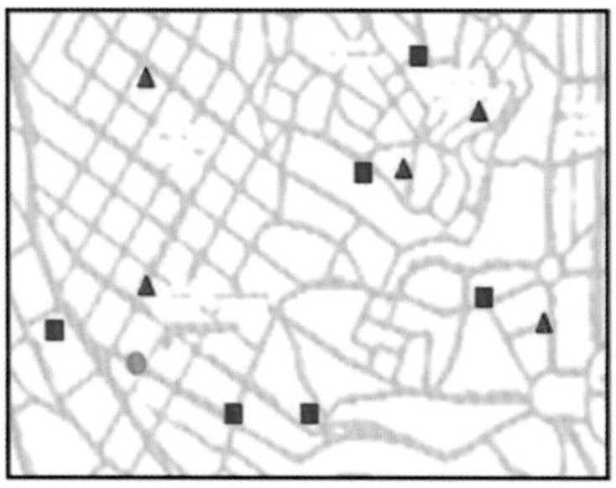

图 11-7　小镇地图

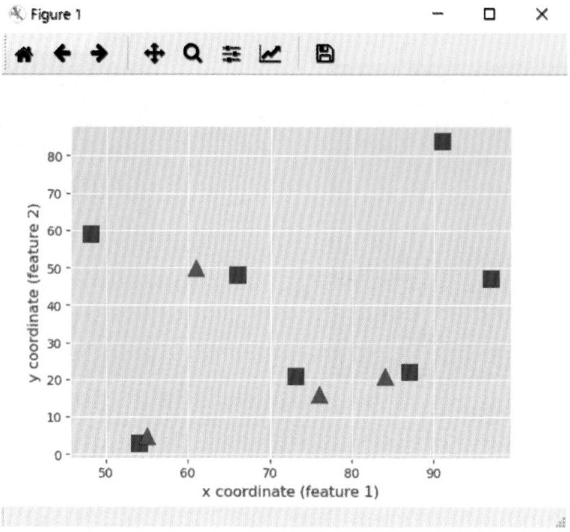

图 11-8　训练数据集的可视化

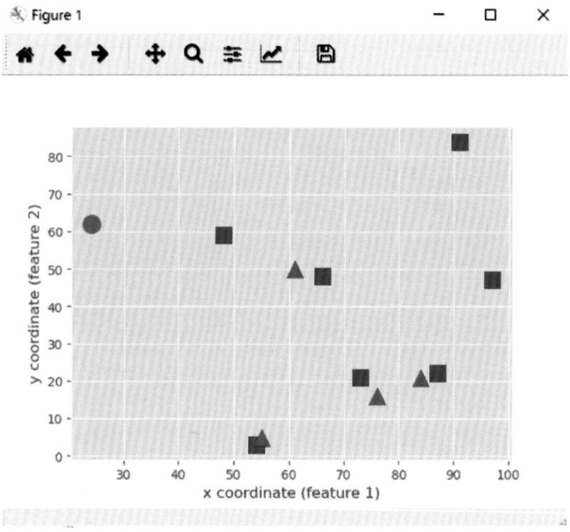

图 11-9　加上待定的新数据点的整个训练数据集

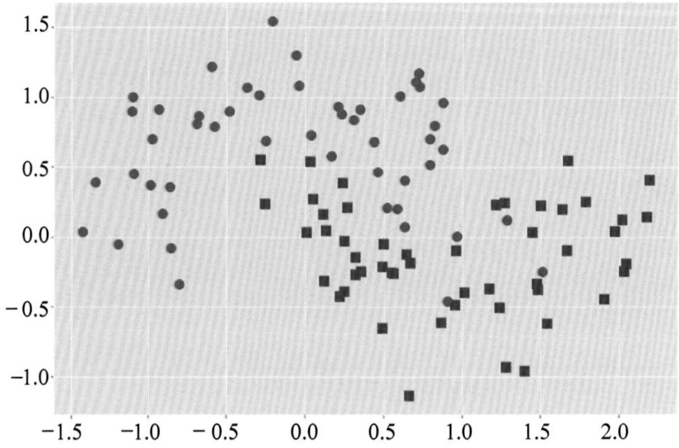

图 16-1　卫星数据集的最终效果

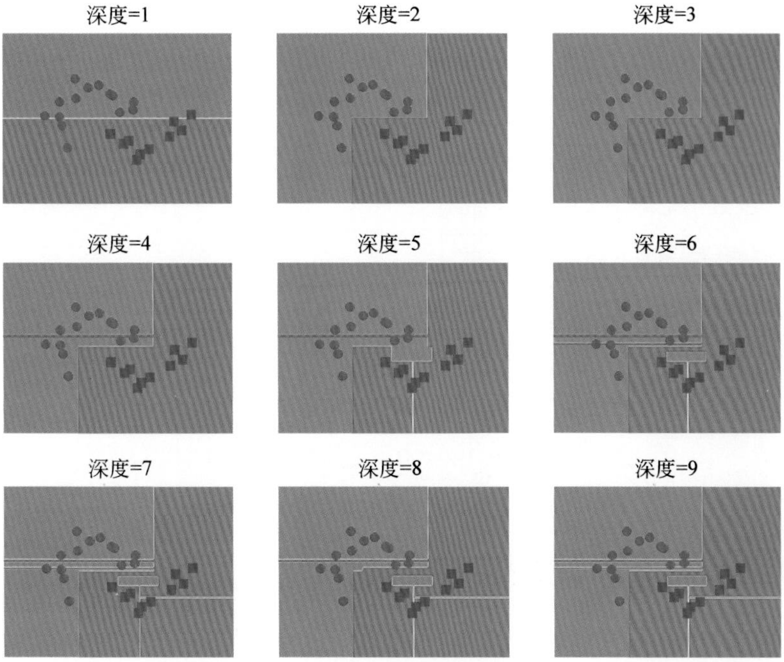

图 16-2　不同深度决策树的决策边界

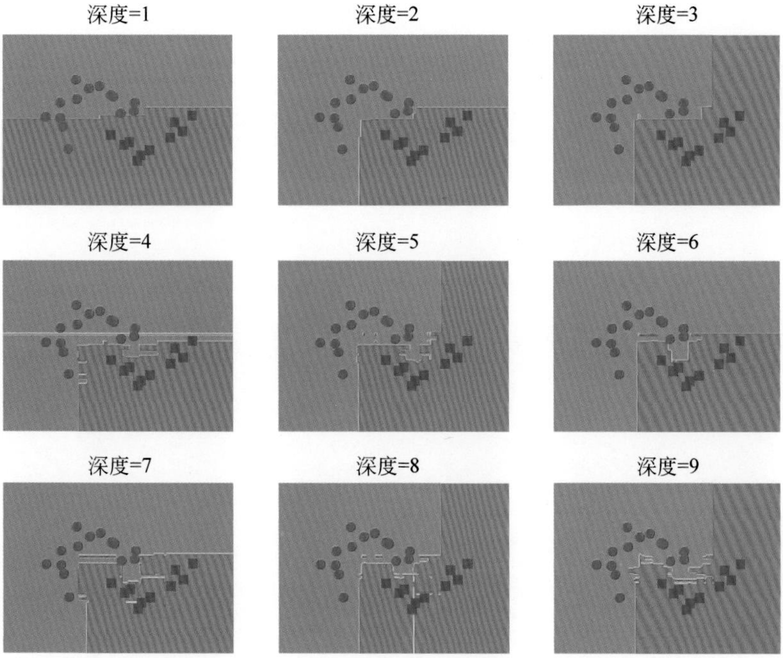

图 16-4　随机森林的决策边界

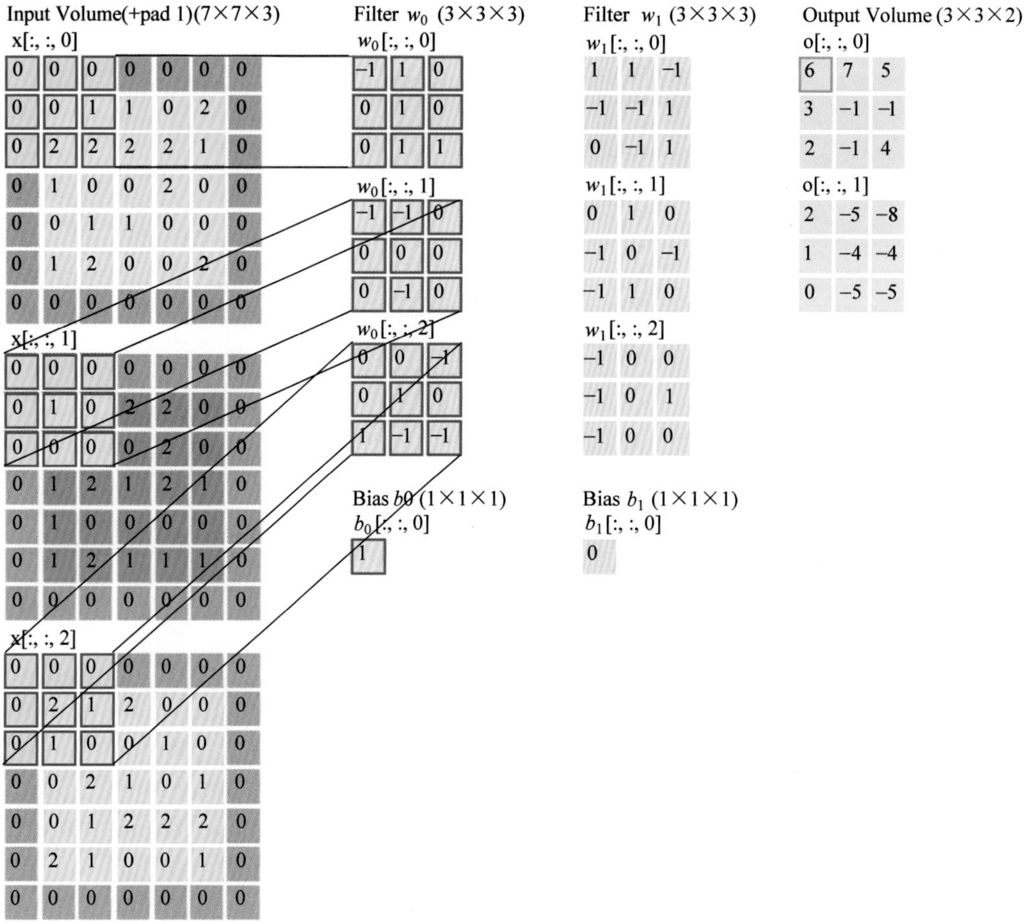

图 20-20 卷积神经网络的卷积计算实例

工业人工智能

Industrial Artificial Intelligence

蔡红霞　周传宏　编著

清華大學出版社
北京

内 容 简 介

人工智能包括问题求解与搜索、知识表示与推理，机器学习等。工业人工智能利用人工智能技术解决工业领域的生产工程优化，异常检测，决策建议等。读者通过学习本书，能够掌握人工智能的基本内容，了解人工智能技术在工业领域的应用场景，为进一步学习与研究人工智能技术在工业领域的应用奠定基础。

全书共6篇，分为20章，分别为工业人工智能概述及软件工具应用介绍；搜索与求解、知识与知识表示、确定性推理方法、不确定性推理方法、专家系统；进化算法及其应用；机器学习概论、基于简单线性回归的机器学习理论基础、*k*-近邻算法、数据表示与特征工程、多元线性回归、逻辑回归、决策树、集合算法、支持向量机、朴素贝叶斯算法、*k*-均值算法、人工神经网络。

本书通过项目导引引发学生学习，集人工智能知识讲授和人工智能技术在工业领域应用项目实践于一体，适合机械、自动化、电气、电子信息等非计算机专业本科生、研究生学习，也可供希望应用人工智能技术解决工业领域工程问题的研究人员与工程人员学习参考。

图书在版编目（CIP）数据

工业人工智能/蔡红霞，周传宏编著. —北京：清华大学出版社，2023.5（2025.3重印）
ISBN 978-7-302-63205-4

Ⅰ. ①工… Ⅱ. ①蔡… ②周… Ⅲ. ①人工智能—应用—制造工业—研究 Ⅳ. ①F407.4-39

中国国家版本馆CIP数据核字（2023）第052479号

责任编辑：刘 杨
封面设计：钟 达
责任校对：欧 洋
责任印制：宋 林

出版发行：清华大学出版社
网 址：https://www tup com cn，https://www wqxuetang com
地 址：北京清华大学学研大厦A座 **邮 编**：100084
社 总 机：010-83470000 **邮 购**：010-62786544
投稿与读者服务：010-62776969，c-service@tup.tsinghua.edu.cn
质量反馈：010-62772015，zhiliang@tup.tsinghua.edu.cn
印 装 者：三河市龙大印装有限公司
经 销：全国新华书店
开 本：185mm×260mm **印 张**：20.75 **插 页**：2 **字 数**：506千字
版 次：2023年6月第1版 **印 次**：2025年3月第2次印刷
定 价：59.00元

产品编号：095353-01

前言

人工智能(artificial intelligence)作为研究机器智能和智能机器的一门综合性学科，备受人们的重视和关注，其意义已远远超出计算机学科的范畴。

人工智能在20世纪50年代作为一门新兴学科正式提出。一直以来，使计算机能够模拟人的思维和行为，是人工智能研究人员的不懈追求。虽然人工智能的发展道路崎岖不平，但是在一代代研究人员的推动下，如今已经迎来人工智能的第三次高潮。人工智能的迅猛发展给工业发展带来了新的前景，两者的深度融合形成了智能制造。

本书也是顺应这一时代潮流而生。相比于市面上的多数人工智能相关书籍，本书聚焦于人工智能在工业领域中的应用。为了紧跟科技发展而不与工业实践脱轨，笔者根据自身多年的教学经验与科研实践，从工业人工智能应用的实例中提炼出数个典型项目，分别附在每一篇开篇作为篇章学习的导引。读者在开始每一篇的正式学习之前，可以阅读开篇的项目背景，带着问题开始学习。在学习过程中通过项目导引，思考如何用所学的内容解决工业场景中列出的问题。整个学习过程中以人工智能知识为明线，以工业项目为暗线，知行合一，学以致用，力图改变当下高校中重理论轻实践的教学现象。

本书集系统知识讲授和项目提升于一体，全面讲授了人工智能领域的系统知识，并且通过项目讲解让读者掌握如何应用人工智能知识解决工业领域问题。

全书共6篇，每篇首先列出学习目标，辅以知识导图，项目导引用于帮助读者带着问题学习，然后是正文知识，最后是小结，并附以习题。

本书参考了国内外许多较新的同类教材和教辅资料及习题解答，力图保持新颖性和实用性，强调基本概念和基本观点，注重理论和实际相结合。

本书是集体智慧的结晶，全书由上海大学蔡红霞、周传宏编著，蔡红霞负责1～8章，周传宏负责9～19章，上海海洋大学曹守启参与编写第20章。荣志强、卞蕴琦、王成、叶秋成、汪伟龙、陈熙、马传齐、陈远等同学为本书的编写做出了重要贡献，上海大学终身教授方明伦为本书出版提供了大力支持，本书的出版得到了上海市海洋人工智能协同创新中心的资助，在此表示衷心的感谢。

由于作者水平有限，书中的疏漏在所难免，敬请广大读者批评指正。

作　者

2022年10月

目录

第1篇　绪论

第2篇　人工智能软件工具

第3篇　搜索求解

第4篇　知识表示、推理及专家系统

第6篇　机器学习与神经网络

第1篇

绪 论

学习目标

- 了解人工智能的定义及对人工智能的不同观点
- 了解人工智能的发展历程，了解人工智能的发展方向
- 掌握人工智能的研究目标，了解人工智能的主要研究内容及研究领域和实际应用
- 了解工业人工智能的含义
- 了解工业场景下的人工智能技术应用
- 了解常用的工业人工智能算法

知识导图及项目导引

知识导图

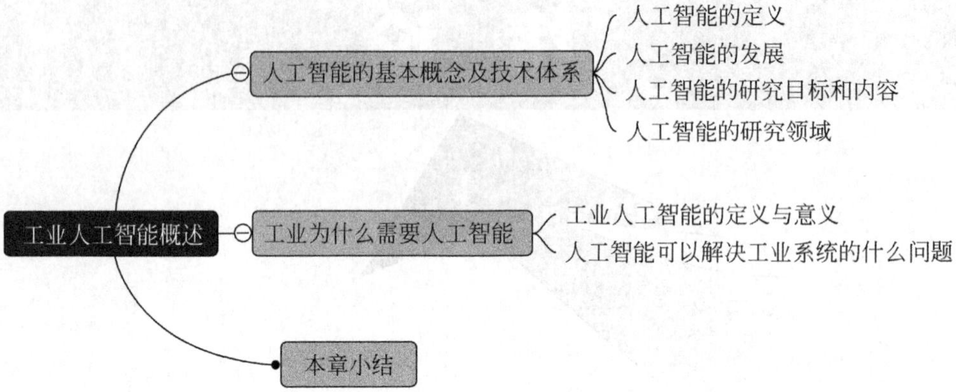

项目导引

项目背景：无人化蔬果包装工厂欲实现蔬果的自动化分类与包装，该工厂现储存各种蔬果。各种类型的蔬果在仓库中混合在一起，需要带有传感器的传送带根据检测到的蔬果的特征对蔬果进行分类包装。例如，根据传感器检测的外表形状、质量大小、颜色、表皮光滑度等，利用人工智能算法根据特征判断属于什么果蔬，然后分别传送到指定的包装区域，由包装机械实现全自动化包装。

工业场景：假设在传送机上有两种水果：苹果和橙子。传感器会识别形状、质量、表面纹理特征，把特征及目标分别作为人工智能算法（如神经网络）的输入及输出进行训练。算法模型便会从中学习到特征与目标值之间的关系，当新的水果出现且它的特征符合算法模型学习到的关系时，模型就能够判断出水果类别。

项目要求：无人化蔬果包装工厂欲实现蔬果的自动化分类与包装，理解如何根据传感器获取水果形状、质量、表面纹理 3 个特征，利用人工智能实现苹果和橙子的分类任务。

第1章 工业人工智能概述

1.1 人工智能的基本概念及技术体系

人工智能学科自 1956 年诞生以来获得了很大的发展，已成为一门具有日臻完善的理论基础、日益广泛的应用领域，集计算机科学、控制论、信息论、神经学、心理学、哲学、语言学等多种学科研究为一体的一门综合性很强的交叉学科，并在近年来出现一波开发和应用人工智能的新热潮。

现在人工智能已不再是少数科学家的专利，几乎全世界所有大学的计算机院系都在研究这门学科，计算机院系的大学生也必须学习这门课程，许多非计算机专业的学生每天也都会与人工智能技术打交道。

人工智能是对人的意识、思维的信息过程的模拟。人工智能不是人的智能，但是能像人那样思考，甚至也可能超过人的智能。人工智能企图了解智能的实质，并生产出一种新的能以与人类智能相似的方式做出反应的智能机器。自诞生以来，人工智能的理论和技术日益成熟，应用领域也不断扩大，可以预期，人工智能所带来的科技产品将会是人类智慧的"容器"。因此，人工智能是一门极富挑战性的学科。

到底什么是人工智能，如何理解人工智能，人工智能研究什么，人工智能的理论基础是什么，人工智能如何在工业领域中得到应用，都将是人工智能学科或人工智能课程需要研究和回答的问题。下面将对这些问题逐一展开讨论。

1.1.1 人工智能的定义

早在 2004 年，好莱坞大片《我，机器人》的上映就已经让人们体会到人工智能的强大。到了 2016 年，阿尔法狗与李世石的人机"世纪大战"再一次将人工智能推向了各大媒体的头条位置。人工智能已经从只有科学家才会讨论的问题，变成了大街小巷饭后的谈资。那么，人工智能究竟是什么呢？顾名思义，人工智能就是通过人类的思想赋予机器智慧和能力。

人工智能的理解可以分为两部分，即"人工"和"智能"。"人工"即人造的、人为的，如人工湖、人工降雨、人工心脏、人工关节等。所谓"智能"，从感觉到记忆这一过程，称为"智慧"，智慧的结果就产生了行为和语言,将行为和语言的表达过程称为“能力”,两者合称“智能”,将感觉、记忆、回忆、思维、语言、行为的整个过程称为智能过程,它是智力和能力的表现。

尼尔斯·约翰·尼尔逊(Nils John Nilsson)教授对人工智能下了一个这样的定义:“人工智能是关于知识的学科——怎样表示知识以及怎样获得知识并使用知识的科学。”而帕特里克·温斯顿(Patrick Winston)教授认为:“人工智能就是研究如何使计算机去做过去只有人才能做的智能工作。”这些说法反映了人工智能学科的基本思想和基本内容。人工智能是一门研究如何构造智能机器人(智能计算机)或智能系统,使它能模拟、延伸、扩展人类智慧的学科。通俗地说,人工智能就是要研究如何使机器具有能听、会说、能看、会写、能思维、会学习、能适应环境变化、能解决各种面临的实际问题等功能的一门学科。

不同的学科和科学背景的学者对人工智能有不同的理解,提出了不同的观点,并且形成了不同的学派。

(1) 符号主义(symboliceism),又称为逻辑主义、心理学派或计算机学派,其原理主要为物理符号系统假设和有限合理性原理。符号主义认为:人工智能源于数理逻辑。数理逻辑从 19 世纪末起就迅速发展,到 20 世纪 30 年代开始用于描述智能行为。20 世纪中叶,计算机出现后,又在计算机上实现了逻辑系统。正是这些符号主义者,早在 1956 年率先采用人工智能这个术语。后来又发展了启发式算法专家系统知识工程理论与技术,并在 20 世纪 80 年代取得很大发展。符号主义曾长期一枝独秀,为人工智能的发展做出重要贡献,尤其是专家系统的成功开发与应用,对人工智能走向工程应用和实现理论联系实际具有特别重要的意义。在人工智能的其他学派出现之后,符号主义仍然是人工智能的主流学派。这个学派的代表有艾伦·纽厄尔(Allen Newell)、赫伯特·西蒙(Herbert Simon)和尼尔逊等。

(2) 连接主义(connectionism),又称为仿生学派或生理学派,其原理主要为神经网络及神经网络间的连接机制与学习算法。连接主义认为:人工智能源于仿生学,特别是人脑模型的研究。它的代表性成果是 1943 年由生理学家沃伦·麦卡洛克(Warren McCulloch)和数理逻辑学家沃尔特·皮茨(Walter Pitts)创立的脑模型,即 MP 模型。20 世纪 60—70 年代,连接主义,尤其是对以感知机(perceptron)为代表的脑模型的研究曾出现过热潮,由于当时的理论模型、生物原型和技术条件的限制,脑模型研究在 20 世纪 70 年代后期至 80 年代初期陷入低潮。直到约翰·霍普菲尔德(John Hopfield)教授在 1982 年和 1984 年发表两篇重要论文,提出用硬件模拟神经网络后,连接主义又重新活跃。1986 年大卫·鲁梅尔哈特(David Rumelhart)等人提出多层网络中的反向传播(back propagation,BP)算法。此后,连接主义势头大振,从模型到算法,从理论分析到工程实现,为神经网络计算机走向市场打下了基础。现在,对神经网络的研究热情有增无减。

(3) 行为主义(actionism),又称为进化主义或控制论学派,其原理为控制论及感知动作型控制系统。该学派认为人工智能源于控制论;认为智能行为无须知识、表示及推理,是在主体与外部环境相互作用的基础上完成的,通过对环境反馈的自主感知做出相应的行为。从进化的角度理解行为主义,生命体在进化过程中不断变异,环境会对这些变异进行选择,淘汰不适应环境的变异,让更适应环境的变异繁衍下去。遗传算法便是基于此思想的经典算法。行为主义模拟动物的行为,在大脑不主动干预的情况下,依靠四肢和关节的协调针对环境的变化进行变化。行为主义将智能看作是有机体适应环境变化的各种反应的组合,是一种通过较低层认识来形成较高层认识的模式。行为主义需要不同的行为模块与环境交互，例如，通过视觉模块（如眼睛）可以看见环境中变化的图像，通过听觉模块（如耳朵）可以感受环境声音等，通过不同的模块可以观察环境特征，并产生复杂的应对行为，从而自下而上地通过“感知—行动”的方式实现智能。

三大流派的方法各有所长，符号主义擅长知识推理，连接主义擅长技能建模，行为主义擅长行动感知。三大流派中的算法也各有优劣，通过相互融合，可以取长补短，获得更高级的智能表现，例如，模糊逻辑算法与遗传神经网络等，通过不同算法的融合获得了比原来算法更好的性能。事实上，三大流派并非真的泾渭分明，例如，符号主义在连接主义方案中仍然大量存在，“人机接口”更是行为主义与连接主义相互融合的典型例子。从当下发展现实来看，人工智能若想要在“身体-心智-世界”交织关系中对人类心智进行整体性关系框架的模拟，符号主义、连接主义、行为主义三者的融合发展是未来发展的趋势所在。

1.1.2 人工智能的发展

人工智能的探索道路充满未知、曲折起伏。我们将人工智能的发展历程划分为以下 6 个阶段。

(1) 起步发展期：1956 年至 20 世纪 60 年代初。人工智能概念提出后，相继取得了一批令人瞩目的研究成果，如机器定理证明、跳棋程序等，掀起人工智能发展的第一个高潮。

(2) 反思发展期：20 世纪 60 年代至 70 年代初。人工智能发展初期的突破性进展大大提升了人们对人工智能的期望，人们开始尝试更具挑战性的任务，并提出了一些不切实际的研发目标。然而，接二连三的失败和预期目标的落空（例如，无法用机器证明两个连续函数之和还是连续函数、机器翻译闹出笑话等），使人工智能的发展进入低谷。

(3) 应用发展期：20 世纪 70 年代初至 80 年代中期。20 世纪 70 年代出现的专家系统模拟人类专家的知识和经验解决特定领域的问题，实现了人工智能从理论研究走向实际应用、从一般推理策略探讨转向运用专门知识的重大突破。专家系统在医疗、化学、地质等领域成功应用，推动人工智能走入应用发展的新高潮。

(4) 低迷发展期：20 世纪 80 年代中期至 90 年代中期。随着人工智能的应用规模不断扩大，专家系统存在的应用领域狭窄、缺乏常识性知识、知识获取困难、推理方法单一、缺乏分布式功能、难以与现有数据库兼容等问题逐渐暴露出来。

(5) 稳步发展期：20 世纪 90 年代中期至 2010 年。由于网络技术特别是互联网技术的发展，加速了人工智能的创新研究，促使人工智能技术进一步走向实用化。1997 年国际商业机器公司（International Business Machines，IBM）深蓝超级计算机战胜了国际象棋世界冠军加里·卡斯帕罗夫（Garry Kasparow）；2008 年 IBM 提出“智慧地球”的概念。以上都是这一时期的标志性事件。

(6) 蓬勃发展期：2011 年至今。随着大数据、云计算、互联网、物联网等信息技术的发展，泛在感知数据和图形处理器等计算平台推动以深度神经网络为代表的人工智能技术飞速发展，大幅跨越了科学与应用之间的“技术鸿沟”，如图像分类、语音识别、知识问答、人机对弈、无人驾驶等人工智能技术实现了从“不能用、不好用”到“可以用”的技术突破，迎来爆发式增长的新高潮。

1.1.3 人工智能的研究目标和内容

人工智能的一般研究目标为：更好地理解人类智能，通过编写程序来模仿和检验有关人类智能的理论，创造有用的灵巧程序，该程序能够执行一般需要人类专家才能实现的任务。

人工智能研究的根本目标为：用人工的方法和技术开发智能机器或智能系统，模仿、延伸和扩展人的智能，实现机器的智能行为，达到甚至超过人类智能的水平。

人工智能的研究目标又可分为近期研究目标的远期研究目标两种。

人工智能的近期研究目标是建造智能计算机以代替人类的某些智力活动，使它不仅能够进行一般的数值计算和非数值信息的数据处理，而且能够使用知识和计算智能，模拟人类的部分智力功能，解决传统方法无法处理的问题。通俗地说，近期目标的中心任务是研究如何让计算机去做那些过去只有靠人才能完成的工作。主要研究依赖现有的计算机去模拟人类某些智力行为的基本理论、基本方法。

人工智能的远期研究目标是用自动机模仿人类的思维活动和智力功能。也就是说，是要建造能够实现人类思维活动和智力功能的智能系统。探讨智能的基本机理，研究如何利用自动机去模拟人的某些思维过程和智能行为，甚至做得比人还要好。

对于人工智能研究目标，还有一些比较具体的提法，例如，爱德华·费根鲍姆（Edward·Feigenbaum）提出人工智能研究的9个"最终目标"，包括深入理解人类认知过程、实现有效的智能自动化、实现有效的智能扩展、建造超人程序、实现通用问题求解、实现自然语言理解、自主执行任务、自学习与自编程、实现大规模文本数据的存储和处理技术。例如，所罗门诺夫（Solomonoff）给出人工智能的3个主要研究目标，即有效的智能行为理论分析、解释人类智能、构造智能的人工制品。

人工智能的研究内容包括以下6个方面。

1. 认知建模

浩斯顿（Houston）等把认知归纳为如下5种类型：

(1) 信息处理过程；

(2) 心理上的符号运算；

(3) 问题求解；

(4) 思维；

(5) 诸如知觉、记忆、思考、判断、推理、学习、想象、问题求解、概念形成和语言使用等关联活动。

人类的认知过程是非常复杂的。作为研究人类感知和思维信息处理过程的一门学科，认知科学就是要说明人类在认知过程中是如何进行信息加工的。认知科学是人工智能的重要理论基础，涉及非常广泛的研究课题。除了浩斯顿提出的知觉、记忆、思考、学习、语言、想象、创造、注意和问题求解等关联活动，还会受到环境、社会和文化背景等方面的影响。人工智能不仅要研究逻辑思维，还要深入研究形象思维和灵感思维，使人工智能具有更坚实的理论基础，为智能系统的开发提供新思想和新途径。

2. 知识表示

从一般意义上讲，所谓知识表示是为描述世界所作的一组约定，是知识的符号化、形式化、模型化。各种不同的知识表示方法，是各种不同的形式化的知识模型。

正如我们可以用不同的方式来描述同一事物，对于同一表示模式的知识，我们也可以采用不同的表示方法。但是在解决某一问题时，不同的表示方法可能产生完全不同的效果。因此，为了有效地解决问题，必须选择一种良好的表示方法。所以，知识表示问题向来就是人工智能和认识科学中最热门的研究课题之一。

经过国内外学者的共同努力，目前已经有许多知识表示方法得到了深入的研究，目前使用较多的知识表示方法主要有：谓词逻辑表示法、产生式表示法、框架表示法、语义网络表示法、面向对象表示法、基于本体的知识表示法等。

一般来说，根据领域知识的特点，选择一种恰当的知识表示方法就可以较好地解决问题，但是，现实世界的复杂性导致很难用单一的知识表示方法进行准确的表达，因此许多学者采用了多种形式的混合知识表示方法，从而提高了知识表示的准确性以及推理效率。

3. 机器感知

所谓机器感知就是使机器具有类似于人的感知能力，其中以机器视觉和机器听觉为主。机器视觉是让机器能够识别并理解文字、图像、物景等；机器听觉是让机器能识别并理解语言、声响等。

机器感知不仅是对人类感知的模拟，也是对人类感知的延伸。因为人的感知能力是有限的，例如，人类对声音的感知只能限于一定的声波频率范围。在这一点上，人的感觉灵敏度不如昆虫，若计算机实现感知能力，其能力必将超过人类。

4. 机器思维

机器思维指对通过感知得来的外部信息及机器内部的各种工作信息进行有目的的处理。与人的智能是来自大脑的思维活动一样，机器智能也主要是通过机器思维来实现的。因此，机器思维是人工智能研究中最重要、最关键的部分。研究机器思维是为了使机器能模拟人类的思维活动，使它可以像人那样进行逻辑思维，也可以进行形象思维。

机器思维有如下特点：

(1) 包含意义不明确或不确定信息的各种复杂情况的集成；

(2) 主动获取必要的信息和知识，通过归纳学习范化知识；

(3) 系统本身能适应用户和环境的变化；

(4) 根据处理对象系统进行自组织；

(5) 容错处理能力。

5. 机器学习

机器学习的定义可以总结为：机器学习是一个计算机程序，针对某个特定的任务，从经验中学习，并且越做越好。机器学习中最重要的两个部分是数据和模型。

(1) 数据：经验最终要转换为计算机能理解的数据，这样计算机才能从经验中学习，因此数据是机器学习的基石，谁掌握的数据量大、质量高，谁就占据了机器学习和人工智能领域最有利的资本。

(2) 模型：有了数据之后，可以设计一个模型，让数据作为输入来训练这个模型。经过训练的模型,最终就成了机器学习的核心。当输入一个新事件时,一个经过良好训练的模型,会做出适当的反应,产生优质的输出。

6. 机器行为

机器行为既是智能机器作用于外界环境的主要途径,也是智能机器的重要组成部分,机器行为主要研究智能控制和智能制造。

(1) 智能控制:指无须或需要尽可能少的人工干预,就能独立地驱动智能机器,实现其目标的控制过程。它是一种把人工智能技术与传统自动控制技术相结合,研制智能控制系统的方法和技术。

(2) 智能制造:智能制造指以计算机为核心,集成有关技术,以取代、延伸与强化有关专门人才在制造中的相关智能活动所形成、发展乃至创新了的制造。智能制造中所采用的技术称为智能制造技术,它指在制造系统和制造过程的各个环节中,通过计算机来模拟人类专家的制造智能活动,并与制造环境中人的智能进行柔性集成与交互的各种制造技术的总称。智能制造技术主要包括机器智能的实现技术、人工智能与机器智能的融合技术及多智能源的集成技术。

1.1.4 人工智能的研究领域

在人工智能中,传统的研究领域包括自然语言处理、自动定理证明、自动程序设计、智能检索、智能调度与指挥、机器学习、机器人学、专家系统、智能控制、模式识别、机器视觉、自然语言理解、神经网络、机器博弈、分布式智能、计算智能、问题求解、人工生命、人工智能程序设计语言等。随着人工智能研究的发展和计算机网络技术的广泛应用,人工智能技术已经在越来越多的领域迅速发展。

1. 问题求解与博弈

如下棋、打牌等一类竞技性的智能活动称为博弈。人工智能的第一个成就就是发展了能够求解难题的下棋程序。在下棋程序中应用的某些技术,如向前看几步,并把困难的问题分成一些比较容易的子问题,发展成为搜索和问题消解这样的人工智能基本技术。今天的计算机程序能够下锦标赛水平的各种方盘棋、十五子棋、中国象棋和国际象棋,并取得战胜世界冠军的成绩。另一种问题求解程序把各种数学公式符号汇编在一起,使其性能达到很高的水平,并正为许多科学家和工程师所应用。有些程序甚至还能用经验来改善其性能。

如前所述,这个问题中一个未解决的问题包括人类棋手具有的但尚不能明确表达的能力,如国际象棋大师洞察棋局的能力。另一个未解决的问题涉及问题的原概念,在人工智能中称作问题表示的选择。人们常常能够找到某种思考问题的方法从而使求解变得比较容易,进而解决该问题。到目前为止,人工智能程序已经知道如何考虑它们要解决的问题,即搜索解答空间,寻找较优的解答。

2. 自动定理证明

自动定理证明是人工智能中最先进行研究并得到成功应用的一个研究领域,同时它也为人工智能的发展起到了重要的推动作用。实际上,除了数学定理证明以外,医疗诊断、信息检索、问题求解等许多非数学领域的问题,都可以转化为定理证明问题。定理证明的实质是证明由前提 P 得到结论 Q 的永真性。但是,要直接证明 $P \rightarrow Q$ 的永真性一般来说是很困难的，通常采用的方法是反证法。在这方面海伯伦（Herbrand）与鲁宾逊（Robinson）先后进行了卓有成效的研究，提出了相应的理论及方法，为自动定理证明奠定了理论基础。尤其是鲁宾逊提出的归结原理使定理证明得以在计算机上实现，对机器推理做出了重要贡献。我国吴文俊院士提出并实现的几何定理机器证明"吴氏方法"，是机器定理证明领域的一项标志性成果。

3. 自动程序设计

自动程序设计是将自然语言描述的程序自动转换成可执行程序的技术。自动程序设计与一般的编译程序不同，编译程序只能把用高级程序设计语言编写的源程序翻译成目标程序，而不能处理自然语言类的高级形式语言。

自动程序设计包括程序综合与程序正确性验证两个方面的内容。程序综合用于实现自动编程，即用户只需要告诉计算机要"做什么"，无须说明"怎么做"，计算机即可自动实现程序的设计。程序正确性验证是要研究出一套理论和方法，通过运用这套理论和方法就可以验证程序的正确性。目前常用的验证方法是用一组已知其结果的数据对程序进行测试，如果程序的运行结果与已知结果一致，就认为程序是正确的。这种方法对于简单程序来说未必不可，但对于一个复杂系统来说就很难行得通。因为复杂程序总存在着纵横交错的复杂关系，形成难以计数的通路，用于测试的数据间即使有很多通路，也难以保证对每一条通路都能进行测试，这就不能保证程序的正确性。程序正确性验证至今仍是一个比较困难的课题，有待进一步开展研究。自动程序设计是人工智能与软件工程相结合的课题。

4. 专家系统

专家系统是一个智能的计算机程序，运用知识和推理步骤来解决只有专家才能解决的困难问题。因此，可以这样来定义：专家系统是一种具有特定领域内大量知识与经验的程序系统，它应用人工智能技术、模拟人类专家求解问题的思维过程求解领域内的各种问题，其水平可以达到甚至超过人类专家的水平。

目前，专家系统的研究不再满足于现有的各种模型与专家系统的简单结合，形成基于某种模型的专家系统，而是在不断地向深层次发展。针对专家系统的核心知识表示和知识获取，探索更方便、更有效的方法，解决困扰专家系统的知识获取瓶颈、匹配冲突、组合爆炸等问题；针对现在数据多、知识少的特点，将数据挖掘引入专家系统之中；将多智能体技术用于专家系统，以提高专家系统的性能。

5. 自然语言理解

自然语言理解有时也称为计算语言学，它是研究如何利用计算来理解和生成自然语言。一般把人工设计的如 BASIC 语言、FORTRAN 语言、ANA 语言等称为人工语言，而自然语言就是人们日常使用的语言，以示区别。

通常所说的计算机理解了某些事件，实际上是把这些事件的一种表示形式转换为另一种表示形式，每种表示形式对应着一组动作。为了得到关于理解的总体描述，通常将语言看成是源语言和目标语言的二元组，两者存在着映射。理解自然语言之所以困难，有以下三个重要因素。

(1) 目标表示的复杂性。如语义依存网络表示。要从语句中提取这种表示的关键字就相当复杂，同时还需要更多相关的对客观世界的知识。

(2) 映射的类型。对于源语言到目标语言表示的映射，一对一类型是最理想的。但在现实中，自然语言到目标语言表示的映射极难达到一对一的要求。

(3) 成分间的交互程度。在语言中，每个语句都是由多个成分组成的，若每个成分的映射与其他成分无关，那么，映射过程就比较简单。遗憾的是，自然语言中的成分交互程度相当高，句子中改变一个成分，常常会大大改变句子的整体结构，这使得映射的复杂程度大大增加。

目前，随着硬件计算能力及深度学习技术的发展，在自然语言处理任务上，经典的机器学习算法模型的性能已经被深度学习方法大幅超越。然而自然语言在理解上仍有诸多问题和挑战，由于自然语言的多样性，对于日常对话中的大多数语言来说是无规律的并且语料存在诸多不平衡因素，给语义组合带来很多困难。此外，由于多任务之间存在语义上的关联性，多任务之间的语义理解仍然存在很多困难，这使得自然语言理解中意图识别和槽填充任务仍然面临着很多挑战。

6. 机器学习

学习是人类智能的主要标志和获得知识的基本手段。机器学习是使计算机具有智能的根本途径。

机器学习研究如何从数据中学习出有效的模型，进而能对未来进行预测。例如，如果商店能够预测某一件商品在未来一段时间的销售量，就可以提前预订相应数量的商品，这样既可以避免缺货，又可以避免进太多货而造成积压。与传统的决策算法不同的是，机器学习算法依赖数据，要从历史数据中学习出相应的模型以对未来进行预测。这样做有两个好处：第一，由于算法依赖数据，可以使用新的数据来不停地更新模型，使得模型能够自适应地处理新的数据；第二，对人的介入要求少。在使用机器学习的过程中，虽然也会尽量利用人的经验，但更多地强调如何利用人的经验和知识从数据中训练得到更好的模型。

7. 模式识别

模式识别是一门研究对象描述和分类方法的学科。分析和识别的模式可以是信号、图像或者普通数据。

模式是对一个物体或者某些感兴趣的实体定量或者结构的描述，而模式类指具有某些共同属性的模式的集合。用机器进行模式识别的主要内容是研究一种自动技术，依靠这种技术，机器可以自动(或者需要尽可能少的人工干预)地把模式分配到它们之间各自的模式类中去。

传统的模式识别方法有统计模式识别与结构模式识别等类型。近年来迅速发展的模糊数学及人工神经网络技术已经应用到模式识别中，形成了模糊模式识别、神经网络模式识别等方法，展示了巨大的发展潜力。

8. 机器视觉

机器视觉或者计算机视觉是用机器代替人的眼睛进行测量和判断，是模式识别研究的一个重要方面。计算机视觉通常分为低层视觉与高层视觉两类。低层视觉主要执行预处理功能，如边缘检测、移动目标检测、纹理分析、立体造型以及曲面色彩等，主要目的是使看见的对象更突出。这还不是理解阶段。高层视觉主要是理解对象，需要掌握与对象相关的知识。机器视觉的前沿课题包括实时图像的并行处理，实时图像的压缩、传输与复原，三维景物的建模识别，动态和时变视觉等。

机器视觉系统指通过图像摄取装置将被摄取的目标转换成图像信号，传送给专用的图像处理系统，根据像素分布、宽度和颜色等信息，转换成数字信号，图像系统对这些信号进行各种运算，抽取目标的特征，进而根据判断的结果来控制现场的设备动作。

机器视觉的主要研究目标是使计算机具有通过二维图像认知三维环境信息的能力，能够感知与处理三维环境中物体的形状、位置姿态、运动等几何信息。

在国外，机器视觉的应用相当普及，主要集中在半导体、电子、汽车、冶金、食品饮料、零配件装配及制造等行业。机器视觉系统在质量检测的各个方面已经得到广泛的应用。在国内，由于近年来机器视觉产品刚刚起步，目前主要集中在制药、印刷、服装、食品饮料等行业。但随着国内制造业的快速发展，对于产品检测和质量要求不断提高，各行各业对图像和机器视觉技术的工业自动化需求将越来越大，在未来制造中将会有很大的发展空间。

9. 机器人学

人工智能研究中日益受到重视的另一分支是机器人学，其中包括对操作机器人装置程序的研究。这个领域所研究的问题包括机器人手臂的最佳移动及实现机器人目标的动作序列的规划方法等。

机器人和机器人学的研究促进了许多人工智能思想的发展。它所产生的一些技术可用来模拟世界的状态，用来描述从一种世界状态转变为另一种世界状态的过程。它对于怎样产生动作序列的规划以及怎样监督这些规划的执行有较好的理解。复杂的机器人控制问题迫使人们发展一些方法，首先在抽象和忽略细节的高层进行规划，然后再逐步在细节越来越重要的低层进行规划。智能机器人的研究和应用体现出广泛的学科交叉特点，涉及众多的课题，得到了越来越普遍的应用。

10. 智能检索

随着科学技术的迅速发展，出现了“知识爆炸”的情况。对国内外种类繁多和数量巨大的科技文献的检索远非人力和传统检索系统所能胜任。研究智能检索系统已成为科技持续快速发展的重要保证。

数据库系统是储存某学科大量事实的计算机软件系统，它们可以回答用户提出的有关该学科的各种问题。数据库系统的设计也是计算机科学的一个活跃的分支。为了有效地表示、存储和检索大量事实，已经发展了许多技术，如语料库、数据挖掘与知识发现等为智能检索提供了有效途径。

智能信息检索系统的设计者将面临以下几个问题。首先，建立一个能够理解以自然语言陈述的询问系统本身就存在不少问题。其次，即使能够通过规定某些机器能够理解的形式化询问语句来回避语言理解问题，但仍然存在如何根据存储的事实演绎出答案的问题。最后，理解询问和演绎答案所需要的知识都可以超出该学科领域数据库所表示的知识。

11. 分布式人工智能

分布式人工智能是分布式计算与人工智能结合的结果。它主要研究在逻辑上或物理上分散的智能动作者如何协调其智能行为，求解单目标和多目标问题，为设计和建立大型复杂的智能系统或计算机支持协同工作提供有效途径。它所能解决的问题需要整体互动所产生的整体智能来解决。主要研究内容有分布式问题求解(distributed problem solving，DPS)

和多智能体系统(multi-agent system,MAS)。

分布式问题求解的方法是,先把问题分解成任务,再为之设计相应的任务执行系统。而MAS是由多个智能体组成的集合,通过智能体的交互来实现系统的表现。MAS主要研究多个智能体为了联合采取行动或求解问题,如何协调各自的知识、目标、策略和规划。在表达实际系统时,MAS通过各智能体间的通信、合作、互解、协调、调度、管理及控制来表达系统的结构、功能及行为特性。由于在同一个MAS中各智能体可以异构,因此多智能体技术对于复杂系统具有无可比拟的表达力。多智能体技术为各种实际系统提供了一种统的模型,能够体现人类的社会智能,具有更大的灵活性和适应性,更适合开放和动态的世界环境,因而备受重视,相关研究已成为人工智能乃至计算机科学和控制科学与工程的研究热点。

12. 智能控制

智能控制是把人工智能技术引入控制领域,建立智能控制系统。1965年,美籍华人科学家傅京孙首先提出把人工智能的启发式推理规则用于学习控制系统。10多年后,建立实用智能控制系统的技术逐渐成熟。1971年,傅京孙提出把人工智能与自动控制结合起来的思想。1977年,美国人乔治·萨里迪斯(George Nikolaos Saridis)提出把人工智能、控制论和运筹学结合起来的思想。1986年,我国的蔡自兴教授提出把人工智能控制论、信息论和运筹学结合起来的思想。根据这些思想已经研究出一些智能控制的理论和技术,可以构造用于不同领域的智能控制系统。

智能控制具有两个显著的特点:第一,智能控制同时具有知识表示的非数学广义世界模型和传统数学模型混合表示的控制过程,并用知识进行推理,以启发来引导求解过程;第二,智能控制的核心在高层控制,即组织级控制。其任务在于对实际环境或过程进行组织,即决策和规划,以实现广义问题求解。

13. 人工生命

人工生命的概念是由美国圣菲研究所非线性研究组的克里斯托弗·盖尔·朗顿(Christopher Gale Langton)于1987年提出的,旨在用计算机和精密机械等人工媒介生成或构造出能够表现自然生命系统行为特征的仿真系统或模型系统。自然生命系统行为具有自组织、自复制、自修复等特征以及形成这些特征的混沌动力学、进化和环境适应。

人工生命所研究的人造系统能够演示具有生命系统特征的行为,在"生命之所能"的广阔范围内深入研究"生命之所知"的实质。只有从"生命之所能"的广泛内容来考察生命,才能真正理解生物的本质。人工生命与生命的形式化基础有关。生物学从问题的顶层开始,对器官、组织、细胞、细胞膜直到分子进行逐级研究,以探索生命的奥秘和机理;人工生命则从问题的底层开始,把器官作为简单机构的宏观群体来考察,自下向上进行综合,把简单的由规则支配的对象构成更大的集合,并在交互作用中研究非线性系统的类似生命的全局动力学特征。

人工生命的理论和方法有别于传统人工智能和神经网络的理论和方法。人工生命把生命现象所体现的自适应机理用计算机进行仿真,对相关非线性对象进行更真实的动态描述和动态特征研究。

下面简单列举人工智能的未来应用实例。

实例一:智能、便携式个人身体保健与监护系统。这是一个典型的可穿戴式计算机系统。除了计算机外，还包括接触式情感信号采集装置。通过测量穿戴者的呼吸、心率、血压、出汗、体温、肌肉反应、皮肤电反应等信号，判断出穿戴者的情感状态，为穿戴者记录状态数据，提出保健建议，或发布健康报警。该系统穿戴者可以包括食物或环境过敏者、糖尿病患者等。其情感状态具有个人属性，计算机可根据个人情感的动态特征“对症下药”，做出最适宜的反应。

实例二：司机安全行车的智能监控系统。该系统可以采用非接触式情感信号采集装置，如图像信号与语音信号。图像信号用于监测司机面部表情的乏意，如根据每分钟眨眼次数。语音信号用于识别司机回答问题的语言迟钝性，如语音速度、音调变化、音量强度、嗓音质量、发音清晰度等。以司机的“主动式或被动式反应性”为特定考察情感状态，可以提醒司机安全行车。

1.2　工业为什么需要人工智能

1.2.1　工业人工智能的定义与意义

我们先回顾人工智能，人工智能是一门认知科学，它主要包括了几个领域，自然语言、机器视觉、认知推理、博弈伦理、机器学习等。人工智能可以应用在社交、医疗、商业等众多领域，但是在工业应用中，发现的问题往往是，传统的人工智能虽然具有很强的算法能力，但是在缺乏专业工业知识的情况下，很难解决与工业相关的问题，即使解决了，也是个例，并且很难持续。那么工业人工智能有一个很大的挑战是什么呢？是将个人为中心的算法思维转换成解决工业业务问题的一个系统的工程，让每个行业的专家甚至是企业的员工，都可以通过这个系统的工程，得到一系列难以解决问题的解决办法。

工业人工智能是一门严谨的系统科学，它专注于开发、验证和部署各种不同的机器学习算法以实现具备可持续性的工业应用。工业人工智能作为一种系统化的方法和规则为工业应用提供解决方案。

目前工业人工智能的应用场景已经在生产工厂中发生，如异常检测、决策建议等。人们逐渐发现，工业人工智能扮演着一个很重要的角色，是智能制造的核心。

1.2.2　人工智能可以解决工业系统的什么问题

如果要对工业人工智能的应用场景进行分类，那么按照不同的维度，可以有许多种不同的分类方式。例如，工厂环境中的应用以产品和生产过程为核心，更加注重提质、降本、增效、减存；而外场环境中的应用则更加注重设备的状态和人员与任务之间的匹配优化；基础设施环境中的应用则更加注重连续稳定的运行，无人工厂以及能效优化；资源环境中的应用注重在动态的任务变化中进行协同优化，不断优化使用的周转率，提升任务的达成表现和降低综合的运维成本。

如果从算法和分析技术的视角，按照任务类型进行划分，那么工业人工智能的算法可以分为以下七个应用功能，或者说可以解决以下七类实际问题：

第一，分类，就是根据一组训练数据，将新输入的数据进行分类的业务，主要任务为识别特定物理对象，例如，卡车、生产线上接受质检产品等的图形；

第二，连续评估，就是根据训练的数据，评估新输入数据的序列值，常见于预测性任务，例如，根据各种维度的数据来预测备件的需求，根据过程参数预测产品的质量等；

第三，运筹优化，就是根据任务产生一组输出为特定目标的函数优化结果，例如，排产优化、维护排程优化、地址优化、无人车调度优化等；

第四，异常检测，就是根据训练的数据以及历史相关性数据是否异常，例如，多变量过程异常检测设备、健康预警、网络入侵识别等；

第五，诊断，常见于信息检索和异常诊断的问题，其基于检索需求，按照某种排序标准呈现结果，例如，提供产品购买推荐、出现残次品时的异常排查推荐等；

第六，决策建议，就是根据训练数据，针对某一个活动目标提供建议，例如，维修计划建议；

第七，参数优化，通过建立多个控制参数之间的相关性模型和对优化目标的影响方程，结合优化算法，对多个控制参数的组合进行动态优化，例如，钢铁行业中的锅炉燃烧优化、热处理工艺参数优化等。

以上分类方式更多的是从考虑算法能够实现什么样的功能来进行划分的，并不带有明确的场景属性，或者说在各种场景中的需求并不都可以抽象成以上几大类问题。

下面分享几个利用工业人工智能技术解决和优化实际生产过程中的问题的例子。

第一，在机床刀具的预测性维护中，刀具会随着切削工件的量而逐渐磨损，造成加工效率和质量的下降，而影响刀具寿命和稳定性的因素，有很多利用人工经验来判断十分困难，为了有效进行刀具寿命监控和预测，要对机床的数据进行采集，对采集到的原始数据进行信号处理和特征提取后传送至云计算平台，利用边缘计算技术，提取到能够表明刀具衰退的多个关键特征，通过对振动信号、电流信号、加工单节、加工时间等数据的前处理、分割、特征提取，使用不同的自动化特征筛选方法进行特征选择，建立刀具的磨损量评估模型，并基于刀具磨损量的结果，来预测刀具的剩余寿命。

第二，在节能降本方面，传统的厂务设施监控系统是通过数据采集与监控系统（supervisory control and data acquisition，SCADA）系统采集设备的实时数据，自动判断是否超过上下限阈值进行报警，但是监控能耗浪费现象和能效降低的表现，都是依靠经验进行判断，当发现问题时，现象已经产生，不能及时调节响应。那么在工业人工智能技术的基础上，人们可以利用工业大数据进行分析，将智能算法与厂务设备的运作机理相结合，监控设备能效衰减趋势，做到预测性的维护，利用理论建模、需求预测、决策优化和健康评估等模型，把一个人的观察和经验调节变成智能建议调节，把滞后的应急式调节变成前瞻性的预测性调节，把设备定期维护保养变成实时监控设备状态和预测性维护报警。

第三，工厂智能排产，对于节拍型制造而言，尤其是汽车的装配线，对节拍执行的严格要求和近乎为零的中间库存，使得任何一个中间过程的设备停机超过一分钟就会造成损失。例如，当生产正在进行时，为了维护设备而关闭一台机器，可能造成上游机器的物料堵塞，也可能会造成下游机器的物料供给不足。随着生产系统越来越复杂，生产流程中的任务和参与者不断增多，产品种类更加多样，产品的柔性化定制程度提升。很多企业在制订生产计划时，不得不更加科学地考虑，尤其是许多传统大规模生产的行业，都在向拉动型生产和柔性制造转变，小批量多品种订单成为主流，还会经常出现插单和变更需求的情况，这使得生产计划和协同调度变得难上加难。这个问题的解决方案是针对排产计划的模型，建立模型的求解以及排产结果的分析、排产计划的反馈等，当判断出由于物料不足或产能不足而导致订单交付的延迟、取消的情况时，解决方案会根据采购清单进行有效的采购推荐。

1.3　本章小结

本章主要阐述人工智能的起源和发展，讨论人工智能的定义、人工智能与计算机的关系及人工智能的研究目标、研究内容和研究应用领域；叙述人工智能的主要学派和其认知观，概括介绍了国内外人工智能的发展过程；对工业人工智能以及工业人工智能在工业应用中的应用场景进行了介绍。

习　　题

1. 什么是人工智能？它有哪些特点？
2. 人工智能的发展过程经历了哪些阶段？
3. 现在人工智能有哪些学派？其认知观分别是什么？这些学派的关系如何？
4. 如何理解人工智能的研究目标？
5. 人工智能研究包括哪些内容？
6. 人工智能的主要研究和应用领域是什么？其中，哪些是新的研究热点？
7. 当前人工智能产业化有哪些新领域？
8. 工业人工智能的应用场景有哪些？

第2篇

人工智能软件工具

学习目标

- 了解人工智能常用软件库以及各自的特点
- 会进行 Python 环境配置
- 掌握基本数据类型与基本数据结构
- 掌握 Python 语言的基本语句

知识导图及项目导引

知识导图

本篇首先对人工智能软件库及其特点进行介绍。不同人工智能软件库有着其独特的优缺点。随后详细介绍了 Python 语言的安装过程及系统环境配置，并重点对 Python 语言的基础知识及人工智能科学计算、数据分析、可视化工具包进行了阐述。

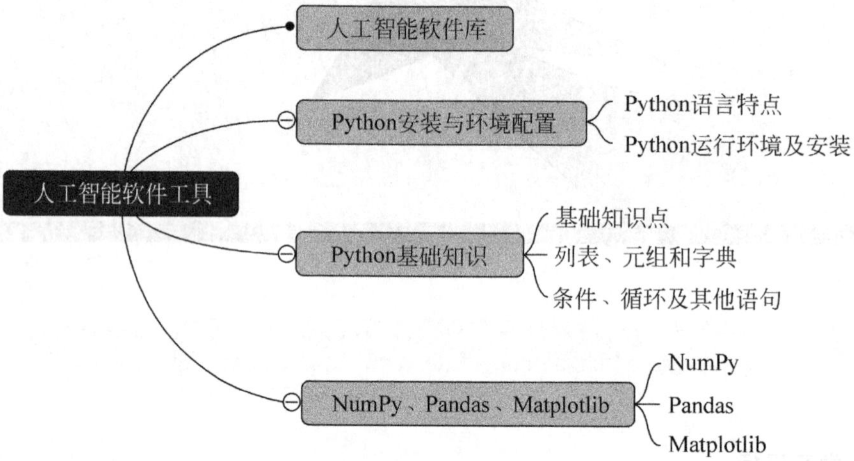

项目导引

项目背景：蒙特卡洛方法也称统计模拟方法，指使用随机数(或者更常见的伪随机数)来解决很多计算问题的方法。其工作原理概括起来就是：不断抽样、逐渐逼近。蒙特卡洛方法通过大量随机样本，了解一个系统，进而得到想要的结果。

项目要求：利用 Python 工具用概率算法“蒙特卡洛方法”来计算圆周率的精确值。通过“蒙特卡洛方法”，理解人工智能算法中数据驱动的本质。

蒙特卡洛方法在计算圆周率时，设一个正方形内部相切一个圆，这时圆和正方形的面积之比是 $\pi/4$。在这个正方形内部，随机产生 n 个点(这些点服从均匀分布)，计算它们与中心点的距离是否大于圆的半径，以此判断是否落在圆的内部。统计圆内的点数，与 n 的比值乘以 4，就是 π 的值。理论上，n 越大，计算的 π 值越精确。

第2章
人工智能软件工具——Python

2.1 人工智能软件库

1. TensorFlow

TensorFlow 是谷歌基于 C++开发、发布的第二代机器学习系统，是一个使用数据流图进行数值计算的开源软件库。开发目的是用于进行机器学习和深度神经网络的研究。目前谷歌的 Google App 的语音识别、Gmail 的自动回复功能、Google Photos 的图片搜索等都在使用 TensorFlow。

优点：使用易于学习的语言(Python)，使用计算图表抽象，用于 TensorBoard 的可用性的可视化；缺点：速度慢，因为 Python 不是语言中最快的，缺乏许多预先训练的模型，不完全开源。

2. Microsoft CNTK

微软的计算网络工具包是一个增强分离计算网络模块化和维护的库，提供学习算法和模型描述。在需要大量服务器进行操作的情况下，CNTK 可以同时利用多台服务器。

优点：非常灵活，允许分布式训练，支持 C++、C＃、Java 和 Python；缺点：它以一种新的语言——网络描述语言(network description language，NDL)来实现，缺乏可视化。

3. Theano

Theano 是 TensorFlow 的强有力竞争者，是一个功能强大的 Python 库，允许以高效率的方式进行涉及多维数组的数值操作。

Theano 库透明地使用 GPU 而不是 CPU 来执行数据密集型计算，因此操作效率很高。

优点：正确优化 CPU 和 GPU，有效的数字任务；缺点：与其他库相比，原生 Theano 有点低级，需要与其他库一起使用以获得高度的抽象化。

4. Caffe

Caffe 是伯克利人工智能研究团队开发，由神经网络中的表达式及模块化产生的深度学习框架。Caffe 基于 C++/CUDA 架构框架，Caffe 对卷积神经网络的支持非常好，但是对于时间序列 RNN、LSTM 等的支持不是特别充分。运算上支持 CPU 和 GPU 直接无缝切换。Caffe 是用 C++编写的有 Python 接口的机器学习框架。

优点：Python 和 MATLAB 的绑定可用，性能表现良好，无须编写代码即可进行模型的训练；缺点：对于经常性网络一般，新体系结构一般。

5. Keras

Keras 是基于 Python 开发的极其精简并高度模块化的神经网络库，在 TensorFlow 或 Theano 上都能够运行，是一个高度模块化的神经网络库，支持 GPU 和 CPU 运算。Keras 侧重于开发快速实验，用可能最少延迟实现从理念到结果的转变，即为做好一项研究的关键。

优点：容易扩展，在 CPU 和 GPU 上无缝运行，与 Theano 和 TensorFlow 无缝工作；缺点：不能有效地用作独立的框架。

6. PyTorch

PyTorch 是一个开源的 Python 机器学习库，基于 Torch，用于自然语言处理等应用程序。

Torch 是一个用于科学和数字操作的开源机器学习库。这是一个基于 Lua 编程语言而非 Python 的库。Torch 通过提供大量的算法，使得深度学习研究更容易，并且提高了效率和速度。它有一个强大的 N 维数组，这有助于切片和索引等操作。它还提供了线性代数程序和神经网络模型。

2017 年 1 月，由 Facebook 人工智能研究院（Facebook-AI-research，FAIR）基于 Torch 推出了 PyTorch。它是一个基于 Python 的可续计算包，提供两个高级功能：具有强大的 GPU 加速的张量计算（如 NumPy）；包含自动求导系统的深度神经网络。

优点：非常灵活，高水平的速度和效率，大量的预训练模型可用；缺点：缺乏即时使用的即插即用代码，生态维护略差。

7. Accord. NET

Accord. NET 框架是一个. NET 机器学习框架，使音频和图像处理变得简单。

这个框架可以有效地处理数值优化、人工神经网络，甚至可视化。除此之外，Accord . NET 对计算机视觉和信号处理的功能非常强大，同时，也使得算法的实现变得简单。

优点：非常有据可查的框架，质量可视化；缺点：不是一个非常流行的框架，比 TensorFlow 运行速度慢。

8. Spark MLlib

Apache 的 Spark MLlib 是一个非常可扩展的机器学习库。它非常适用于如 Java、Scala、Python，甚至 R 等语言。它非常高效，因为它可以与 Python 库和 R 库中的 NumPy 进行互操作。MLlib 可以轻松插入 Hadoop 工作流程中。它提供了机器学习算法，如分类、回归和聚类。

优点：对于大规模数据处理非常快速，提供多种语言；缺点：陡峭的学习曲线，即插即用仅适用于 Hadoop。

9. Scikit Learn

Scikit Learn 是一个非常强大的机器学习 Python 库，主要用于构建模型。使用

NumPy、SciPy 和 Matplotlib 等其他库构建，对统计建模技术（如分类、回归和聚类）非常有效。Scikit Learn 带有监督学习算法、无监督学习算法和交叉验证等功能。

优点：许多主要算法的可用性，有效的数据挖掘；缺点：不是构建模型的最佳选择，GPU 效率不高。

2.2 Python 安装与环境配置

2.2.1 Python 语言特点

Python 语言具备优雅、简单、明确，拥有强大的标准库，良好的可扩展性并且免费开源等特点，其内含有许多科学计算框架，数据分析和数据挖掘的分析库，并且基于 Python 语言有许多机器学习和深度学习框架，是人工智能的首选语言。

1. 科学计算框架

计算用 Python 是很自然的，简单高效，开发效率高。目前 Python 被非计算机行业的人大量使用，有大量的好用的库，而且适用于科学计算。很多数学公式的库都是用 Python 实现，如 NumPy，SciPy 等。

2. 数据挖掘、数据分析

Pandas 是基于 NumPy 的一种工具，该工具是为了解决数据分析任务而创建的。Pandas 纳入了大量库和一些标准的数据模型，提供了高效地操作大型数据集所需的工具。它是使 Python 成为强大而高效的数据分析环境的重要因素之一。

3. 数据可视化

Python 的科学栈相当成熟，各种应用场景都有相关的模块，包括机器学习和数据分析。数据可视化是发现数据和展示结果的重要一环，过去几年出现了很多新的 Python 数据可视化库。Matplotlib 已经成为事实上的数据可视化方面最主要的库，此外还有很多其他库，例如，vispy、bokeh、seaborn、pyga、folium 和 networkx，这些库有些构建在 Matplotlib 之上。

4. 机器学习、深度学习框架

Scikit Learn 是用于机器学习的 Python 模块，它建立在 SciPy 之上。基本功能主要有 6 个：分类、回归、聚类、数据降维、模型选择、数据预处理。Keras 是基于 Python 开发的极其精简并高度模块化的神经网络库，在 TensorFlow 或 Theano 上都能够运行，是一个高度模块化的神经网络库，支持 GPU 和 CPU 运算。Pytorch 是一个基于 Python 的科学计算软件包。主要针对两类受众：使用 GPU 运算来取代 NumPy；提供最大灵活性和速度的深度学习研究平台。

2.2.2 Python 运行环境及安装

1. 直接安装 Python

在 Python 官网下载软件，根据操作系统选择相应的版本，下载完成后，运行下载文件会弹出一个 Python 安装向导的窗口。选择“Add Python to PATH”，然后单击“Customize installation”即可完成 Python 安装。

安装 Python 成功之后，就可以正式开始 Python 之旅了。Python 的打开有 3 种方式：Windows 的命令行工具(cmd)、带图形界面的 Python Shell-IDLE、命令行版本的 Python Shell-Python。

2. Anaconda

Anaconda 是一个可用于科学计算的 Python 发行版，支持 Linux、Mac、Windows 系统，内置了常用的科学计算包。它解决了官方 Python 的两大痛点。

(1) 提供了包管理功能，Windows 平台安装第三方包经常失败的场景得以解决。

(2) 提供环境管理的功能，解决了多版本 Python 并存、切换的问题。

Anaconda 工具包含 Anaconda prompt、Ipython、Jupyter Notebook 和 Spyder。Anaconda prompt 是一个 Anaconda 的终端，类似 cmd 命令可以便捷操作 conda 环境，可以建立不同的版本环境 Python2 和 Python3。IPython 是一个 Python 的交互式 shell，比默认的 Pythonshell 好用得多，支持变量自动补全，自动缩进，支持 bash shell 命令，内置了许多很有用的功能和函数。Jupyter 用网页浏览器打开，以 cell 为单元运行，可用 cmd 命令直接打开。Spyder：是一个使用 Python 语言的开放源代码跨平台科学运算 IDE。

3. PyCharm

PyCharm 是以工程为单位来管理代码的，所以当第一次运行 PyCharm 时，它会问是创建一个工程还是打开一个工程。单击 Create New Project 按钮，填写工程的路径。PyCharm 会自动寻找 Python 的安装位置，如果环境配置错误，则在 PyCharm 中选择 Python 安装包中的 python.exe 文件即可。

在 PyCharm 左侧窗格中右击工程的文件夹名字，选择 New 命令，在弹出的二级菜单中选择 Python File 命令，创建完成.py 文件以后，就可以在 PyCharm 中编辑 Python 代码。

2.3 Python 基础知识

2.3.1 基础知识点

1. 交互式解释器

启动 Python 后，可看到类似于下面的提示符：

```
Python 3.9.7 (default, Sep 16 2021, 16:59:28) [MSC v.1916 64 bit (AMD64)] :: Anaconda, Inc. on win32
Type "help", "copyright", "credits" or "license" for more information.
>>>
```

解释器的外观及其显示的错误消息因版本而异。更准确地说，这是一个交互式 Python 解释器。

```
>>> print("Hello, world!")
```

按下回车键后，将出现如下输出：

```
Hello, world!
>>>
```

“>>>”是提示符，可在它后面输入一些内容。例如，如果你输入“print("Hello,

world!")”并按回车键，Python 解释器将打印字符串“Hello，world!”，然后再次显示提示符。

2. 算法

简而言之，计算机编程就是告诉计算机如何做。计算机多才多艺，但不太善于独立思考，人们必须提供详尽的细节，使用它们能够明白的语言将算法提供给它们。请看下面的菜谱。

鸡蛋火腿肠：先取一些火腿肠。

再加些鸡蛋。

如果喜欢吃辣，加些辣味火腿肠。

煮熟为止。记得每隔 10min 检查一次。

这个菜谱并不神奇，但其结构很有启发性。它由一系列必须按顺序执行的操作说明组成，其中有些可直接完成(取些火腿肠)，有些需要特别注意(如果喜欢吃辣)，还有一些需要重复多次(每隔 10min 检查一次)。菜谱和算法都由原料(对象)和操作说明(语句)组成。在这个示例中，火腿肠和鸡蛋是原料，而操作说明包括添加火腿肠、指定烹饪的时间等。

3. 数和表达式

交互式 Python 解释器可用作功能强大的计算器。如：

```
>>> 2 + 2
```

结果为 4。

除法运算的结果为小数，即浮点数(float 或 floating-point number)。

```
>>> 1 / 2
0.5
```

如果使用双斜杠，即执行整除运算，丢弃小数部分。

```
>>> 5.0 // 2.4
2.0
>>> 1 %2
1
```

%是求余(求模)运算符。$x \% y$ 的结果为 x 除以 y 的余数。换而言之，结果为执行整除时余下的部分，即 $x \% y$ 等价于 $x - ((x // y) * y)$。

```
>>> 10 // 3
3
>>> 10 %3
1
>>> 9 // 3
3
>>> 9 %3
0
```

在这里，10 // 3 为 3，因为结果向下圆整，而 3 × 3 为 9，因此余数为 1。将 9 除以 3 时，结果正好为 3，没有向下圆整，因此余数为 0。

```
>>> 10 // 3
```

```
3
>>> 10 // -3
-4
>>> -10 // 3
-4
>>> -10 // -3
3
```

基于除法运算的工作原理，很容易理解最终的余数是多少。对于整除运算，需要明白的一个重点是它向下圆整的结果。因此在结果为负数的情况下，圆整后将离 0 更远。这意味着对于－10 // 3，将向下圆整到－4，而不是向上圆整到－3。

** 是乘方(求幂)运算符。

```
>>> 2 ** 3
8
>>> (-3) ** 2
9
```

4. 变量

执行如下代码：

```
>>> x = 3
```

"＝"为赋值操作，将值 3 赋给了变量 x。换而言之，就是将变量 x 与值(或对象)3 关联起来。给变量赋值后，就可在表达式中使用它。

```
>>> x * 2
6
```

不同于其他一些语言，使用 Python 变量前必须给它赋值，因为 Python 变量没有默认值。

5. 获取用户输入

有时我们并不确定输入数据的数值，需要用户向程序提供数据作为输入，就可使用 input()函数。

```
>>> input("The meaning of life: ")
The meaning of life: 42
'42'
```

这里在交互式解释器中执行了第一行(input(...))，它打印字符串"The meaning of life:"，提示用户输入相应的信息。输入"42"并按回车。这个数被 input(以文本或字符串的方式)返回，并在最后一行被自动打印出来。

6. 函数

前面使用了乘方运算符(**)来执行幂运算。也可使用函数 pow 实现同样的效果。

```
>>> 2 ** 3
8
>>> pow(2,3)
8
```

函数犹如小型程序,可用来执行特定的操作。Python 提供了很多函数,通常将 pow 等标准函数称为内置函数。

像前一个示例那样使用函数称为调用函数:向它提供实参(这里是 2 和 3),而它返回一个值。

有多个内置函数可用于编写数值表达式。例如,abs 计算绝对值,round 将浮点数圆整为与之最接近的整数。

```
>>> abs(-10)
10
>>> 2 // 3
0
>>> round(2 / 3)
1.0
```

7. 模块

可将模块视为扩展,通过将其导入可以扩展 Python 的功能。要导入模块,可使用特殊命令 import。

```
>>> import math
```

如果确定不会从不同模块导入多个同名函数,也不想每次调用函数时都指定模块名。在这种情况下,可使用命令 import 的如下变种:

```
>>> from math import sqrt
>>> sqrt(9)
3.0
```

通过使用命令 import 的变种"from module import function",可在调用函数时不指定模块前缀。

8. 注释

注释是任何存在于#号右侧的文字,其主要用作写给程序读者而做的笔记。

举个例子:

```
print('hello world')                    #注意到 print 是一个函数
```

或者

```
#注意到 print 是一个函数
print('hello world')
```

其中"#注意到 print 是一个函数"即为单行注释,不参与程序的运行,除了单行注释外,还有多行注释、文档注释等。

9. 字符串

字符串或串(string)是由数字、字母、下画线组成的一串字符。

字符串是 Python 中最常用的数据类型。可以使用引号(' 或 ")来创建字符串。创建字符串很简单,只要为变量分配一个值即可。例如:

```
var1 = 'Robot'
```

```
var2="Machine"
```

Python 不支持单字符类型,单字符在 Python 中也是作为一个字符串使用。Python 访问子字符串,可以使用方括号 [] 来截取字符串,字符串的截取的语法格式如下:

```
变量[头下标:尾下标]
索引值以 0 为开始值,-1 为从末尾的开始位置。
看下面一个实例演示:
#!/usr/bin/python3
a = "Hello"
b = "Python"

print("a + b 输出结果:",a + b)
print("a * 2 输出结果:",a * 2)
print("a[1] 输出结果:",a[1])
print("a[1:4] 输出结果:",a[1:4])

if( "H" in a) :
    print("H 在变量 a 中")
else :
    print("H 不在变量 a 中")

if( "M" not in a) :
    print("M 不在变量 a 中")
else :
    print("M 在变量 a 中")
```

以上实例输出结果为:

```
a + b 输出结果: HelloPython
a * 2 输出结果: HelloHello
a[1] 输出结果: e
a[1:4] 输出结果: ell
H 在变量 a 中
M 不在变量 a 中
```

2.3.2 列表、元组和字典

列表和元组的主要不同在于,列表是可以修改的,而元组不可以。这意味着列表适用于需要中途添加元素的情形,而元组适用于出于某种考虑需要禁止修改序列的情形。禁止修改序列通常出于技术方面的考虑,与 Python 的内部工作原理相关,这也是有些内置函数返回元组的原因所在。

在需要处理一系列值时,序列很有用。在数据库中,可能使用序列来表示人,其中第一个元素为姓名,而第二个元素为年龄。如果使用列表来表示(所有元素都放在方括号内,并用逗号隔开),将类似于下面这样。

```
>>> edward = ['Edward Gumby',42]
```

序列还可包含其他序列,因此可创建一个由数据库中所有人员组成的列表:

```
>>> edward = ['Edward Gumby',42]
```

```
>>> john = ['John Smith',50]
>>> database = [edward,john]
>>> database
[['Edward Gumby',42],['John Smith',50]]
```

1. 通用的序列操作

有几种操作适用于所有序列,包括索引、切片、相加、相乘和成员资格检查。另外,Python 还提供了一些内置函数,可用于确定序列的长度以及找出序列中最大和最小的元素。

1) 索引

序列中的所有元素都有编号(也称索引)——从 0 开始递增。可以使用索引来访问各个元素:

```
>>> greeting = 'Hello'
>>> greeting[0]
'H'
```

使用索引来获取元素,这种索引方式适用于所有序列,当使用负数索引时,Python 将从右(即从最后一个元素)开始往左数,因此-1 是最后一个元素的位置。

2) 切片

除使用索引来访问单个元素外,还可使用切片来访问特定范围内的元素。为此,可使用两个索引,并用冒号分隔:

```
>>> tag = '<a href="http://www.python.org">Python web site</a>'
>>> tag[9:30]
'http://www.python.org'
>>> tag[32:-4]
'Python web site'
```

2. 列表

1) 函数 list

鉴于不能像修改列表那样修改字符串,因此在有些情况下使用字符串来创建列表很有帮助。为此,可使用函数 list。

```
>>> list('Hello')
['H','e','l','l','o']
```

请注意,可将任何序列(而不仅仅是字符串)作为 list 的参数。

2) 基本的列表操作

不仅可对列表执行所有的标准序列操作,如索引、切片、拼接和相乘,列表的有趣之处在于它是可以修改的,修改列表的方式有:给元素赋值、删除元素、给切片赋值等。

3. 元组

与列表一样,元组也是序列,唯一的差别在于元组是不能修改的。元组语法很简单,只要将一些值用逗号分隔,就能自动创建一个元组。

```
>>> 1,2,3
(1,2,3)
```

元组还可用圆括号括起

```
>>> (1,2,3)
(1,2,3)
```

空元组用两个不包含任何内容的圆括号表示。

```
>>> ()
()
```

如何表示只包含一个值的元组呢？这有点特殊：虽然只有一个值，也必须在它后面加上逗号。

```
>>> 42
42
>>> 42,
(42,)
>>> (42,)
(42,)
```

最后两个示例创建的元组长度为1，而第一个示例根本没有创建元组。逗号至关重要，仅将值用圆括号括起不管用：(42)与42完全等效。但仅仅加上一个逗号，就能完全改变表达式的值。

```
>>> 3 * (40 + 2)
126
>>> 3 * (40 + 2,)
(42,42,42)
```

函数 tuple 的工作原理与 list 很像：它将一个序列作为参数，并将其转换为元组。如果参数已经是元组，就原封不动地返回。

```
>>> tuple([1,2,3])
(1,2,3)
>>> tuple('abc')
('a','b','c')
>>> tuple((1,2,3))
(1,2,3)
```

4. 字典

字典的名称指出了这种数据结构的用途。普通图书适合按从头到尾的顺序阅读，如果你愿意，可快速翻到任何一页，这有点像 Python 中的列表。字典(日常生活中的字典和 Python 字典)旨在让你能够轻松地找到特定的单词(键)，以获悉其定义(值)。这种数据结构称为映射(mapping)。字典是 Python 中唯一的内置映射类型，其中的值不按顺序排列，而是存储在键下。键可能是数、字符串或元组。

字典以类似于下面的方式表示。

```
phonebook = {'Alice': '2341','Beth': '9102','Cecil': '3258'}
```

字典由键及其相应的值组成，每个键与其值之间都用冒号(:)分隔，项之间用逗号分隔，而整个字典放在花括号内。空字典用两个花括号表示。

也可使用函数 dict 从其他映射(如其他字典)或键值对序列创建字典。

```
>>> items = [('name', 'Gumby'), ('age', 42)]
>>> d = dict(items)
>>> d
{'age': 42, 'name': 'Gumby'}
>>> d['name']
'Gumby'
```

2.3.3 条件、循环及其他语句

1. 条件语句

1) if 语句

```
name = input('What is your name? ')
if name.endswith('Gumby'):
 print('Hello, Mr. Gumby')
```

这就是 if 语句,如果条件(if 和冒号之间的表达式)为前面定义的真,就执行后续代码块(这里是一条 print 语句);如果条件为假,就不执行。

2) else 子句

```
name = input('What is your name?')
if name.endswith('Gumby'):
 print('Hello, Mr. Gumby')
else:
    print('Hello, stranger')
```

在这里,如果 if 语句判断为假,将不会执行第一个代码块,进入第二个代码块。

3) elif 子句

要检查多个条件,可使用 elif。elif 是 else if 的缩写,由一个 if 子句和一个 else 子句组合而成,也就是包含条件的 else 子句。

```
num = int(input('Enter a number: '))
if num > 0:
print('The number is positive')
elif num < 0:
 print('The number is negative')
else:
 print('The number is zero')
```

2. 循环语句

1) while 循环

假设要打印 1~100 的所有数。

```
print(1)
print(2)
print(3)
...
print(99)
```

```
print(100)
```

如果像上面这样操作，那么如此简单的任务便会产生很多行的程序，这时，使用循环语句会使效率大大提高。

```
x = 1
while x <= 100:
 print(x)
 x += 1
```

2) for 循环

while 语句非常灵活，可用于在条件为真时反复执行代码块。还有一种需求是为序列(或其他可迭代对象)中每个元素执行代码块。

这时，可使用 for 语句。

```
words = ['this', 'is', 'an', 'ex', 'parrot']
for word in words:
 print(word)
```

或

```
numbers = [0,1,2,3,4,5,6,7,8,9]
for number in numbers:
 print(number)
```

鉴于迭代(也就是遍历)特定范围内的数是一种常见的任务，Python 提供了一个创建范围的内置函数。

```
>>> range(0,10)
range(0,10)
>>> list(range(0,10))
[0,1,2,3,4,5,6,7,8,9]
```

范围类似于切片。它们包含起始位置(这里为 0)，但不包含结束位置(这里为 10)。

```
>>> range(10)
range(0,10)
```

下面的程序打印数 1～100：

```
for number in range(1,101):
 print(number)
```

可见，相比前面使用的 while 循环，这些代码要简洁得多。

3) 跳出循环

通常，循环会不断地执行代码块，直到条件为假或使用完序列中的所有元素。但在有些情况下，希望中断循环、开始新迭代(进入“下一轮”代码块执行流程)或直接结束循环。

(1) break。要结束(跳出)循环，可使用 break。假设要找出小于 100 的最大平方值(整数与自己相乘的结果)，可从 100 开始向下迭代。找到一个平方值后，无需再迭代，因此直接跳出循环。

```
from math import sqrt
for n in range(99,0,-1):
```

```
root = sqrt(n)
if root == int(root):
print(n)
break
```

如果运行这个程序,它将打印 81 并结束。

(2) continue。语句 continue 没有 break 用得多。它可结束当前迭代,并跳到下一次迭代开头。这意味着跳过循环体中余下的语句,但不结束循环。在循环体庞大而复杂,且存在多个要跳过它的原因时效率更高。在这种情况下,可使用 continue,如下所示:

```
for x in seq:
 if condition1: continue
 if condition2: continue
 if condition3: continue
do_something()
      do_something_else()
do_another_thing()
etc()
```

2.4 NumPy、Pandas、Matplotlib

2.4.1 NumPy

NumPy 是 Python 科学计算的基础库,主要提供了高性能的 *N* 维数组实现以及计算能力,还提供了和其他语言如 C/C++集成的能力,此外还实现了一些基础的数学算法,如线性代数相关、傅里叶变换及随机数生成等。

1. NumPy 数组

可以直接用 Python 列表来创建数组,如

```
import numpy as np
a = np.array([1 ,2 ,3 ,4])
b = np.array([[1 ,2],[3 ,4],[5 ,6]])
```

也可使用 NumPy 提供的函数来创建数组,如

```
c = np.arange(10)
d = np.linspace(0 ,2 ,11)
```

NumPy 提供了灵活的索引机制来访问数组内的元素,如

```
a= np.arange(10)
a[ : 4]                              #半开闭区间,不包含最后一个元素
a[3:7]                               #闭区间,不包含最后一个元素
a[2 : 8 : 2]                         #3个参数表示起始、结束和步长,不包含结束位置
```

人们一般使用埃拉托斯特尼筛法(sieve of Eratosthenes)来打印出[0,100]之间的所有质数。其主要思路是,从第一个质数开始,数据里所有能被 2 整除的数字都不是质数,即从 2 开始、以 2 为步长,每跳经过的数字都能被 2 整除,把其标识为非质数。接着,从下一个质数 3 开始,重复上述过程。最终即可算出[0,100]之间的所有质数。

```
import numpy as np
a = np.arange(1,101)
n_max = int(np.sqrt(len(a)))
is_prime = np ones(len(a),dtype=bool)#创建100个元素的数组,用来标记是否为质数
is_prime[0] = False
for i in range(2,n max):
if i in a [is_prime]:                    #跳过非质数
is_prime [ (i**2 - 1) : : i] = False    #减1是为了修复从0开始索引的问题
print a[is_prime]
```

最终输出的结果是

```
[ 2 3 5 7 11 13 17 19 23 29 31 37 41 43 47 53 59 61 67 71 73 79 83 89 97]
```

2. NumPy 运算

最简单的数值计算是数组和标量进行，计算过程是直接把数组里的元素和标量逐个进行计算。

```
a = np.arange(6)
a + 5                                    #数组和标量加法
b = np.random.randint(1 ,5 ,20).reshape(4 ,5)
b * 3                                    #数组和标量乘法
```

使用 NumPy 的优点是运行速度会比较快,对比使用 Python 的循环与使用 NumPy 运算,在运行效率上相差 100 倍。

另外一种是数组和数组的运算,如果数组的维度相同,那么在组里对应位置进行逐个元素的数学运算。需要注意的是,乘法是对应元素相乘,不是矩阵内积,矩阵内积使用的是 np.dot()函数。

如果数组维度不同,则 NumPy 会试图使用广播机制来匹配,如果能匹配得上,就进行运算;如果不满足广播条件,则报错。

符合广播的条件是两个数组必须有一个维度可以扩展,然后在这一维度上进行复制,最终复制出一个相同维度数组,再进行运算。作为广播的一个特例,当一个二维数组和一个标量进行运算时,实际上执行的也是广播机制,它有两个维度可扩展,先在行上进行复制,再在列上进行复制,最终复制出和待运算的二维数组维度相同的数组后,再进行运算。

NumPy 还提供了一些数组运算的内置函数,如 sin、cos 等,此外 NumPy 还提供了一些基本的统计功能,包括求和、求平均值、求方差等。如

```
a= np.arange(6)
np.cos (a)
np.exp(a)
a= np.random.random_integers (1,5 ,6)
a.sum ()
a.mean ()
a.max()
```

NumPy 提供了数组排序的功能,可以按行单独排序,也可以按列单独排序。当排序时,可以返回一个备份,也可以直接把排序后的结果保存在当前数组里。

```
a = np.random.random_integers (1,10 ,(6,4))
```

```
b = np.sort (a ,axis=1)                # 按行独立排序,返回一个备份
a .sort (axis=0)                       # 按列排序,直接把结果保存到当前数组
```

本小节只是 NumPy 的快速入门介绍,详细的信息可以参阅 NumPy 的官方网站。

2.4.2 Pandas

Pandas 最基础的数据结构是 Series,用来表达一行数据,可以理解为一维的数组。另外一个关键的数据结构 DataFrame 表示的是二维数组。

Pandas 提供了简洁的数据访问功能,DataFrame. shape 可以查看数据的维度信息。通过 DataFrame. head()和 DataFrame. tail()方法可以访问前 n 行和后 n 行的数据。通过 DataFrame. index 和 DataFrame. columns 属性,可以访问数据的行索引和列索引信息。通过 DataFrame. describ()方法,可以算出简单的数据统计信息。

通过 DataFrame. sort_index()函数可以方便地对索引进行排序。例如,根据列名称进行逆序排列:

```
df. sort_index (axis=1, ascending=False)
```

也可以通过 DataFrame. soti values()对数值进行排序。例如,根据某一列的数据从小到大进行排序:

```
df.sort values(by= '列名')
```

Pandas 可以方便地对数据进行选择和访问。人们可以通过行索引范围来访问特定几行的数据,这个和 NumPy 类似。如

```
df [3 : 5]
```

还可以使用 DataFrame. loc()函数通过标签来选择某个元素,或使用 DataFrame. iloc()函数通过数组索引来访问某个元素。如

```
df.loc[3, 'A']
df. iloc [3 ,0]
df . iloc[2 : 5 ,0 : 2]
```

还可以使用 DataFrame to_ csv()函数把数据保存到文件中。最常用的还是从文件中导入数据。如

```
df =pd.read_csv (' data.csv ', index col=0)
```

2.4.3 Matplotlib

在 Matplotlib 中,一个图形(figure)指图片的全部可视区域,可以使用 plt. figure()来创建。在一个图形中,可以包含多个子图,可使用 plt. subplot()来创建子图。子图按照网格形状排列显示在图形里,可以在每个子图上单独作画。坐标轴和子图类似,唯一不同的是,坐标轴可以在图形上任意摆放,而不需要按照网格排列,这样显示起来更灵活,可以使用 plt. axes()来创建坐标轴。

当使用默认配置进行作画时,Matplotlib 调用 plt. gca()函数来获取当前的坐标轴,并在当前坐标轴上作画。plt. gca()函数通过调用 plt. gcf()函数来获取当前图形对象,如果当

前不存在图形对象，则会调用 plt. figure()函数创建一个图形对象。

plt. figure()函数有以下几个常用的参数。

(1) num：图形对象的标识符，可以是数字或字符串。当 num 所指定的图形存在时，直接返回这个图形的引用，如果不存在，则创建一个以这个 num 为标识符的新图形。最后把当前作画的图形切换到这个图形上。

(2) figsize：以英寸为单位的图形大小，(width，height)是一个元组。

(3) dpi：指定图形的质量，每英寸多少个点。

不同的图形可以单独保存为一个图片文件，但子图指一个图形里分成的几个区域，在不同的区域里单独作画，所有的子图最终都保存在一个文件中。plt. subplot()函数的关键参数是一个包含 3 个元素的元组，分别代表子图的行、列以及当前激活的子图序号。例如 plt. subplot(2,2,1)表示把图表对象分成两行两列，激活第一个子图来作画。

坐标轴使用 plt. axes()来创建，它用一个矩形来给坐标轴定位，矩形使用[left，bottom，width，height]来表达。其数据为图形对象对应坐标轴长度的百分比。

Matplotlib 有大量的细节问题，完整的教程都可以写一本书，这里就不一一列举。如果想深入学习 Matplotlib，可以访问其官方网站。

2.5 本章小结

本章首先对常用的人工智能软件库进行了介绍，并简要介绍了它们的优缺点及目前的应用现状，然后对 Python 语言进行了详细的阐述，包括 Python 软件工具的安装及环境配置，Python 语言的基本知识、数据类型及条件语句，最后对人工智能常用的数据分析与可视化库 NumPy、Pandas、Matplotlib 进行了指导。

习　　题

1. 编写 hello. py 程序，要求提示输入玩家的姓名，输入姓名后，输出：hello，****！

2. 猜单词游戏

猜单词游戏就是计算机随机产生一个单词，打乱字母顺序，供玩家去猜。要求如下：游戏中需要随机产生字母顺序打乱后的单词，玩家猜对该乱序字母的原单词即为胜利，否则就输出游戏失败并重新进入游戏。请用 Python 实现。

3. 最小二乘法拟合

最小二乘法(又称最小平方法)是一种数学优化技术。它通过最小化误差的平方和寻找数据的最佳函数匹配。利用最小二乘法可以简便地求得未知的数据，并使得这些求得的数据与实际数据之间误差的平方和为最小。现有函数：A * sin(2 * pi * k * x+theta)，编写程序进行最小二乘法拟合，输出拟合参数并进行可视化展现。

4. 智力问答测试

设计智力问答测试程序，内容涉及历史、经济、风情、民俗、地理、人文等多个古今中外各方面的知识，答题过程中做对、做错实时跟踪。测试完成后，能根据用户答题情况给出成绩。

第3篇

搜索求解

学习目标

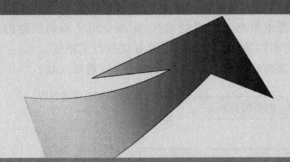

- 了解搜索的概念、搜索的基本问题和主要过程
- 掌握状态空间知识的表示方法,能够对给定状态空间知识进行表示
- 熟悉并掌握宽度搜索、深度搜索、A 搜索及 A * 搜索算法
- 理解并掌握搜索求解策略在实际工业场景中的应用

知识导图及项目导引

知识导图

本篇首先对搜索和搜索策略的相关概念和类别进行了介绍。不同的搜索策略对不同的搜索问题的求解能力存在差异。随后介绍了状态空间中知识的表示方法,知识的表示和建模是求解搜索问题的基础。盲目的图搜索策略和启发式图搜索策略是本章的重点,详细介绍了不同思路的求解搜索策略,并重点对不同策略的原理和思维方式进行了阐述。

本篇的难点是搜索策略并能够对实际搜索问题进行简单求解。

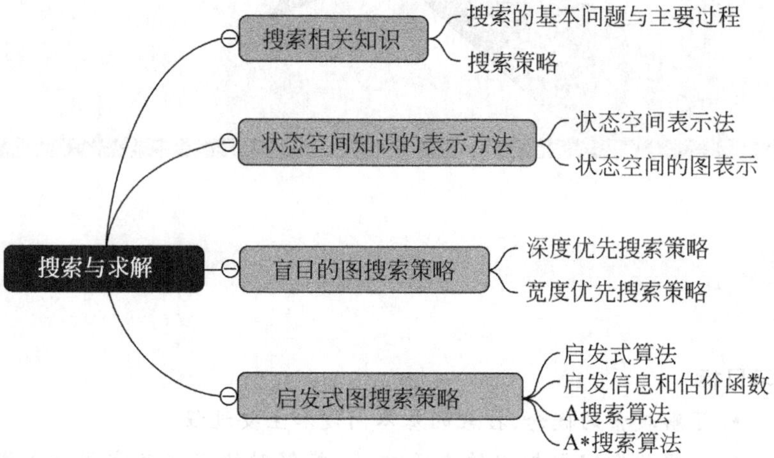

项目导引

在产品加工过程中,大多数情况下各工序之间有着紧密的先后关系。例如,在装配任务当中,装配工艺之间具有严格的前后约束关系,只有前置的装配任务完成时,后置的装配任务才能进行。

在上述具有严格约束关系的生产任务当中,总装前后约束关系可以用树形图直观地表示。以图 3-1 为例,图所代表的装配工艺共包含 18 个

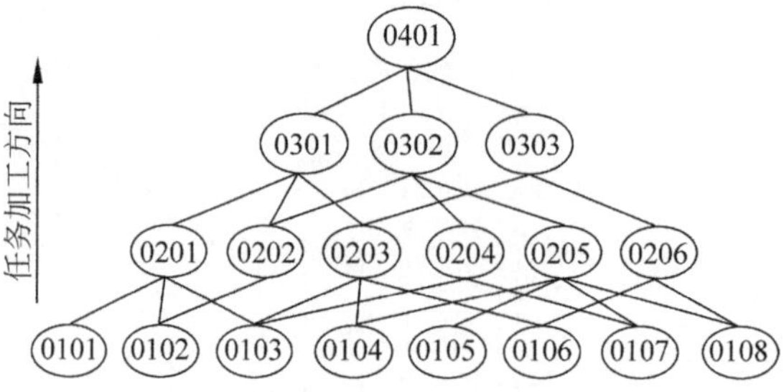

图 3-1　前后约束图

子任务。每个子任务对应一个四位编码。编码的前两位对应着子任务所在关系树的层号，后两位描述子任务于所在层的序号。例如，编号 0302 代表着子任务是关系树从下往上第三层的第二个节点。

同时，不同子任务之间的先后关系通过树形图的串联结构可以直观地展示出来。例如，当任务 0101、0102 完成后，任务 0201 才能进行。

工业场景：以包含 18 个子任务的加工约束图如图 3-1 所示。每个子任务需要由特定的工种完成。由于工人资源有限，无法同时对所有可加工的子任务进行操作。在该任务中，共有两种工种 A、B，其对应的工人总数分别为 4、3。各子任务加工对应的工种和所需工人数量如表 3-1 所示。

表 3-1 各子任务加工对应的工种和所需工人数量

任　　务	所 需 工 种	所需工人数量
0101	A	2
0102	A	3
0103	A	2
0104	B	3
0105	B	1
0106	A	3
0107	A	2
0108	B	3
0201	A	1
0202	B	2
0203	A	2
0204	B	3
0205	B	3
0206	A	2
0301	A	1
0302	B	3
0303	B	2
0304	A	1

项目要求：依据提供的工艺场景，采用搜索算法，考虑装配前后约束关系和资源约束关系，给出可行的、总加工时间较短的排产安排。

第3章 搜索与求解

3.1 搜索相关知识

3.1.1 搜索的基本问题与主要过程

1. 搜索中需要解决的基本问题

(1) 搜索过程是否一定能找到一个解。

(2) 搜索过程是否终止运行或是否会陷入一个死循环。

(3) 当搜索过程找到一个解时,找到的是否为最佳解。

(4) 搜索过程的时间与空间复杂性如何。

2. 搜索的主要过程

(1) 从初始或目的状态出发,并将它作为当前状态。

(2) 扫描操作算子集,将适用当前状态的一些操作算子作用于当前状态而得到新的状态,并建立指向其父节点的指针。

(3) 检查所生成的新状态是否满足结束状态,如果满足,则得到问题的一个解,并可沿着有关指针从结束状态反向到达开始状态,给出一解答路径;否则,将新状态作为当前状态,返回第2步再进行搜索。

3.1.2 搜索策略

1. 搜索的方向

1) 正向搜索

从初始状态出发的正向搜索,也称为数据驱动。正向搜索是从问题给出的条件和一个用于状态转换的操作算子集合出发的。搜索过程为:应用操作算子从给定的条件中产生新条件,再用操作算子从新条件产生更多的新条件,这个过程一直持续到有一条满足目的要求的路径产生为止。数据驱动就是用问题给定数据中的约束知识指导搜索。使其沿着那些已知正确的线路前进。

2）逆向搜索

从目的状态出发的逆向搜索，也称为目的驱动。逆向搜索是先从想达到的目的入手，看哪些操作算子能产生该目的以及应用这些操作算子产生该目的时需要哪些条件，这些条件就成为要达到的新目的，即子目的。逆向搜索就是不断产生子目的，直至所产生的子目的需要的条件为问题给定的条件为止。这样就找到了一条由从数据到目的的操作算子所组成的链。

3）双向搜索

结合上述两种方式的搜索称为双向搜索，即从初始状态出发进行正向搜索，同时从目标状态出发进行逆向搜索，直到两条路径在中间的某处会合为止。

2. 盲目搜索与启发式搜索

根据搜索过程中是否运用与问题有关的信息。可以将搜索方法分为盲目搜索和启发式搜索。所谓盲目搜索（ blind search）指在对特定问题不具有任何有关信息的条件下，按固定的步骤（依次或随机调用操作算子）进行的搜索，它能快速地调用一个操作算子。所谓启发式搜索（heuristic search）则是考虑特定问题领域可应用的知识，动态地确定调用操作算子的步骤，优先选择较适合的操作算子，尽量减少不必要的搜索，以求尽快地到达结束状态，提高搜索效率。

在盲目搜索中，由于没有可参考的信息，只要能匹配的操作算子都需运用，从而搜索出更多的状态，生成较大的状态空间显示图；而在启发式搜索中，运用一些启发信息，只采用少量的操作算子，生成较小的状态空间显示图，就能搜索到一个解，但是每使用一个操作算子便需做更多的计算与判断。启发式搜索一般要优于盲目搜索，但不可过于追求更多的甚至完整的启发信息。

3.2 状态空间知识的表示方法

3.2.1 状态空间表示法

状态空间（statespace）表示法是知识表示的一种基本方法。

所谓状态是用来表示系统状态、事实等叙述型知识的一组变量或数组。

$$Q=(q_1,q_2,\cdots,q_n)^{\mathrm{T}} \tag{3-1}$$

所谓操作是用来表示引起状态变化的过程型知识的一组关系或函数。

$$F=\{f_1,f_2,\cdots,f_m\} \tag{3-2}$$

状态空间是利用状态变量和操作符号，表示系统或问题的有关知识的符号体系。状态空间可以用一个四元组表示：

$$(S,O,S_0,G)$$

其中，S 是状态集合，S 中每一元素表示一个状态，状态是某种结构的符号或数据；O 是操作算子的集合，利用算子可将一个状态转换为另一个状态；S_0 包含问题的初始状态，是 S 的非空子集；G 可以是若干具体状态，也可以是满足某些性质的路径信息描述。

从 S_0 节点到 G 节点的路径称为求解路径。求解路径上的操作算子序列为状态空间的一个解。例如，操作算子序列 $O_1,O_2,\cdots,O_k$。使初始状态转换为目标状态：

$$S_0 \xrightarrow{O_1} S_1 \xrightarrow{O_2} S_2 \xrightarrow{O_3} \cdots \xrightarrow{O_k} G$$

则 $O_1, O_2, \cdots, O_k$ 即为状态空间的一个解。当然,解往往不是唯一的。

任何类型的数据结构都可以用来描述状态,如符号、字符串、向量、多维数组、树和表格等。所选用的数据结构形式要与状态所蕴含的某些特性具有相似性。例如,对八数码问题,一个 3×3 的阵列便是一个合适的状态描述方式。

例 3-1 八数码问题的状态空间表示

八数码问题也称为九宫问题。在 3×3 的棋盘,摆有 8 个棋子,每一个棋子上标有 1～8 的某一数字,不同棋子上标的数字不同。棋盘上另一个空格,与空格相邻的棋子能够移到空格中。要求解决的问题是:给出一个初始状态和一个目标状态,如图 3-2 所示,找出一种从初始转变成目标状态的移动棋子步数最少的移动步骤。所谓问题的一个状态就是棋子在棋盘上的一种摆法。棋子移动后,状态就会发生改变。解八数码问题实际上就是找出从初始状态到达目标状态所经过的一系列过渡状态。

2	3	1
5		8
4	6	7

初始状态

1	2	3
8		4
7	6	5

目标状态

图 3-2 八数码问题示意

该问题可以用状态空间来表示。此时 8 个棋子的任何一种摆法就是一个状态,所有的摆法即为状态集 S,它们构成了一个状态空间,其数目为 9!。而 G 是指定的某个或某些状态。如着眼在数码上,相应的操作算子就是数码的移动,其操作算子共有 4(方向)×8(数码)= 32 个,如着眼在空格上,即空格在方格盘上的每个可能位置的上下左右移动,其操作算子可简化成仅 4 个。

如果空格上边有数字,则将空格向上移(Up)。

如果空格左边有数字,则将空格向左移(Left)。

如果空格下边有数字,则将空格向下移(Down)。

如果空格右边有数字,则将空格向右移(Right)。

移动时要确保空格不会移出方格盘之外,因此并不是在任何状态下都能运用这 4 个操作算子。如空格在方格盘的右上角时,只能运用两个操作算子——向左移(Left)和向下移(Down)。

3.2.2 状态空间的图表示

状态空间可用有向图来描述,图的节点表示问题的状态,图的弧表示状态之间的关系,就是求解问题的步骤。初始状态对应于实际问题的已知信息,是图中的根节点。问题的状态空间描述中,寻找从一种状态转换为另一种状态的某个操作算子序列就等价于在一个图中寻找某一路径。

用有向图描述的状态空间如图 3-3 所示。图中表示对状态 S_0,允许使用操作算子 O_1、

O_2 及 O_3，并分别使 S_0 转换为 S_1、S_2 及 S_3。这样一步步利用操作算子转换下去，如 $S_{10} \in G$，则 O_2、O_6、O_{10} 就是一个解。

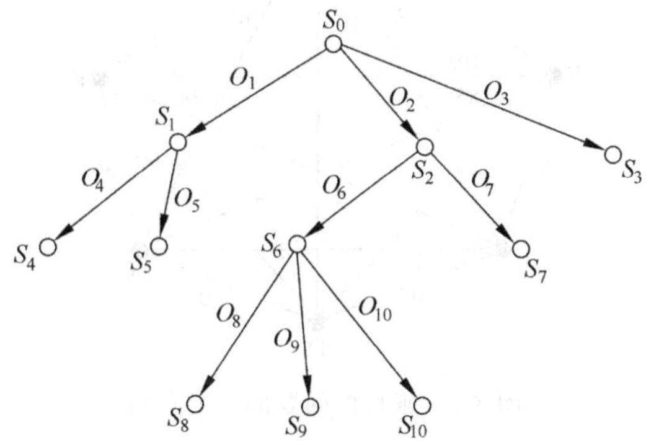

图 3-3 用有向图描述的状态空间

上面是较为形式化的说明，下面再以八数码问题为例，讨论具体问题的状态空间的有向图描述。对于八数码问题，如果给出问题的初始状态，就可以用图来描述其状态空间。其中的弧可用表明空格的 4 种可能移动的 4 个操作算子来标注，即空格向上移(Up)、向左移(Left)、向下移(Down)、向右移(Right)。该图的部分描述如图 3-4 所示。

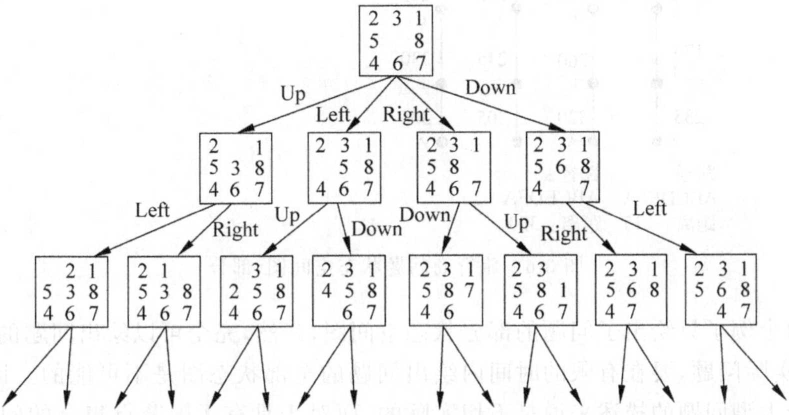

图 3-4 八数码状态空间图(部分)

在某些问题中，各种操作算子的执行是有不同费用的。如在旅行商问题中，两城市之间的距离通常是不相等的，那么，在图中只需要给各弧线标注距离或费用即可。下面以旅行商问题(traveling salesman problem，TSP)为例说明这类状态空间的图描述，其终止条件则是用解路径本身的特点来描述，即经过图中所有城市的最短路径找到时搜索便结束。

旅行商问题或推销员路径问题是假设一个推销员从出发地，到若干个城市去推销产品，然后回到出发地。问题是要找到一条最好的路径，使得推销员访问每个城市后回到出发地所经过的路径最短或者费用最少。

图 3-5 是这个问题的一个实例，图中节点代表城市，弧上标注的数值表示经过该路径的距离(或费用)。假定推销员从 A 城出发。图 3-6 是该问题的状态空间表示。

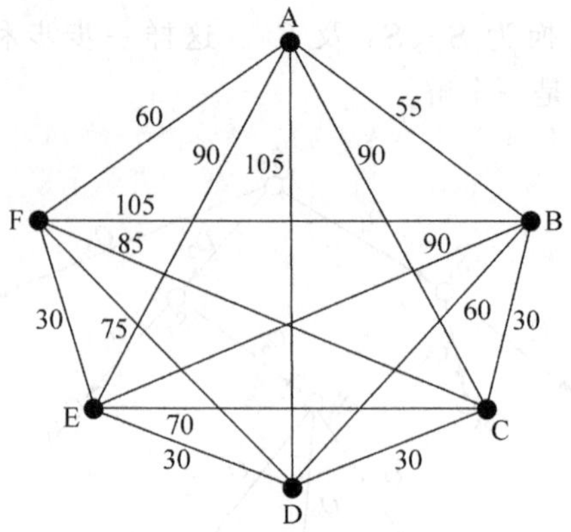

图 3-5　旅行商问题的一个实例

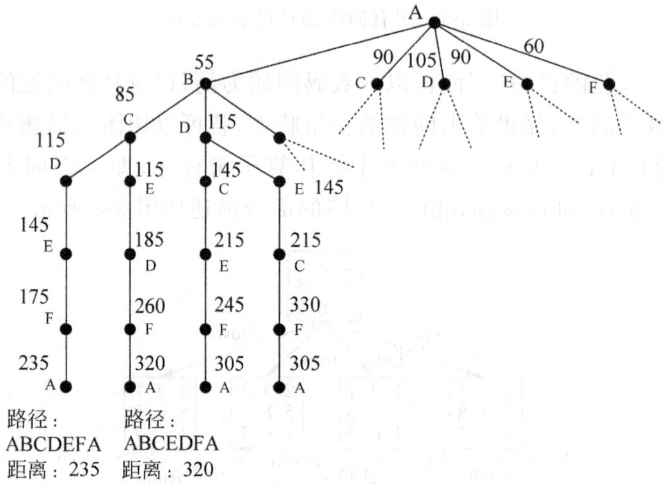

图 3-6　旅行商问题状态空间图(部分)

上面两个例子只绘出了问题的部分状态空间图，当然，完全可以绘出问题的全部状态空间图，但对实际问题，要在有限的时间内绘出问题的全部状态图是不可能的。因此，这类显示描述对于大型问题的描述来说是不切实际的，而对于具有无限节点集合的问题来说则是不可能的。因此，要研究能在有限时间内搜索到较好解的搜索算法。

状态空间搜索是搜索某个状态空间以求得操作算子序列的一个解答的过程。这种搜索是状态空间问题求解的基础。搜索策略的主要任务是确定选取操作算子的方式。它有两种基本方式：盲目搜索和启发式搜索。

3.3　盲目的图搜索策略

3.3.1　深度优先搜索策略

一个搜索算法的策略就是要决定树或图中状态的搜索次序。宽度、深度优先搜索是状态空间的最基本的搜索策略。深度优先搜索法是按图 3-7 所示的次序来搜索状态的。

搜索从 S_0 出发，沿一个方向一直扩展下去，如状态 1、2、3、…，直到达到一定的深度(这

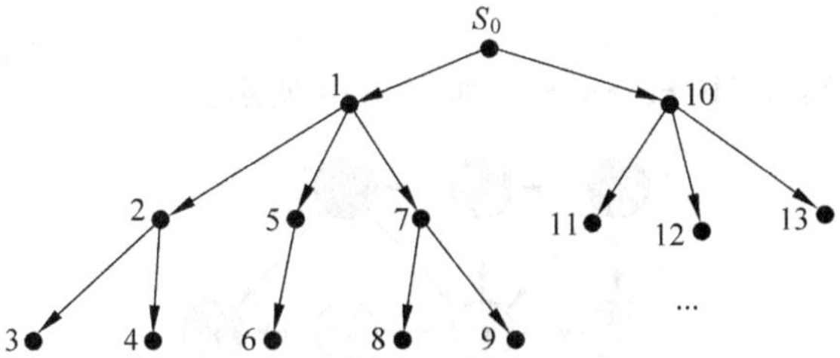

图 3-7 深度优先搜索策略

里假定为 3 层)。若未找到目的状态或无法再扩展时,便回溯到另一条路径(状态 4)继续搜索;若还未找到目的状态或无法再扩展时,再回溯到另一条路径(状态 5,6)搜索……

在深度优先搜索中,当搜索到某一个状态时,它所有的子状态以及子状态的后裔状态都必须先于该状态的兄弟状态被搜索。深度优先搜索在搜索空间时应尽量往深处去,只有当再也找不出某状态的后裔状态时,才能考虑它的兄弟状态。很明显,深度优先搜索法不一定能找到最优解,并且可能由于深度的限制,会找不到解(待求问题存在着解),然而,如果不加深度限制值,则可能会沿着一条路径无限地扩展下去。为了保证找到解,那就应选择合适的深度限制值,或采取不断加大深度限制值的办法,反复搜索,直到找到解。在深度优先算法中,可以使用栈(stack)数据结构来实现上述特性。

以图 3-8 为例寻找到节点 a 到节点 i 的路径。如图 3-9 所示,初始化栈结构的 open 表和 close 表,基于堆栈的深度优先算法的工作流程如下:首先将 a 节点从 open 表放入 close 表中,并将 a 节点的子节点 b、e、d 放入 open 表中(堆栈)。将 open 表最前端的节点——b 出栈并放入 close 表中,并将 b 节点的子节点 c 放入 open 表中(堆栈)。重复此过程,直到出栈节点的子节点是目标节点,算法执行结束。

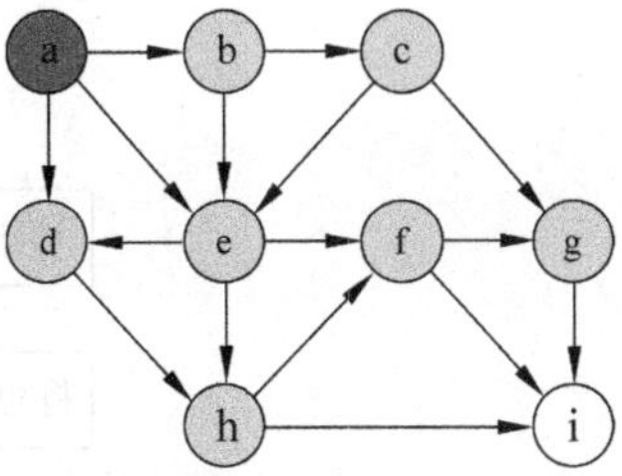

图 3-8 无权图

在深度优先搜索过程中,Open 表和 Close 表的变化情况如表 3-2 所示。

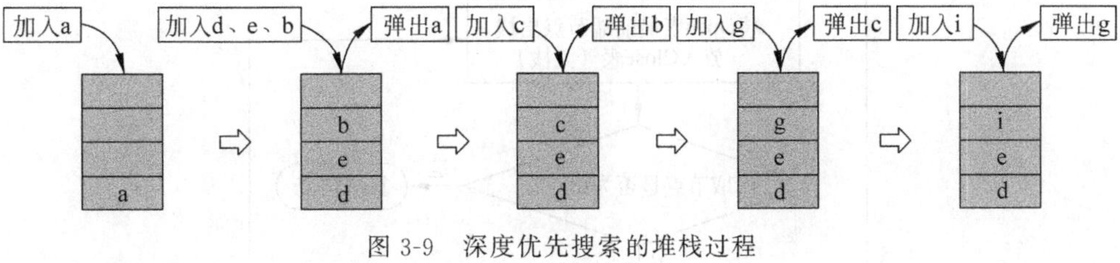

图 3-9 深度优先搜索的堆栈过程

表 3-2 在深度优先搜索过程中,Open 表和 Close 表的变化情况

搜索次数	Open 表	Close 表
0	a	
1	b、e、d	a
2	c、e、d	b、a
3	g、e、d	c、b、a
4	i、e、d	g、c、b、a
5	e、d	i、g、c、b、a

从 i 回溯得到路径：a→b→c→g→i。如图 3-10 所示。

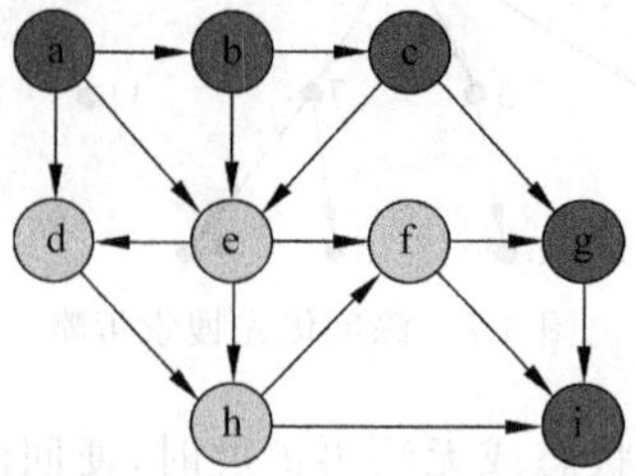

图 3-10　深度优先搜索的求解结果

深度优先搜索并不能保证第一次搜索到某个状态时的路径是到这个状态的最短路径。对于任何状态而言，以后的搜索有可能找到另一条通向它的路径。如果路径的长度对解题很关键的话，当算法多次搜索到同一个状态时，应该保留最短路径。具体可把每个状态用一个三元组来保存(状态、父状态、路径长度)。当生成子状态时，将路径长度加 1，与子状态一起保存起来。当有多条路径可到达某子状态时，这些信息可帮助选择最优的路径。必须指出，深度优先搜索中简单保存这些信息也不能保证算法能得到的解题路径是最优的。深度优先搜索算法的流程图如图 3-11 所示。

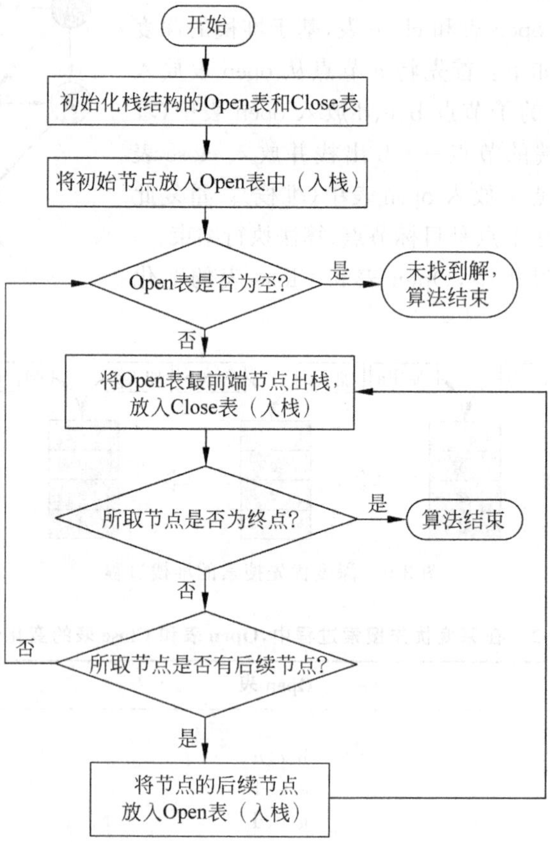

图 3-11　深度优先搜索流程图

一方面，深度优先搜索能尽快地深入下去，如果已知解题路径很长，深度优先搜索就不会在初始状态的周围即“浅层”状态上浪费时间；另一方面，深度优先搜索会在搜索的深处“迷失方向”，找不到通向目的地更短路径或陷入到一个不通往目的地无限长的路径中。深度优先搜索在搜索有大量分支的状态空间时有相当高的效率，它不需要把某一层上的所有节点都进行扩展。

3.3.2　宽度优先搜索策略

宽度优先搜索法是按照图 3-12 所示的次序来搜索状态的。由 S_0 生成状态 1、2，然后扩展状态 1，生成状态 3、4、5，接着扩展状态 2，生成状态 6、7、8，该层扩展完后，再进入下一层，对状态 3 进行扩展，如此一层一层地扩展下去，直到搜索到目的状态(如果目的状态存在)。

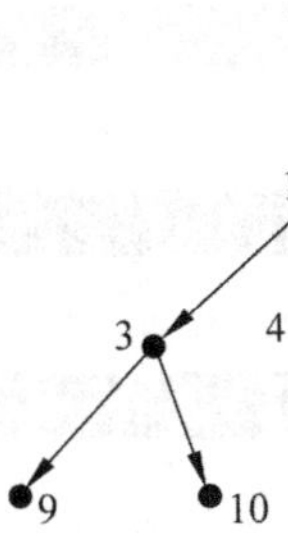

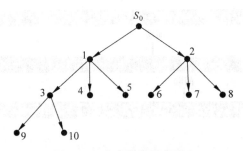

图 3-12　宽度优先搜索策略

为了实现波状推进搜索特性，宽度优先搜索算法使用队列作为 openlist 的数据结构。队列是一种先进先出的数据结构。以图 3-13 为例，首先创建一个队列作为 openlist，将初始节点 a 加入 openlist，如图 3-13 所示。

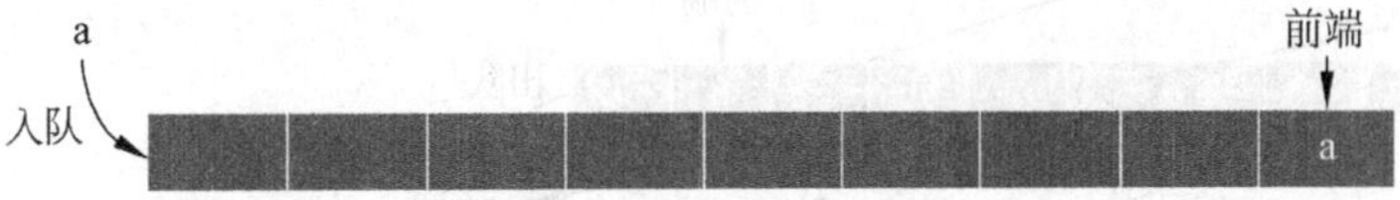

图 3-13　节点 a 加入队列

接着将节点 a 弹出 openlist，加入 closelist。将节点 a 周围没有访问过的节点加入 openlist，如图 3-14 所示。

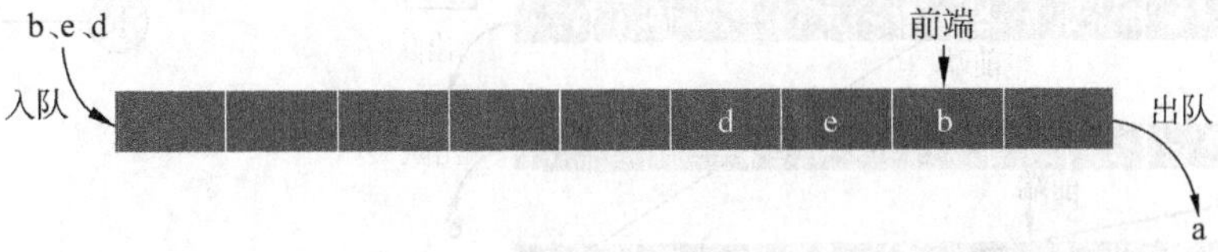

图 3-14　节点 a 周围没有访问过的节点加入队列

按照上面的流程不断地弹出、扩展节点，直到找到节点 i 为止，完整流程如图 3-15 所示。

从终点回溯，i 的父节点为 f，f 的父节点为 e，e 的父节点为 a，这样就可以得到 a～i 的最短路径为：a→e→f→i，如图 3-16 所示。

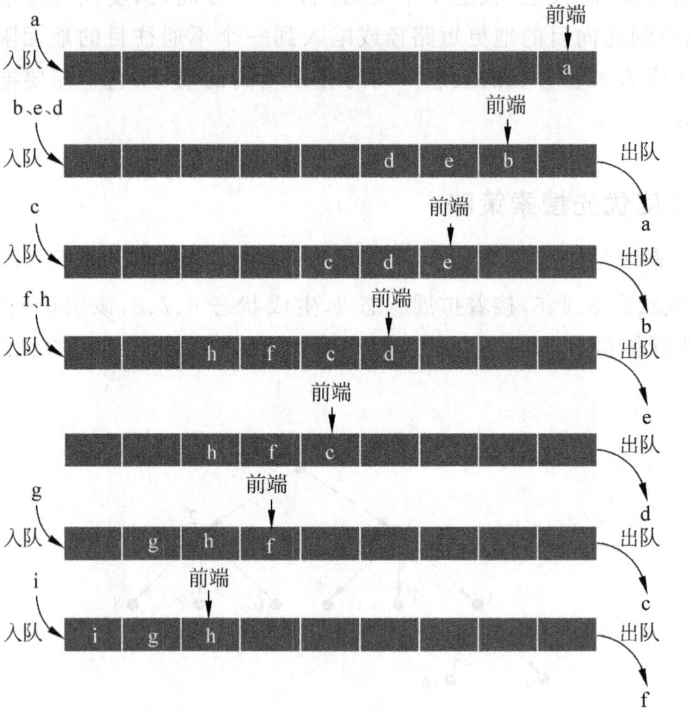

图 3-15 完整流程

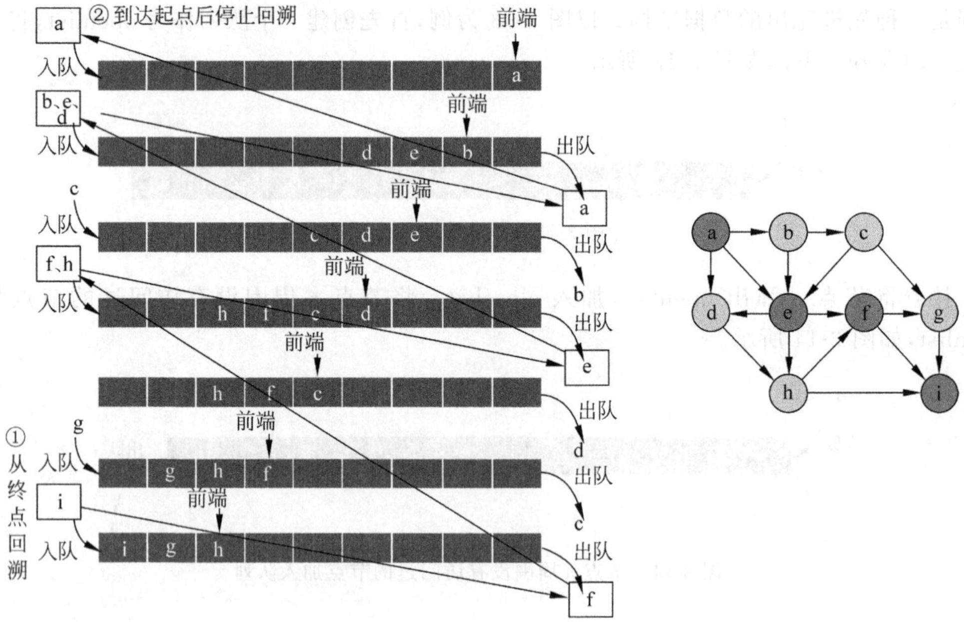

图 3-16 终点回溯并得到最短路径

在宽度优先搜索过程中，Open 表和 Close 表的变化情况如表 3-3 所示。

表 3-3 在宽度优先搜索过程中，Open 表和 Close 表的变化情况

搜索次数	Open 表	Close 表
0	a	
1	b、e、d	a
2	e、d、c	a、b
3	d、c、f	a、b、e
4	c、f、h	a、b、e、d
5	f、h、g	a、b、e、d、c
6	h、g、i	a、b、e、d、c、f

显而易见，相较于深度优先搜索算法，宽度优先搜索算法中使用了大量的入队、出队操作，耗时增加，但是能保证找到最优路径。

宽度优先搜索算法的流程图如图 3-17 所示。

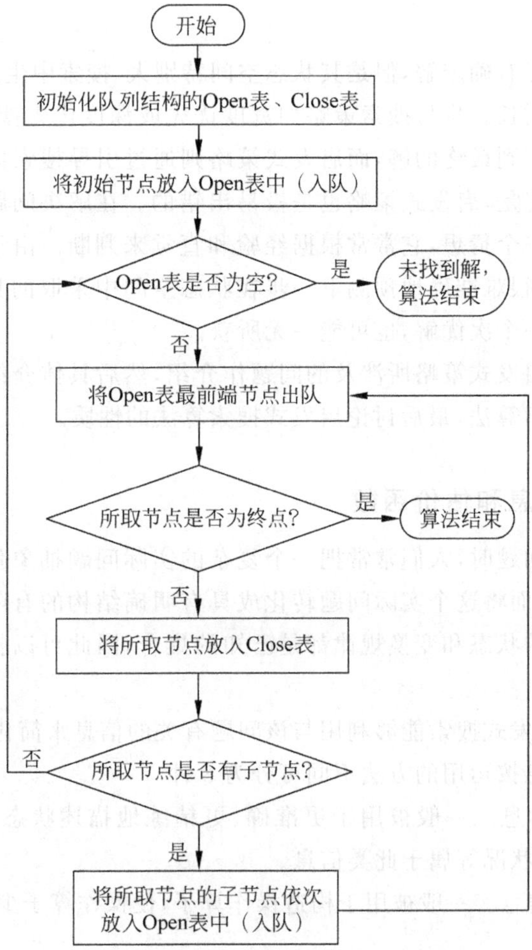

图 3-17 宽度优先搜索算法的流程图

3.4 启发式图搜索策略

3.4.1 启发式算法

3.3节所介绍的大部分搜索方法都是盲目搜索方法，其搜索的复杂性往往是很高的。对于特定问题，在不具有任何相关信息的条件下，按固定的步骤(依次或随机调用操作算子)进行的搜索，在搜索过程中所获得的信息不用来改进控制策略。盲目搜索效率低，主要用于简单问题的求解。为了提高算法的效率，必须放弃利用纯数学的方法来决定搜索节点的次序，而需要对具体问题进行具体分析，利用与问题有关的信息，得到启发来引导搜索，以达到减少搜索量的目的。

考虑特定问题领域可应用的知识，动态地确定调用操作算子的步骤，优先选择较适合的操作算子，尽量减少不必要的搜索，以求尽快地到达目标状态。启发式搜索在搜索过程中加入了与问题有关的启发性信息，用以指导搜索朝着最有希望的方向前进，加速问题的求解过程并找到最优解。

虽然一个问题可能有确定解，但是其状态空间特别大，搜索中生成扩展的状态数会随着搜索的深度呈指数级增长。盲目搜索策略如宽度优先或深度优先搜索，在一个给定的较实际的时空内很可能得不到最终的解，而启发式策略则通过引导搜索向最有希望的方向进行来降低搜索复杂度。但是，启发式策略也是极易出错的。在解决问题过程中启发仅仅是下一步将要采取措施的一个猜想，它常常根据经验和直觉来判断。由于启发式搜索只利用特定问题的有限的信息，很难准确地预测下一步在状态空间中采取的具体的搜索行为。一个启发式搜索可能得到一个次优解，也可能一无所获。

本节先对启发及启发式策略所涉及的问题作介绍，然后具体介绍启发式图搜索算法的A搜索算法及A*搜索算法，最后讨论启发式搜索算法的性质。

3.4.2 启发信息和估价函数

在解决一个实际问题时，人们常常把一个复杂的实际问题抽象化，保留某些主要因素，忽略大量次要因素，从而将这个实际问题转化成具有明确结构的有限或无限的状态空间问题。这个状态空间中的状态和变换规律都是已知的集合，因此可以找到一个求解该问题的算法。

在具体求解中，启发式搜索能够利用与该问题有关的信息来简化搜索过程，称此类信息为启发信息。启发信息按运用的方法不同可分为3种。

(1) 陈述性启发信息。一般被用于更准确、更精练地描述状态，使问题的状态空间缩小，如待求问题的特定状况等属于此类信息。

(2) 过程性启发信息。一般被用于构造操作算子，使操作算子少而精，如一些规律性知识等属于此类信息。

(3) 控制性启发信息。它是表示控制策略方面的知识，包括协调整个问题求解过程中所使用的各种处理方法、搜索策略、控制结构等有关的知识。

用估价函数(evaluation function)估计待搜索节点的"有希望"程度,并依次给它们排定次序。估价函数 $f(x)$可以是任意一种函数,如定义为节点 x 处于最佳路径上的概率,或是 x 节点和目的节点之间的距离或差异,或是 x 格局的得分等。

一般来说,估计一个节点的价值,必须综合考虑两方面的因素: 已经付出的代价和将要付出的代价。因此,估价函数 $f(n)$定义为从初始节点经过 n 节点到达目的节点的路径的最小代价估计值,其一般形式是

$$f(n)=g(n)+h(n) \tag{3-3}$$

式中: $g(n)$为从初始节点到 n 节点的实际代价; $h(n)$为从 n 节点到目的节点的最佳路径的估计代价。

因为实际代价 $g(n)$可以根据已生成的搜索树实际计算出来,而估计代价 $h(n)$是对未生成的搜索路径作某种经验性的估计。这种估计来源于对问题解的某些特性的认识,希望依靠这些特性来更快地找到问题的解,因此,主要是 $h(n)$体现了搜索的启发信息。$h(n)$称为启发函数。

$g(n)$的作用一般是不可忽略的。因为它代表了从初始节点经过 n 节点到达目的节点的总代价估值中实际已付出的那一部分。保持 $g(n)$项就保持了搜索的宽度优先成分,$g(n)$的比重越大,越倾向于宽度优先搜索方式。这有利于搜索的完备性,但会影响搜索的效率。$h(n)$的比重越大,表示启发性能越强。在特殊情况下,如果只希望找到达到目的节点的路径而不关心会付出什么代价,则 $g(n)$的作用可以忽略。另外,当 $h(n)$远大于 $g(n)$时,也可忽略 $g(n)$,这时有 $f(n)=h(n)$,有利于提高搜索的效率,但影响搜索的完备性。

给定一个问题后,根据该问题的特性和解的特性,可以有多种方法定义估价函数,用不同的估价函数指导搜索,其效果可以相差很远。因此,必须尽可能选择最能体现问题特性的、最佳的估价函数。

例 3-2　八数码问题的估价函数

它的设计方法有多种,并且不同的估价函数对求解八数码问题有不同的影响。

(1) 估价函数是一格局与目的格局位置不符的数码数目。这是最简单的设计方法。直观感觉认为这种估价函数很有效,因为在其他条件相同的情况下,某格局位置不符的数码数目越少,则它和最终目的越接近,因而它是下一个搜索格局。但是,这种估价函数并没有充分利用所能获得的信息。它没有考虑数码所需移动的距离。

(2) 估价函数是各数码移到目的位置所需移动距离的总和。这两种估价函数都没有考虑数码逆转(与目的格局中数码排列的先后顺序)的情况。如果两块数码相邻但与目标格局相比位置相反,则至少需移动 3 次才能将它们移到正确的位置上。

(3) 估价函数是位置不符数码数目的总和与 3 倍数码逆转数目相加。它克服了仅计算数码逆转数目策略的局限。这个例子说明,设计一个好的估价函数具有相当的难度。设计估价函数的目标就是利用有限的信息作出一个较精确的估价函数。好的估价函数的设计是一个经验问题,判断和直觉是很重要的因素,但是衡量其好坏的最终标准是在具体应用时的搜索效果。

3.4.3 A搜索算法

启发式图搜索法的关键是如何寻找并设计一个与问题有关的 $h(n)$ 及构造出 $f(n)=g(n)+h(n)$，然后以 $f(n)$ 的大小来排列待扩展状态的次序，每次选择 $f(n)$ 值最小者进行扩展。与宽度优先及深度优先搜索算法一样，启发式图搜索算法使用两张表记录状态信息：在 Open 表中保留所有已生成而未扩展的状态；在 Closed 表中记录已扩展过的状态。与宽度优先及深度优先搜索算法一样，启发式图搜索算法使用两张表来记录状态信息：Open 表中保留所有已生成而未扩展的状态；Close 表中记录已扩展过的状态。算法搜索过程中每次从 open 表中优先取出启发估价函数值最小的状态加以扩展。

A 算法是基于估价函数的一种加权启发式图搜索算法，具体步骤如下。

步骤 1：计算出初始结点的启发式估值函数值，并放入 Open 表；

步骤 2：若 Open 表为空，则搜索失败，退出；

步骤 3：移出 Open 表中估值函数值最小的节点 N，放入 Closed 表中并编号；

步骤 4：若节点 N 等于目标节点，则算法成功搜索到结果且可以回溯获得搜索路径，算法结束；

步骤 5：若 N 不可扩展，转入步骤 2；

步骤 6：扩展 N，获得 N 的子结点并对其进行启发式函数估值，转入步骤 3。

如果 Open 表的第一个状态不是目的状态，则算法利用与之相匹配的一系列操作算子进行相应的操作来产生它的子状态。如果某个子状态已在 Open 表（或 Closed 表）中出现过，即当该状态再一次被发现时，则通过刷新它的祖先状态的历史记录，使算法找到到达目的状态的更短的路径。A 搜索算法中，每个状态都保留了其父状态的信息，以保证能返回完整的搜索路径。

图是一个层次式状态空间，有些状态还用括号标上了相应的估价函数值。标上值的那些状态都是在 A 搜索中实际生成的。在这个图中，A 搜索算法扩展的状态都已显示，可以看出 A 搜索算法无法搜索所有的状态空间。A 搜索算法的目标是尽可能地减小搜索空间而得到解，一般地说，启发信息给得越多即估价函数值越大，需搜索处理的状态数就越少。

A 搜索算法总是从 Open 表中选取估价函数值最小的状态进行扩展。但是，在图 3.18 中假定 P 是目的状态，而到 P 的路径上的状态有较小的估价函数值，从而可以看出，启发信息难免会有错误，状态 O 比 P 的估价函数值小而先被搜索扩展。然而，A 搜索算法本身具有纠错功能，能从不理想的状态跳转到正确的状态即从 B 跳到 C 上来进行搜索。

因此，A 搜索算法并不丢弃其他所生成的状态而把它们保留到 Open 表中。当某一个启发信息将搜索导向错误路径时，算法可以从 Open 表中检索出先前生成的“次最好”状态，并且将搜索方向转向状态空间的另一部分上。如图 3-18 所示，当算法发现状态 F 的子状态的估价函数值很差时，搜索便转移到 C，但 F 的子状态 L 和 M 都保留在 Open 表中，以防算法在未来的某一步再一次转向它们。

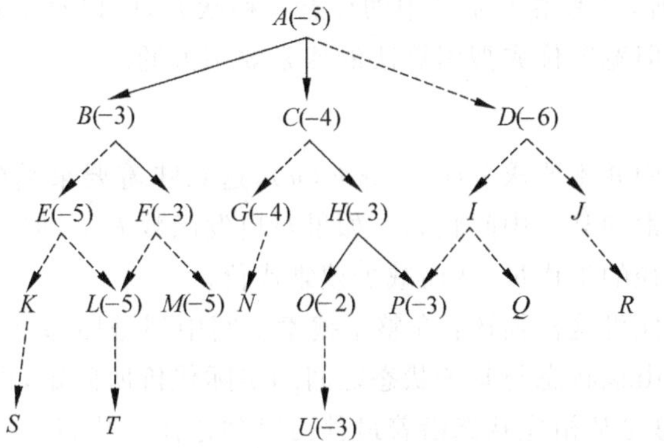

图 3-18 启发式图搜索

3.4.4 A＊搜索算法

定义 $h*(n)$ 为状态 n 到目的状态的最优路径的代价，则当 A 搜索算法的启发函数 $h(n)$ 小于或等于 $h*(n)$，即对所有节点 n 满足

$$h(n) \leqslant h*(n) \tag{3-4}$$

时，A 搜索算法被称为 A＊搜索算法。A＊搜索算法是由著名的人工智能学者尼尔逊提出的，它是目前最有影响的启发式图搜索算法，也称为最佳图搜索算法。

A＊搜索算法比 A 搜索算法好。它不仅能得到目标解，并且还一定能找到最优解（只要问题有解）。在一些问题求解中，只要搜索到一个解，就会想得到最优解，关键是提高搜索效率。那么，是否还有更好的启发式策略？在什么意义上称某一个启发式策略比另一个好？另外，当通过启发式搜索得到某一状态的路径代价时，是否能保证在以后的搜索中不会出现有更小的代价到达该状态？就上面这些问题，下面讨论 A＊搜索算法的有关特性。

1. 可采纳性

对于一个可解状态空间图而言，如果一个搜索算法在有限步内终止，并能得到最优解，就称该搜索算法是可采纳的。

通过估价函数 $f(n)=g(n)+h(n)$，可归纳出一类可采纳性的启发搜索策略的特征。若 n 是状态空间图中的一个状态，$g(n)$ 是衡量某一状态在图中的深度，$h(n)$ 是 n 到目的状态代价的估计值，此时 $f(n)$ 则是从起点出发，通过 n 到达目标的路径的总代价的估计值。

尽管在绝大部分实际问题中并不存在 $f*(n)$ 这样的先验函数，但可以将 $f(n)$ 作为 $f*(n)$ 的一个近似估计函数。在 A 搜索算法及 A＊搜索算法中，$g(n)$ 作为 $g*(n)$ 的近似估价，可能两者并不相等，但有 $g(n) \geqslant g*(n)$。仅当搜索过程已发现了到达 n 状态的最佳路径时，它们才相等。同样地，可以用 $h(n)$ 代替 $h*(n)$ 作为 n 状态到目标状态的最小代价估计值。虽然在绝大多数情况下无法计算 $h*(n)$，但是要判别某一 $h(n)$ 是否大于 $h*(n)$ 还是可能的。

可以证明，所有的 A＊搜索算法都是可采纳的。宽度优先算法是 A＊搜索算法的一个特例，是一个可采纳的搜索算法。该算法相当于在 A＊搜索算法中取 $h(n)=0$ 和 $f(n)=g(n)$。宽度优先搜索时对某一状态只考虑它同起始状态的距离代价。这是由于该算法在

考虑 $n+1$ 层状态之前,已考察了 n 层中的任意一种状态,所以每个目的状态都是沿着最短的可能路径找到的。但宽度优先搜索算法的搜索效率太低。

2. 单调性

在 A＊搜索算法中并不要求 $g(n)=g^*(n)$,这意味着要采纳的启发式算法可能会沿着一条非最佳路径搜索到某一中间状态。如果对启发函数 $h(n)$加上单调性的限制,可以减少比较代价和调整路径的工作量,从而减少搜索代价。

搜索算法的单调性可这样描述:在整个搜索空间中都是局部可采纳的。一个状态和任一个子状态之间的差由该状态与其子状态之间的实际代价所限定,也就是说,启发策略无论何处都是可采纳的,总是从祖先状态沿着最佳路径到达任一状态。于是,由于算法总是在第一次发现该点时就已经发现了到达该点状态的最短路径,所以当某一状态被重新搜索时,就无须检验新的路径是否更短。这就意味着当某一状态被重新搜索时,可以将其立即从 Open 表或 Closed 表中删除,而无须修改路径的信息。容易证明单调性启发策略是可采纳的。这意味着单调性策略中的 $h(n)$,满足 A＊搜索策略的下界要求,算法是可采纳的。

3. 信息性

信息在启发式搜索中非常重要。在两个 A＊启发策略的 h_1 和 h_2 中,如果对搜索空间中的任一状态 n 都有 $h_1(n)\leqslant h_2(n)$,就称策略 h_2 比 h_1 具有更多的信息性。如果某一搜索策略的 $h(n)$越大,则它所搜索的状态越少。

如果启发策略 h_2 的信息性比 h_1 多,则用 h_2 所搜索的状态集合是 h_1 所搜索的状态集合的一个子集。因此,A＊搜索算法的信息性越多,它所搜索的状态数就越少。必须注意的是,更多的信息性需要更多的计算时间,从而有可能抵消减少搜索空间所带来的益处。

路径搜索是 A＊搜索算法的经典应用。下面将以图搜索为例,阐述 A＊搜索算法的相关计算过程。假设某人要从 A 点移动到 B 点,但是这两点之间被一堵墙隔开。如图 3-19 所示,绿色方块是 A 点,红色方块是 B 点,中间的蓝色是障碍物。

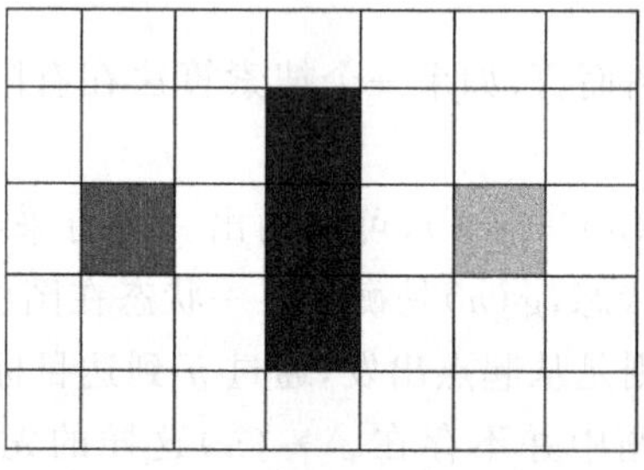

图 3-19　路径搜索地图(见文前彩图)

从图 3-19 中可以看到,搜寻的区域划分成了正方形的格子。路径搜索的第一步是简化搜索区域。在本案例中,将搜索区域简化为了二维数组。数组的每一项代表一个格子,每一项的数值代表着格子的状态——状态有可走(walkalbe)和不可走(unwalkable)两种 。通过计算得出从 A 点到 B 点需要走过哪些方格,就找到了路径。一旦找到了路径,人物便从一个方格的中心移动到另一个方格的中心,直至到达目的地。

将搜寻区域简化为可以量化的节点后,下一步要做的便是查找最短路径。在 A＊搜索算法中,算法从起点开始,依次检查其相邻的方格,然后向四周扩展,直至找到目标。

如图 3-20 所示，深绿色的方格为起点，它的外框是亮蓝色，表示该方格被加入了 Close 表。与它相邻的黑色方格是需要被检查的，外框是亮绿色。每个黑方格都有一个灰色的指针指向它们的父节点。在这里是起点 A。

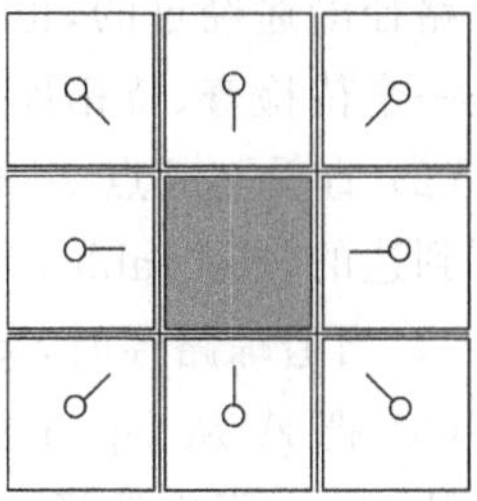

图 3-20 起点 A 及其相邻方格（见文前彩图）

接下来需要从 Open 表中选择一个与起点 A 相邻的方格，作为移动的目标。在这里选择具有最小 F 值的方格。F 的计算公式为：$F=G+H$。其中 G 是从起点 A 到指定方格的移动代价。H 是从指定的方格移动到终点的估算成本。而路径搜索的方法也基于 F 值产生：反复遍历 Open 表，选择 F 值最小的方格作为下一步要走的目标，直至走到终点。

如上所述，G 是从起点 A 移动到 B 的移动代价。在本案例中，将横向和纵向的移动代价为 10，对角线的移动代价为 14。则每个方格的 G 值可以通过找出其父类的 G 值，然后按照与父类的相对位置加上相应的代价。

而对于 H 值，有很多方法可以对其进行求解。在本例中使用曼哈顿算法公式(Manhattan distance calculation)，计算从当前方格横向或纵向移动到达目标所经过的方格数，而忽略对角移动。

综上所述，将 G 和 H 相加便得到 F。则起点相邻方格的 G 值如图 3-21 所示：每个方格都标上了 F、G、H 的值。每个方格左上角数字是 F，左下角数字是 G，右下角数字是 H。例如，起点 A 右侧的方格 $G=10$。这是因为该方格距离起点 A 只有一个水平方格的距离。与起点 A 直接相邻的上方、下方、左方的方格的 G 值都是 10，对角线的方格 G 值都是 14。

H 值通过估算起点与终点 B 的曼哈顿距离(Manhattan distance)得到。从图 3-21 中可以看出，起点 A 右边的方格到终点有 3 个方格的距离，因此 $H=30$。该方格上方的方格到终点有 4 个方格的距离，因此 $H=40$。对于其他的方格都可以用同样的方法计算出 H 值。

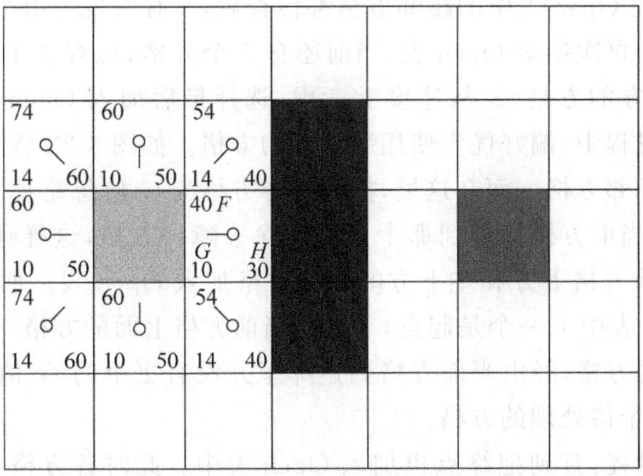

图 3-21 起点 A 及其相邻方格的 G 值和 H 值

A＊搜索算法路径搜索的具体的流程如下。

(1) 从起点 A 开始，将起点加入一个由方格组成的 Open 表中。Open 表中的格子可能会是路径沿途经过的,也有可能不经过。与深度优先搜索和宽度优先搜索算法类似,Open表是一个待检查、待拓展的方格列表。

(2) 查看与起点 A 相邻的方格(忽略障碍物所占领的方格),把其中可走的(walkable)或可到达的(reachable)方格加入 Open 表中。把起点 A 设置为这些方格的父类(parent node)。当追踪路径时,父节点的内容是很重要的。

(3) 把 A 从 Open 表中移除,加入 Close 表中,Close 表中的每个方格是不需要再关注的。从 Open 表中选择 F 值最小的方格,然后对所选择的方格作如下操作。

(4) 将选择方格从 Open 表里取出,放到 Close 表中。

(5) 检查所有与选择相邻的方格,忽略其中在 Close 表中或是不可走的方格。如果方格不在 Open 表中,则把它们加入 Open 表中。把选定的方格设置为这些新加入的方格的父类。

(6) 如果某个相邻的方格已经在 Open 表中,则检查这条路径是否更优,也就是说经由当前方格(选中的方格)到达那个方格是否具有更小的 G 值。如果没有,不做任何操作。相反,如果 G 值更小,则把那个方格的父类设为当前方格,然后重新计算那个方格的 F 值和 G 值。

根据以上对 A＊搜索算法的描述,用实例来演示 A＊搜索算法的运行过程。在最初的 9 个方格中,还有 8 个在 Open 表中,起点被放入 Close 表中。在这些方格中,起点右边的格子的 F 值最小为 40,因此选择这个方格作为下一个要处理的方格。

首先,将该方格从 Open 表移到 Close 表中。该方格右边的方格是墙壁,因此忽略。它左边的方格是起点,在 Close 表中,因此也忽略。其他 4 个相邻的方格均在 Open 表中,需要通过 G 值来判定下一步前进的方向。起点右下方方块现在的 G 值为 14。如果经由当前方格到达那里,G 值将会为 20(其中 10 为到达当前方格的 G 值,此外还要加上从当前方格纵向移动到上面方格的 G 值 10)。显然 20 比 14 大,因此这不是最优的路径。直接从起点沿对角线移动到那个方格比先横向移动再纵向移动要好。

当把 4 个已经在 Open 表中的相邻方格都检查后,没有发现经由当前方格的更好路径,因此不做任何改变。再次搜索 Open 表,当前还有 7 个方格,但有 2 个方格的 F 值都为 54(起点右上方和右下方的方格)。从速度上考虑,选择最后加入 Open 表的是右下角方格。这意味着在搜寻的过程中,偏好优先使用新找到的方格。如图 3-22 所示。

再次重复检查相邻方格。而在这里,把墙下方方格的 G 值忽略掉。因为如果不穿越墙角的话,不能直接从当前方格移动到那个方格。除去障碍方格,这样还剩下 5 个相邻的方格等待检索。将当前方格下方和左下方的 2 个方格加入 Open 表。而剩下的 3 个方格中,有 2 个已经在 Close 表中(一个是起点,一个是当前方格上面的方格)。最后一个方格,也就是当前方格左方的方格,经由当前方格到达那里并没有更小的 G 值,所以不作考虑。从 Open 表中选择下一个待处理的方格。

不断重复这个过程,直到把终点也加入 Open 表中。此时各方格状态如图 3-23 所示。路径搜寻结束。

各方格在地图中的坐标位置如图 3-23 所示。左上角方块坐标为(0,0),右下角方块为(5,7),起点 A 为(2,2),终点 B 为(2,6)。则 A＊搜索算法运行过程中,Open 表和 Close 表的状态如表 3-4 所示。

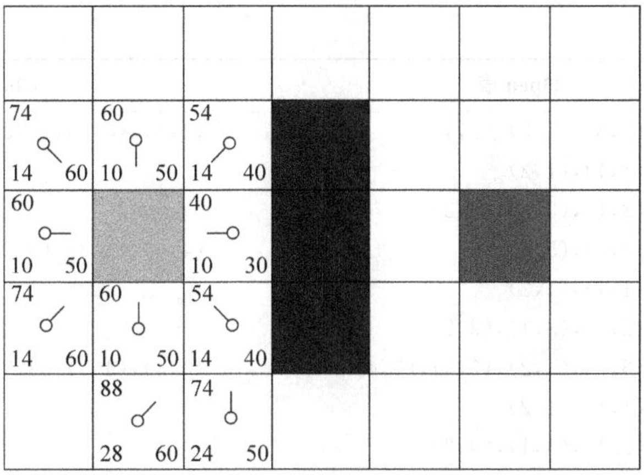

图 3-22 更新当前方格及其相邻方格的 G 值和 H 值

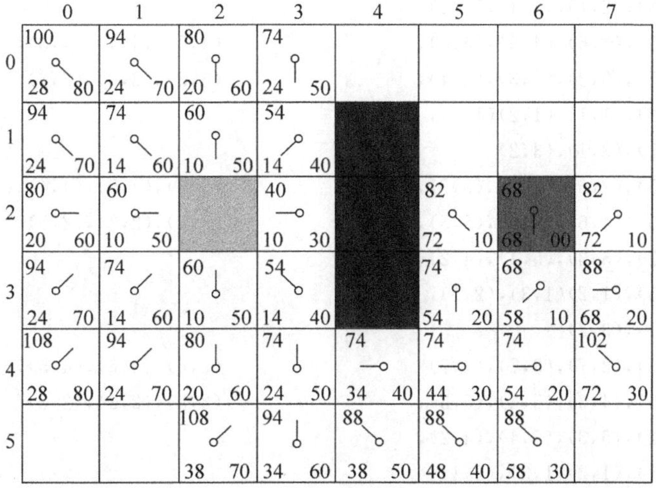

图 3-23 路径规划结果

表 3-4 A * 搜索算法运行过程中,Open 表和 Close 表的状态

更新次数	Open 表	Close 表
0	(2,2),(1,1),(1,2),(1,3),(2,1) (2,3),(3,1),(3,2),(3,3)	
1	(1,1),(1,2),(1,3),(2,1) (2,3),(3,1),(3,2),(3,3)	(2,2)
3	(1,1),(1,2),(1,3),(2,1) (3,1),(3,2),(3,3)	(2,2),(2,3)
4	(1,1),(1,2),(1,3),(2,1) (3,1),(3,2)	(3,3),(2,2),(2,3)
5	(4,2),(4,3),(1,1),(1,2) (1,3),(2,1),(3,1),(3,2)	(3,3),(2,2),(2,3)
6	(4,2),(1,1),(1,2) (1,3),(2,1),(3,1),(3,2)	(4,3),(3,3),(2,2),(2,3)

续表

更新次数	Open 表	Close 表
7	(4,4),(5,2),(5,3),(5,4) (4,2),(1,1),(1,2) (1,3),(2,1),(3,1),(3,2)	(4,3),(3,3),(2,2),(2,3)
8	(5,2),(5,3),(5,4) (4,2),(1,1),(1,2) (1,3),(2,1),(3,1),(3,2)	(4,4),(4,3),(3,3),(2,2),(2,3)
9	(4,5),(5,5),(5,2),(5,3),(5,4) (4,2),(1,1),(1,2) (1,3),(2,1),(3,1),(3,2)	(4,4),(4,3),(3,3),(2,2),(2,3)
10	(5,5),(5,2),(5,3),(5,4) (4,2),(1,1),(1,2) (1,3),(2,1),(3,1),(3,2)	(4,5),(4,4),(4,3), (3,3),(2,2),(2,3)
11	(3,5),(3,6),(4,6),(5,6), (5,5),(5,2),(5,3),(5,4), (4,2),(1,1),(1,2)(1,3), (2,1),(3,1),(3,2)	(4,5),(4,4),(4,3), (3,3),(2,2),(2,3)
12	(2,5),(2,6),(2,7),(3,7),(4,7) (3,5),(4,6),(5,6),(5,5), (5,2),(5,3),(5,4),(4,2), (1,1),(1,2)(1,3),(2,1), (3,1),(3,2)	(3,6),(4,5),(4,4),(4,3), (3,3),(2,2),(2,3)
13	(2,6),(2,7),(3,7),(4,7) (3,5),(4,6),(5,6),(5,5), (5,2),(5,3),(5,4),(4,2), (1,1),(1,2)(1,3),(2,1), (3,1),(3,2)	(2,6),(3,6),(4,5),(4,4),(4,3), (3,3),(2,2),(2,3)

那么怎么样确定实际路径呢？如图 3-24 所示，从终点开始，按着箭头向父节点移动，这样就能回溯到起点。

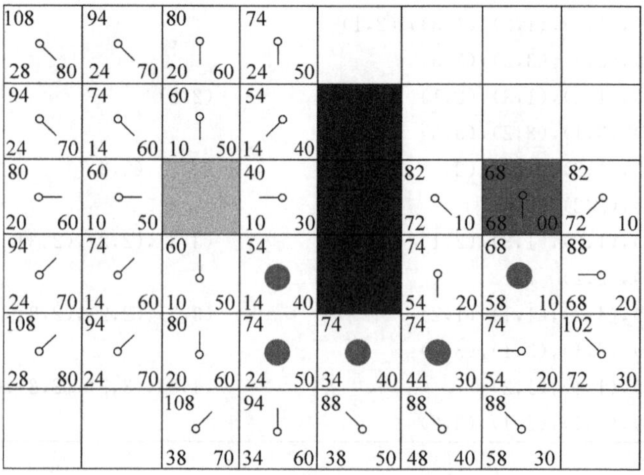

图 3-24　最终回溯的路径

3.5　本章小结

1. 搜索的概念

在搜索中需要解决是否一定能找到一个解、是否终止运行、找到的解是否为最佳解、搜索过程的时间与空间复杂性如何等基本问题。

搜索的方向有正向搜索、逆向搜索和双向搜索。

盲目搜索是在不具有对特定问题的任何有关信息的条件下，按固定的步骤（依次或随机调用操作算子）进行的搜索。

启发式搜索则是考虑特定问题领域可应用的知识，动态地确定调用操作算子的步骤，优先选择较适合的操作算子。

2. 状态空间知识表示方法

状态空间是利用状态变量和操作符号，表示系统或问题的有关知识的符号体系，状态空间是一个四元组(S,O,S_0,G)。任何类型的数据结构都可以用来描述状态，如符号、字符串、向量、多维数组、树和表格等。从S节点到G节点的路径被称为求解路径。状态空间的一个解是一个有限的操作算子序列，它使初始状态转换为目标状态。

3. 宽度优先搜索法

宽度优先搜索法是由S_0生成新状态，然后依次扩展这些状态，再生成新状态，该层扩展完后，再进入下一层，如此一层一层地扩展下去，直到搜索到目标状态（如果目标状态存在）。

4. 深度优先搜索法

深度优先搜索法是从S_0出发，沿一个方向一直扩展下去，直到达到一定的深度。如果未找到目标状态或无法再扩展时，便回溯到另一条路径继续搜索；若还未找到目标状态或无法再扩展时，再回溯到另一条路径搜索。

5. 启发式图搜索策略

在具体求解中，能够利用与该问题有关的信息来简化搜索过程，称此类信息为启发信息，称这种利用启发信息的搜索过程为启发式搜索。A搜索算法是寻找并设计一个与问题有关的$h(n)$及构造出$f(n)=g(n)+h(n)$，然后以$f(n)$的大小来排列待扩展状态的次序，每次选择$f(n)$值最小者进行扩展。定义$h*(n)$为状态n到目标状态的最优路径的代价。对于一个具体问题，只要有解，则一定存在$h*(n)$。当要求估价函数中的$h(n)$都小于或等于$h*(n)$时，A搜索算法就成为A*搜索算法。

习　题

1. 启发式搜索中，通常Open表上的节点按照它们f函数值的____顺序排列。（　　）
   A. 平均值　　B. 递减　　C. 最小　　D. 递增
2. 如果重排Open表是依据$f(x)=g(x)+h(x)$进行的，则称该过程为____。（　　）
   A. A*搜索算法　　B. A搜索算法　　C. 有序搜索　　D. 启发式搜索

3. 在与或树和与或图中，我们把没有任何父辈节点的节点叫作____。(　　)

A. 叶节点　　B. 端节点　　C. 根节点　　D. 初始节点

4. 宽度优先搜索方法能够保证在搜索树中找到一条通向目标节点的____途径(如果有路径存在时)。(　　)

A. 可行　　B. 最短　　C. 最长

5. A*搜索算法是一种____。(　　)

A. 图搜索策略　　B. 有序搜索算法　　C. 盲目搜索　　D. 启发式搜索

6. 应用某个算法(如等代价算法)选择 Open 表上具有最小 f 值的节点作为下一个要扩展的节点。这种搜索方法的算法就叫作____。(　　)

A. 盲目搜索　　B. 深度优先搜索　　C. 有序搜索算法　　D. 极小极大分析法

7. 什么是图搜索过程？其中，重排 Open 表意味着什么，重排的原则是什么？

8. 对图 3-25 的状态空间图进行以下算法求解：①宽度优先；②深度优先。其中，A 为起点，E 为终点。

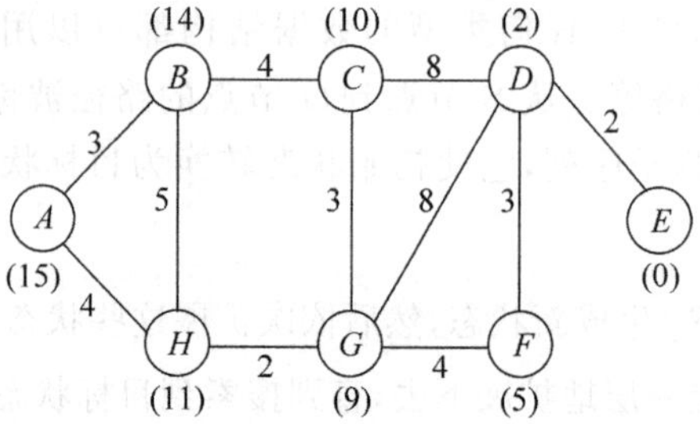

图 3-25　状态空间图

第4篇

知识表示、推理及专家系统

学习目标

- 了解知识与知识表示的基本概念,掌握几种常用知识表示方法的原理
- 了解推理的概念、分类与推理的方向。掌握海伯伦定理及鲁宾逊归结原理,理解归结反演推理方法的思想与步骤、会利用归结原理解决实际问题
- 了解不确定性推理的基本概念。掌握几种常用不确定性推理方法的原理
- 了解专家系统的基本概念和组成,了解常用的几个开发专家系统的骨架系统,掌握专家系统的工作原理和建立专家系统的方法
- 通过案例“依据下面的飞机工艺装配数据表(中央翼部分),建立一个简易的专家系统”,理解专家系统在制造业中的应用

知识导图及项目导引

知识导图

人类的智能活动主要是获得并运用知识。知识是智能的基础。为了使计算机具有智能,使它能模拟人类的智能行为,就必须使它具有知识。但知识需要用适当的模式表示出来才能存储到计算机中去。为使计算机具有智能,仅仅使计算机拥有知识是不够的,还必须使它具有思维能力,即能运用知识求解问题。推理是求解问题的一种重要方法。因此,推理方法成为人工智能的一个重要研究课题。目前,人们已经对推理方法进行了比较多的研究,提出了多种可在计算机上实现的推理方法。如建立在经典逻辑基础上的确定性推理和不确定性推理。确定性推理是运用确定性知识从确定的事实或证据进行精确推理得到确定性结论的推理方法。不确定性推理是在信息不完善、不精确的情况下,运用不确定性知识进行思维、求解问题。

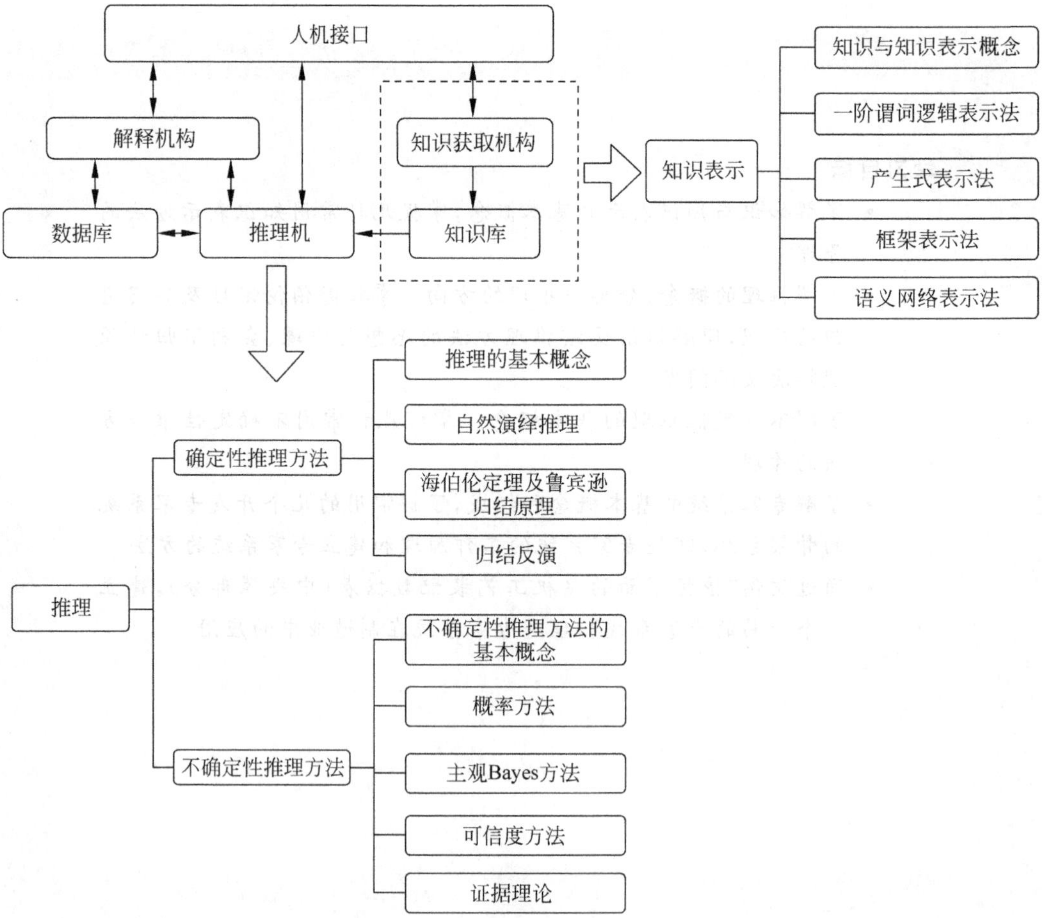

专家系统便是在上述知识表示、知识推理方法的基础上发展而来，实现了计算机具备智能，可以帮助人类解决某一领域内的现实问题。专家系统作为一种计算机系统，继承了计算机快速、准确的特点，在某些方面比人类专家更加可靠、灵活，可以不受时间、地域以及人为因素的影响。

本篇首先介绍知识与知识表示方法，让读者掌握知识表示的常用方法；其次介绍知识推理中的确定性推理方法和不确定性推理方法，让读者掌握常用的知识推理方法；最后介绍知识推理在专家系统中的应用以及专家系统的搭建方法，使读者可以了解专家系统的工作原理。

本篇的难点是如何理解知识表示方法的工作原理以及知识推理方法的工作原理。

项目导引

项目背景：专家系统在制造业中占重要地位，不仅可以有效地储存和使用工艺知识，还可以降低企业制造成本，增加企业的市场竞争力。专家系统的基本组成是知识库和推理机。

对同一知识，一般都可以用多种方法进行表示，但其效果却不同。应根据不同工业问题需求选择知识表示方法，即能充分表示领域知识、能充分有效地进行推理、便于对知识的组织维护和管理、便于理解与实现等4个方面进行考虑。本书介绍了一阶谓词逻辑、产生式、框架、语义网络、状态空间、模糊逻辑、神经网络、遗传编码等知识表示方法。本项目中可以采用语义网络表示法等来表示领域知识。

推理包括推理方法和控制策略两部分。推理方法有确定性推理和不确定性推理。控制策略主要指推理方法的控制及推理规则的选择策略。推理包括正向推理、反向推理和正反向混合推理。推理策略一般还与搜索策略有关。

工业场景：某厂有一条复杂产品的自动化装配生产线，该生产线上的每台设备都有设备本身的使用记录和维修记录，在工作时会有一个以上的传感器与之相连，以提供数字读数指出设备的工作状态。例如，生产线内温度传感器负责监视每台设备的工作温度。生产线内的光纤传感器会获取装配物体的实时应变，实现装配位置实时校正等。为了方便判断装配故障问题，根据传感器的不同，将每个传感器划分4个临界值，分别有低警戒线、低危险线、高警戒线和高危险线。对于传感器数值处在不同的区间，设备有着对应的处理方式。在低警戒线和高警戒线之间的读数认为是正常的。在高警戒线之上但在高危险线之下，或者，在低警戒线之下但在低危险线之上认为是可接受的，这表明设备将很快会不正常。在高危险线之上，或低危险线之下的读数认为设备不正常，应该关机。当判断设备处于或者即将处于不正常状态时，需要进一步给出设备当前状态的描述，以方便设计的专家系统进行进一步推理，准确地判断出设备问题所在，并给出解决办法。

本篇待解决的问题基于知识的正向推理。一般地说，程序每循环一周，就读取一组输入或传感器的值。推理一直进行，直到得到所有可能的能从输入数据推出的结论为止。这与数据驱动方法，即推理过程是从数据到该数据推出的结论是一致的。

表 4-1 总结了用户的输入和设备需要采取的动作。表 4-2 总结了本例中一些问题的描述和可能引起的对应故障类型。

表 4-1 用户输入和设备动作表

输　入	动　作
传感器值(小于或等于低危险线)，设备问题的描述	机器关机，同时系统给出故障原因以及解决办法
传感器值(大于低危险线、小于或等于低警戒线)，设备情况的描述	机器发出警告，同时系统给出故障预警
传感器值(大于低警戒线、小于或等于高警戒线)	无
传感器值(大于高警戒线、小于或等于高危险线)，设备情况的描述	机器发出警告，同时系统给出故障预警
传感器值(大于高危险线)，设备问题的描述	机器关闭，同时系统给出故障原因以及解决办法

表 4-2 问题描述和故障类型

问题的描述	故障类型
设备内部零件表面出现裂纹	设备出现磨损性故障
设备工作过程中出现剧烈抖动	设备出现薄弱性故障
设备工作过程温度过高	设备出现参数型故障
员工强行启动设备进行工作	设备出现操作与维护不良的故障
……	……

项目要求：依据提供的工艺数据表，建立一个简易的专家系统，可以判断和解决一些装配故障问题。

第4章 知识与知识表示

人类的智能活动主要是获得并运用知识。符号主义学派认为,知识是所有智能行为的基础,要构建智能机器或智能系统,首先必须使其具备知识。但人类用自然语言描述的知识是无法被计算机直接识别和处理的,知识需要用适当的模式表示出来,才能存储到计算机中。因此,知识表示成为人工智能中一个十分重要的研究课题。

4.1 知识与知识表示的概念

4.1.1 知识的概念

知识是人们在长期的生活及社会实践中、在科学研究及实验中积累起来的对客观世界的认识与经验。

知识反映了客观世界中事物之间的关系,不同事物或者相同事物间的不同关系形成了不同的知识。例如,“雪是白色的”是一条知识,它反映了“雪”与“白色”之间的一种关系。又如“如果头痛且流涕,则有可能患了感冒”是一条知识,它反映了“头痛且流涕”与“可能患了感冒”之间的一种因果关系。在人工智能中,把前一种知识称为“事实”,而把后一种称为知识,即用“如果……,则……”关联起来所形成的知识称为“规则”。

知识主要具有相对正确性、不确定性、可表示性与可利用性。

知识的分类有多种。按作用范围划分为常识性知识和领域性知识,按知识的作用及表示划分为事实性知识、过程性知识和控制性知识,按知识的结构及表现形式划分为逻辑性知识和形象性知识。

逻辑性知识是反映人类逻辑思维过程的知识,例如,人类的经验性知识等。这种知识一般都具有因果关系及难以精确描述的特点,它们通常是基于专家的经验,以及对一些事物的直观感觉。在下面将要讨论的知识表示方法中,一阶谓词逻辑表示法、产生式表示法等都是用来表示这种知识的。

人类的思维过程除了逻辑思维外,还有一种称为“形象思维”的思维方式。例如,若问“什么是树?”,如果用文字来回答这个问题,那将是十分困难的,但若指着一棵树说“这就是树”,就容易在人们的头脑中建立起“树”的概念。像这样通过事物的形象建立起来的知识称为形象性知识。目前人们正在研究用神经网络来表示这种知识。

4.1.2 知识表示的概念

知识表示是知识的符号化和形式化的过程,是用机器表示知识的可行性、有效性的一般方法,是一种数据结构与控制结构的统一体,既考虑知识的存储又考虑知识的使用,以把人类知识表示成机器能处理的数据结构。在 AI 领域,研究知识表示方法的目的是用知识来改善程序的性能,其具体表现如下。

(1) 利用知识来帮助选择或限制程序搜索的范围。

(2) 利用知识来帮助程序识别、判断、规划和学习。

已有知识表示方法大都是在进行某项具体研究时提出来的,有一定的针对性和局限性,应用时需根据实际情况做适当的改变,有时还需要把几种表示模式结合起来。在建立一个具体的智能系统时,究竟采用哪种表示模式,目前还没有统一的标准,也不存在一个万能的知识表示模式。但一般来说,在选择知识表示方法时,应从以下几个方面进行考虑。

1. 充分表示领域知识

知识表示模式的选择和确定往往要受到领域知识自然结构的制约,要视具体情况而定。确定一个知识表示模式时,首先应该考虑的是它能否充分地表示领域知识。为此,需要深入了解领域知识的特点以及每一种表示模式的特征,以便做到"对症下药"。例如,在医疗诊断领域中,其知识一般具有经验性、因果性的特点,适合于用产生式表示法来表示;而在设计类(如机械产品设计)领域中,由于一个部件一般由多个子部件组成,部件与子部件既有相同的属性又有不同的属性,即它们既有共性又有特性,因而在进行知识表示时,应该把这个特点反映出来,此时单用产生式模式来表示就不能反映出知识间的这种结构关系,这就需要把框架表示法与产生式表示法结合起来。

2. 有利于对知识的利用

知识的表示与利用是密切相关的两个方面。"表示"的作用是把领域内的相关知识形式化并用适当的内部形式存储到计算机中,而"利用"是使用这些知识进行推理,求解现实问题。显然,"表示"的目的是"利用",而"利用"的基础是"表示"。为了使一个智能系统能有效地求解领域内的各种问题,除了必须具备足够的知识外,还必须使其表示形式便于对知识的利用。合适的表示方法应该便于对知识的利用,能方便、充分、有效地组织推理,确保推理的正确性,提高推理的效率。如果一种表示模式过于复杂或者难于理解,使推理不便于进行匹配、冲突消解及不确定性的计算等处理,那就势必影响到推理效率,从而降低系统求解问题的能力。

3. 便于对知识的组织、维护与管理

对知识的组织与表示方法是密切相关的,不同的表示方法对应于不同的组织方式,这就要求在设计或选择知识表示方法时,充分考虑将要对知识进行的组织方式。另外,在一个智能系统初步建成后,经过对一定数量实例的运行,可能会发现其知识在质量、数量或性能方面存在某些问题,此时或者需要增补一些新知识,或者需要修改甚至删除某些已有的知识。在进行这些工作时,又需要进行多方面的检测,以保证知识的一致性、完整性等,这称为对知识的维护与管理。在确定知识的表示模式时,应充分考虑维护与管理的方便性。

4. 便于理解与实现

一种知识表示模式应是人们容易理解的，这就要求它符合人们的思维习惯。至于实现上的方便性，更是显然的。如果一种表示模式不便于在计算机上实现，那它就没有任何实用价值。

知识表示的常用方法有一阶谓词逻辑表示法、产生式表示法、框架表示法、语义网络表示法。

4.2　一阶谓词逻辑表示法

一阶谓词逻辑表示法是一种重要的知识表示方法，它以数理逻辑为基础，是到目前为止能够表达人类思维活动规律的一种最精准的形式语言。它与人类的自然语言比较接近，又可方便存储到计算机中，并被计算机精确处理。其优点有自然性、精确性、严密性、容易实现。但是一阶谓词逻辑表示法也存在局限性，比如不能表示不确定的知识、组合爆炸、效率低。尽管谓词逻辑表示法有以上一些局限性，但它仍是一种重要的表示方法，许多专家系统的知识表达都采用谓词逻辑表示。例如，格林（Green）等人研制的用于求解化学等方面问题的 QA3 系统，菲克斯（Fixe）等人研制的 STRIPS 机器人行动规划系统，菲尔曼（Filman）等人研制的 FOL 机器证明系统。

人工智能中用到的逻辑可划分为两大类。一类是经典命题逻辑和一阶谓词逻辑，其特点是任何一个命题的真值或者为“真”，或者为“假”，二者必居其一。因为它只有两个真值，因此又称为二值逻辑。另一类是泛指经典逻辑外的那些逻辑，主要包括三值逻辑、多值逻辑、模糊逻辑等，统称为非经典逻辑。

命题逻辑与谓词逻辑是最先应用于人工智能的两种逻辑，对于知识的形式化表示，特别是定理的自动证明发挥了重要作用，在人工智能的发展史中占有重要地位。

4.2.1　命题

谓词逻辑是在命题逻辑基础上发展起来的，命题逻辑可看作是谓词逻辑的一种特殊形式。下面首先讨论命题的概念。

定义 4.1　命题（proposition）是一个非真即假的陈述句。

判断一个句子是否为命题，首先应该判断它是否为陈述句，再判断它是否有唯一的真值。没有真假意义的语句（如感叹句、疑问句等）不是命题。

若命题的意义为真，称它的真值为真，记作 T（True）；若命题的意义为假，称它的真值为假，记作 F（False）。例如，“北京是中华人民共和国的首都”“3<5”都是真值为 T 的命题；“太阳从西边升起”“煤球是白色的”都是真值为 F 的命题。

一个命题不能同时既为真又为假，但可以在一种条件下为真，在另一种条件下为假。例如，“1+1=10”在二进制情况下是真值为 T 的命题，但在十进制情况下是真值为 F 的命题。同样，对于命题“今天是晴天”，也要看当天的实际情况才能决定其真值。

在命题逻辑中，命题常用大写的英文字母表示，例如，可用英文字母 P 表示“西安是个古老的城市”这个命题。

英文字母表示的命题既可以是一个特定的命题,称为命题常量,也可以是一个抽象的命题,称为命题变元。对于命题变元而言,只有把确定的命题代入后,它才可能有明确的真值。

定义 4.2 原子命题是简单陈述句表达的命题,也称为简单命题。

引入否定、合取、析取、条件、双条件等连接词,可以将原子命题构成复合命题。可以定义命题的推理规则和蕴含式,从而进行简单的逻辑证明。

命题逻辑表示法有较大的局限性,它无法把它所描述的事物的结构及逻辑特征反映出来,也不能把不同事物间的共同特征表述出来。例如,对于"老李是小李的父亲"这一命题,若用英文字母 P 表示,则无论如何也看不出老李与小李的父子关系。又如对于"李白是诗人""杜甫也是诗人"这两个命题,用命题逻辑表示时,也无法把两者的共同特征(都是诗人)形式地表示出来。由于这些原因,在命题逻辑的基础上发展了谓词逻辑。

4.2.2 谓词

谓词(predicate)逻辑是基于命题中谓词分析的一种逻辑。一个谓词可分为个体与谓词名两个部分。个体表示某个独立存在的事物或者某个抽象的概念;谓词名用于刻画个体的性质、状态或个体间的关系。

谓词的一般形式是

$$P(x_1, x_2, \cdots, x_n)$$

其中,P 是谓词名,$x_1, x_2, \cdots, x_n$ 是个体。

谓词中包含的个体数目称为谓词的元数。$P(x)$是一元谓词,$P(x, y)$是二元谓词,$P(x_1, x_2, \cdots, x_n)$是 n 元谓词。

谓词名是由使用者根据需要人为定义的,一般用具有相应意义的英文单词表示,或者用大写的英文字母表示,也可以用其他符号,甚至中文表示。个体通常用小写的英文字母表示。例如,对于谓词 $S(x)$,既可以定义它表示"x 是一个学生",也可以定义它表示"x 是一只船"。

谓词中的个体 $x_1, x_2, \cdots, x_n$ 被称为谓词的项。谓词的项可以是代表具体事物的符号或数值,这样的项被称为个体常元;也可以是取不同的值的变元,这样的项被称为个体变元;谓词的项也可以是函数。显然,当项 $x_1, x_2, \cdots, x_n$ 全为常元时,$P(x_1, x_2, \cdots, x_n)$就表示一个命题。但当项中含有变元时,$P(x_1, x_2, \cdots, x_n)$则是一个命题形式,称为(n 元)命题函数或谓词命名式。个体变元的取值范围被称为个体域(或论述域),包揽一切事物的集合则称为全总个体域。

个体是常量,表示一个或者一组指定的个体。例如,"老张是一个教师"这个命题,可以表示为一元谓词 Teacher(Zhang)。其中"Teacher"是谓词名,"Zhang"是个体,"Teacher"刻画了"Zhang"的职业是教师这一特征。又如"5>3"这个不等式命题,可表示为二元谓词 Greater(5,3)。其中"Greater"是谓词名,"5"和"3"是个体,"Greater"刻画了 5 与 3 之间的"大于"关系。"Smith 作为一个工程师为 IBM 工作"这个命题,可表示为三元谓词 Works(Smith,IBM,Engineer)。

一个命题的谓词也不是唯一的。例如,"老张是一个教师"这个命题,也可以表示为二元谓词 $ls-a$(Zhang,Teacher)。

个体是变元,表示没有指定的一个或一组个体。例如,"$x<5$"这个命题,可表示为

Less(x,5)。其中,x 是变元。

当变量用一个具体的个体的名字替代时,则变量被常量化。当谓词中的变元都用特定的个体取代时,谓词就具有一个确定的真值:T 或 F。

个体是函数,表示一个个体到另一个个体的映射。例如,“小李的父亲是教师”,可表示为一元谓词 Teacher(father(Li));“小李的妹妹与小张的哥哥结婚”,可表示为二元谓词 Married(sister(Li),brother(Zhang))。其中,sister(Li),brother(Zhang)是函数。

函数可以递归调用。例如,“小李的祖父”可以表示为 father(father(Li))。

函数与谓词表面上很相似,容易混淆,其实这是两个完全不同的概念。谓词的真值是“真”或“假”,而函数的值是个体域中的某个个体,函数无真值可言,它只是一个在个体域中从一个个体到另一个个体的映射。

在谓词 $P(x_1,x_2,\cdots,x_n)$中,若 $x_i(i=1,2,\cdots,n)$都是个体常量、变元或函数,或称它为一阶谓词。如果某个 x_i 本身就是一个一阶谓词,则称它为二阶谓词,余者类推。例如,“Smith 作为一个工程师为 IBM 工作”这个命题,可表示为二阶谓词 Works(Engineer(Smith),IBM),因为其中个体 Engineer(Smith)也是一个一阶谓词。本书讨论的都是一阶谓词。

1. 谓词公式

1) 连接词(连词)

无论是命题逻辑还是谓词逻辑,均可用下列连接词把一些简单命题连接起来构成一个复合命题,以表示一个比较复杂的含义。

(1)“¬”称为“否定”(negation)或者“非”。它表示否定位于它后面的命题。当命题 P 为真时,$\neg P$ 为假,当 P 为假时,$\neg P$ 为真。

例如,“机器人不在 2 号房间内”,可表示为

$$\neg \mathrm{INROOM}(\mathrm{Robot},R2)。$$

(2)“∨”称为“析取”(disjunction)。它表示被它连接的两个命题具有或关系。

例如,“李明打篮球或踢足球”,可表示为

$$\mathrm{Plays}(\mathrm{LiMing},\mathrm{Basketball}) \vee \mathrm{Plays}(\mathrm{LiMing},\mathrm{Football})。$$

(3)“∧”称为“合取”(conjunction)。它表示它连接的两个命题具有与关系。

例如,“我喜爱音乐与绘画”,可表示为

$$\mathrm{Like}(\mathrm{I},\mathrm{Music}) \wedge \mathrm{Like}(\mathrm{I},\mathrm{Painting})。$$

某些较简单的句子也可以用∧构成复合形式,如“李住在一幢黄色的房子里”可表示为

$$\mathrm{Lives}(\mathrm{Li},\mathrm{House}-1) \wedge \mathrm{Color}(\mathrm{House}-1,\mathrm{Yellow})。$$

(4)“→”称为“蕴含”(implication)或者“条件”(condition)。$P\rightarrow Q$ 表示“P 蕴含 Q”,即表示“如果 P,则 Q”。其中,P 称为条件的前件,Q 称为条件的后件。如

“如果刘华跑得最快,那么他取得冠军”可表示为

$$\mathrm{RUN}(\mathrm{LIUHUA},\mathrm{FASTEST}) \rightarrow \mathrm{WINS}(\mathrm{LIUHUA},\mathrm{CHAMPION})$$

“如果该书是李明的,那么它是蓝色(封面)的”可表示为

$$\mathrm{OWNS}(\mathrm{LIMING},\mathrm{BOOK}-1) \rightarrow \mathrm{COLOR}(\mathrm{BOOK}-1,\mathrm{BLUE})$$

“如果 Jones 制造了一个传感器,且这个传感器不能用,那么他或者在晚上进行修理,或者第二天把它交给工程师”可表示为

$$\text{Produces(Jones, Sensor)} \wedge \neg \text{Works(Sensor)} \rightarrow \text{Fix(Jones, Sensor, Evening)} \vee \text{Give(Sensor, Engineer, Next} - \text{day)}$$

如果后项取值 T(不管其前项的值如何),或者前项取值 F(不管后项的值如何),则蕴含取值 T,否则蕴含取值 F。注意,只有前项为真,后项为假时,蕴含才为假,其余均为真。

"蕴含"与汉语中的"如果……,则……"有区别,汉语中前后要有联系,而命题中可以毫无关系。例如,如果"太阳从西边出来",则"雪是白的",是一个真值为 T 的命题。

(5) "$\leftrightarrow$"称为"等价"(equivalence)或"双条件"(bicondition)。$P \leftrightarrow Q$ 表示命题 P、命题 Q 相互作为条件,即"如果 P,那么 Q;如果 Q,那么 P"。

以上连词的真值由表 4-3 给出。

表 4-3 连词的真值表

P	Q	$\neg P$	$P \vee Q$	$P \wedge Q$	$P \rightarrow Q$	$P \leftrightarrow Q$
T	F	F	T	T	T	T
T	F	F	T	F	F	F
T	F	T	T	F	T	F
T	F	T	F	F	T	T

2) 量词(quantifier)

为刻画谓词与个体间的关系,在谓词逻辑中引入了两个量词:全称量词和存在量词。

(1) 全称量词(universal quantifier)$(\forall x)$表示"对个体域中的所有(或任一个)个体 x"。如

"所有机器人都是灰色的",可表示为

$$(\forall x)[\text{Robot}(x) \rightarrow \text{Color}(x, \text{Gray})]$$

"所有车工都操作车床",可表示为

$$(\forall x)[\text{Turner}(x) \rightarrow \text{Operates}(x, \text{Lathe})]$$

(2) 存在量词(existential quantifier)$(\exists x)$表示"在个体域中存在个体 x"。如

"1 号房间有个物体",可表示为

$$(\exists x)\text{InRoom}(x, R1)$$

"某个工程师操作车床",可表示为

$$(\exists x)[\text{Engineer}(x) \rightarrow \text{Operates}(x, \text{Lathe})]$$

全称量词和存在量词可以出现在同一个命题中。例如,设谓词 $F(x,y)$表示 x 与 y 是朋友,则

$(\forall x)(\exists y)F(x,y)$表示对于个体域中的任何个体 x,都存在个体 y,x 与 y 是朋友;

$(\exists x)(\forall y)F(x,y)$表示在个体域中存在个体 x,与个体域中的任何个体 x 都是朋友;

$(\exists x)(\exists y)F(x,y)$表示在个体域中存在个体 x 与个体 y,x 与 y 是朋友;

$(\forall x)(\forall y)F(x,y)$对于个体域中的任何两个个体 x 和 y,x 与 y 都是朋友。

当全程量词和存在量词出现在同一个命题中时,这时量词的次序将影响命题的意思。如

$(\forall x)(\exists y)(\text{Employee}(x) \rightarrow \text{Manager}(y,x))$表示"每个雇员都有一个经理",

而

$(\exists y)(\forall x)(\mathrm{Employee}(x) \rightarrow \mathrm{Manager}(y,x))$表示“有一个人是所有雇员的经理”

3) 谓词公式

定义 4.3　可按照下述规则得到谓词公式：①单个谓词是谓词公式，称为谓词原子公式；②若 A 是谓词公式，则 $\neg A$ 也是谓词公式；③若 A、B 是谓词公式，则 $A \wedge B$、$A \vee B$、$A \rightarrow B$、$A \leftrightarrow B$ 也是谓词公式；④若 A 是谓词公式，则 $(\forall x)A$、$(\exists x)A$ 也都是谓词公式；⑤有限步应用于①～④生成的公式也是谓词公式。

谓词公式的概念：谓词演算(predicate calculus)由谓词符号、常量符号、变量符号、函数符号以及括号、逗号等一串按一定语法规则组成的字符串的表达式。

在谓词公式中，连接词的优先级别从高到低的排列是

$$\neg, \wedge, \vee, \rightarrow, \leftrightarrow$$

4) 量词的辖域

位于量词后面的单个谓词或者用括号括起来的谓词公式称为量词的辖域，辖域内与量词中同名的变元称为约束变元，不受约束的变元称为自由变元。

如

$$(\exists x)(P(x,y) \rightarrow Q(x,y) \vee R(x,y))$$

其中，$(P(x,y) \rightarrow Q(x,y))$是$(\exists x)$的辖域，辖域内的变元 x 是受$(\exists x)$约束的变元，而 $R(x,y)$中的 x 是自由变元。公式中的所有 y 都是自由变元。

在谓词公式中，变元的名字是无关紧要的，可以把一个名字换成另一个名字。但必须注意，当对量词辖域内的约束变元更名时，必须把同名的约束变元都统一改成相同的名字，且不能与辖域内的自由变元同名；当对辖域内的自由变元改名时，不能改成与约束变元相同的名字。例如，对于公式$(\forall x)P(x,y)$，可改名为$(\forall z)P(z,t)$，这里把约束变元 x 改成了 z，把自由变元 y 改成了 t。

2. 一阶谓词逻辑知识表示方法

从前面介绍的谓词逻辑的例子可见，用谓词公式表示知识的一般步骤如下：

(1) 定义谓词及个体，确定每个谓词及个体的确切定义；

(2) 根据要表达的事物或概念，为谓词中的变元赋以特定的值；

(3) 根据语义用适当的连接符号将各个谓词连接起来，形成谓词公式，从而完整地表达知识。

例 4-1　写出机器人搬弄积木块问题的谓词逻辑表示。

设在一个房间里，有一个机器人 ROBOT，一个壁室 ALCOVE，一个积木块 BOX，两张桌子 A 和 B。开始时，机器人 ROBOT 在壁室 ALCOVE 的旁边，且两手是空的，桌子 A 上放着积木块 BOX，桌子 B 上是空的。机器人把积木 BOX 从桌子 A 上转移到桌子 B 上。

解：根据给出的知识表示步骤，解答如下：

Step1：定义谓词如下：

TABLE(x)：x 是桌子。

EMPTYHANDED(x)：x 双手是空的。

AT(x,y)：x 在 y 的旁边。

HOLDS(y,w)：y 拿着 w。

ON(w,x)：w 在 x 上。

EMPTYTABLE(x)：桌子 x 上是空的。

Step2：本问题所涉及的个体定义为

机器人：ROBOT；积木块：BOX；壁室：ALCOVE；桌子：A；桌子：B。

Step3：根据问题的描述将问题的初始状态和目标状态分别用谓词公式表示出来。

问题的初始状态是

AT(ROBOT,ALCOVE) ∧ EMPTYHANDED(ROBOT) ∧ ON(BOX,A) ∧ TABLE(A) ∧ TABLE(B) ∧ EMPTYTABLE(B)

问题的目标状态是

AT(ROBOT,ALCOVE) ∧ EMPTYHANDED(ROBOT) ∧ ON(BOX,B) ∧ TABLE(A) ∧ TABLE(B) ∧ EMPTYTABLE(A)

Step4：问题表示出来后，如何求解问题

在将问题初始状态和目标状态表示出来后，对此问题的求解，实际上是寻找一组机器人可进行的操作，实现由初始状态到目标状态的机器人操作过程。机器人可进行的操作一般分为先决条件和动作两部分，先决条件可以很容易地用谓词公式表示，而动作则可以通过前后的状态变化表示出来，也就是说只要指出动作执行后，应从动作前的状态表中删除和增加什么谓词公式，就可以描述相应的动作了。

机器人要将积木块从桌子 A 上移到桌子 B 上所要执行的动作有如下 3 个。

(1) GOTO(x,y)：从 x 处走向 y 处。

(2) PICK_UP(x)：在 x 处拿起积木块。

(3) SET_DOWN(x)：在 x 处放下积木块。

这 3 个操作可分别用条件和动作表示如下。

GOTO(x,y)

条件：AT(ROBOT,x)

动作：删除 AT(ROBOT,x)000

增加 AT(ROBOT,y)

PICK_UP(x)

条件：ON(BOX,x) ∧ TABLE(x) ∧ AT(ROBOT,x) ∧ EMPTYHANDED(ROBOT)

动作：删除 ON(BOX,x) ∧ EMPTYHANDED(ROBOT)

增加 HOLDS(ROBOT,BOX)

SET_DOWN(x)

条件：TABLE(x) ∧ AT(ROBOT,x) ∧ HOLDS(ROBOT,BOX)

动作：删除 HOLDS(ROBOT,BOX)

增加 ON(BOX,x) ∧ EMPTYHANDED(ROBOT)

机器人在执行每一操作前还需检查所需先决条件是否满足，只有条件满足后，才能进行相应的动作。如机器人拿起 A 桌上的 BOX 这一操作，先决条件是

ON(BOX,A) ∧ AT(ROBOT,A) ∧ EMPTYHANDED(ROBOT)

实际上，关系数据库也可以用一阶谓词表示。

例 4-2 用一阶谓词逻辑表示下列关系数据库。

住户	房间	电话号码	房间
Zhang	201	491	201
Li	201	492	201
Wang	202	451	202
Zhao	203	451	203

表中有两个关系如下：

OCCUPANT(给定用户和房间的居住关系)

TELEPHONE(给定电话号码和房间的电话关系)

用一阶谓词表示为

OCCUPANT(Zhang,201),OCCUPANT(Li,201),…

TELEPHONE(491,201),TELEPHONE(492,201),…

4.2.3 产生式表示法

产生式表示法又称为产生式规则(production rule)表示法。"产生式"这一术语是由美国数学家埃米尔·L.波斯特(E. L. Post)在 1943 年首先提出来的。他根据串替代规则提出了一种称为 Post 机的计算模型,模型中的每一条规则称为一个产生式。在此之后,几经修改与充实,如今已被用到多个领域中。产生式表示法的主要优点有自然性、模块性、有效性、清晰性。其缺点主要是效率不高、不能表达具有结构性的知识。

由上述关于产生式表示法的特点,可以看出产生式表示法适合于表示具有下列特点的领域知识：①由许多相对独立的知识元组成的领域知识,彼此间关系不密切,不存在结构关系,如化学反应方面的知识；②具有经验性及不确定性的知识,而且相关领域中对这些知识没有严格、统一的理论,如医疗诊断、故障诊断等方面的知识；③领域问题的求解过程可被表示为一系列相对独立的操作,而且每个操作可被表示为一条或多条产生式规则。

例如,用它来描述形式语言的语法,表示人类心理活动的认知过程等。1972 年纽厄尔(Newell)和西蒙(Simon)在研究人类的认知模型中开发了基于规则的产生式系统。目前它已成为人工智能中应用最多的一种知识表示模型,许多成功的专家系统都用它来表示知识。例如,费根鲍姆等人研制的化学分子结构专家系统 DENDRAL,肖特里菲等人研制的诊断感染性疾病的专家系统 MYCIN 等。

产生式通常用于表示事实、规则以及它们的不确定性度量,适合于表示事实性知识和规则性知识。

1. 确定性规则性知识的产生式表示

确定性规则性知识的产生式表示的基本形式是

$$\text{IF} \quad P \quad \text{THEN} \quad Q$$

或者

$$P \to Q$$

其中,P 是产生式的前提,用于指出该产生式是否可用的条件；Q 是一组结论或操作,用于指出当前提 P 所指示的条件满足时,应该得出的结论或应该执行的操作。整个产生式

的含义是：如果前提 P 被满足，则可得到结论 Q 或执行 Q 所规定的操作。如

r_4：IF　动物会飞　AND　会下蛋　THEN　该动物是鸟

就是一个产生式。其中，r_4 是该产生式的编号，“动物会飞 AND 会下蛋”是前提 P，“该动物是鸟”是结论 Q。

2. 不确定性规则性知识的产生式表示

不确定性规则性知识的产生式表示基本形式是

IF　P　THEN　Q(置信度)

或者

$P \to Q$(置信度)

例如，在专家系统 MYCIN 中有这样一条产生式：

IF　本微生物的染色斑是革兰氏阴性，
　本微生物的形状呈杆状
　病人是中间宿主
THEN　该微生物是绿脓杆菌，置信度为 0.6

它表示当前提中列出的各个条件都得到满足时，结论“该微生物是绿脓杆菌”可以相信的程度为 0.6。这里，用 0.6 指出了知识的强度。

3. 确定性事实性知识的产生式表示

确定性事实一般用三元组表示

(对象，属性，值)

或者

(关系，对象 1，对象 2)

例如，老李年龄是 40 岁，表示为(Li，Age，40)。老李和老王是朋友，表示为(Friend，Li，Wang)。

4. 不确定性事实性知识的产生式表示

不确定性事实一般用四元组表示

(对象，属性，值，置信度)

或者

(关系，对象 1，对象 2，置信度)

例如，老李年龄很可能是 40 岁，表示为(Li，Age，40，0.8)。老李和老王不大可能是朋友，表示为(Friend，Li，Wang，0.1)。

产生式又称为规则或产生式规则；产生式的“前提”有时又称为“条件”“前提条件”“前件”“左部”等；其“结论”部分有时称为“后件”或“右部”等。

产生式与谓词逻辑中的蕴含式的基本形式相同，但蕴含式只是产生式的一种特殊情况，理由有两个。

(1) 除逻辑蕴含外，产生式还包括各种操作、规则、变换、算子、函数等。例如，“如果炉温超过上限，则立即关闭风门”是一个产生式，但不是一个蕴含式。产生式描述了事物之间的一种对应关系(包括因果关系和蕴含关系)，其外延十分广泛。逻辑中的逻辑蕴含式和等价式、程序设计语言中的文法规则、数学中的微分和积分公式、化学中分子结构式的分解变

换规则，甚至体育比赛中的规则、国家的法律条文、单位的规章制度等，都可以用产生式表示。

(2) 蕴含式只能表示确定性知识，其真值或者为真，或者为假，而产生式不仅可以表示确定性知识，而且还可以表示不确定性知识。决定一条知识是否可用，需要检查当前是否有已知事实可与前提中所规定的条件匹配。对谓词逻辑的蕴含式来说，其匹配总要求是精确的。在产生式表示知识的系统中，匹配可以是精确的，也可以是不精确的，只要按某种算法求出的相似度落在预先指定的范围内就认为是可匹配的。

由于产生式与蕴含式存在这些区别，导致它们在处理方法及应用等方面都有较大的差别。

为了严格地描述产生式，下面用巴科斯范式(Backus-Naur Form，BNF)给出它的形式描述及语义：

〈产生式〉::=〈前提〉→〈结论〉
〈前 提〉::=〈简单条件〉|〈复合条件〉
〈结 论〉::=〈事实〉|〈结论〉
〈复合条件〉::=〈简单条件〉AND〈简单条件〉[AND〈简单条件〉…]
　　　　　　|〈简单条件〉OR〈简单条件〉[OR〈简单条件〉…]
〈操 作〉::=〈操作名〉[(〈变元〉,…)]

其中，符号“::=”表示“定义为”；符号“|”表示“或者是”；符号“[　]”表示“默认”。

4.2.4 框架表示法

1975年美国著名的人工智能学者马文·明斯基(Marvin Minsky)提出了框架理论。该理论认为人们对现实世界中各种事物的认识都是以一种类似于框架的结构存储在记忆中的。当面临一个新事物时，就从记忆中找出一个合适的框架，并根据实际情况对其细节加以修改、补充，从而形成对当前事物的认识。例如，一个人走进一个教室之前就能依据以往对“教室”的认识，想象到这个教室一定有四面墙，有门、窗，有天花板和地板，有课桌、凳子、讲台、黑板等。尽管他对这个教室的大小、门窗的个数、桌凳的数量、颜色等细节还不清楚，但对教室的基本结构是可以预见到的。因为他通过以往看到的教室，已经在记忆中建立了关于教室的框架。该框架不仅指出了相应事物的名称(教室)，而且还指出了事物各有关方面的属性(如有四面墙，有课桌，有黑板……)，通过对该框架的查找就很容易得到教室的各个特征。在他进入教室后，经观察得到了教室的大小、门窗的个数、桌凳的数量、颜色等细节，把它们填入到教室框架中，就得到了教室框架的一个具体事例。这是他关于这个具体教室的视觉形象，称为事例框架。

框架理论将框架作为知识的单元，将一组有关的框架连接起来便形成框架系统，许多推理过程可以在框架系统内完成。框架表示法是一种结构化的知识表示方法，其具有结构性、继承性和自然性的特点，现已在多种系统中得到应用。

1. 框架表示法的一般结构

框架(frame)是一种描述所论对象(一个事物、事件或概念)属性的数据结构。

一个框架由若干个被称为“槽”(slot)的结构组成，每一个槽又可根据实际情况划分为若干个“侧面”。一个槽用于描述所论对象某一方面的属性，一个侧面用于描述相应属性的一个方面。槽和侧面所具有的属性值分别被称为槽值和侧面值。在一个用框架表示知识的系统中一般都含有多个框架，一个框架一般都含有多个不同槽、不同侧面，分别用不同的框架名、槽名及侧面名表示。无论是对框架、槽或侧面，都可以为其附加上一些说明性的信息，一般是一些约束条件，用于指出什么样的值才能填入到槽和侧面中去。

框架的一般表示形式如下：

〈框架名〉

槽名 1：　侧面名$_{11}$　侧面值$_{111}$，侧面值$_{112}$，…，侧面值$_{11p_1}$

　　　　侧面名$_{12}$　侧面值$_{121}$，侧面值$_{122}$，…，侧面值$_{12p_2}$

　　　　⋮

　　　　侧面名$_{1m}$　侧面值$_{1m1}$，侧面值$_{1m2}$，…，侧面值$_{1mp_m}$

槽名 2：　侧面名$_{21}$　侧面值$_{211}$，侧面值$_{212}$，…，侧面值$_{21p_1}$

　　　　侧面名$_{22}$　侧面值$_{221}$，侧面值$_{222}$，…，侧面值$_{22p_2}$

⋮　　　　⋮

　　　　侧面名$_{2m}$　侧面值$_{2m1}$，侧面值$_{2m2}$，…，侧面值$_{2mp_m}$

槽名 n：　侧面名$_{n1}$　侧面值$_{n11}$，侧面值$_{n12}$，…，侧面值$_{n1p_1}$

　　　　侧面名$_{n2}$　侧面值$_{n21}$，侧面值$_{n22}$，…，侧面值$_{n2p_2}$

　　　　⋮

　　　　侧面名$_{nm}$　侧面值$_{nm1}$，侧面值$_{nm2}$，…，侧面值$_{nmp_m}$

约束：　约束条件$_1$

　　　　约束条件$_2$

　　　　⋮

　　　　约束条件$_n$

由上述表示形式可以看出，一个框架可以有任意有限数目的槽，一个槽可以有任意有限数目的侧面，一个侧面可以有任意有限数目的侧面值。槽值或侧面值既可以是数值、字符串、布尔值，也可以是一个满足某个给定条件时要执行的动作或过程，还可以是另一个框架的名字，从而实现一个框架对另一个框架的调用，表示出框架之间的横向联系。约束条件是任选的，当不指出约束条件时，表示没有约束。

用框架表示知识的步骤如下：

(1) 分析待表达知识中的对象及其属性，对框架中的槽进行合理设置。

(2) 对各对象间的各种联系进行考察。使用一些常用的或根据具体需要定义一些表达联系的槽名，来描述上下层框架间的联系。

(3) 对各层对象的"槽"及"侧面"进行合理的组织安排，避免信息描述的重复。

除了原始类型的值以外，还可以有默认值(default value)、如果需要值(if-needed value)、如果加入值(if-added value)。将这些值分别填入相应的侧面中，这样每个槽可以表示为：

SOLT(槽)　　VALUE(值侧面)

　　　　　　DEFAULT(默认值侧面)

　　　　　　IF-NEEDED(如果需要值侧面)

　　　　　　IF-ADDED(如果加入值侧面)

默认值：当缺少有关事物的信息，同时又无直接反面证据时，就假设按惯例或者一般情况下的填充值。例如，不知道张三的身高，又没有证据说明张三为畸形，则"默认"值可以按照男子的平均身高。

"如果需要"值：过程信息。例如，不知道张三的体重，但知道他的身高，根据经验可以从身高求得体重的近似值，则"如果需要"值可以按照身高计算体重的经验公式求得。

"如果加入"值：应该做什么的信息。槽中的信息所包含的类型并不是固定的，其数量也不是受限制的，设计者可以根据需要加以考虑。例如，怎样使用这个框架，预计下一步将发生什么情况，以及当情况与预计不符时应做些什么等；还可以表现为复杂的条件，反映多个框架对应的事情之间的关系。

2. 框架表示知识的应用

铁路信号系统是一个复杂的系统，系统中多数设备可以划分成多个功能面，且各设备间相互关联，所以构建信号知识库时，选择框架表示法表示设备的结构性知识，对于那些维修维护性的过程性知识，用产生式来表示。

现以 ZPW-2000A 轨道电路红光带故障处理知识为例，

故障现象为

(1) 本区段主轨道、小轨道均故障且有移频报警；

(2) 本区段主轨道、小轨道均故障，无移频报警，分线盘发送电压正常；

(3) 本区段主轨道、小轨道均故障，无移频报警，分线盘发送电压不正常；

(4) 本区段主轨道故障、小轨道正常，有移频报警；

(5) 本区段主轨道故障、小轨道正常，无移频报警，分线盘接收电压正常；

(6) 本区段主轨道故障、小轨道正常，无移频报警，分线盘接收电压不正常；

(7) 本区段主轨道正常、小轨道故障，小轨道输入信号不正常。

当发生上述故障时，工区、车间技术人员应及时查找故障点，通过合理的分析找出故障。以下是对应故障的处理。

故障处理措施为：

(1) 如果主轨道、小轨道均故障且有移频报警，说明柜内有发送器故障，更换相应的发送器；

(2) 如果主轨道、小轨道均故障，没有移频报警且分线盘发送电压正常，说明故障在室外发送设备，技术人员在室外分别测量匹配变压器电压、调谐单元、等阻线；

(3) 如果主轨道、小轨道均故障，没有移频报警且分线盘发送电压不正常，通过测量室内衰耗盘功放输出、电缆模拟网络盘输入及输出，确定故障具体位置；

(4) 如果主轨道故障、小轨道正常，有移频报警，说明故障是在室内有接收器，更换相应的接收器；

(5) 如果主轨道故障、小轨道正常，没有移频报警，分线盘接收电压正常，说明故障在室内接收设备，测量电缆模拟网络盘输入及输出、衰耗盘信号输入及轨道继电器输出，确定故障的具体位置；

(6) 如果主轨道故障、小轨道正常，没有移频报警，分线盘接收电压不正常，室外接收轨面电压不正常，说明故障在接收端器材，分别测量调谐单元、匹配变压器电压进一步确定。

对这部分领域知识的表示，使用两个框架（故障处理和结论）。两框架间是逻辑推理关系，使用 Infer 槽，建立框架间的横向联系。表示如下。

框架名：〈故障处理〉

（1）本区段主轨道、小轨道均故障且有移频报警；

（2）本区段主轨道、小轨道均故障，没有移频报警，分线盘发送电压正常；

（3）本区段主轨道、小轨道均故障，没有移频报警，分线盘发送电压不正常；

（4）本区段主轨道故障、小轨道正常，有移频报警；

（5）本区段主轨道故障、小轨道正常，没有移频报警，分线盘接收电压正常；

（6）本区段主轨道故障、小轨道正常，没有移频报警，分线盘接收电压不正常；

（7）本区段主轨道正常、小轨道故障，小轨道输入信号不正常。

Infer：〈结论〉

框架名：〈结论〉

结论：ZPW-2000A 轨道电路红光带

处理原则：

原则 1：如果主轨道、小轨道均故障且有移频报警，更换相应的发送器。

原则 2：如果主轨道、小轨道均故障，没有移频报警且分线盘发送电压正常，室外分别测量匹配变压器电压、调谐单元、等阻线，找出故障。

原则 3：如果主轨道、小轨道均故障，没有移频报警且分线盘发送电压不正常，通过测量室内衰耗盘功放输出、电缆模拟网络盘输入及输出，确定故障具体位置。

原则 4：如果主轨道故障、小轨道正常，有移频报警，更换相应的接收器。

原则 5：如果主轨道故障、小轨道正常，没有移频报警，分线盘接收电压正常，测量电缆模拟网络盘输入及输出、衰耗盘信号输入及轨道继电器输出，确定故障的具体位置。

原则 6：如果主轨道故障、小轨道正常，没有移频报警，分线盘接收电压不正常，室外接收轨面电压不正常，测量调谐单元、匹配变压器电压进确定故障具体位置。

原则 7：如果主轨道正常、小轨道故障，小轨道输入信号不正常，检查小轨道钢轨的状态及空心线圈等设备。

对〈结论〉框架的过程性知识，用产生式表示法表示如下。

IF 主轨道故障 AND 小轨道故障 AND 有移频报警 THEN 更换相应的发送器。

IF 主轨道故障 AND 小轨道故障 AND 无移频报警 AND 分线盘发送电压正常 THEN 测量匹配变压器电压 AND 测量调谐单元电压 AND 测量等阻线电压。

IF 主轨道故障 AND 小轨道故障 AND 无移频报警 AND 分线盘发送电压不正常 THEN 测量室内衰耗盘功放输出 AND 测量电缆模拟网络盘输入及输出。

IF 主轨道故障 AND 小轨道正常 AND 有移频报警 THEN 更换接收器。

IF 主轨道故障 AND 小轨道正常 AND 没有移频报警 AND 分线盘接收电压正常 THEN 测量电缆模拟网络盘输入及输出 AND 测量衰耗盘信号输入 AND 测量轨道继电器输出。

IF 主轨道故障 AND 小轨道正常 AND 没有移频报警 AND 分线盘接收电压不正常 AND 室外接收轨面电压不正常 THEN 测量调谐单元 AND 测量匹配变压器电压。

IF 主轨道正常 AND 小轨道故障 AND 小轨道输入信号不正常 THEN 检查小轨道钢轨的状态 AND 检查空心线圈。

4.3 语义网络表示法

语义网络(semantic network)是一种出现比较早的知识表示形式,在人工智能中得到了比较广泛的应用。语义网络最早是1968年奎利恩(J. R. Quillian)在他的博士论文中作为人类联想记忆的一个显式心理学模型提出的。1972年,西蒙(Simon)正式提出语义网络的概念,讨论了它和一阶谓词的关系,并将语义网络用于自然语言理解系统。1972年,亨德里克(G. G. Hendrix)又对全称量词的表示提出了语义网络分区技术。

语义网络是一种采用网络形式表示人类知识的方法。一个语义网络是一个带标识的有向图。其中,带有标识的节点表示问题领域中的物体、概念、事件、动作或者态势。

在语义网络知识表示中,节点一般划分为实例节点和类节点两种类型。节点之间带有标识的有向弧表示节点之间的语义联系,是语义网络组织知识的关键,由三元组表示为

(节点1,弧,节点2)。

4.3.1 语义网络中常用的语义联系

由于语义联系的丰富性,不同应用系统所需的语义联系的种类及其解释也不尽相同。比较典型的语义联系有以个体为中心组织的语义联系和以谓词或关系为中心组织的语义联系。

1. 以个体为中心组织知识的语义联系

1) 实例联系

实例联系用于表示类节点与所属实例节点之间的联系,通常标识为ISA。例如,"张三是一名教师"可以表示为如图4-1所示的语义网络。

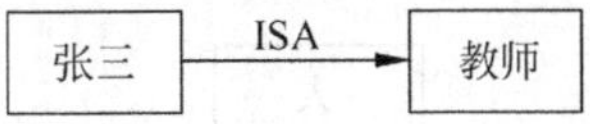

图4-1 "张三是一名教师"的语义网络

一个实例节点可以通过ISA与多个类节点相连接,多个实例节点也可通过ISA与一个类节点相连接。

对概念进行有效分类有利于语义网络的组织和理解。将同一类实例节点中的共性成分在它们的类节点中加以描述,可以减少网络的复杂程度,增强知识的共享性;而不同的实例节点通过与类节点的联系,可以扩大实例节点之间的相关性,从而将分立的知识片断组织成语义丰富的知识网络结构。

2）泛化联系

泛化联系用于表示一种类节点（如鸟）与更抽象的类节点（如动物）之间的联系，通常用AKO(a kind of)表示。通过AKO可以将问题领域中的所有类节点组织成一个AKO层次网络。图4-2中给出了动物分类系统中的部分概念类型之间的AKO联系描述。

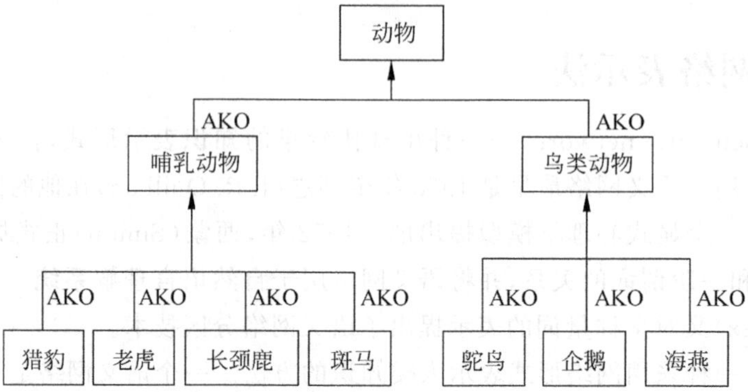

图4-2 动物分类系统中的部分概念类型之间的AKO联系

泛化联系允许低层类型继承高层类型的属性，这样可以将公用属性抽象到较高层次。由于这些共享属性不在每个节点上重复，减少了对存储空间的要求。

3）聚集联系

聚集联系用于表示某一个体与其组成成分之间的联系，通常用part of表示。聚集联系基于概念的分解性，将高层概念分解为若干低层概念的集合。这里，可以把低层概念看作高层概念的属性。例如，“两只手是人体的一部分”表示为如图4-3所示的语义网络：

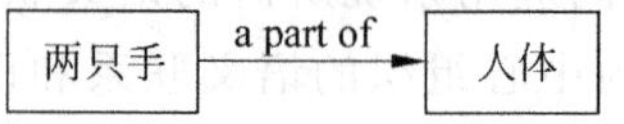

图4-3 “两只手是人体的一部分”的语义网络

4）属性联系

属性联系用于表示个体、属性及其取值之间的联系。通常用有向弧表示属性，用这些弧指向的节点表示各自的值。如图4-4所示，约翰的性别是男性，年龄为30岁，身高180 cm，职业是程序员。

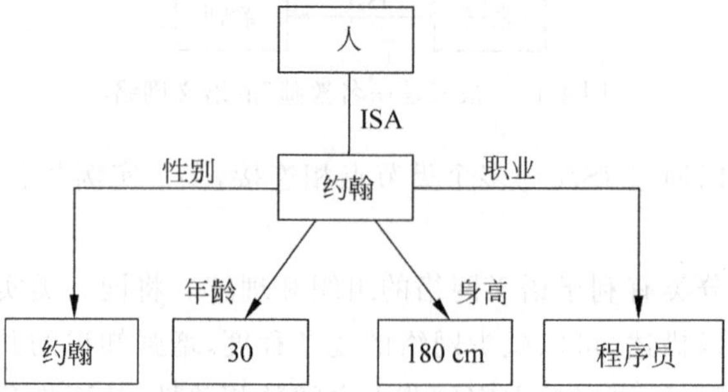

图4-4 属性联系示意图

2. 以谓词或关系为中心组织知识的语义联系

设有 n 元谓词或关系 $R(\arg_1,\arg_2,\cdots,\arg_n)$，$\arg_1$ 取值为 a_1，$\arg_2$ 取值为 a_2，…，$\arg_n$ 取值为 a_n，把 R 化成等价的一组二元关系如下：

$$\arg_1(R,a_1),\arg_2(R,a_2),\cdots,\arg_n(R,a_n)$$

因此，只要把关系 R 也作为语义节点，其对应的语义网络便可以表示为如图 4-5 所示的形式。

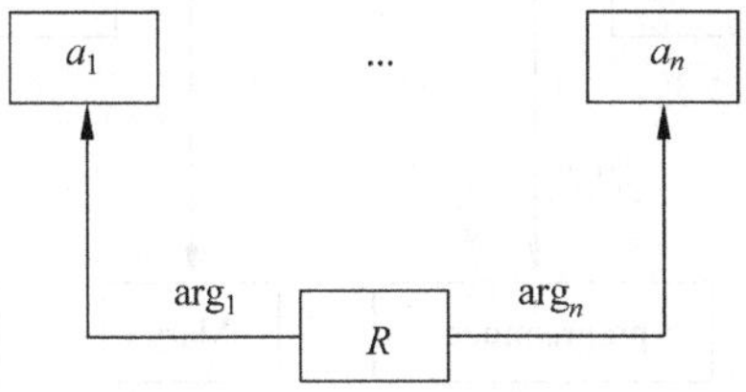

图 4-5 关系 R 作为语义节点对应的语义网络

与个体节点一样，关系节点同样划分为类节点和实例节点两种。实例关系节点与类关系节点之间关系为 ISA。

4.3.2 连接词在语义网络中的表示方法

任何具有表达谓词公式能力的语义网络，除具备表达基本命题的能力外，还必须具备表达命题之间的与、或、非以及蕴含关系的能力。

1. 合取

在语义网络中，合取命题通过引入与节点来表示。事实上这种合取关系网络就是由与节点引出的弧构成的多元关系网络。例如，命题

give(John,Mary,"War and Peace") ∧ read(Mary,"War and Peace")

可以表示为如图 4-6 所示的带与节点的语义网络。

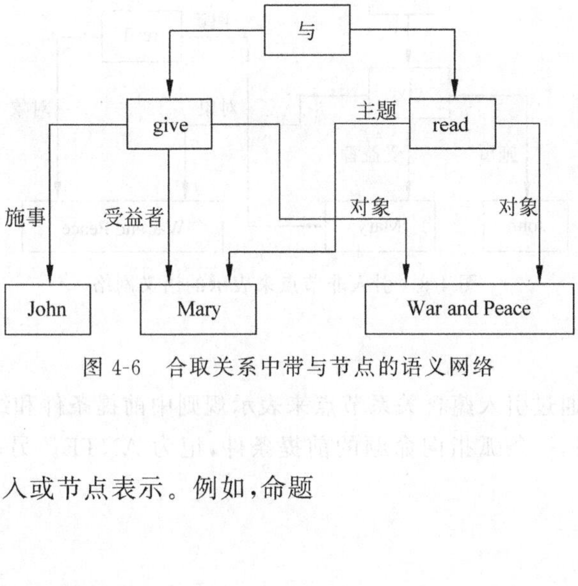

图 4-6 合取关系中带与节点的语义网络

2. 析取

析取命题通过引入或节点表示。例如，命题

John is a programmer or Mary is a lawyer.

可以表示为如图 4-7 所示的语义网络。

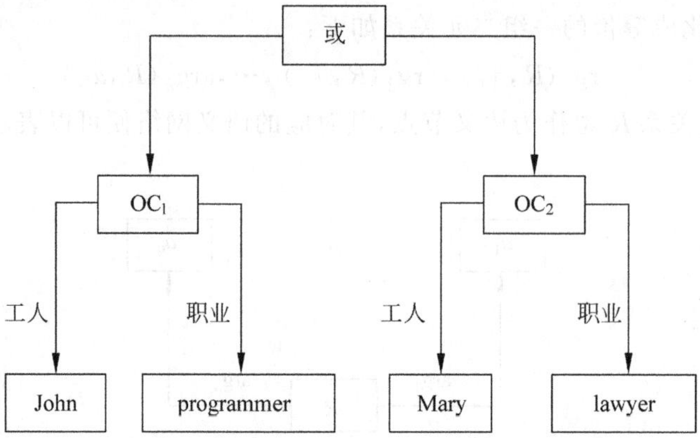

图 4-7　析取命题通过引入或节点表示的语义网络

其中，OC_1、OC_2 为两个具体的职业关系，分别对应 John 为 programmer 及 Mary 为 lawyer。

在命题的与、或关系相互嵌套的情况下，明显地表示与、或节点，对于正确地构造和理解语义网络的含义是非常有用的。

3. 否定

在语义网络中，对于基本联系的否定，可以直接采用¬ISA，¬AKO 及¬part of 的有向弧来标注。对于一般情况，则需要通过引进非节点来表示。例如，命题

¬give(John,Mary,"War and Peace") ∧ read(Mary,"War and Peace")

可以表示为如图 4-8 所示的语义网络。

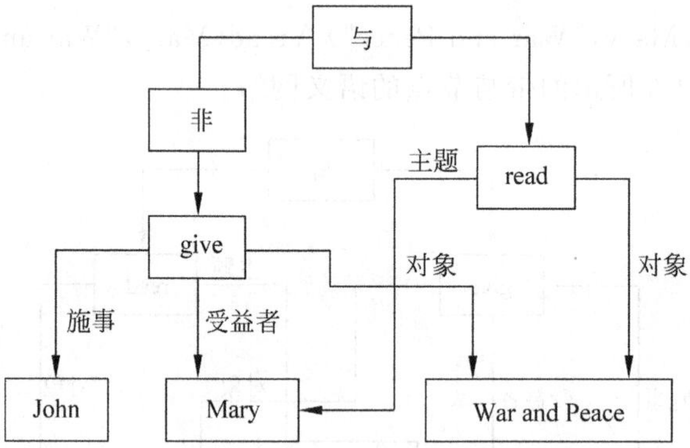

图 4-8　引入非节点来表示的语义网络

4. 蕴含

在语义网络中，通过引入蕴含关系节点来表示规则中前提条件和结论之间的因果联系。从蕴含关系节点出发，一条弧指向命题的前提条件，记为 ANTE。另一条弧指向该规则的结论，记为 CONSE。

如规则"如果车库起火，那么用 CO_2 或沙来灭火"，可以表示为如图 4-9 所示的语义网络。

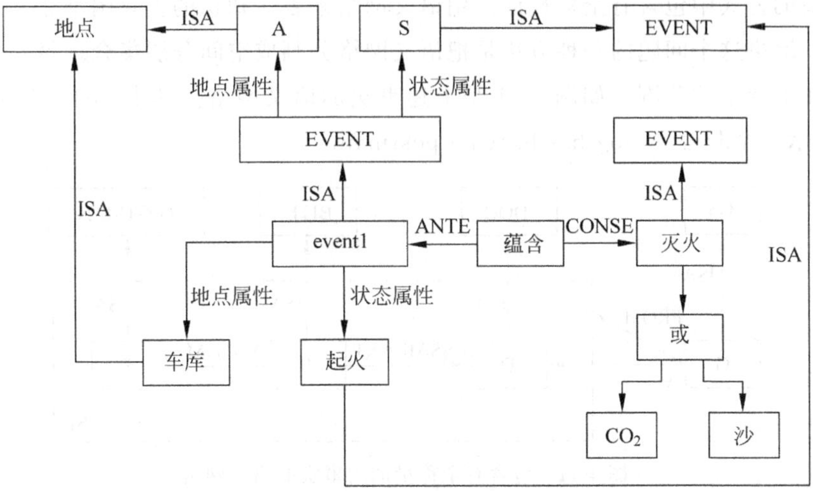

图 4-9 引入蕴含关系节点来表示的语义网络

图 4-9 中，event1 表示特指的车库起火时间，它是一般事件的一个实例。任一事件包含地点属性(loc)及事件状态属性(state)。在抽象的 EVENT 类型节点中，用 A 表示一个地点，它是地点(ADDRESS)类的一个实例；用 S 表示一个状态，它是状态(state)类的一个实例。

4.3.3 变元和量词在语义网络中的表示方法

存在量词在语义网络中直接用 ISA 弧表示，而全称量词就要用分块方法来表示。例如，命题

The dog bit the postman.

这句话意味着所涉及的是存在量词。图 4-10 中给出了相应的语义网络。网络中 D 节点表示一条特定的狗；P 表示一个特定的邮递员；B 表示一个特定的咬人事件。咬人事件 B 包括两部分，一部分是攻击者，另一部分是受害者。节点 D、B 和 P 都用 ISA 弧与概念节点 DOG，BITE 以及 POSTMAN 相连，因此表示的是存在量词。

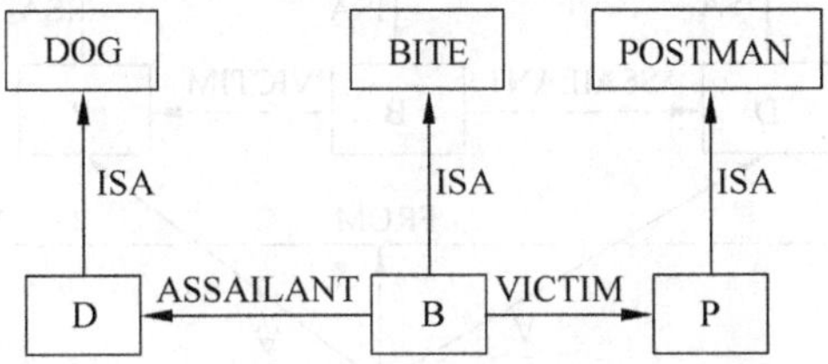

图 4-10 涉及存在量词相对应的语义网络

如果进一步表示

Every dog has bitten a postman.

这个事实,用谓词逻辑可表示为

$$(\forall x)DOG(x)\rightarrow(\exists y)[POSTMAN(y)\land BITE(x,y)]$$

上述谓词公式中包含有全称量词。用语义网络来表达知识的主要困难之一是如何处理全称量词。解决这个问题的一种方法是把语义网络分割成空间分层集合。每一个空间对应于一个或几个变量的范围。如图 4-11 是上述事实的语义网络。其中,空间 S_1 是一个特定的分割,表示一个断言 A dog has bitten a postman。

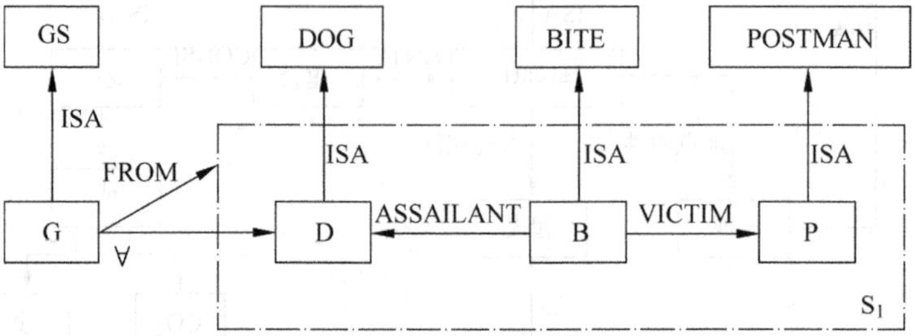

图 4-11　包含有全称量词的事实的语义网络

因为这里的“狗”应指每条狗,所以把这个特定的断言认作是断言 G。断言 G 有两部分:第一部分是断言本身,说明所断定的关系,称为格式(FORM);第二部分代表全称量词的特殊弧∀,一根∀弧可表示一个全称量化的变量。GS 节点是一个概念节点,表示具有全称量化的一般事件,G 是 GS 的一个实例。在这个实例中,只有一个全称量化的变量 D,这个变量可代表 DOGS 这类物体中的每个成员,而其他两个变量 B 和 P 仍被理解为存在量化的变量。换句话说,这样的语义网络表示对每条狗存在一个咬人事件 B 和一个邮递员 P,使得 D 是 B 中的攻击者,而 P 是受害者。

为进一步说明分割如何表示量化变量,可考虑如何表示下述事实

Every dog has bitten every postman.

只需要对图 4-11 做简单修改,用∀弧与节点 P 相连。这样做的含义是每条狗咬了每个邮递员,如图 4-12 所示。

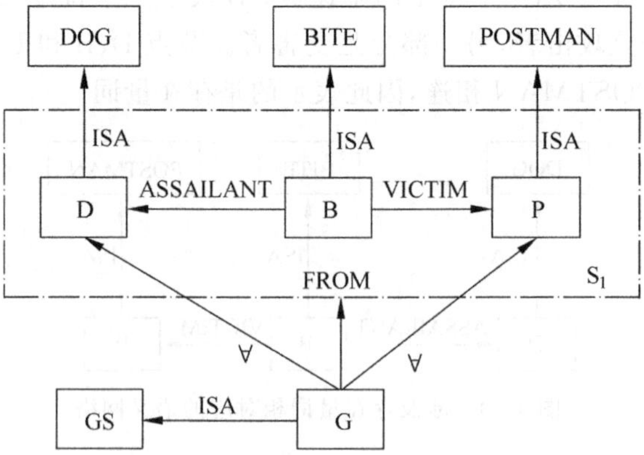

图 4-12　全部是全称量词的事实的语义网络

4.3.4　语义网络表示法示例

下面给出语义网络表示法的例子。

旋转机械指那些主要功能是由旋转运动来完成的机械设备,按振动原因分类主要有:转子不平衡所引起的振动、轴系不对中所引起的振动、转子裂纹所引起的振动、转子碰摩所引起的振动、滑动轴承油膜涡动和油膜振荡所引起的振动。当旋转机械发生故障时上述各种故障所表现出来的振动具有各自的特征。

转子不平衡所引起的振动特征如下:

(1) 振动信号的原始时间波形为正弦波;

(2) 振动信号的频谱中基频成分占的比例很大而其倍频成分等所占的比例相对很小;

(3) 振动方向以径向为主;

(4) 振动相位常保持一定角度。

轴系不对中所引起的振动特征如下:

(1) 振动信号的原始时间波形为畸变的正弦波;

(2) 径向振动信号的频谱中以基频和 2 倍频分量为主,轴系不对中越严重,其 2 倍频分量所占的比例就越大,多数情况超过基频分量;

(3) 轴向振动的频谱成分中基频幅值较大;

(4) 联轴器两侧的轴向振动基本上是 180°反向的;

(5) 典型的轴心轨迹为香蕉形正进动;

(6) 振动对负荷的变化比较敏感,一般振动幅值随负荷的增加而升高。

转子裂纹所引起的振动特征如下:

(1) 各阶临界转速较正常时要小,尤其是当裂纹趋于严重时;

(2) 裂纹转子的振动响应其基频分量的分散度较无裂纹时要大;

(3) 恒定转速下基频、2 倍频、3 倍频等各阶分量的幅值及其相位不稳定且尤以 2 倍频分量最为突出。

转子碰摩所引起的振动特征如下:

振动频率除有基频外还有 2 阶、3 阶高次谐波及 1/2 次谐波、1/3 次谐波、1/5 次谐波。

滑动轴承油膜涡动和油膜振荡所引起的振动特征如下:

(1) 各阶临界转速较正常时要小,尤其是当裂纹趋于严重时;

(2) 振动频率约为转子转动频率的一半;

(3) 在恒定转速下,基频、2 倍频、3 倍频等各阶分量的幅值及其相位不稳定且尤以 2 倍频分量最为突出。

常用弧有实例关系"is—a",分类(或从属、泛化) 关系"a kind of",聚类关系"a part of",属性关系、集合与成员关系"a member of",逻辑关系、方位关系和所属关系等。根据上述的旋转机械振动故障及其征兆,其语义网络的知识表示描述如图 4-13 所示。

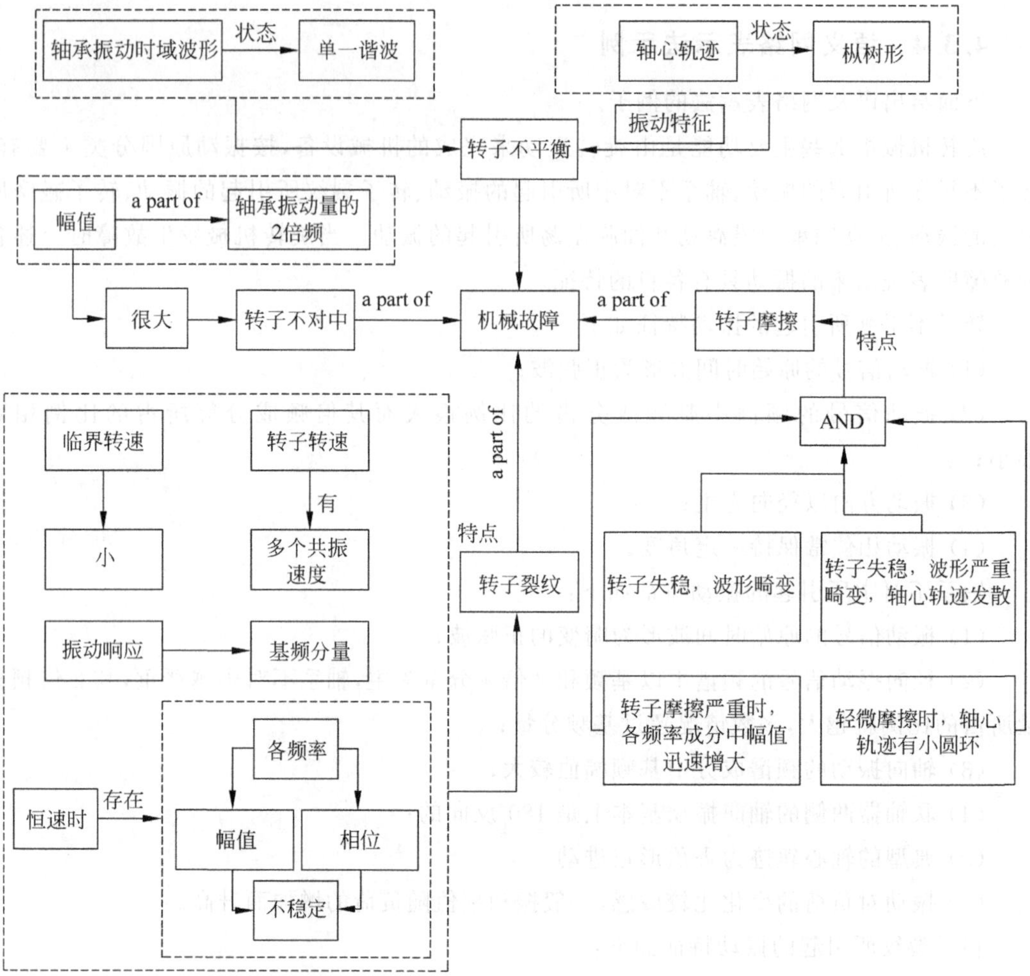

图 4-13 旋转机械振动故障及其征兆其语义网络的知识表示图

4.4 本章小结

1. 知识的概念

把有关信息关联在一起所形成的信息结构称为知识。

知识主要具有相对正确性、不确定性、可表示性与可利用性等特性。

造成知识具有不确定性的主要原因有：随机性，模糊性，经验、认识不完全性。

2. 命题与一阶谓词公式

命题是一个非真即假的陈述句。

谓词的一般形式为：$P(x_1, x_2, \cdots, x_n)$，其中，P 是谓词名，$x_1, x_2, \cdots, x_n$ 是个体。个体可以是常元、变元、函数。

用否定、析取、合取、蕴含、等价等连接词以及全称量词、存在量词把一些简单命题连接起来构成一个复合命题，以表示一个比较复杂的含义。

位于量词后面的单个谓词或者用括号括起来的谓词公式称为量词的辖域。辖域内与量词中同名的变元称为约束变元,不受约束的变元称为自由变元。

对于谓词公式 P,如果至少存在一个解释使得公式 P 在此解释下的真值为 T,则称公式 P 是可满足的,否则,则称公式 P 是不可满足的。

当且仅当$(P_1 \land P_2 \land \cdots \land P_n) \land \neg Q$ 是不可满足的,则 Q 为 P_1, P_2, $\cdots$, P_n 的逻辑结论。

一阶谓词逻辑表示法具有自然、精确、严密、容易实现等优点,但有不能表示不确定的知识、组合爆炸、效率低等缺点。

3. 语义网络表示法

语义网络是带标识的有向图。其中,带有标识的节点表示问题领域中的物体、概念、事件、动作或者态势。节点之间带有标识的有向弧表示节点之间的语义联系。

比较典型的语义联系有:以个体为中心组织知识的语义联系,包括实例联系、泛化联系、聚集联系、属性联系;以谓词或关系为中心组织知识的语义联系。

语义网络可以表达谓词公式中析取、合取、否定、蕴含以及存在量词、全称量词等关系。

习 题

1. 设有下列语句,请用相应的谓词公式把它们表示出来:

(1) 有的人喜欢梅花,有的人喜欢菊花,有的人既喜欢梅花又喜欢菊花。

(2) 他每天下午都去踢足球。

(3) 所有人都有饭吃。

(4) 喜欢打篮球的人必喜欢打排球。

(5) 要想出国留学,必须通过外语考试。

2. 分别指出下列谓词公式中各量词的辖域,并指出哪些是约束变元,哪些是自由变元。

(1) $(\forall x)(P(x,y) \lor (\exists y)(Q(x,y) \land R(x,y)))$

(2) $(\exists z)(\forall y)(P(z,y) \lor Q(z,x)) \lor R(u,v)$

(3) $(\forall x)(\neg P(x,f(x)) \lor (\exists z)(Q(x,z) \land \neg R(y,z)))$

(4) $(\forall z)((\exists y)((\exists t)(P(z,t) \lor Q(y,t)) \land R(z,y))$

3. 设 $D=\{1,2\}$,试给出谓词公式$(\exists x)(\forall y)(P(x,y) \rightarrow Q(x,y))$的一个解释,并指出该谓词公式的真值。

4. 试用谓词逻辑表达描述下列推理:

(1) 如果张三比李四大,那么李四比张三小。

(2) 甲和乙结婚了,则或者甲为男,乙为女;或者甲为女,乙为男。

(3) 如果一个人是诚实的人,他就不会说谎;张三说谎了,所以张三不是一个诚实的人。

5. 将下列一则消息用框架表示:“今天,一次强度为里氏 8.5 级的强烈地震袭击了下斯洛文尼亚(Low Slabovia)地区,造成 25 人死亡和 5 亿美元的财产损失。下斯洛文尼亚地区的主席说:多年来,靠近萨迪壕金斯(Sadie Haw Kins)断层的重灾区一直是一个危险地区。这是本地区发生的第 3 号地震。”

6. 用产生式表示异或(XOR)逻辑。

7. 把下列语句表示成语义网络描述：

(1) All men are mortal.

(2) Every cloud has asilver lining.

(3) All branch managers of DEC participate inaprofit-sharingplan.

8. 用语义网络表示下列知识：

(1) 所有的鸽子都是鸟；

(2) 所有的鸽子都有翅膀；

(3) 信鸽是一种鸽子，它有翅膀。

9. 用语义网络表示下列知识：

(1) 知更鸟是一种鸟；

(2) 鸵鸟是一种鸟；

(3) 鸟是会飞的；

(4) 鸵鸟不会飞；

(5) CLYDE 是一只知更鸟；

(6) CLYDE 从春天到秋天占一个巢。

10. 对下列命题分别画出它的语义网络：

(1) 每个学生都有多本书；

(2) 孙老师从 2—7 月给计算机应用专业讲“网络技术”课程；

(3) 王丽萍是天发电脑公司的经理，她 35 岁，住在南内环街 68 号。

11. 把下列命题用一个语义网络表示出来：

(1) 猪和羊都是动物；

(2) 猪和羊都是偶蹄动物和哺乳动物；

(3) 野猪是猪，但生长在森林中；

(4) 山羊是羊，且头上长着角；

(5) 绵羊是一种羊，它能生产羊毛。

第5章 确定性推理方法

5.1 推理的基本概述

前面讨论了知识表示方法。这样就可以把知识用某种模式表示出来并存储到计算机中。但是,为使计算机具有智能,仅仅使计算机拥有知识是不够的,还必须使它具有思维能力,即能运用知识求解问题。推理是求解问题的一种重要方法。因此,推理方法成为人工智能的一个重要研究课题。目前,人们已经对推理方法进行了比较多的研究,提出了多种可在计算机上实现的推理方法。

下面首先讨论关于推理的基本概念,然后着重介绍鲁宾逊归结原理及其在机器定理证明和问题求解中的应用。其基本思想是先将要证明的定理表示为谓词公式,并化为子句集,然后再进行归结,如果归结出空子句,则定理得证。鲁宾逊归结原理使定理证明能够在计算机上实现。

5.1.1 推理的定义

在日常生活中,人们在对事物进行分析、综合和作出决策时,通常是从已知事实出发,运用已掌握的知识,得到其中蕴含的事实或归纳出新的知识,这一思维过程被称为推理,即推理就是按某种已知判断推出另一判断的思维过程。正如证明或求解一个数学问题,首先根据问题给出的已知条件,运用已知的相关定律、定理,对问题进行运算和推导,最后得出结论,该过程即为推理。

在人工智能系统中,推理是由程序实现的,这个负责推理的部分叫作推理机。已知事实和知识是构成推理的两个基本要素。已知事实又称为证据,用以指出推理的出发点及推理时应该使用的知识;而知识是使推理得以向前推进,并逐步达到最终目标的依据。例如,在医疗诊断专家系统中,专家的经验及医学常识以某种表示形式存储于知识库中。当为病人诊治疾病时,推理机就是从存储在综合数据库中的病人症状及化验结果等初始证据出发,按某种搜索策略在知识库中搜寻可与之匹配的知识,推出某些中间结论,然后再以这些中间结论为证据,在知识库中搜索与之匹配的知识,推出进一步的中间结论,如此反复进行,直到最终推出结论，即找到病人的病因与确定治疗方案为止。

5.1.2 推理方式及其分类

推理的任务是从一种判断推出另一种判断的思维过程。按照推理的逻辑基础、知识的确定性、推理的单调性以及推理的启发性等多种不同的标准可对推理方式进行分类，如图 5-1 所示。

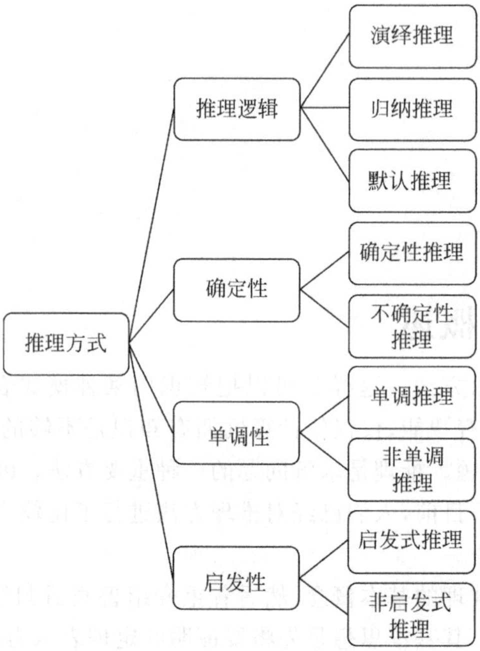

图 5-1 推理方式分类

1. 演绎推理、归纳推理、默认推理

若按照推理的逻辑基础对推理方式进行划分，可将推理分为演绎推理、归纳推理和默认推理。

1）演绎推理

演绎推理是从全称判断推导出单称判断的过程，即由一般性知识推出适合于某一具体情况的结论。这是一种从一般到个别的推理。演绎推理是人工智能中的一种重要推理方法，截至目前，在研制成功的各类智能系统中，大多数都是基于演绎推理实现的。在演绎推理的多种形式中，最常用的就是三段论形式。

三段论分为大前提、小前提和结论 3 个部分。大前提指已知的一般性知识或假设；小前提指所研究的具体情况或对个别事实的判断；结论是由大前提推导出的适合于小前提的新判断。

下面是一个三段论推理的例子：

(1) 大前提：橄榄球运动员的身体都是强壮的；

(2) 小前提：麦克是一名橄榄球运动员；

(3) 结论：麦克的身体是强壮的。

在这个推理中，思维的进程是由范围较广的概念逐渐推移到范围较窄的概念，由较一般的知识推进到特殊的知识。特别要指出的是，在任何情况下由演绎推理导出的结论都蕴含在大前提的一般性知识中。因此，只要大前提和小前提是正确的，它们所推出的结论都是正确的。

2) 归纳推理

归纳推理是从足够多的事例中归纳出一般性结论的推理过程，是一种从个别到一般的推理。

归纳推理是人类思维活动中最基本、最常用的一种推理形式，人类的所有知识，特别是理论知识都是不断进行归纳的结果。在人工智能的机器学习领域中，人们往往都选择归纳推理的方式。

按照归纳时所选事例的广泛性划分，归纳推理可分为完全归纳推理和不完全归纳推理；按照推理所使用的方法可以分为枚举归纳推理、类比归纳推理等。

所谓完全归纳推理指在进行归纳时考察了相应事物的全部对象，并根据这些对象是否都具有某种属性，从而推出这个事物是否具有这个属性。例如，某厂进行产品质量检查，如果对每一件产品都进行了严格检查，并且都是合格的，则推导出结论"该厂生产的产品合格"。

所谓不完全归纳推理指考察了相应事物的部分对象，就得出了结论。例如，当检查产品质量时，只是随机地抽查了部分产品，只要它们都合格，就得出了"该厂生产的产品合格"的结论。

所谓枚举归纳推理指在进行归纳时，如果已知某类事物的有限可数个具体事物都具有某种属性，则可推出该类事物都具有此种属性。

所谓类比归纳推理指在两个或两类事物有许多属性都相同或相似的基础上，推出它们在其他属性上也相同或相似的一种归纳推理。

不完全归纳推理推出的结论不具有必然性，属于非必然性推理，而完全归纳推理是必然性推理。但由于要考察事物的所有对象通常都比较困难，因而大多数归纳推理都是不完全归纳推理。归纳推理是人类思维活动中最基本最常用的一种推理形式。人们在由个别到一般的思维过程中经常要用到它。

3) 默认推理

默认推理又称为缺省推理。它是在知识不完全的情况下，假设某些条件已经具备所进行的推理。

例如，在条件 A 已成立的情况下，如果没有足够的证据能证明条件 B 不成立，则默认 B 是成立的，并在此默认的前提下进行推理，推导出某个结论。

由于这种推理允许默认某些条件是成立的，所以在知识不完全的情况下也能进行。在默认推理的过程中，如果到某一时刻发现原先所作的默认不正确，则要撤销所作的默认以及由此默认推出的所有结论，重新按新情况进行推理。

2. 确定性推理、不确定性推理

按知识的确定性来划分，知识推理可以分为确定性推理和不确定性推理。确定性推理建立在经典逻辑基础上，运用确定性知识进行的精确推理。演绎推理就属于确定性推理，也是单调推理。现实世界中遇到的问题和事物间的关系往往比较复杂,客观事物的随机性、模糊性、不完全性和不精确性,往往导致人们在认识上有一定程度的不确定性。在不完全和不确定情况下运用不确定性知识进行的推理,即不确定性推理。

3. 单调推理、非单调推理

若按推理过程中推出的结论是否单调的增加,或者推出的结论是否越来越接近最终目标来划分,推理又可以分为单调推理和非单调推理。单调推理指在推理过程中随着推理的向前推进以及新知识的加入,推出的结论呈单调增加的趋势,并且越来越接近最终目标,在推理过程中不会出现反复的情况,即不会由于新知识的加入否定了前面推出的结论,从而使推理又退回到前面的某一步。

非单调推理指在推理过程中由于新知识的加入,不仅没有加强已推出的结论。反而要否定它,使得推理退回到前面的某一步,重新开始。非单调推理是在知识不完全的情况下发生的。由于知识不完全,为使推理进行下去,就要先进行某些假设,并在此基础上进行推理,当由于新知识的加入以后发现原先的假设不正确时,就需要推翻该假设以及基于此假设而推出的一切结论,再用新知识重新进行推理。在日常生活和社会实践中,很多情况下进行的推理也都是非单调推理,这是人们常用的一种思维方式。

4. 启发式推理、非启发式推理

如果推理过程中运用启发式知识,则称为启发式推理,否则,称为非启发式推理。

所谓启发性知识指与问题有关且能加快推理过程、求得问题最优解的知识。例如,推理的目标是要在脑膜炎、肺炎、流感这 3 种疾病中选择一个,又设有 R1、R2、R3 这 3 条产生式规则可供使用,其中 R1 推出的是脑膜炎,R2 推出的是肺炎,R3 推出的是流感。如果希望尽早地排除脑膜炎这一危险疾病,应该先选用 R1;如果本地区目前正在盛行流感,则应考虑首先选择 R3。这里,“脑膜炎危险”及“目前正在盛行流感”是与问题求解有关的启发性信息。

5.1.3 推理方向

推理方向用来确定推理的驱动方式,即是数据(证据)驱动还是目标驱动。数据驱动是从初始证据出发直到推导得到目标结束;而目标驱动则是从推理的目标开始进行反向推理,寻找支持该目标的证据是否存在。按照推理的方向进行分类,推理可分为正向推理、逆向推理、混合推理和双向推理。

1. 正向推理

正向推理又称为数据驱动推理,是从初始状态出发,使用规则,到达目标状态。正向推理的基本思想是:将综合数据库中的事实与规则库中知识的前提条件相匹配,从规则库中选择出适用的知识进行推理,将推理得到的中间结论加入综合数据库,如此反复执行,直到得到所要求的解或者规则库中无可用的知识为止。

在正向推理过程中要从规则集中选择可使用的规则,这需要规则库中的规则与数据库中的已知事实进行匹配,为此需要确定匹配的方法。匹配通常难以做到完全一致,因此还需要解决怎样才算是匹配成功的问题。另外,为了进行匹配,就要再找规则,涉及搜索策略问题。如果知识集中只有一条规则,系统可立即选用它进行匹配、推理。但是,如果知识集中有多条可适用的规则,应该选用哪一条? 这时需用到推理中的冲突消解策略。

对于许多问题领域来说,正向搜索方法很自然,但是还有许多问题需解决,例如,如何选择可用的知识、搜索策略及匹配策略等问题。正向推理适合诊断、设计及监控等问题,其主要的缺点是搜索盲目、效率低等,在推理的过程中会推导出许多与问题求解无关的子目标。

2. 逆向推理

逆向推理又称目标驱动推理,是以某个假设目标作为出发点的一种推理。逆向推理的基本思想是:首先选定一个假设目标,然后将规则的结论和假设目标匹配,找到匹配的规则后将所需要的前提条件放入工作内存,若支持该假设的所有前提条件都存在,则假设成立,否则需另做假设。逆向推理相当于把问题的目标分解成更小的子目标,对子目标进行逐步求证。

逆向推理的主要优点是推理过程的目标明确,不必寻找和使用那些与假设目标无关的知识,便于对用户进行解释。其主要的缺点是初始目标的选择有盲目性,若对求解的情况认识不清,可能需要多次提出假设,导致系统的推理效率较低。

3. 混合推理

正向推理具有盲目、效率低等缺点,推理过程中可能会推出许多与问题无关的子目标;逆向推理中,若提出的假设目标不符合实际,也会降低系统的效率。为解决这些问题,可把正向推理与逆向推理结合起来,使其发挥各自的优势,取长补短。这种既有正向又有逆向的推理称为混合推理。

例如,当正向推理的事实不充分或正向推理产生的结论不可靠时,可采用混合推理来加以控制。

通常依据求解策略,可反复多次应用正向和逆向的混合推理来求解。例如,可先使用正向推理找到一个结论,然后再用逆向推理,推导出更多新的假设目标来;也可先用逆向推理得出一个假设目标成立,再用正向推理,以便推导出更多新的目标或结论。

例如,使用一定的推理限制策略,适当交叉采用混合推理,以避开陷入无穷分支路径的风险。

4. 双向推理

双向推理是既自上向下又下底向上的推理,推理从两个方向进行,直至在某个中间环节上两方向的结果相符便成功结束。双向推理的推理策略是同时从目标向事实推理和从事实向目标推理,并在推理过程中的某个步骤,实现事实与目标的匹配。

双向推理的优势在于综合正向推理和逆向推理的长处,具有推理网络较小,推理效率较高的特点。由于双向推理从两个方向同时进行推理,因此避免了正向推理和逆向推理目标选择盲目性的问题,在目标解空间较大时候,也能保证推理效率高。

以上都是机器定理证明中常用的推理方向控制方法,但实际选择何种方式进行智能问题求解,要具体情况具体分析。

5.1.4 推理的冲突消解策略

在推理的过程中,不断将综合数据库中的知识与知识库中的知识相匹配。对于正向推理而言,如果有多条产生式规则的前提条件都与已知事实匹配成功,多个(组)已知事实与同一条规则匹配成功或者多个(组)已知事实与综合数据库中的多条知识匹配冲突,则产生冲突。对于逆向推理而言,如果多条产生式的结论都与同一假设匹配成功,或者多条产生式规则的结论与多个假设匹配成功,会产生冲突。冲突消解策略就是发生冲突时,如何消解冲突的方法。

冲突消解策略的主要任务是从多条匹配规则中选择出一条规则作为推理规则,用于当前的推理。对于正向推理来说,选择一组已知事实和一条产生式规则进行匹配,用于推理,并产生推理的结论或执行相应的操作。对于逆向推理而言,确定一个假设和一条产生式的结论部分相匹配,进行推理,推出相应的前提条件,将推出的新条件作为新的假设目标。

目前冲突消解策略的基本思想是对匹配成功的规则按某一标准进行排序,用以决定规则的优先级别,优先级高的规则较先被选择进行推理。常用的冲突消解策略如下。

1. 按就近原则排序

该策略把最近被使用过的规则赋予较高的优先级。这符合人类的行为规范,如果某一知识或经验最近常被使用,则人们往往会优先考虑这一知识。

2. 按已知事实的新鲜性排序

在推理的过程中,由于新事实的产生,综合数据库会不断地改变,数据库中后生成的事实称为新鲜事实。一般认为新鲜事实是对知识的更新和改进,比老知识更有效,即后生成的事实比先生成的事实具有较大的优先性。

3. 按匹配度排序

在不确定推理时,为了考察一条知识是否可用,通常需计算已知事实与规则前提条件的匹配程度。若匹配度大于某一阈值,则规则可用。匹配度不仅可确定两个知识模式是否可匹配,还可用于冲突消解。根据匹配程度来决定哪个产生式规则优先被应用。

4. 按领域问题特点排序

该方法按照求解问题领域的特点将知识排成固定的次序。当领域问题有固定求解次序时,按该次序排列相应的知识,排在前面的知识优先被应用,当某些启发性知识被应用后明显地会有利于求解问题时,这些规则优先被应用。

5. 按上下文限制排序

该策略将知识按照所描述的上下文分成若干组,在推理过程中根据当前数据库中的已知事实与上下文的匹配情况,确定选择某组中的某条知识,匹配较好的知识相应地就具有较高的优先级。该方法不仅能减少冲突的发生,而且也提高了推理效率。

6. 按条件个数排序

在多条规则生成的结论相同的情况下,由于条件个数较少的规则匹配所花费的时间较少而且容易实现,所以将条件少的规则赋予较高的优先级,优先被启用。

7. 按规则的次序排序

该策略是以知识库中预先存入规则的排列顺序作为知识排序的依据,排在前面的规则具有较高的优先级。该方法在机器上相对较容易实现。

除了以上介绍的几种冲突消解方法外,在实际系统中还有许多策略可使用,如按针对性排序、按特殊性排序等。在解决实际问题时，需根据实际问题领域的特点，选择一种策略或几种策略相组合来解决匹配冲突。选择策略的目标是提高求解效率、尽量避免冲突。

5.2 自然演绎推理

从一组已知为真的事实出发，直接运用经典逻辑的推理规则推出结论的过程称为自然演绎推理。其中，基本的推理是P规则、T规则、假言推理、拒取式推理等。

P规则。在推理的任何步骤上都可引入前提。

T规则。如果前面步骤中有一个或多个永真蕴含公式S，则可把S引入推理过程中。

假言推理的一般形式为

$$P, P \rightarrow Q \Rightarrow Q$$

它表示：由 $P \rightarrow Q$ 及 P 为真，则可推出 Q 为真。

例如，由"如果 x 是金属，则 x 能导电"及"铜是金属"则可推出"铜能导电"的结论。

拒取式推理的一般形式为

$$P \rightarrow Q, \neg Q \Rightarrow \neg P$$

它表示：由 $P \rightarrow Q$ 为真及 Q 为假，则可推出 P 不真。

例如，由"如果下雨，则地上就湿"及"地上不湿"可推出"没有下雨"的结论。

这里，应该注意避免如下两种错误：一种是肯定后件(Q)的错误；另一种是否定前件(P)的错误。

所谓肯定后件指当 $P \rightarrow Q$ 为真时，希望通过肯定后件 Q 为真来推出前件 P 为真，这是不允许的。

例如，伽利略在论证哥白尼的日心说时，曾使用了如下推论：

(1) 如果行星系统是以太阳为中心的，则金星会显示出位相变化；

(2) 金星显示出位相变化(肯定后件)；

(3) 所以，行星系统是以太阳为中心。

这里使用了肯定后件的推理，违反了经典逻辑规则，为此他遭到非难。

所谓否定前件指当 $P \rightarrow Q$ 为真时，希望通过否定前件 P 来推出后件 Q 为假，这也是不允许的。例如下面的推理就是使用了否定前件的推理违反了逻辑规则：

(1) 如果下雨，则地上是湿的；

(2) 没有下雨(否定前件)；

(3) 所以，地上不湿。

这显然是不正确的。因为当地上洒水时，地上也会湿。事实上，只要仔细分析蕴涵 $P \rightarrow Q$ 的定义，就会发现当 $P \rightarrow Q$ 为真时，肯定后件或否定前件所得的结论既可能为真，也可能为假，不能确定。

自然演绎推理的优点是表达定理证明过程自然，容易理解，而且它拥有丰富的推理规则，推理过程灵活，便于在它的推理规则中嵌入领域启发式知识。其缺点是容易产生组合爆炸，推理过程得到的中间结论一般呈指数形式递增，这对于一个大的推理问题来说是十分不利的。

5.2.1 谓词公式的性质

1. 谓词公式的解释

在命题逻辑中，对命题公式中各个命题变元的一个真值指派称为命题公式的一个解释。一旦命题确定后，根据各连接词的定义就可以求出命题公式的真值(T 或 F)。

在谓词逻辑中，由于公式中可能有个体变元以及函数，因此不能像命题公式那样直接通过真值指派给出解释，必须首先考虑个体变元和函数在个体域中的取值，然后才能针对变元与函数的具体取值为谓词分别指派真值。由于存在多种组合情况，所以一个谓词公式的解释可能有很多个。对于每一个解释，谓词公式都可求出一个真值(T 或 F)。

2. 谓词公式的永真性、可满足性、不可满足性

定义 5.1 如果谓词公式 P 对个体域 D 上的任何一个解释都取得真值 T，则称 P 在 D 上是永真的；如果 P 在每个非空个体域上均永真，则称 P 永真。

定义 5.2 如果谓词公式 P 对个体域 D 上的任何一个解释都取得真值 F，则称 P 在 D 上是永假的；如果 P 在每个非空个体域上均永假，则称 P 永假。

可见，为了判定某个公式永真，必须对每个个体域上的每个解释逐个判定。当解释的个数为无限时，公式的永真性就很难判定了。

定义 5.3 对于谓词公式 P，如果至少存在一个解释使得公式 P 在此解释下的值为 T，则称公式 P 是可满足的，否则，则称公式 P 是不可满足的。

3. 谓词公式等价性

定义 5.4 设 P 与 Q 是两个谓词公式，D 是它们共同的个体域，若对 D 上的任何一个解释，P 与 Q 都有相同的真值，则称公式 P 和 Q 在 D 上是等价的。如果 D 是任意个体域，则称 P 和 Q 是等价的，记作 $P \Leftrightarrow Q$。

下面列出今后要用到的一些主要的等价式。

交换律为

$$P \vee Q \Leftrightarrow Q \vee P$$
$$P \wedge Q \Leftrightarrow Q \wedge P$$

结合律为

$$(P \vee Q) \vee R \Leftrightarrow P \vee (Q \vee R)$$
$$(P \wedge Q) \wedge R \Leftrightarrow P \wedge (Q \wedge R)$$

分配律为

$$P \vee (Q \wedge R) \Leftrightarrow (P \vee Q) \wedge (P \vee R)$$
$$P \wedge (Q \vee R) \Leftrightarrow (P \wedge Q) \vee (P \wedge R)$$

德·摩根(DeMorgen)律为

$$\neg (P \vee Q) \Leftrightarrow (\neg P) \wedge (\neg Q)$$
$$\neg (P \wedge Q) \Leftrightarrow (\neg P) \vee (\neg Q)$$

双重否定律(对合律)为

$$\neg \neg P \Leftrightarrow P$$

吸收率为

$$P \lor (P \land Q) \Leftrightarrow P$$

$$P \land (P \lor Q) \Leftrightarrow P$$

补余律(否定律)为

$$P \lor \neg P \Leftrightarrow \mathrm{T}$$

$$P \land \neg P \Leftrightarrow \mathrm{F}$$

连接词化归律为

$$P \to Q \Leftrightarrow \neg P \lor Q$$

$$P \to Q \Leftrightarrow (P \to Q) \land (Q \to P)$$

$$P \leftrightarrow Q \Leftrightarrow (P \land Q) \lor (\neg P \land \neg Q)$$

逆否律为

$$P \to Q \Leftrightarrow \neg Q \to \neg P$$

量词转换律为

$$\neg(\exists x)P \Leftrightarrow (\forall x)(\neg P)$$

$$\neg(\forall x)P \Leftrightarrow (\exists x)(\neg P)$$

量词分配律

$$(\forall x)(P \land Q) \Leftrightarrow (\forall x)P \land (\forall x)Q$$

$$(\exists x)(P \lor Q) \Leftrightarrow (\exists x)P \lor (\exists x)Q$$

4. 谓词公式的永真蕴含

定义 5.5　对于谓词公式 P 与 Q,如果 $P \to Q$ 永真,则称公式 P 永真蕴含 Q,记作 $P \Rightarrow Q$,且称 Q 为 P 的逻辑结论,P 为 Q 的前提。

下面列出今后要用到的一些主要永真蕴含式。

化简律为

$$P \land Q \Rightarrow P$$

$$P \land Q \Rightarrow Q$$

附加律为

$$P \Rightarrow P \lor Q$$

$$Q \Rightarrow P \lor Q$$

$$Q \Rightarrow P \to Q$$

假言推理为

$$P, P \to Q \Rightarrow Q$$

即由 P 为真和 $P \to Q$ 为真,可推出 Q 为真。

拒取式推理为

$$\neg Q, P \to Q \Rightarrow \neg P$$

即由 Q 为假以及 $P \to Q$ 为真,可推出 P 为假。

假言三段论为

$$P \to Q, Q \to R \Rightarrow P \to R$$

即由 $P \to Q$,$Q \to R$ 为真,可推出 $P \to R$ 为真。

析取三段论为

$$\neg P, P \lor Q \Rightarrow Q$$

二难推理为

$$P \vee Q, P \rightarrow R, Q \rightarrow R \Rightarrow R$$

全称固化为

$$(\forall x)P(x) \Rightarrow P(y)$$

其中，y 是个体域中的任一个体，利用此永真蕴含式可消去公式中的全称量词。

存在固化为

$$(\exists x)P(x) \Rightarrow P(y)$$

其中，y 是个体域中某一个可使 $P(y)$ 为真的个体。利用此永真蕴含式可消去公式中的存在量词。

上面列出的等价式及永真蕴含式是进行演绎推理的重要依据，因此这些公式又称为推理规则。谓词逻辑中还有如下一些推理规则：

① P 规则：在推理的任何步骤上都可引入前提。

② T 规则：在推理过程中，如果前面步骤中有一个或多个公式永真蕴含公式 S，则可把 S 引入推理过程中。

③ CP 规则：如果能从 R 和前提集合中推出 S 来，则可从前提集合推出 $R \rightarrow S$ 来。其中，R 为任意引入的命题。

④ 反证法：$P \Rightarrow Q$，当且仅当 $P \wedge \neg Q \Leftrightarrow \mathrm{F}$，即，$Q$ 为 P 的逻辑结论，当且仅当 $P \wedge \neg Q$ 是不可满足的。因此有以下定理：

定理 5.1 Q 为 $P\_1, P\_2, \cdots, P\_n$ 的逻辑结论，当且仅当 $(P\_1 \wedge P\_2 \wedge \cdots \wedge P\_n) \wedge \neg Q$ 是不可满足的。

5.2.2 谓词公式化为子句集的方法

1. 子句和子句集

定义 5.6 不含有任何连接词的谓词公式称为原子谓词公式。

定义 5.7 原子谓词公式及其否定统称为文字。

例如，$P(x)$、$Q(x)$、$\neg P(x)$、$\neg Q(x)$ 都称为文字。P 称为正文字，$\neg P$ 称为负文字。P 与 $\neg P$ 为互补文字。

定义 5.8 任何文字的析取式称为子句。

例如：$P(x) \vee Q(y)$、$P(x, f(x)) \vee Q(x, g(x))$ 都为子句。

定义 5.9 不包含任何文字的子句称为空子句。

由于空子句不含有任何文字，它不能被任何解释满足，所以空子句是永假式，是不可满足的。空子句一般记为 NIL。

定义 5.10 由子句或空子句构成的集合称为子句集。

2. 子句集的化简

在谓词演算中，任何谓词公式都可变化成相应的子句集。将谓词公式化为相应子句集的大致过程是：对于给定的谓词公式 G，首先化成与其等价的前约束范式

$$(\square x_1)(\square x_2)\cdots(\square x_n)M(x_1, x_2, x_n)$$

其中□是存在量词或全称量词。在 $M(x_1, x_2, x_n)$ 式中不再含有量词，然后将 $M(x_1,$

x_2, x_n)化成等价的合取范式，最后将存在量词消去，得到公式 G 的 Skolem 标准形。进而得到公式所对应的子句集。

下面给出谓词公式化成子句集的步骤。

(1) 消去"→"和"↔"。利用下列等价关系消去谓词公式中的"→"和"↔"。

$$P \to Q \Leftrightarrow \neg P \vee Q$$

$$P \leftrightarrow Q \Leftrightarrow (P \wedge Q) \vee (\neg P \wedge \neg Q)$$

(2) "¬"紧靠谓词。利用下列等式关系把"¬"移到紧靠谓词的位置上。

$$\neg(\neg P) \Leftrightarrow P$$

$$\neg(P \wedge Q) \Leftrightarrow \neg P \vee (\neg Q)$$

$$\neg(P \vee Q) \Leftrightarrow \neg P \wedge (\neg Q)$$

$$\neg(\exists x)P \Leftrightarrow (\forall x)\neg P$$

(3) 相同约束变元换名。若有相同名字的约束变元，则需对相同名字变元进行换名。

(4) 消去存在量词。①若存在量词不出现在全称量词的辖域内，则用一个新的个体常量去取代。②若存在量词出现在全称量词的辖域内，则用全称量词的函数去取代存在量词。

例如，对$(\exists y)(\forall x_1)(\forall x_2)\cdots(\forall x_n)P(x_1, x_2, \cdots, x_n, y)$，由于存在量词 y 不被全称量词约束，所以 y 可用一个新的个体常量如 a 取代。消去存在量词后由上式可得到

$$(\forall x_1)(\forall x_2)\cdots(\forall x_n)P(x_1, x_2, \cdots, x_n, a)$$

例如，对$(\forall x_1)(\forall x_2)\cdots(\forall x_n)(\exists y)P(x_1, x_2, \cdots, x_n, y)$，由于在此式中存在量词 y 被全称量词 $x_1, x_2, \cdots, x_n$ 约束，所以存在量词 y 表示成全称量词的函数 $f(x_1, x_2, \cdots, x_n)$，消去存在量词后可得到

$$(\forall x_1)(\forall x_2)\cdots(\forall x_n)P(x_1, x_2, \cdots, x_n, f(x_1, x_2, \cdots, x_n))$$

(5) 将全称量词移到公式的左边。

(6) 利用等价关系 $P \vee (Q \wedge R) \Leftrightarrow (P \vee Q) \wedge (P \vee R)$，将公式化为合取范式。

(7) 消去全称量词。

(8) 使不同子句中的变元不同名。

(9) 消去合取词，生成子句集。

例 5-1 将公式$(\forall x)((\forall y)P(x,y) \to \neg(\forall y)(Q(x,y) \to R(x,y)))$化为子句集。

解：

(1) 消去"→"和"↔"。

$$(\forall x)(\neg(\forall y)P(x,y) \vee \neg(\forall y)(\neg Q(x,y) \vee R(x,y)))$$

(2) "¬"紧靠谓词。

$$(\forall x)((\exists y)\neg P(x,y) \vee (\exists y)(Q(x,y) \wedge \neg R(x,y)))$$

(3) 相同约束变元换名。

$$(\forall x)((\exists y)\neg P(x,y) \vee (\exists z)(Q(x,z) \wedge \neg R(x,z)))$$

(4) 消去存在量词。

$$(\forall x)(\neg P(x, f(x)) \vee (\exists z)(Q(x, g(x)) \wedge \neg R(x, g(x)))$$

(5) 将公式化为合取范式。

$$(\forall x)(\neg P(x, f(x)) \vee (Q(x, g(x))) \wedge \neg P(x, f(x)) \vee \neg R(x, g(x)))$$

(6) 消去全称量词。

$$(\neg P(x,f(x)) \vee (Q(x,g(x))) \wedge \neg P(x,f(x)) \vee \neg R(x,g(x))$$

(7) 使不同字句中的变元不同名。

$$(\neg P(x,f(x)) \vee (Q(x,g(x))) \wedge \neg P(y,f(y)) \vee \neg R(y,g(y))$$

(8) 消去合取词，生成子句集。

$$\{\neg P(x,f(x)) \vee (Q(x,g(x))), \neg P(y,f(y)) \vee \neg R(y,g(y))\}$$

通过上述化简步骤，可以将谓词公式化简为一个标准子句集。由于在消去存在量词时所用的 Skolem 函数可以不同，因此化简后的标准子句集是不唯一的。

例 5-2 将下列谓词公式化为子句集：

$$(\forall x)\{[\neg P(x) \vee \neg Q(x)] \to (\exists y)[S(x,y) \wedge Q(x)]\} \wedge (\forall x)[P(x) \vee B(x)]$$

解：

(1) 消去"→"和"↔"。

$$(\forall x)\{\neg[\neg P(x) \vee \neg Q(x)] \vee (\exists y)[S(x,y) \wedge Q(x)]\} \wedge (\forall x)[P(x) \vee B(x)]$$

(2) "¬"紧靠谓词。

$$(\forall x)\{[P(x) \wedge Q(x)] \vee (\exists y)[S(x,y) \wedge Q(x)]\} \wedge (\forall x)[P(x) \vee B(x)]$$

(3) 相同约束变元换名。

$$(\forall x)\{[P(x) \wedge Q(x)] \vee (\exists y)[S(x,y) \wedge Q(x)]\} \wedge (\forall w)[P(w) \vee B(w)]$$

(4) 消去存在量词。

$$(\forall x)\{[P(x) \wedge Q(x)] \vee [S(x,f(x)) \wedge Q(x)]\} \wedge (\forall w)[P(w) \vee B(w)]$$

(5) 将公式化为合取范式。

$$(\forall x)(\forall w)\{Q(x) \wedge [P(x) \vee S(x,f(x))] \wedge [P(w) \vee B(w)]\}$$

(6) 消去全称量词。

$$\{Q(x) \wedge [P(x) \vee S(x,f(x))] \wedge [P(w) \vee B(w)]\}$$

(7) 使不同字句中的变元不同命。

$$\{Q(x) \wedge [P(y) \vee S(y,f(y))] \wedge [P(w) \vee B(w)]\}$$

(8) 消去合取词，生成子句集。

$$\{Q(x), P(y) \vee S(y,f(y)), P(w) \vee B(w)\}$$

5.3 海伯伦定理

定理 5.2 谓词公式不可满足的充要条件是其子句集不可满足。

由此定理可知，要证明一个谓词公式是不可满足的，只要证明其相应的子句集是不可满足的就可以了。如何证明一个子句集是不可满足的呢？

要判定一个子句集是不可满足的，就是要判定该子句集的每个子句都是不可满足的。而要判定一个子句是不可满足的，则需要判定该子句对任何非空个体域上的任意解释都是不可满足的。可见，判定子句集的不可满足性是一件非常困难的事情。

如果能对一个具体的谓词公式找到一个特殊的论域，使得该谓词公式只要在这个特殊的论域上不可满足，就能保证它在任意论域上也都不可满足，这将是十分有益的。针对这一情况，1930 年，海伯伦构造了一个特殊的域，称为海伯伦域，并证明只要对子句在海伯伦域上的一切解释进行判定，就可得知子句集是否为不可满足，从未使问题得到简化。

5.3.1 *H* 域

定义设 S 是子句集，定义在个体域 D 上，按以下步骤可得到 S 的 H 域(H_∞)

(1) 设 S 是子句集中出现的常量的集合。若 S 中没有常量出现，就任取常量 $a \in D$，规定 $H_0=\{a\}$。

(2) $H_i=H_{i-1}\cup\{$所有形如 $f(t_1,t_2,\cdots,t_n)$的元素$\}$，其中 $f(t_1,t_2,\cdots,t_n)$是出现于 S 中的任一函数符号，而 $t_1,t_2,\cdots,t_n$ 是 H_{i-1} 的元素，$i=1,2,\cdots$。

例 5-3 求子句集 $S=\{P(x),Q(f(x))\vee\neg R(x)\}$的 H 域。

解：$H_0=\{a\}$

$H_1=H_0\cup\{f(a)\}=\{a,f(a)\}$

$H_2=H_1\cup\{f(a),f(f(a))\}=\{a,f(a),f(f(a))\}$

⋮

$H_\infty=\{a,f(a),f(f(a)),\cdots\}$

例 5-4 求子句集 $S=\{P(x),Q(f(x))\}$的原子域。

解：子句集的 H 域为 $H_\infty=\{a,f(a),f(f(a)),\cdots\}$

子句集的原子域为$\{P(a),Q(a),P(f(a)),Q(f(a)),P(f(f(a))),Q(f(f(a)))\}$

由子句集 S 建立 H 域、原子集，希望定义于一般个体域 D 上使 S 为真的任一解释 I，可由 S 的 H 域上的某个解释 I'来实现。这样，便使任一个体域 D 上 S 为真的问题转换成了仅有可数个元素的 H 域上 S 为真的问题。从而子句集 S 在 D 上的不可满足问题转化成了 H 域上的不可满足问题。

5.3.2 海伯伦定理

定理 5.3 设 I 是子句集 S 的个体域 D 上的解释，存在对应于 I 的 H 解释 I'，使得若有 $S|I=T$，则必有 $S|I'=T$。

定理 5.4 子句集 S 是不可满足的，当且仅当在所有 H 解释下 S 均为假。

定理 5.5 子句集不可满足的充要条件是存在一个有限的不可满足的基子句集 S'。

以上定理称为海伯伦定理。

5.4 鲁宾逊归结原理

鲁宾逊归结原理又称为消解原理，是鲁宾逊提出的一种证明子句集不可满足性，从而实现定理证明的一种理论及方法。归结演绎推理是基于归结原理的在计算机上得到了较好实现的一种推理技术，是一种有效的机器推理方法。归结原理的出现，使得自动定理证明成为了可能，同时，也使得人工智能技术向前迈了一大步。

由谓词公式转化为子句集的过程可以看出，在子句集中子句之间是合取关系，其中只要有一个子句不可满足，则子句集就不可满足。由于空子句是不可满足的，所以，若一个子句集中包含空子句，则这个子句集一定是不可满足的。鲁宾逊归结原理就是基于这个思想提出来的。其基本方法是：检查子句集 S 中是否包含空子句，若包含，则子句集 S 不可满足；若不包含，就在子句集 S 中选择合适的子句进行归结，一旦通过归结得到空子句，就说明子句集 S 是不可满足的。

1. 归结方法

1) 归结式

定义设有两个子句：$C_1=L \vee C_1, C_2=\neg L \vee C_2$，从 C_1 和 C_2 中消去互补文字，并通过析取将 C_1 和 C_2 的剩余部分组成新的子句

$$C=C_1 \vee C_2$$

则称 C 为 C_1 和 C_2 的归结式，C_1, C_2 称为其归结式的亲本子句，$L, \neg L$ 称为消解基。

例如：求子句 $P(A) \vee Q(x) \vee R(f(x))$ 和 $\neg P(A) \vee Q(y) \vee R(y)$ 的归结式。

解：消去互补文字 $P(A)$ 和 $\neg P(A)$，生成归结式：

$$Q(x) \vee R(f(x)) \vee Q(y) \vee R(y)$$

2) 空子句

当 $C_1=L$ 和 $C_2=\neg L$ 时，归结式 C 为空；通常以字母“NIL”指示为空的归结式，并称 $C=\text{NIL}$ 表示 C 为空子句。显然 C_1 和 C_2 是一对矛盾子句——无论为子句集指派什么解释，C_1 和 C_2 不可同时满足，所以空子句实际上就是不可满足的子句，进而导致子句集不可满足。换言之，空子句就是归结原理判定子句集不可满足的成功标志。

2. 命题逻辑中的归结原理

在命题逻辑情况下，子句中文字只是原子命题公式或其取反，由于不带变量，易于判断子句对包含互补文字，使归结过程简单。

下面举例说明具体的归结方法。

例如：设 $C_1=\neg P \vee Q, C_2=\neg Q \vee R, C_3=P$。

解：首先对 C_1 和 C_2 进行归结，得到

$$C_{12}=\neg P \vee R$$

然后再用 C_{12} 与 C_3 进行归结，得到

$$C_{123}=R$$

如果首先对 C_1 和 C_3 进行归结，然后再把其归结式与 C_2 进行归结，将得到相同的结果。

定理归结式 C_{12} 是其亲本子句 C_1 与 C_2 的逻辑结论。即如果 C_1 与 C_2 为真，则 C_{12} 为真。

推论 1　设 C_1 与 C_2 是子句集 S 中的两个子句，C_{12} 是它们的归结式，若用 C_{12} 代替 C_1 和 C_2 后得到新子句 S_1，则由 S_1 的不可满足性可推出子句集 S 的不可满足性。

推论 2　设 C_1 与 C_2 是子句集 S 中的两个子句，C_{12} 是它们的归结式，若把 C_{12} 加入原子句 S 中，得到新子句 S_2，则 S 与 S_2 在不可满足的意义上是等价的。

这两个推论说明：为要证明子句集 S 的不可满足性，只要对其中可进行归结的子句进行归结，并把归结式加入子句集 S，或者用归结式替换它的亲本子句，然后对新子句集（S_1 或 S_2）证明不可满足性就可以了。注意到空子句是不可满足的，因此，如果经过归结能得到空子句，则立即可得到原子句集 S 是不可满足的结论。这就是用归结原理证明子句集不可满足性的基本思想。

5.5 归结反演

归结原理给出了证明子句集不可满足的理论基础，其基本思想与数学中的反证法类似。应用归结原理证明定理的过程称为归结反演。归结反演的一般步骤如下：

(1) 将已知前提表示为谓词公式 F；

(2) 将待证明的结论表示为谓词公式 Q，并否定得到 $\neg Q$；

(3) 把谓词公式集 $\{F, \neg Q\}$ 化为子句集 S；

(4) 应用归结原理对子句集 S 中的子句进行归结，并把每次归结得到的归结式并入 S 中。如此反复进行，若出现了空子句，则停止归结，此时就证明了 Q 为真。

例 5-5　已知前提条件：$(\exists x)(R(x) \wedge (\forall y)(D(y) \rightarrow L(x,y)))$，

$(\exists x)(R(x) \rightarrow (\forall y)(S(y) \rightarrow \neg L(x,y)))$。

试证明可推导出结论：$(\forall x)(D(x) \rightarrow \neg S(x))$。

证明：首先将前提条件和结论的否定式化为子句集

(1) $R(a)$。

(2) $\neg D(y) \vee L(a,y)$。

(3) $\neg R(x) \vee \neg S(u) \vee \neg L(x,u)$。

(4) $D(b)$。

(5) $S(b)$。

应用归结原理进行归结

(6) $\neg S(u) \vee \neg L(a,u)$ (1)与(3)归结$\{a/x\}$。

(7) $L(a,b)$ (2)与(4)归结$\{b/y\}$。

(8) $L(a,b)$ (5)与(6)归结$\{b/u\}$。

(9) NIL (7)与(8)归结。

例 5-6　某公司招聘工作人员，A，B，C 三人应试，经面试后公司表示如下想法：

(1) 三人中至少录取一人；

(2) 如果录取 A 而不录取 B，则一定录取 C；

(3) 如果录取 B，则一定录取 C。

求证：公司一定录取 C。

证明：设有谓词 $P(x)$ 表示录取 x，则把公司的想法用谓词公式表示如下：

(1) $P(A) \vee P(B) \vee P(C)$。

(2) $P(A) \wedge \neg P(B) \rightarrow P(C)$。

(3) $P(B) \rightarrow P(C)$。

把要求证的结论用谓词公式表示出来并否定，得

(4) $\neg P(C)$。

把上述公式化为子句集

(1) $P(A) \vee P(B) \vee P(C)$。

(2) $\neg P(A) \vee P(B) \vee P(C)$。

(3) $\neg P(B) \vee P(C)$。

(4) $\neg P(C)$。

应用归结原理进行归结

(5) $P(B) \vee P(C)$(1)与(2)归结。

(6) $P(C)$(3)与(5)归结。

(7) NIL(4)与(6)归结。

所以公司一定录取 C。

归结原理除了可用于定理证明外,还可用来求取问题的答案,其思想与定理证明类似。定义一个新的谓词 ANSWER,加入目标公式的否定中,把新形成的子句加入子句集中进行归结,具体步骤如下:

(1) 把已知前提条件用谓词公式表示出来,并且化为子句集 S。

(2) 把待求解的问题用谓词公式表示出来,然后将其否定,并与谓词公式 ANSWER 构成析取式。ANSWER 是一个为了求解问题而专设的谓词,并且其变元必须与谓词公式中的变元一致。

(3) 将(2)中的析取式化为子句集,并且将子句集并入子句集 S 中。得到子句集 S'。

(4) 对子句集 S' 应用归结原理进行归结。

(5) 若得到归结式 ANSWER,则答案就在 ANSWER 中。

下面通过求解实际问题来说明此过程。

例 5-7 任何兄弟都有同一个父亲,John 和 Peter 是兄弟,且 John 父亲是 David,问:Peter 的父亲是谁?

解:

第一步:将已知条件用谓词公式表示出来,并化成子句集,那么要先定义谓词。

(1) 定义谓词。

设 Father(x,y)表示 x 是 y 的父亲。

Brother(x,y)表示 x 和 y 是兄弟。

(2) 将已知事实用谓词公式表示。

F1:任何兄弟都有同一个父亲。

$\forall x \forall y \forall z(\text{Brother}(x,y) \wedge \text{Father}(z,x) \rightarrow \text{Father}(z,y))$

F2:John 和 Peter 是兄弟。

Brother(John,Peter)

F3:John 的父亲是 David。

Father(David,john)

(3) 将它们化为子句集得

$S_1=\{\neg \text{Brother}(x,y) \vee \neg \text{Father}(z,x) \vee \text{Father}(z,y), \text{Brother}(\text{John},\text{Peter}), \text{Father}(\text{David},\text{john})\}$

第二步:把问题用谓词公式表示出来,并将其否定与谓词公式 ANSWER 作析取。

设 Peter 的父亲是 u,则有:Father$(u$,Peter)

将其否定与 ANSWER 作析取,得

G: $\neg \text{Father}(u,\text{Peter}) \vee \text{ANSWER}(u)$

第三步:将上述公式 G 化为子句集 S_2,并将 S_1 和 S_2 合并到 S。

$S_2=\{\neg \text{Father}(u,\text{Peter}) \vee \text{ANSWER}(u)\}$

$S=S_1 \cup S_2$

将 S 中各子句列出如下：

① $\neg \text{Brother}(x,y) \vee \neg \text{Father}(z,x) \vee \text{Father}(z,y)$。

② Brother(John,Peter)。

③ Father(David,john)。

④ $\neg \text{Father}(u,\text{Peter}) \vee \text{ANSWER}(u)$。

第四步：应用归结原理进行归结。

⑤ $\neg \text{Brother}(\text{John},y) \vee \text{Father}(\text{David},y)$。

① 与③归结 $\sigma=\{\text{David}/z,\text{John}/x\}$。

⑥ $\neg \text{Brother}(\text{John},\text{Peter}) \vee \text{ANSWER}(\text{David})$。

④ 与⑥归结 $\sigma=\{\text{David}/u,\text{Peter}/y\}$。

⑦ ANSWER(David)②与⑥归结。

第五步：得到了归结式 ANSWER(David)，答案即在其中，$u=\text{David}$。即 Peter 的父亲是 David。

例 5-8 设张三、李四和王五三人中有人从不说真话，也有人从不说假话。某人某天向这三人分别提出同一个问题：谁是说假话者？张三答："李四和王五都是说假话者"；李四答："张三和王五都是说假话者"；王五答："张三和李四中至少有一个说假话者"。求谁是说真话者？

解：

设 $P(x)$表示 x 说真话。

分别用 Z、L、W 表示张三、李四、王五。

若张三说的是真话，则有 $P(Z) \to \neg P(L) \wedge \neg P(W)$；

若张三说的是假话，则有 $\neg P(Z) \to P(L) \vee P(W)$；

对李四和王五说的话做同样的处理，可得

$$P(L) \to \neg P(Z) \wedge \neg P(W) \neg P(L) \to P(Z) \vee P(W)$$

$$P(W) \to \neg P(Z) \vee \neg P(L) P(W) \to P(Z) \wedge P(L)$$

将它们化成子句集并与 $\neg P(y) \vee \text{ANSWER}(y)$归结如下。

① $\neg P(Z) \vee \neg P(L)$。

② $\neg P(Z) \vee \neg P(W)$。

③ $P(Z) \vee P(L) \vee P(W)$。

④ $\neg P(L) \vee \neg P(W)$。

⑤ $\neg P(Z) \vee \neg P(L) \vee \neg P(W)$。

⑥ $P(Z) \vee P(W)$。

⑦ $P(L) \vee P(W)$。

⑧ $\neg P(y) \vee \text{ANSWER}(y)$。

⑨ $\neg P(Z) \vee P(W)$①与⑦归结。

⑩ $P(W)$⑥与⑨归结。

⑪ $\text{ANSWER}(W)$⑧与⑩归结，$\sigma=\{W/y\}$。

所以,王五是说真话者。

例 5-9 某公司被盗,公安局派出5名干警(ABCDE)去调查。结果研究案情时,A 说:"甲与乙中至少有一人作案",B 说:"乙与丙中至少有一人作案",C 说:"丙与丁中至少有一人作案",D 说:"甲与丙中至少有一人与此案无关",E 说:"乙与丁中至少有一人与此案无关"。如果这5名干警的话都是可信的,那么谁是盗窃犯呢?

解:

设谓词 $P(x)$ 表示作案者,设 y 是所求的盗窃犯,用符号 J、Y、B、D 分别表示甲、乙、丙、丁,则问题可以转化为下列子句集。

① $P(J) \vee P(Y)$。

② $P(Y) \vee P(B)$。

③ $P(B) \vee P(D)$。

④ $\neg P(J) \vee \neg P(B)$。

⑤ $\neg P(Y) \vee \neg P(D)$。

⑥ $\neg P(Y) \vee \neg \mathrm{ANSWER}(y)$。

应用归结原理进行归结如下。

⑦ $P(Y) \vee \neg P(B)$①与④归结。

⑧ $P(B) \neg P(Y)$③与⑤归结。

⑨ $P(Y)$②与⑦归结。

⑩ $P(B)$②与⑧归结。

⑪ $\mathrm{ANSWER}(Y)$⑥与⑨归结 $\sigma=\{Y/y\}$。

⑫ $\mathrm{ANSWER}(B)$⑥与⑩归结 $\sigma=\{B/y\}$。

所以本题的结论是:盗窃犯是乙和丙。

对子句集进行归结时,关键的一步是从子句集中找出可以进行归结的一对子句。由于事先不知道哪两个子句可以进行归结,更不知道通过对哪些子句对的归结可以尽快地得到空子句,因而必须对子句集中的所有子句逐对地进行比较,对任何一对可归结的子句对都进行归结。这样不仅要耗费许多时间,而且还会因为归结出了许多无用的归结式而多占用了许多存储空间,造成了时空的浪费,降低了效率。为解决这些问题,人们研究出了多种归结策略。这些归结策略大致可分为两类:一类是删除策略,另一类是限制策略。前一类通过删除某些无用的子句来缩小归结的范围;后一类通过对参加归结的子句进行种种限制,尽可能地减少归结的盲目性,使其尽快地归结出空子句。

5.5.1 删除策略

1. 纯文字删除法

如果某文字 L 在子句集中不存在可与之互补的文字 $\neg L$,则称该文字为纯文字。显然,在归结时纯文字不能被删除,所以包含纯文字的子句对归结来说是无意义的,可将它从子句集中删除。

2. 重言式删除法

若一个谓词公式的真值永为真,则该命题为重言式或永真式。如果某个子句中同时含有互补文字对时，则称该子句为重言式。子句集中子句之间的关系是合取关系，所以不管是增加或减少一个真值为真的子句都不会影响它的不可满足性。在子句集中可删除重言式。

3. 包孕删除法

设有子句 C_1 和 C_2，如果存在一个代换 σ，使得 $C_1\sigma\subseteq C_2$，则称 C_1 包孕于 C_2。把子句集中包孕的子句 C_1 删除后，不会影响子句集的不可满足性，因而可从子句集中删除。

5.5.2 限制策略

1. 支持集策略

支持集策略指在每次归结时，参加归结的子句至少有一个是由目标子句否定所得的子句或者是它的后裔。支持集策略是完备的。归结策略的完备性指若子句集是不可满足的，则一定存在着一个从子句集到空子句的归结过程。

2. 线性输入策略

线性输入策略要求参加归结的两个子句中必须至少有一个是初始子句集中的子句。初始子句集指最初给出要求进行归结的子句。线性输入策略具有可限制归结式的数量、方法简单和高效的优点。但是它不是完备的归结策略，即若子句集是不可满足的，用线性归结策略有可能无法归结出空子句。

3. 单文字子句策略

如果一个子句中只包含一个文字，则称它为单文字子句。单文字子句策略要求参加归结的两个子句中至少有一个是单文字子句。使用该策略进行归结时，归结式比亲本子句含有较少的文字，向着空子句的方向前进，因此有较高的归结效率。单文字子句策略是不完备的，当初始子句集中不含有单文字子句时，使用该策略的推理就无法进行下去。

4. 祖先过滤形策略

祖先过滤形策略要求参加归结的两个子句必须至少满足下列两个条件的任何一个。①C_1 与 C_2 中至少有一个是初始子句集中的子句。②如果两个子句都不是初始子句集中的子句，则一个应是另一个的祖先。C_1 是子句 C_2 的祖先指 C_2 是由 C_1 与别的子句归结后得到的归结式。祖先过滤形策略是完备的归结策略。

例 5-10　设有子句集 $S=\{\neg P\vee Q, \neg Q\vee R, P, \neg R\}$，其中 $\neg R$ 是目标公式的否定式，请用支持集策略、线性输入策略和单文字子句策略对其进行归结。

解：

(1) 用支持集策略对其进行归结的过程如下。

① $\neg P\vee Q$。

② $\neg Q\vee R$。

③ P。

④ $\neg R$。

⑤ $\neg Q$②与④归结。

⑥ $\neg P$①与⑤归结。

⑦ NIL③与⑥归结。

(2) 用线性输入策略对其进行归结的过程如下：

① $\neg P \vee Q$。

② $\neg Q \vee R$。

③ P。

④ $\neg R$。

⑤ $\neg P \vee R$①与②归结。

⑥ $\neg Q$②与④归结。

⑦ R③与⑤归结。

⑧ $\neg P$④与⑤归结。

⑨ NIL③与⑧归结。

(3) 用单文字子句策略对其进行归结的过程如下：

① $\neg P \vee Q$。

② $\neg Q \vee R$。

③ P。

④ $\neg R$。

⑤ Q①与③归结。

⑥ $\neg Q$②与④归结。

⑦ $\neg P$①与⑥归结。

⑧ R②与⑥归结。

⑨ NIL⑤与⑥归结。

5.6 本章小结

按照推理过程所用知识的确定性，推理可分为确定性推理和不确定性推理。自然演绎推理和归结推理是经典的确定性推理，它们以数理逻辑的有关理论、方法和技术为理论基础，是机械化的、可在计算机上加以实现的推理方法。在讨论有关推理的一般概念以及命题和谓词逻辑的基础上，介绍自然演绎推理方法和基于一阶谓词逻辑的归结推理方法。本章节着重介绍鲁宾逊归结原理及其在机器定理证明和问题求解中的应用。其基本思想是先将要证明的定理表示为谓词公式，并化为子句集，然后再进行归结，如果归结出空子句，则定理得证。

习　　题

1. 试述演绎推理、归纳推理、类比推理和默认推理各有何特点。
2. 按推理方向可将推理过程划分为哪几类，以及各种推理方式的特点？
3. 什么是子句，什么是子句集？
4. 谓词公式与它的子句集等价吗，在什么情况下会等价？
5. 什么是归结式，什么是归结原理，引入鲁宾逊归结原理的基本思想和意义？

6. 将以下谓词公式化为相应的子句集。

(1) $(\forall x)(\forall y)(P(x,y) \wedge Q(x,y))$

(2) $(\forall x)(\forall y)(P(x,y) \rightarrow Q(x,y))$

(3) $(\forall x)(\forall y)(P(x,y) \vee Q(x,y) \rightarrow R(x,y))$

(4) $(\forall x)(\forall y)(\exists z)(P(x,y) \rightarrow Q(x,y) \vee R(x,z))$

7. 判断下列子句集中哪些是不可满足的。

(1) $S=\{\neg P \vee Q, \neg Q, P, \neg P\}$

(2) $S=\{P \vee Q, \neg P \vee Q, P \vee \neg Q, \neg P \vee \neg Q\}$

(3) $S=\{P(y) \vee Q(y), \neg P(f(x)) \vee R(a)\}$

(4) $S=\{\neg P(x) \vee Q(x), \neg P(y) \vee R(y), P(a), S(a), \neg S(z) \vee R(z)\}$

第6章 不确定性推理方法

6.1 不确定性推理的基本概念

第5章讨论了建立在经典逻辑基础上的确定性推理。这是一种运用确定性知识，从确定的事实或证据进行精确推理得到确定性结论的推理方法。但现实世界中的事物以及事物之间的关系是极其复杂的。由于客观上存在的随机性、模糊性以及某些事物或现象暴露得不充分性，导致人们对它们的认识往往是不精确、不完全的，具有一定程度的不确定性。这种认识上的不确定性反映到知识以及由观察所得到的证据上来，就分别形成了不确定性的知识及不确定性的证据。人们通常是在信息不完善、不精确的情况下，运用不确定性知识进行思维、求解问题的，推出的结论也是不确定的。因而还必须对不确定性知识的表示及推理进行研究。这就是本章将要讨论的不确定性推理。目前，人们对不确定性推理已经进行了比较多的研究，提出了多种表示和处理不确定性的方法。

下面首先讨论不确定性推理中的基本问题；其次着重介绍基于概率论的有关理论发展起来的不确定性推理方法，包括概率方法、主观贝叶斯方法、可信度方法、证据理论等；最后介绍目前在专家系统、信息处理、自动控制等领域广泛应用的依据模糊理论发展起来的模糊推理方法。

不确定性推理是从不确定性的初始证据出发，通过运用不确定的知识，最终推理出具有一定程度的不确定性但却是合理或者近乎合理的结论思维的过程。

在不确定性推理中，知识和证据都具有某种程度的不确定性，这就是为推理机的设计和实现增加了复杂性和难度。它除了必须解决推理方向，推理方法、控制策略等基本问题外，一般还需要解决不确定性的表示和度量、不确定性匹配算法及阈值、不确定性的传递算法以及不确定性的结论合成等重要问题。

6.1.1 不确定性的表示和度量

在不确定性推理中，“不确定性”一般分为两类：一是知识的不确定性；二是证据的不确定性。它们都要求有相应的表示方式和度量标准。

知识的表示与推理是密切相关的两个方面，不同的推理方法要求有相应的知识表示模式与之对应。在不确定性推理中，由于要进行不确定性的计算，因而必须用适当的方法把不确定性及不确定的程度表示出来。

在确立不确定性的表示方法时，有两个直接相关的因素需要考虑：一是要能根据领域问题的特征把其不确定性比较准确地描述出来，满足问题求解的需要；二是要便于推理过程中对不确定性的推算。只有把这两个因素结合起来统筹考虑，相应的表示方法才是实用的。

目前，在专家系统中知识的不确定性一般是由领域专家给出的，通常是一个数值，它表示相应知识的不确定性程度，称为知识的静态强度。

静态强度可以是相应知识在应用中成功的概率，也可以是该条知识的可信程度或其他，其值的大小范围因其意义与使用方法的不同而不同。今后在讨论各种不确定性推理模型时，将具体地给出静态强度的表示方法及其含义。

1. 证据不确定性的表示

在推理中，有两种来源不同的证据：一种是用户在求解问题时提供的初始证据，例如，病人的症状、化验结果等；另一种是在推理中用前面推出的结论作为当前推理的证据。对于前一种情况，即用户提供的初始证据，由于这种证据多来源于观察，因而通常是不精确、不完全的，即具有不确定性。对于后一种情况，由于所使用的知识及证据都具有不确定性，因而推出的结论当然也具有不确定性，当把它用作后面推理的证据时，它亦是不确定性的证据。

一般来说，证据不确定性的表示方法应与知识不确定性的表示方法保持一致，以便于推理过程中对不确定性进行统一的处理。在有些系统中，为便于用户的使用，对初始证据的不确定性与知识的不确定性采取了不同的表示方法，但这只是形式上的，在系统内部亦做了相应的转换处理。

证据的不确定性通常也用一个数值表示。它代表相应证据的不确定性程度，称之为动态强度。对于初始证据，其值由用户给出；对于用前面推理所得结论作为当前推理的证据，其值由推理中不确定性的传递算法通过计算得到。

2. 不确定性的度量

对于不同的知识及不同的证据，其不确定性的程度一般是不相同的，需要用不同的数据表示其不确定性的程度，同时还需要事先规定它的取值范围，只有这样每个数据才会有确定的意义。例如，在专家系统 MYCIN 中，用可信度表示知识及证据的不确定性，取值范围为 $[-1,1]$。当可信度取大于零的数值时，其值越大表示相应的知识或证据越接近于“真”；当可信度的取值小于零时，其值越小表示相应的知识或证据越接近于“假”。

在确定一种度量方法及其范围时，应注意以下几点。

(1) 度量要能充分表达相应知识及证据不确定性的程度。

(2) 度量范围的指定应便于领域专家及用户对不确定性的估计。

(3) 度量要便于对不确定性的传递进行计算，而且对结论算出的不确定性度量不能超出度量规定的范围。

(4) 度量的确定应当是直观的，同时应有相应的理论依据。

6.1.2 不确定性匹配算法及阈值

推理是一个不断运用知识的过程。在这一过程中，为了找到所需的知识，需要用知识的前提条件与数据库中已知的证据进行匹配，只有匹配成功的知识才有可能被应用。

对于不确定性推理而言，由于知识和证据都具有不确定性，而且知识所要求的不确定性程度与证据实际具有的不确定性程度不一定相同，因而就出现了"怎么才算匹配成功"的问题。对于这个问题，目前常用的解决方法是，设计一个算法用来计算匹配双方相似的程度，另外再指定一个相似的"限度"，用来衡量匹配双方相似的程度是否落在指定的限度内。如果落在指定的限度内，就称它们是可匹配的，相应知识可被应用，否则就称它们是不可匹配的，相应知识不可应用。上述中，用来计算匹配双方相似程度的算法称为不确定性匹配算法，用来指出相似的"限度"称为阈值。

6.1.3 组合证据不确定性的算法

在基于产生式规则的系统中，知识的前提条件既可以是简单条件，也可以是用 AND 或 OR 把多个简单条件连接起来构成的复合条件。进行匹配时，一个简单条件对应于一个单一的证据，一个复合条件对应于一组证据，称这一组证据为组合证据。

在不确定性推理中，由于结论的不确定性通常是通过对证据及知识的不确定性进行某种运算得到的，因而需要有合适的算法计算组合证据的不确定性。目前，关于组合证据不确定性的计算已经提出了多种方法，如最大最小方法、Hamacher 方法、概率方法、有界方法、Einstein 方法等。每种方法都有相应的适应范围和使用条件，如概率方法只能在事件之间完全独立时使用。

6.1.4 不确定性的传递算法

不确定性推理的根本目的是根据用户提供的初始证据，通过运用不确定性知识，最终推出不确定性的结论，并推算出结论的不确定性程度。因此，需要解决下面两个问题。

(1) 在每一步推理中，如何把证据及知识的不确定性传递给结论。

(2) 在多步推理中，如何把初始证据的不确定性传递给最终结论。

对于第一个问题，在不同的不确定性推理方法中所采用的处理方法各不相同，这将在下面的几节中分别进行讨论。

对于第二个问题，各种方法所采用的处理方法基本相同，即把当前推出的结论及其不确定性度量作为证据放入数据库中，供以后推理使用。由于最初那一步推理的结论是用初始证据推出的，其不确定性包含了初始证据的不确定性对它所产生的影响，因而当它又用作证据推出进一步的结论时，其结论的不确定性仍然会受到初始证据的影响。由此一步步地进行推理，必然就会把初始证据的不确定性传递给最终结论。

6.1.5 结论不确定性的合成

推理中有时会出现这样一种情况：用不同知识进行推理得到了相同的结论，但不确定性的程度却不相同。此时，需要用合适的算法对它们进行合成。在不同的不确定性推理方法中所采用的合成方法各不相同。

以上简要地列出了不确定性推理中一般应该考虑的一些基本问题，但这并不是说任何一个不确定性推理都必须包括上述各项内容。

长期以来，概率论的有关理论和方法都被用作度量不确定性的重要手段，因为它不仅有完善的理论，而且还为不确定性的合成与传递提供了现成的公式，因而它被最早用于不确定性知识的表示与处理，像这样纯粹用概率模型来表示和处理不确定性的方法称为纯概率方法或概率方法。

纯概率方法虽然有严密的理论依据，但它通常要求给出事件的先验概率和条件概率，而这些数据又不易获得，因此其应用受到了限制。为了解决这个问题，人们在概率理论的基础上发展起来了一些新的方法及理论，主要有主观贝叶斯方法、可信度方法、证据理论等。

基于概率的方法虽然可以表示和处理现实世界中存在的某些不确定性，在人工智能的不确定性推理方面占有重要地位，但它们都没有把事物自身所具有的模糊性反映出来，也不能对其客观存在的模糊性进行有效的处理。扎德等人提出的模糊集理论及其在此基础上发展起来的模糊逻辑弥补了这一缺憾，对由模糊性引起的不确定性的表示及处理开辟了一种新途径，得到了广泛应用。

下面详细讨论几种主要的不确定性推理方法。

6.2 概率方法

6.2.1 经典概率方法

设有如下规则：

$$\text{IF } E \text{ THEN } H_i, \quad i=1,2,\cdots,n$$

其中，E 为前提条件，H_i 为结论，具有随机性。

根据概率论条件概率的含义，可以用条件概率 $P(H_i|E)$ 表示上述产生式规则的不确定性程度，即表示在 E 的前提条件下，结论 H_i 成立的确定性条件。

对于复合条件

$$E=E_1 \quad \text{AND} \quad E_2 \quad \text{AND} \quad \cdots \quad \text{AND} \quad E_m$$

可以用条件概率 $P()$ 作为证据(E)出现时结论 H 的确定程度。

显然，这是一种简单的方法，只能用于简单的不确定性推理。另外，由于它只考虑证据为"真"或者"假"这两种极端情况，因而使其应用受到了限制。

6.2.2 逆概率方法

1. 逆概率方法的基本思想

经典概率方法要求给出在证据 E 出现情况下，结论 H 的条件概率 $P(H|E)$。这在实际应用中是相当困难的。逆概率方法是根据贝叶斯定理，用逆概率 $P(E|H)$ 来求原概率 $P(H|E)$，确定逆概率 $P(E|H)$ 比确定原概率 $P(H|E)$ 要容易些。例如，若以 E 代表咳嗽，以 H 代表支气管炎，如欲得到条件概率 $P(H|E)$，就需要统计在咳嗽的人中有多少是患支气管炎的，统计工作量较大，而要得到逆概率 $P(E|H)$ 相对容易些，因为这时仅仅需要

统计在患支气管炎的人中有多少人是咳嗽的，患支气管炎的人毕竟比咳嗽的人少得多。

2. 单个证据的情况

如果用产生式规则

$$\text{IF } E \text{ THEN } H_i, \quad i=1,2,\cdots,n$$

中的前提条件 E 代替贝叶斯公式中 B，用 H_i 代替公式中的 A_i 就可得到

$$P(H_i \mid E)=\frac{P(E \mid H_i)P(H_i)}{\sum_{i=1}^{n} P(E \mid H_i)P(H_i)}, \quad i=1,2,\cdots,n \tag{6-1}$$

这就是说，当已知结论 H_i 的先验概率 $P(H_i)$，并且已知结论 $H_i(i=1,2,\cdots,n)$成立时前提条件 E 所对应的证据出现的条件概率 $P(E|H_i)$，就可用式(6-1)求出相应证据出现时结论 H_i 的条件概率 $P(H_i|E)$。

例 6-1 设 H_1,H_2,H_3 分别是三个结论，E 是支持这些结论的证据，且已知

$$P(H_1)=0.3, \quad P(H_2)=0.4, \quad P(H_3)=0.5$$

$$P(E \mid H_1)=0.5, \quad P(E \mid H_2)=0.3, \quad P(E|H_3)=0.4$$

求 $P(H_1|E)$，$P(H_2|E)$及 $P(H_3|E)$的值各是多少。

解：根据公式(6-1)可得

$$\begin{aligned} P(H_1 \mid E) &= \frac{P(H_1)P(E \mid H_1)}{P(H_1)P(E|H_1)+P(H_2)P(E \mid H_2)+P(H_3)P(E|H_3)} \\ &= \frac{0.3\times 0.5}{0.3\times 0.5+0.4\times 0.3+0.5\times 0.4} \\ &= 0.32 \end{aligned}$$

同理可得

$$P(H_2 \mid E)=0.26$$

$$P(H_3 \mid E)=0.43$$

由此例可以看出，由于证据 E 的出现，H_1 成立的可能性略有增大，H_2，H_3 成立的可能性略有减小。

3. 多个证据的情况

对于有多个证据 $E_1,E_2,\cdots,E_n$ 和多个结论 $H_1,H_2,\cdots,H_n$，并且每个证据都以一定程度支持结论的情况，式(6-1)可进一步扩充为

$$P(H_i|E_1E_2\cdots E_n)=\frac{P(E_1|H_n)P(E_2|H_n)\cdots P(E_n|H_n)P(H_i)}{\sum_{i=1}^{n} P(E_1|H_n)P(E_2|H_n)\cdots P(E_n|H_n)P(H_i)}, \quad i=1,2,\cdots,n \tag{6-2}$$

此时，只要已知 H_i 的先验概率 $P(H_i)$以及 H_i 成立时证据 $E_1,E_2,\cdots,E_n$ 出现的条件概率 $P(E_1|H_n)P(E_2|H_n)\cdots P(E_n|H_n)$，就可利用上式计算出在 $E_1,E_2,\cdots,E_n$ 出现情况下 H_i 的条件概率 $P(H_i|E_1E_2\cdots E_n)$。

例 6-2 设已知

$$P(H_1)=0.4, \quad P(H_2)=0.3, \quad P(H_3)=0.3$$

$$P(E_1|H_1)=0.5,\quad P(E_1|H_2)=0.6,\quad P(E_1|H_3)=0.3$$

$$P(E_2|H_1)=0.7,\quad P(E_2|H_2)=0.9,\quad P(E_2|H_3)=0.1$$

求 $P(H_1|E_1E_2)$、$P(H_2|E_1E_2)$及 $P(H_3|E_1E_2)$的值各是多少。

解：根据公式(6-2)可得

$$P(H_1|E_1E_2)=\frac{P(E_1|H_1)P(E_2|H_1)P(H_1)}{P(E_1|H_1)P(E_2|H_1)P(H_1)+P(E_1|H_2)P(E_2|H_2)P(H_2)}$$

$$=\frac{0.5\times0.7\times0.4}{0.5\times0.7\times0.4+0.6\times0.9\times0.3}=0.46$$

同理可得

$$P(H_2|E_1E_2)=0.52$$

$$P(H_3|E_1E_2)=0.03$$

由此例可以看出，由于证据 E_1 和 E_2 的出现，H_1 和 H_2 成立的可能性有不同程度的增大，H_3 成立的可能性减小了。

在实际应用中，这种方法有时是很有用的。例如，如果把 $H_i(i=1,2,\cdots,n)$当作一组可能发生的疾病，把 $E_j(j=1,2,\cdots,m)$当作相应的症状，$P(H_i)$是从大量实践中经统计得到的疾病 H_i 发生的先验概率，$P(E_j|H_i)$是疾病 H_i 发生时观察到的症状 E_j 的条件概率，则当对某病人观察到有症状 $E_1,E_2,\cdots,E_m$ 时，应用上述贝叶斯公式就可计算出 $P(H_i|E_1E_2\ldots E_m)$从而得知病人患疾病 H_i 的可能性。

逆概率方法的优点是它有较强的理论背景和良好的数学特征，当证据及结论都彼此独立时计算的复杂度比较低。其缺点是要求给出结论 H_i 的先验概率 $P(H_i)$及证据 E_j 的条件概率 $P(E_j|H_i)$，尽管有些时候 $P(E_j|H_i)$比 $P(|H_i|E_j)$相对容易得到，但总的来说，要想得到这些数据仍然是一件相当困难的工作。另外，贝叶斯公式的应用条件是很严格的，如它要求各事件互相独立等。如若证据间存在依赖关系，就不能直接使用这个方法。

6.3 主观贝叶斯方法

在许多的情况下，同类事件发生的频率并不高，甚至很低，无法做到概率统计，这时一般需要根据观测到的数据，凭领域专家的一些经验给出一些主观上的判断，称为主观概率。概率一般可以解释为对证据和规则的主观信任度。概率推理中起关键作用的是贝叶斯公式，它是主观贝叶斯方法的基础。

定义 6.1 贝叶斯公式

设事件 $A_1,A_2,\cdots,A_n$ 满足如下条件：

(1) 任意两个事件都互不相容，即当 $i\neq j$ 时，有 $A_i\cap A_j=\Phi(i=1,2,\cdots,n;\ j=1,2,\cdots,n)$。

(2) $P(A_i|B)>0(i=1,2,\cdots,n)$。

(3) 发样本空间 D 是各个 $A_i(i=1,2,\cdots,n)$的集合，即 $D=UA_i$。

则对于任何事件来说，式(6-3)成立。

$$P(A_i\mid B)=\frac{P(A_i)\times P(B\mid A_i)}{P(B)},\quad i=1,2,\cdots,n \tag{6-3}$$

该公式称为贝叶斯公式。其中 $P(A_i)$ 是事件 A_i 的先验概率，$P(B|A_i)$ 是在事件 A_i 发生的条件下事件 B 的条件概率，$P(A_i|B)$ 是在事件 B 发生的条件概率下事件 A_i 发生的概率。

下面将从表示问题，计算问题和语义问题三个方面介绍主观贝叶斯方法是如何解决不确定性推理问题的。其中前两部分说明表示问题是如何解决的，接着的三部分说明计算问题是如何解决的。

6.3.1 证据不确定性的表示

在主观贝叶斯方法中，无论是初始证据还是作为推理结果中的中间证据，它们的不确定性都是用概率和几率来表示，即证据的 E 不确定性用 $P(E)$ 或者 $O(E)$ 表示。概率与几率之间的转换公式为

$$O(E)=\frac{P(E)}{P(\neg E)}=\frac{P(E)}{1-P(E)} \tag{6-4}$$

$$P(E)=\frac{O(E)}{1+O(E)} \tag{6-5}$$

$O(E)$ 表示证据 E 出现的概率和不出现的概率之比，显然 $O(E)$ 是 $P(E)$ 的增函数，且有

$$O(E)=\frac{P(E)}{P(\neg E)}=\frac{P(E)}{1-P(E)} \tag{6-6}$$

除了上述式子说明证据 E 的先验几率和先验概率之间的关系，在主观贝叶斯方法中，有时还需要用到 E 的后验概率和后验机率。以概率为例，对初始证据 E，用户可以根据当前的观察 S 将其先验概率 $P(E)$ 更改为后验概率 $P(E|S)$，相当于给出了证据 E 的动态强度。

后验几率和后验概率的转换关系与先验概率和先验几率的转换关系一样，即

$$O(E \mid S)=\frac{P(E \mid S)}{P(\neg E \mid S)}=\frac{P(E \mid S)}{1-P(E \mid S)} \tag{6-7}$$

$$P(E \mid S)=\frac{O(E \mid S)}{1+O(E \mid S)} \tag{6-8}$$

6.3.2 不确定性的更新

主观贝叶斯方法推理的任务就是根据的 E 的概率 $P(E)$ 以及 LS、LN 的值，把 H 的先验概率 $P(H)$ 更新为后验概率或者把 H 的先验几率 $O(H)$ 跟新为后验几率。由于一条规则所对应的证据有可能肯定为真，也有可能肯定为假，还有可能既非真也非假，而且在不同的情况下求解后验概率的方法也不相同，以下分别予以讨论。

证据肯定为真，即 $P(E)=P(E|S)=1$ 时，由贝叶斯公式可得

$$P(H \mid E)=P(E \mid H)\times P(H \mid E) \mid P(E)$$

$$P(\neg H \mid E)=P(E \mid \neg H)\times P(\neg H) \mid P(E)$$

由以上两式得

$$\frac{P(H \mid E)}{P(\neg H \mid E)}=\frac{P(E \mid H)}{P(E \mid \neg H)}\times\frac{P(H)}{P(\neg H)}$$

即有 $O(H|E)=\mathrm{LS}\times O(H)$

再根据公式 $P(E)=\dfrac{O(E)}{1+O(E)}$

计算得出把先验概率 $P(H)$ 更新为后验概率 $P(H|E)$ 的公式

$$P(H \mid E)=\frac{\mathrm{LS}\times P(H)}{(\mathrm{LS}-1)\times P(H)+1}$$

由以上讨论可以看出充分性度量 LS 的意义：①当 LS>1 时，由后验概率 $P(H|E)$ 的公式可得

$$O(H \mid E)>O(H)$$

由 $P(x)$ 与 $O(x)$ 具有相同单调性，可知

$$P(H \mid E)>P(H)$$

这表明，当 LS>1 时，由于证据 E 的存在，将增大结论 H 为真的概率，而且 LS 越大，$P(HE)$ 就越大，即 E 对 H 为真的支持越强；当 LS→w 时，$O(HE)\to w$，即 $P(HE)\to 1$，表明由于证据 E 的存在，将导致 H 为真，由此可见，E 的存在对 H 为真是充分的，故称 LS 为充分性度量。

② 当 LS=1 时，由后验概率 $P(H|E)$ 的公式可得

$$O(H \mid E)=O(H)$$

这表明 E 与 H 无关。

③ 当 LS<1 时，由后验概率 $P(H|E)$ 的公式可得

$$O(H \mid E)<O(H)$$

这表明，由于证据 E 的存在，将使 H 为真的可能性下降。

④ 当 LS=0 时，由后验概率 $P(H|E)$ 的公式可得

$$O(H \mid E)=0$$

这表明，由于证据 E 的存在，将使 H 为假。

上述关于 LS 的讨论可作为领域专家为 LS 赋值的依据。当证据 E 越是支持 H 为真时，应使相应 LS 的值越大。

当证据肯定为假时，即 $P(E)=P(E|S)=0$，采用和上述类似的方法可得

$$O(H \mid \neg E)=\mathrm{LN}\times O(H)$$

从而得到把先验概率 $P(H)$ 更新为后验概率 $P(H \mid \neg E)$ 的公式：

$$P(H \mid \neg E)=\frac{\mathrm{LN}\times P(H)}{(\mathrm{LN}-1)\times P(H)+1}$$

由以上讨论可以看出必要性度量 LN 的意义：

(1) 当 LN>1 时，由 $O(H|\neg E)=\mathrm{LN}\times O(H)$ 可得

$$O(H \mid \neg E)>O(H)$$

由 $P(x)$ 与 $O(x)$ 具有相同单调性，可知

$$P(H \mid \neg E)>P(H)$$

这表明，当 LN>1 时，由于证据 E 不存在，将增大结论 H 为真的概率，而且 LN 越大，$P(H|\neg E)$ 就越大，即 $\neg E$ 对 H 为真的支持越强。当 LN→0 时，$O(H|\neg E)\to\alpha$，即 $P(H|\neg E)\to 1$，表明由于证据 E 不存在，将导致 H 为真。

(2) 当 LN=1 时,由上式可得

$$O(H \mid \neg E)=O(H)$$

这表明 $\neg E$ 与 H 无关。

(3) 当 LN<1 时,由上式可得

$$O(H \mid \neg E)<O(H)$$

这表明,由于证据 E 不存在,将使 H 为真的可能性下降,或者说由于证据 E 不存在,将反对 H 为真。由此可以看出 E 对 H 为真的必要性。

(4) 当 LN=0 时,由上式可得

$$O(H \mid \neg E)=0$$

这表明,由于证据 E 不存在,将导致 H 为假。由此也可以看出 E 对 H 为真的必要性,故称 LN 为必要性度量。

依据上述讨论,领域专家可为 LN 赋值,若证据 E 对 H 越是必要,相应 LN 的值则越小。

证据 E 既非真也非假时,即 $0<P(E|S)<1$,此时便不能用上面的公式计算后验概率,可用杜达(Duda)于 1976 年推出的公式

$$P(H \mid S)=P(H \mid E)\times P(E \mid S)+P(H \mid \neg E)\times P(\neg E \mid S) \tag{6-9}$$

来计算后验概率。下面分四种情况讨论公式(6-9)。

当 $P(E|S)=1$ 时,即 $P(\neg E|S)=0$,则有

$$P(H \mid S)=P(H \mid E)=\frac{\mathrm{LS}\times P(H)}{(\mathrm{LS}-1)\times P(H)+1} \tag{6-10}$$

当 $P(E|S)=0$ 时,即 $P(\neg E|S)=1$,则有:

$$P(H \mid S)=P(H \mid \neg E)=\frac{\mathrm{LN}\times P(H)}{(\mathrm{LN}-1)\times P(H)+1} \tag{6-11}$$

当 $P(E|S)=P(E)$时,E 与 S 无关,利用全概率公式:

$$\begin{aligned}P(H \mid S)&=P(H \mid E)\times P(E \mid S)+P(H \mid \neg E)\times P(\neg E \mid S)\\&=P(H \mid E)\times P(E)+P(H \mid \neg E)\times P(\neg E)\\&=P(H)\end{aligned}$$

通过分析得到了 $P(E|S)$上的 3 个特殊值,即 0、$P(E)$、1,并分别取得了对应值 $P(H|\neg E)$、$P(H)$、$P(H|E)$,这样就构成了 3 个特殊点。

当 $P(E|S)$为其他值时,$P(E|S)$可以通过上述 3 个特殊点的分段线性插值函数求得,并可以得到计算分段线性插值函数 $P(H|S)$的公式,即

$$P(H \mid S)=\begin{cases}P(H \mid \neg E)+\dfrac{P(H)-P(H \mid \neg E)}{P(E)}\times P(E \mid S), & \text{若 } 0\leqslant P(E \mid S)<P(E)\\[2ex] P(H)+\dfrac{P(H \mid E)-P(H)}{1-P(E)}\times[P(E \mid S)-P(E)], & \text{若 } 0\leqslant P(E \mid S)\leqslant 1\end{cases} \tag{6-12}$$

该公式成为 EH 公式,其函数图如图 6-1 所示。

对于初始证据,由于其不确定性是用可信度 $C(E|S)$给出的,此时只要把 $P(E|S)$与 $C(E|S)$的对应关系转换公式代入 EH 公式,就可得到用可信度 $C(E|S)$计算 $P(H|S)$的公式

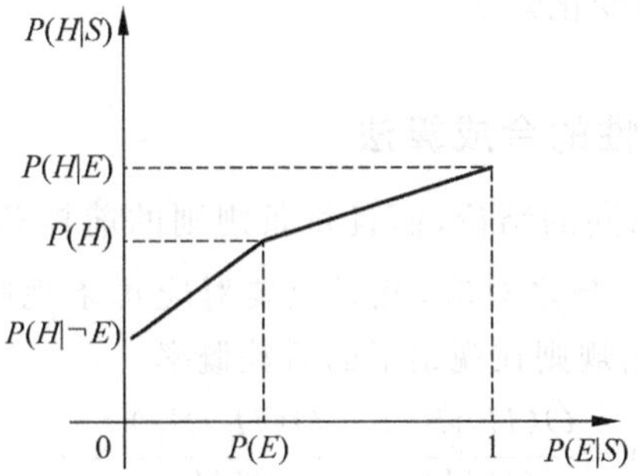

图 6-1 EH 公式图

$$P(H \mid S)=\begin{cases} P(H \mid \neg E)+[P(H)-P(H \mid \neg E)] \times \left[\dfrac{C(E \mid S)+1}{5}\right], & C(E \mid S) \leqslant 0 \\ P(H)+[P(H \mid E)-P(H)] \times \dfrac{C(E \mid S)}{5}, & C(E \mid S)>0 \end{cases} \tag{6-13}$$

该公式称为 CP 公式。

这样,当用初始证据进行推理时,根据用户告知的 $C(E|S)$,通过运用 CP 公式就可求出 $P(H|S)$;当用推理过程中得到的中间结论作为证据进行推理时,通过运用 EH 公式就可求出 $P(H|S)$。

6.3.3 知识的不确定性表示方法

在主观贝叶斯方法中,知识是用产生式规则表示的,具体形式为

$$\text{IF } E \text{ THEN (LS,LN) } H(P(H))$$

其中:

(1) E 是该知识的前提条件。它既可以是一个简单条件,也可以是复合条件。

(2) H 是结论。$P(H)$是 H 的先验概率,它指出在没有任何证据情况下,结论 H 为真的概率,即 H 的一般可能性。其值由领域专家根据以往的实践及经验给出。

(3) (LS,LN)为规则强度。在统计学中称为似然比(likelihoodratio)。其值由领域专家给出。LS,LN 相当于知识的静态强度。其中 LS 称为规则成立的充分性度量,用于指出 E 对 H 的支持程度,取值范围为$[0,+\infty]$,其定义为

$$\mathrm{LS}=\frac{P(E \mid H)}{P(E \mid \neg H)} \tag{6-14}$$

LN 为规则成立的必要性度量,用于指出 $\neg E$ 对 H 的支持程度,即 E 对 H 为真的必要性程度,取值范围为$[0,+\infty]$,其定义为

$$\mathrm{LN}=\frac{P(\neg E \mid H)}{P(\neg E \mid \neg H)}=\frac{1-P(E \mid H)}{1-P(E \mid \neg H)} \tag{6-15}$$

(LS,LN)既考虑了证据 E 的出现对其结论 H 的支持,又考虑了证据 E 的不出现对其结论 H 的影响。

值得注意的是,在实际应用中 LS 和 LN 的值都是专家给定的,以便计算后验概率。LS

表明证据存在时先验概率的变化幅度。

6.3.4 结论不确定性的合成算法

若有 n 条规则都支持相同的结论，而且每条规则的前提条件所对应的证据 $E_i(i=1,2,\cdots,n)$ 都有相应的观察 S_i 与之对应，此时只要对应每条规则，分别求出 H 的后验概率 $O(H|S)$，然后根据公式求出规则在观察下的后验概率。

$$O(H|S_1,S_2,\cdots,S_n)=\frac{O(H|S_1)}{O(H)}\times\frac{O(H|S_2)}{O(H)}\times\cdots\times\frac{O(H|S_n)}{O(H)}\times O(H)$$

为了熟悉主观贝叶斯方法的推理过程，下面给出一个例子。

例 6-3 设有如下知识：

$$R_1: \text{IF } E_1 \text{ THEN}(2,0.001)\, H_1$$
$$R_2: \text{IF } E_2 \text{ THEN}(100,0.001)\, H_1$$
$$R_3: \text{IF } H_1 \text{ THEN}(200,0.01)\, H_2$$

已知 $O(H_1)=0.1$，$O(H_2)=0.01$，$C(E_1|S_1)=2$，$C(E_2|S_2)=1$，求：$O(H_1|S_1,S_2)$的值。

解：① 计算 $O(H_1|S_1)$

$$P(H_1)=\frac{O(H_1)}{1+O(H_1)}=0.09$$

$$\begin{aligned}P(H_1|E_1)&=\frac{O(H_1|E_1)}{1+O(H_1|E_1)}\\&=\frac{\mathrm{LS}_1\times O(H_1)}{1+\mathrm{LS}_1\times O(H_1)}\\&=0.17\end{aligned}$$

因为 $C(E_1|S_1)=2>0$，所以使用 CP 公式的后半部计算 $P(H_1|S_1)$

$$\begin{aligned}P(H_1|S_1)&=P(H_1)+[P(H_1|E_1)-P(H_1)]\times\frac{C(E_1|S_1)}{5}\\&=0.09+[0.17-0.09]\times 0.4\\&=0.122\end{aligned}$$

$$O(H_1|S_1)=\frac{P(H_1|S_1)}{1-P(H_1|S_1)}=0.14$$

② 计算 $O(H_1|S_2)$

由上面的计算可知 $P(H_1)=0.09$

$$\begin{aligned}P(H_1|E_2)&=\frac{O(H_1|E_2)}{1+O(H_1|E_2)}\\&=\frac{\mathrm{LS}_2\times O(H_1)}{1+\mathrm{LS}_2\times O(H_1)}\\&=0.91\end{aligned}$$

因为 $C(E_2|S_2)=1>0$，所以使用 CP 公式的后半部计算 $P(H_1|S_2)$

$$P(H_1|S_2)=P(H_1)+[P(H_1|E_2)-P(H_1)]\times\frac{C(E_2|S_2)}{5}$$

$$=0.09+(0.91-0.09)\times0.2$$
$$=0.254$$

$$O(H_1|S_2)=\frac{P(H_1|S_2)}{1-P(H_1|S_2)}=0.34$$

③ 计算 $O(H_1|S_1,S_2)$

$$O(H_1|S_1,S_2)=\frac{O(H_1|S_1)\times O(H_1|S_2)}{O(H_1)\times O(H_1)}O(H_1)$$
$$=\frac{0.14\times0.34}{0.1\times0.1}\times0.1$$
$$=0.476$$

④ 计算 $P(H_2|S_1,S_2)$，$O(H_2|S_1,S_2)$

为了确定应用 EH 公式的那一部分，需要判断 $P(H_1)$ 和 $P(H_1|S_1,S_2)$ 的大小关系。因为 $O(H_1|S_1,S_2)=0.476$，$O(H_1)=0.1$，显然 $O(H_1|S_1,S_2)>O(H_1)$，所以 $P(H_1|S_1,S_2)>P(H_1)$，因此，选用 EH 公式的后半部分，即

$$P(H_2|S_1,S_2)=P(H_2)+\frac{P(H_1|S_1,S_2)-P(H_1)}{1-P(H_1)}\times[P(H_2|H_1)-P(H_2)]$$

又因为

$$P(H_1|S_1,S_2)=\frac{O(H_1|S_1,S_2)}{1+O(H_1|S_1,S_2)}=0.32$$

$$P(H_2|H_1)=\frac{O(H_2|H_1)}{1+O(H_2|H_1)}$$
$$=\frac{\mathrm{LS}_3\times O(H_2)}{1+\mathrm{LS}_3\times O(H_2)}$$
$$=0.67$$

可得

$$P(H_2|S_1,S_2)=0.175$$

$$O(H_2|S_1,S_2)=\frac{P(H_2|S_1,S_2)}{1-P(H_2|S_1,S_2)}=\frac{0.175}{1-0.175}=0.212$$

H_2 先验概率是 0.01，通过运用知识 R_1，R_2，R_3，及初始证据的可信度 $C(E|S_1)$，$C(E|S_2)$ 进行推理，最后算出 H_2 的后验概率是 0.212，相当于概率增加了 20 多倍。

6.4　可信度方法

可信度方法是爱德华·H. 肖特里菲(E. H. Shortliffe)等人在确定性理论(theory of confirma-tion)的基础上，结合概率论等提出的一种不确定性推理方法。它首先在专家系统 MYCIN 中得到了成功的应用。由于该方法比较直观、简单，而且效果也比较好，因而受到人们的重视。目前，许多专家系统都是基于这一方法建造起来的。

6.4.1 可信度概念

人们在长期的实践活动中，对客观世界的认识积累了大量的经验，当面临一个新事物或新情况时，往往可用这些经验对问题的真、假或为真的程度作出判断。这种根据经验对一个事物或现象为真的相信程度称为可信度(certaintyFactor)。

显然，可信度带有较大的主观性和经验性，其准确性难以把握。但由于人工智能所面向的多是结构不良的复杂问题，难以给出精确的数学模型，先验概率及条件概率的确定又比较困难，因而用可信度来表示知识及证据的不确定性仍不失为一种可行的方法。另外，由于领域专家有丰富的专业知识及实践经验，也不难对领域内的知识给出其可信度。

6.4.2 可信度模型(C-F 模型)

1. 可信度定义

在 C-F 模型中，可信度最初定义为信任与不信任的差，即 CF(H,E)，其定义如下：

$$\mathrm{CF}(H,E)=\mathrm{MB}(H,E)-\mathrm{MD}(H,E)$$

其中，CF 是由前提条件 E 得到 H 的可信度，也称为确定性因子。

MB 成为信任增长度，它表示因为与前提条件 E 匹配的证据的出现，使得结论 H 为真的信任的增长程度。MB(H,E)的定义如下：

$$\mathrm{MB}(H,E)=\begin{cases}1, & P(H)=1\\ \dfrac{\max\{P(H\mid E),P(H)\}-P(H)}{1-P(H)}, & P(H)\neq 1\end{cases}\tag{6-16}$$

MD 称为不信任增长度，它表示因为与前提条件 E 匹配的证据的出现，使结论 H 的不信任的增长程度。MD(H,E)的定义如下：

$$\mathrm{MB}(H,E)=\begin{cases}1, & P(H)=0\\ \dfrac{\min\{P(H\mid E),P(H)\}-P(H)}{-P(H)}, & P(H)\neq 0\end{cases}\tag{6-17}$$

其中，$P(H)$表示 H 的先验概率，$P(H|E)$表示因为与前提条件 E 匹配的证据的出现的情况下，结论 H 的条件概率，即后验概率。

由 MB 和 MB 的定义可以得出如下结论。

当 MB$(H,E)>0$，有 $P(H|E)>P(H)$，说明由于 E 所对应的证据出现，增加了 H 的信任程度。但不信任程度没有变化。

当 MD$(H,E)>0$，有 $P(H|E)<P(H)$，说明由于 E 所对应的证据出现，增加了 H 的不信任程度。但信任程度没有变化。

根据前面对 CF(H,E)、MB(H,E)、MD(H,E)的定义，可以得到 CF(H,E)的计算公式如下：

$$\mathrm{CF}(H,E)=\begin{cases}\mathrm{MB}(H,E)-0=\dfrac{P(H\mid E)-P(H)}{1-P(H)}, & P(H\mid E)>P(H)\\ 0, & P(H\mid E)=P(H)\\ 0-\mathrm{MD}=\dfrac{P(H)-P(H\mid E)}{P(H)}, & P(H\mid E)<P(H)\end{cases}\tag{6-18}$$

从式(6-18)可以看出，若 $CF(H,E)>0$，有 $P(H|E)>P(H)$，说明由于前提条件 E 所对应的证据的出现，增加了 H 为真的概率，即增加了的 H 的可信度，$CF(H,E)$的值越大，增加的 H 的为真的可信度就越大。若 $CF(H,E)<0$，有 $P(H|E)<P(H)$，说明由于前提条件 E 所对应的证据的出现，减小了 H 为真的概率，即增加了 H 为假的可信度，$CF(H,E)$的值越小，增加的 H 的为假的可信度就越大。

2. 可信度的计算

1) 规则的不确定性表示

在 C-F 模型中，规则可用产生式规则表示如下：

$$\text{IF } E \text{ THEN } H(CF(H \mid E))$$

其中，E 是规则的前提条件，H 是规则的结论，$CF(H,E)$是规则的可信度，也成为规则强度或者知识强度，它描述的是知识的静态强度。这里的结论和前提都可以由复合命题组成。

2) 证据的不确定性表示

证据可信度值的来源分两种情况：对于初始证据，其可信度的值由提供证据的用户给出；对于用先前推出的结论作为当前推理的证据，其可信度的值在推出该结论时通过不确定性传递算法计算得到。

在 C-F 模型中，证据 E 的不确定性也是用可信度因子 $CF(E)$来表示的，其取值范围同样是$[-1,1]$。对于初始证据，若对它的所有观察 S 能肯定它为真，则取 $CF(E)=1$；若肯定它为假，则取 $CF(E)=-1$；若它以某种程度为真，则取 $CF(E)$为(0,1)中的某一个值，即 $0<CF(E)<1$；若它以某种程度为假，则取 $CF(E)$为$(-1,0)$中的某一个值，即 $-1<CF(E)<0$；若它还未获得任何相关的观察，此时可看作观察 S 与它无关，则取 $CF(E)=0$。

在该模型中，尽管知识的静态强度与证据的动态强度都是用可信度因子 CF 表示的，但它们所表示的意义不相同。静态强度 $CF(H,E)$表示的是知识的强度，即当 E 所对应的证据为真时对 H 的影响程度，而动态强度 $CF(E)$表示的是证据 E 当前的不确定性程度。

3) 组合证据的不确定性计算

对于证据的组合形式可以分为合取和析取两种基本情况。当证据是多个单一的证据的合取时，即 $E=E_1$ AND E_2 AND $E_3\cdots$AND E_n 时，若已知 $CF(E_1),CF(E_2),CF(E_3),\cdots,CF(E_n)$，则可得

$$CF(E)=\min\{CF(E_1),CF(E_2),CF(E_3),\cdots,CF(E_n)\}$$

当证据是多个单一的证据的析取时，即 $E=E_1$ OR E_2 OR…OR E_n 时，若已知 $CF(E_1),CF(E_2),CF(E_3),\cdots,CF(E_n)$，则可得

$$CF(E)=\max\{CF(E_1),CF(E_2),CF(E_3),\cdots,CF(E_n)\}$$

另外规定 $CF(\neg E)=\neg CF(E)$。

4) 不确定性的推理算法

证据肯定存在，即 $CF(E)=1$，有

$$CF(H)=CF(H,E)$$

这说明规则强度 $CF(H,E)$实际上就是在前提条件对应的证据为真时结论 H 的可信度。

证据不是肯定存在，即 $CF(E)\neq 1$，其计算公式如下：

$$CF(H)=CF(H,E)\times\max\{0,CF(E)\}$$

由上式可以看出，当相应的证据在某种程度上为假，可得

$$CF(H)=0$$

这说明在该模型中没有考虑证据为假时对结论 H 所产生的影响。

证据是多个条件组合的情况。设有规则如下：

$$\text{IF } E_1 \text{ THEN } H(CF(H,E_1))$$

$$\text{IF } E_2 \text{ THEN } H(CF(H,E_2))$$

则结论的 H 的综合可信度可分如下两步计算：

第一步：分别对每条规则求出其 CF(H)。

$$CF_1(H)=CF(H,E_1)\times \max\{0,CF(E_1)\}$$

$$CF_2(H)=CF(H,E_2)\times \max\{0,CF(E_2)\}$$

第二步：用如下公式计算。

$$CF(H)=\begin{cases} CF_1(H)+CF_2(H)-CF_1(H)\times CF_2(H), & CF_1(H)\geqslant 0 \text{ 且 } CF_2(H)\geqslant 0 \\ CF_1(H)+CF_2(H)+CF_1(H)\times CF_2(H), & CF_1(H)<0 \text{ 且 } CF_2(H)<0 \\ CF_1(H)+CF_2(H), & CF_1(H) \text{ 与 } CF_2(H) \text{ 异号} \end{cases}$$

6.5 证据理论

证据理论(theoryofevidence)由登普斯特(A. P. Dempster)于 20 世纪 60 年代首先提出，并由沙佛(G. Shafer)在 20 世纪 70 年代中期进一步发展起来的一种处理不确定性的理论，所以，又称为 D-S 理论。1981 年巴纳特(J. A. Barnett)把该理论引入专家系统中，同年卡威(J. Garvey)等人用它实现了不确定性推理。由于该理论能够区分“不确定”与“不知道”的差异，并能处理由“不知道”引起的不确定性，具有较大的灵活性，因而受到了人们的重视。目前，在证据理论的基础上已经发展了多种不确定性推理模型。本节简单介绍几种不确定性推理模型。

6.5.1 基本概念

1. 识别框架

识别框架就是所考察事物或对象的集合，记为 Ω。如下面的集合都是识别框架：

$\Omega_1=\{$晴天，多云，刮风，下雨$\}$

$\Omega_2=\{$感冒，支气管炎，鼻炎$\}$

$\Omega_3=\{$红，黄，蓝$\}$

$\Omega_4=\{80,90,100\}$

识别框架的子集就是构成求解问答的各种解答。这些子集也都可以表示成命题。证据理论就是通过定义在这些子集上的几种信度函数，来识别计算框架中诸子集为真的可信度。

2. 基本概率分配函数

定义 6.2 给定识别框架 Ω，$A\in 2^{\Omega}$，称 $m(A)$：$2^{\Omega}\rightarrow[0,1]$是 2^{Ω} 上的一个基本概率分配函数，若它满足

$$m(\varnothing)=0$$

$$\sum_{A\subseteq\Omega} m(A)=1$$

以下是对基本概率分配函数的几点说明：

概率分配函数的作用是把 Ω 的任意一个子集映射为[0,1]上的一个数 $m(A)$。

概率分配函数与概率不同。

m 是 2^{Ω} 上而非 Ω 的概率分布，它们不必相等，而且 $m(A)\neq 1-m(\neg A)$。

3. 信任函数

定义 6.3 给定识别框架 Ω，$\forall A\in 2^{\Omega}$，

$$\mathrm{Bel}(A)=\sum_{B\subseteq A} m(B)=1$$

称为 2^{Ω} 上的信任函数。

信任函数表示对 A 为真的信任程度。所以它就是证据理论的信度函数。信任函数也被称为下限函数。

信任函数有如下性质：

$\mathrm{Bel}(\varnothing)=0$，$\mathrm{Bel}(\Omega)=1$，且对于 2^{Ω} 中的任意元素 A，有 $0\leqslant\mathrm{Bel}(A)\leqslant 1$。

信任函数为递增函数。即若 $A_1\subseteq A_2\subseteq\Omega$，则 $\mathrm{Bel}(A_1)\leqslant\mathrm{Bel}(A_2)$

$\mathrm{Bel}(A)\leqslant\mathrm{Bel}(A')$（$A$ 为 A'的补集）。

4. 似然函数

定义 6.4 似然函数

$$\mathrm{Pl}:\ 2^{\Omega}\rightarrow[0,1]$$

对任意的 A 包含于 Ω 有：$\mathrm{Pl}(A)=1-\mathrm{Bel}(\neg A)$，其中 $\neg A=\Omega-A$。

似然函数又被称为不可驳斥函数或上限函数，由于 $\mathrm{Bel}(A)$表示对 A 为真的信任度，$\mathrm{Bel}(\neg A)$表示对 $\neg A$ 的信任度，即 A 为假的信任度，因此 $\mathrm{Pl}(A)$表示对 A 为非假的信任度。

5. 信任区间

定义 6.5 设 $\mathrm{Pl}(A)$、$\mathrm{Bel}(A)$分别表示 A 的拟真度和信任度，称二元组[$\mathrm{Bel}(A)$，$\mathrm{Pl}(A)$]为 A 的信任区间。

信任区间刻画了对 A 所持信任程度的上下限。如

[1,1]表示 A 为真（$\mathrm{Pl}(A)=\mathrm{Bel}(A)=1$）。

[0,0]表示 A 为假（$\mathrm{Pl}(A)=\mathrm{Bel}(A)=0$）。

[0,1]表示对 A 完全无知。因为 $\mathrm{Bel}(A)=0$，说明对 A 不信任。而 $\mathrm{Bel}(A')=0$）说明对 A' 也不信任。

[0.5,0.5]表示对 A 是否为真是完全不确定的。

[0.25,0.85]表示 A 为真的信任度为 0.25；由 $\mathrm{Bel}(A)=1-0.85=0.15$ 表示对 A' 也有一定程度的信任度。

由上面的讨论可知，$\mathrm{Pl}(A)-\mathrm{Bel}(A)$表示对 A 不知道的程度，即既非对 A 信任又非不信任的那部分。

6.5.2 证据的组合

1. 基本的组合规则

设 $m_1(A)$和 $m_2(A)(A\in 2^{\Omega})$是识别框架 Ω 基于不同证据的两个基本概率分配函数，则可以将二者按照下面的 Dempester 组合规则合并：

$$m(A)=\sum_{B\cap C=A} m_1(B)m_2(C) \tag{6-19}$$

该表达式一般称为 m_1 与 m_2 的正交，并记为 $m_1\oplus m_2$。不难证明，组合后的 $m(A)$ 满足

$$\sum_{A\subseteq\Omega} m(A)=1 \tag{6-20}$$

例如，设识别框架 $\Omega=\{a,b,c\}$，若基于两组不同证据而导出的基本概率分配函数分别为

$$m_1(\{a\})=0.4$$
$$m_1(\{a,c\})=0.4$$
$$m_1(\{a,b,c\})=0.2$$
$$m_2(\{a\})=0.6$$
$$m_2(\{a,b,c\})=0.4$$

将 m_1 和 m_2 合并可以得到：

$$m(\{a\})=\sum_{B\cap C=\{a\}} m_1(B)m_2(C)=0.76$$
$$m(\{a,c\})=m_1(\{a,c\})m_2(\{a,b,c\})=0.16$$
$$m(\{a,b,c\})=m_1(\{a,b,c\})m_2(\{a,b,c\})=0.08$$

2. 含有冲突修正的组合规则

上述组合规则在某些情况下会有问题。考察两个不同的基本概率分配函数 m_1 和 m_2，若存在集合 B、C，$B\cap C\neq\varnothing$，且 $m_1(A)>0, m_2(B)>0$，这时使用 Dempester 组合规则将导出

$$m(\varnothing)=\sum_{B'\cap C'} m_1(B')m_2(C')\geqslant m_1(A)m_2(B)>0 \tag{6-21}$$

这与概率分配函数的定义冲突。这时需要将 Dempster 组合规则进行如下修正：

$$m(A)=\begin{cases}0, & A=\varnothing\\ K\sum\limits_{B\cap C=A} m_1(B)m_2(C), & A\neq\varnothing\end{cases} \tag{6-22}$$

其中，K 为规范系数，且 $K=\left(1-\sum\limits_{B\cap C=A} m_1(B)m_2(C)\right)^{-1}$。

规范数 K 的引入，实际上是把空集所丢弃的正交按比例地补到非空集上，使得 $m(A)$ 仍然满足：

$$\sum_{A\subseteq\Omega} m(A)=1 \tag{6-23}$$

如果所有交集均为空集，则出现 $K=\infty$，显然，Dempster 组合规则在这种情况下将失去

意义。

6.5.3 基于证据理论的不确定性推理

基于证据地不确定性推理大体上分为以下几个步骤：

(1) 建立问题的识别框架 Ω。

(2) 给幂集 2^{Ω} 定义基本概率分配函数。

(3) 计算所关心的子集 $A \subseteq 2^{\Omega}$ 的信任函数 Bel(A)和似然函数 Pl(A)。

(4) 由 Bel(A)和 Pl(A)得出结论。

其中(2)的基本概率分配函数可由经验给出，或者随机性规则和事实的信度度量计算求得。

下面通过实例进行详细说明。

例 6-4 设有如下规则：

如果流鼻涕则感冒但非过敏性鼻炎(0.9)

或过敏性鼻炎但非感冒(0.05)

如果眼发炎则感冒但非过敏性鼻炎(0.8)

或过敏性鼻炎但非感冒(0.05)

又有事实：

小王流鼻涕(0.9)

小王发眼炎(0.4)

括号中的数字表示可信度。

用证据理论推论小王得了什么病?

解：首先建立问题的识别框架 $\Omega=\{h_1,h_2,h_3\}$，其中 h_1 表示“感冒但非过敏性鼻炎”，h_2 表示“过敏性鼻炎但非感冒”，h_3 表示“同时得了两种病”。

由公式 $\mathrm{CF}(H)=\mathrm{CF}(H,E)\times\max\{0,\mathrm{CF}(E)\}$ 可以计算该问题的基本概率分配函数。根据第一条规则和第一个事实的可信度，得到基本概率分配函数为

$$M_1(\{h_1\})=0.9\times0.9=0.81$$

$$M_1(\{h_2\})=0.9\times0.1=0.09$$

$$M_1(\{h_1,h_2,h_3\})=1-0.81-0.09=0.1$$

根据第二条规则和第二个事实的可信度，得到基本概率分配函数为

$$M_2(\{h_1\})=0.4\times0.8=0.32$$

$$M_2(\{h_2\})=0.4\times0.05=0.02$$

$$M_2(\{h_1,h_2,h_3\})=1-0.32-0.02=0.66$$

用证据理论将上述两个由不同规则得到的概率分配函数组合，得

$$\begin{aligned}K&=1-[M_1(\{h_1\})M_1(\{h_2\})+M_1(\{h_2\})M_2(\{h_1\})]\\&=1-(0.81\times0.02+0.32\times0.09)=0.955\end{aligned}$$

$$\begin{aligned}M(\{h_1\})&=K^{-1}[M_1(\{h_1\})M_1(\{h_2\})+M_1(\{h_1\})M_2(\{h_1,h_2,h_3\})+\\&\quad M_1(\{h_1,h_2,h_3\})M_2(\{h_1\})]\\&=0.87\end{aligned}$$

$$
\begin{aligned}
M(\{h_2\}) = & K^{-1}[M_1(\{h_2\})M_2(\{h_2\}) + M_1(\{h_1\})M_2(\{h_1,h_2,h_3\}) + \\
& M_1(\{h_1,h_2,h_3\})M_2(\{h_2\})] \\
= & 0.066
\end{aligned}
$$

$$M(\{h_1,h_2,h_3\}) = 1 - 0.87 - 0.66 = 0.064$$

由信任函数的定义得

$$\mathrm{Bel}(\{h_1\}) = M(\{h_1\}) = 0.87$$

$$\mathrm{Bel}(\{h_2\}) = M(\{h_2\}) = 0.066$$

由似然函数的定义得

$$
\begin{aligned}
\mathrm{Pl}(\{h_1\}) &= 1 - \mathrm{Bel}(\neg\{h_1\}) = 1 - \mathrm{Bel}(\{h_2,h_3\}) \\
&= 1 - M(\{h_2\}) - M(\{h_3\}) \\
&= 1 - 0.066 - 0 = 0.934
\end{aligned}
$$

$$
\begin{aligned}
\mathrm{Pl}(\{h_2\}) &= 1 - \mathrm{Bel}(\neg\{h_2\}) = 1 - \mathrm{Bel}(\{h_1,h_3\}) \\
&= 1 - M(\{h_1\}) - M(\{h_3\}) \\
&= 1 - 0.87 - 0 = 0.13
\end{aligned}
$$

综上所述："感冒但非过敏性鼻炎得"为真的信任度为 0.87，非假的信任度为 0.934；"过敏性鼻炎但非感冒"为真的信任度为 0.066，非假的信任度为 0.13，因此患者是得了感冒而非过敏性鼻炎。

6.6 本章小结

在本章中，首先讨论了不确定性推理的基本概念，以及对不确定性研究的主要问题和主要研究方法。本书讨论的"不确定性"是针对已知事实和推理中所用到的知识而言的，应用这种不确定的事实和知识的推理称为不确定性推理。

本章主要讨论的是数值方法，如概率方法、主观贝叶斯方法、可信度方法、证据理论、模糊方法等。在本章讨论的方法中，概率方法是一个以概率论中有关理论为基础建立的纯概率方法，由于在使用过程中需要事先确定并给出先验概率和条件概率，并且计算量较大，因此应用受到了限制。主观贝叶斯方法、可信度方法、证据理论、模糊理论等方法都是处理专家系统中不确定性的方法。

主观贝叶斯方法通过使用专家的主观判断给出概率，避免了大量的统计和计算工作。在主观贝叶斯方法中，讨论了信任与概率的关系，以及似然性问题，介绍了主观贝叶斯方法的知识表示和推理方法。

可信度方法比较简单、直观，易于掌握和使用，并且已成功地应用于如 MYCIN 推理链较短、概率计算精度要求不高的专家系统中。但是当推理长度较长时，由可信度的不精确估计而产生的积累误差会很大，所以它不适合长推理链的情况。

证据理论是用集合表示命题的一种处理不确定性的理论，它引入信任函数而非概率来度量不确定性，并引入似然函数来处理"不知道"所引起的不确定性问题，它只需要满足比概率论更弱的公理系统。证据理论基础严密，专门针对专家系统，是一种很有吸引力的不确定性推理的模型，但如何把它普遍应用于专家系统，目前还没有一个统一的意见。尽管这些技术大多数是从实践中总结出来的工程性方法，对不确定性的处理往往不够严格，使用上也有很多局限性，但是它们却能解决一些问题，其结果往往能够给出令人满意的解释，符合人类认识世界的直觉。

习　题

1. 不确定性推理的概念是什么？为什么要采用不确定性推理？

2. 不确定性推理中需要解决的基本问题是什么？

3. 主观贝叶斯方法的优点是什么？有什么问题？试说明 LS 和 LN 的意义。

4. 为什么要在 MYCIN 中提出可信度方法？MYCIN 的确定性方法有什么问题？

5. 何谓可信度？说明规则强度 $CF(H,E)$ 的含义。

6. 设有如下知识。

$$R_1\text{: IF } E_1 \text{ THEN}(20,1)\ H_1(0.06)$$
$$R_2\text{: IF } E_2 \text{ THEN}(10,1)\ H_2(0.05)$$
$$R_3\text{: IF } E_3 \text{ THEN}(1,0.08)\ H_3(0.4)$$

求：当 E_1,E_2,E_3 存在时，$P(H_i|E_i)$的值是多少？

7. 设有规则：

$$R_1\text{: IF } E_1 \text{ THEN}(400,1)\ H$$
$$R_2\text{: IF } E_2 \text{ THEN}(60,1)\ H$$

已知证据 E_1,E_2 必然出现，并且 $P(H)=0.04$，求 H 的后验概率。

8. 设有规则：

$$R_1\text{: IF } E_1 \text{ THEN}(65,0.01)\ H$$
$$R_2\text{: IF } E_2 \text{ THEN}(300,0.0001)\ H$$

已知：$P(E_1|S_1)=0.5$，$P(E_2|S_2)=0.02$，$P(E_1)=0.1$，$CF(E_2)=0.03$，$P(H)=0.01$

求：$P(H|S_1S_2)$。

9. 设有如下规则：

$$R_1\text{: IF } E_1 \text{ THEN } H(0.8)$$
$$R_2\text{: IF } E_2 \text{ THEN } H(0.6)$$
$$R_3\text{: IF } E_3 \text{ THEN } H(-0.5)$$
$$R_4\text{: IF } E_4 \text{ AND}(E_5 \text{ OR } E_6)\text{THEN } E_1(0.7)$$
$$R_5\text{: IF } E_7 \text{ AND } E_3 \text{ THEN } E_3(0.9)$$

且已知：$CF(E_2)=0.8$，$CF(E_4)=0.5$，$CF(E_5)=0.6$，$CF(E_6)=0.7$，$CF(E_7)=0.6$，$CF(E_8)=0.9$。

求 H 的综合可信度 $CF(H)$。

第7章 专家系统

基于前面第4、5、6章的介绍，了解到知识表示方法和知识推理方法，这两部分内容是专家系统的核心部分，专家系统的核心内容是知识库和推理机制。

7.1 专家系统的概念

7.1.1 专家系统的定义

专家系统是基于知识的系统，用于在某种特定的领域中运用领域专家多年积累的经验和专业知识，求解需要专家才能解决的困难问题。专家系统作为一种计算机系统，继承了计算机快速、准确的特点，在某些方面比人类专家更可靠、更灵活，可以不受时间、地域及人为因素的影响。

专家系统的奠基人斯坦福大学的爱德华·A. 费根鲍姆(E. A. Feigenbaum)教授，把专家系统定义为："专家系统是一种智能的计算机程序，它运用知识和推理来解决只有专家才能解决的复杂问题。"也就是说，专家系统是一种模拟专家决策能力的计算机系统。

7.1.2 专家系统的特点

1. 具有专家水平的专业知识

具有专家专业水平是专家系统的最大特点。专家系统具有的知识越丰富，质量越高，解决问题的能力就越强。专家系统中的知识按其在问题求解中的作用可分为三个层次，即数据级、知识库级和控制级。数据级知识指具体问题所提供的初始事实及在问题求解过程中所产生的中间结论、最终结论。数据级知识通常存放于数据库中。知识库知识指专家的知识。这一类知识是构成专家系统的基础。控制级知识也称为元知识，是关于如何运用前两种知识的知识，如在问题求解中的搜索策略、推理方法等。

2. 能进行有效的推理

专家系统的核心是知识库和推理机。专家系统要利用专家知识来求解领域内的具体问题，必须有一个推理机构，能根据用户提供的已知事实，通过运用知识库中的知识，进行有效的推理，以实现问题的求解。专家系统不仅能根据确定性知识进行推理，而且能根据不确定的知识进行推理。领域专家解决问题的方法大多是经验性的，表示出来往往是不精确的，仅以一定的可能性存在。此外，要解决的问题本身所提供的信息往往是不确定的。专家系统的特点之一就是能综合利用这些不确定的信息和知识进行推理，得出结论。

3. 具有启发性

专家系统除能利用大量专业知识以外，还必须利用经验的判断知识来对求解的问题作出多个假设。依据某些条件选定一个假设，使推理继续进行。

4. 具有灵活性

专家系统的知识库与推理机既相互联系，又相互独立。相互联系保证了推理机利用知识库中的知识进行推理以实现对问题的求解；相互独立保证了当知识库作适当修改和更新时，只要推理方式没变，推理机部分可以不变，使系统易于扩充，具有较大的灵活性。

5. 具有透明性

在使用专家系统求解问题时，不仅希望得到正确的答案，而且还希望知道得到该答案的依据。专家系统一般都有解释机构(explanationfacility)，具有较好的透明性。解释机构可以向用户解释推理过程，回答用户“为什么(Why)”“结论是如何得出的(How)”等问题。

6. 具有交互性

专家系统一般都是交互式系统，具有较好的人机界面。一方面它需要与领域专家和知识工程师进行对话以获取知识，另一方面它也需要不断地从用户那里获得所需的已知事实并回答用户的询问。

专家系统本身是一个程序，但它与传统程序又不同，主要体现在以下几个方面。

(1) 从编程思想来看，传统程序是依据某个确定的算法和数据结构来求解某个确定的问题，而专家系统求解的许多问题没有可用的数学方法，而是依据知识和推理来求解，即

传统程序＝数据结构＋算法专家系统＝知识＋推理

这是专家系统与传统程序的最大区别。

(2) 传统程序把关于问题求解的知识隐含于程序中，而专家系统则将知识与运用知识的过程即推理机分离。这种分离使专家系统具有更大的灵活性，便于修改。

(3) 从处理对象来看，传统程序主要是面向数值计算和数据处理，而专家系统面向符号处理。传统程序处理的数据是精确的，对程序的检索是基于模式的布尔匹配，而专家系统处理的数据和知识大多是不精确的、模糊的，知识的模式匹配也多是不精确的。

(4) 传统程序一般不具有解释功能，而专家系统一般具有解释机构，解释自己的行为。因为专家系统依赖于推理，它必须能够解释这个过程。

(5) 传统程序根据算法求解问题，每次都能产生正确的答案，而专家系统则像人类专家那样工作，一般能产生正确的答案，但有时也会产生错误的答案，这也是专家系统存在的问题之一。但专家系统有能力从错误中吸取教训，改进对某一问题的求解能力。

(6) 从系统的体系结构来看，传统程序与专家系统具有不同的结构。关于专家系统的结构在后面将作专门的介绍。

7.1.3 专家系统的类型

若按专家系统的特性以及功能分类，专辑系统可以分为10类，如表7-1所示。

表7-1 专家系统的类型

专家系统类型	解决的问题
解释	根据感知数据推理情况描述
诊断	根据观察结果推理系统是否有保障
预测	指导给定情况可能产生的后果
设计	根据给定的要求进行相应的设计
规划	设计动作
控制	控制整个系统的行为
监督	比较观察结果和期望结果
修理	执行计划来实现规定的补救措施
教学	诊断、调整、修改学生行为
调试	建议故障的补救措施

1. 解释型专家系统

解释型专家系统能根据感知数据，经过分析、推理，从而给出相应解释。如化学结构说明、图像分析、语言理解、信号解释、地质解释、医疗解释等专家系统。代表性的解释型专家系统有DENDRAL(一种帮助化学家判断某待定物质的分子结构系统)，PROSPECTOR(矿产勘探开采系统)等。

2. 诊断型专家系统

诊断型专家系统能根据取得的现象、数据或事实推断出系统是否有故障，并能找出产生故障的原因，给出排除故障的方案。这是目前开发、应用得最多的一类专家系统。如医疗诊断、机械故障诊断、计算机故障诊断等专家系统。代表性的诊断专家系统有MYCIN，CASNET，PUFF(肺功能诊断系统)，PIP(肾脏病诊断系统)，DART(计算机硬件故障诊断系统)等。

3. 预测型专家系统

预测型专家系统能根据过去和现在的信息(数据和经验)推断可能发生和出现的情况。例如，用于天气预报、地震预报、市场预测、人口预测、灾难预测等领域的专家系统。

4. 设计型专家系统

设计型专家系统能根据给定要求进行相应的设计。例如，用于工程设计、电路设计、建筑及装修设计、服装设计、机械设计及图案设计的专家系统。对这类系统一般要求在给定的限制条件下能给出最佳的或较佳的设计方案。代表性的设计型专家系统有XCON(计算机系统配置系统)、KBVLSI(VLSI电路设计专家系统)等。

5. 规划型专家系统

规划型专家系统能按给定目标拟定总体规划、行动计划、运筹优化等，适用于机器人动作控制、工程规划、军事规划、城市规划、生产规划等。这类系统一般要求在一定的约束条件

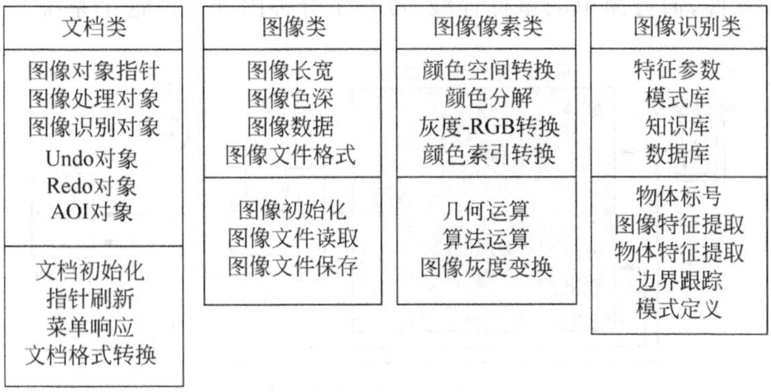

图 7-2 图像识别框架

7.2.3 基于案例的专家系统

基于案例推理的专家系统，是采用以前的案例求解当前问题的技术[12]。求解过程如图 7-3 所示。首先获取当前问题信息，接着寻找最相似的以往案例。如果找到了合理的匹配，就建议使用和过去所用相同的解；如果搜索相似案例失败，则将这个案例作为新案例。因此，基于案例的专家系统能够不断学习新的经验，以增加系统求解问题的能力。

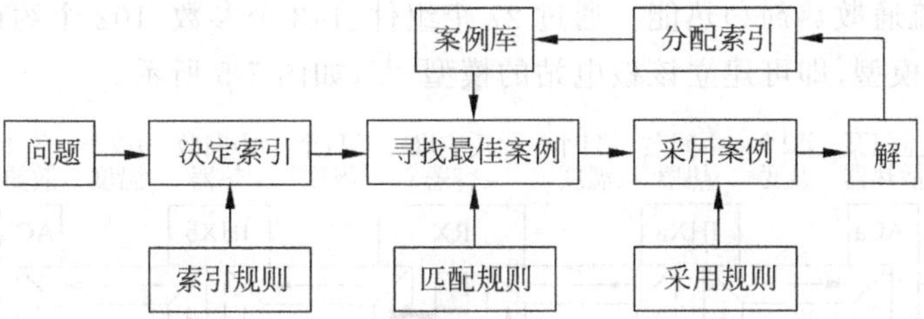

图 7-3 基于案例的专家系统流程图

基于案例推理的专家系统的难点是，如何从案例库中寻找与当前问题条件最匹配的一个案例。最常用的匹配技术是最近邻法，k-近邻法，径向基函数网络等。然而，过大的案例库会导致系统搜索时间过长，因此，往往需要进行预处理，删去过分相似的案例。

7.2.4 基于模型的专家系统

传统的专家系统一个主要缺点在于"缺乏知识的重用性和共享性"，而采用本体论(模型)来设计专家系统，可以解决该缺点。另外，它既能增加系统功能，提高性能指标；又可独立深入研究各种模型及其相关，将结果用于系统设计。

基于本体论的专家系统通过元模型清晰定义、设计原理概念化和知识库标准化 3 个方面来获得系统的重用性和共享性。通过将某事物的模型、原理、知识库采用本体论的方法严格定义后，就能保证该事物与该模型严格对应，在今后的设计中，可方便地重新调用该模型以加速系统设计。图 7-4 是由 6 个模型搭建起来的一个小型控制系统，实现了利用神经网络逼近车间生产过程，继而预测产量。由于模型组件、接口、通信、限制等全部标准化，因此利用 Simulink 软件，通过简单的鼠标连线，可在 1 分钟内开发出这个系统。

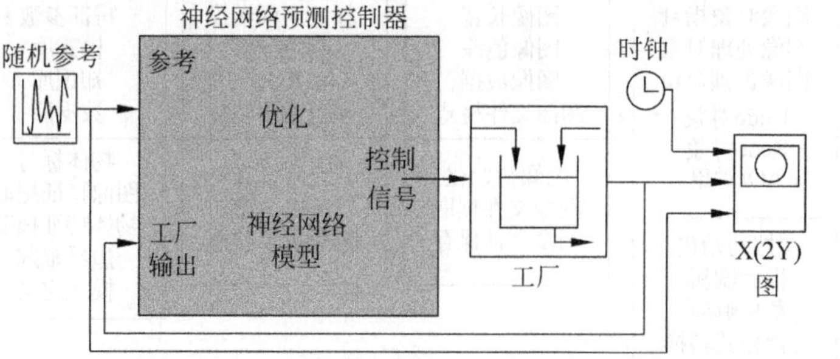

图 7-4　基于本体的专家系统示例

基于本体论的专家系统发展出两个新分支，一个是因果时间模型，在模型中考虑因果时间尺度；另一个是神经网络模型，用网络来实现知识的推理。

1. 因果时间模型

因果性对人类理解物理系统的行为十分关键。而人类对因果的识别建立在原因和结果之间的时间延迟上。利用多个个时间标度可以表示现实的所有系统。例如，控制核电站的热能流动。核电站通过两个散热器(IHX 和 AC)向露天发散反应堆容器(RX)中产生的热能。由于是测试电站，没有发电机。该系统包含两个子系统 A 和 B，每个子系统包含主、次两个循环，分别流通散热剂和热能。通过 27 个组件、143 个参数、102 个约束，以及基于 7 个时间标度的因果模型，即可建立该核电站的模型[21]，如图 7-5 所示。

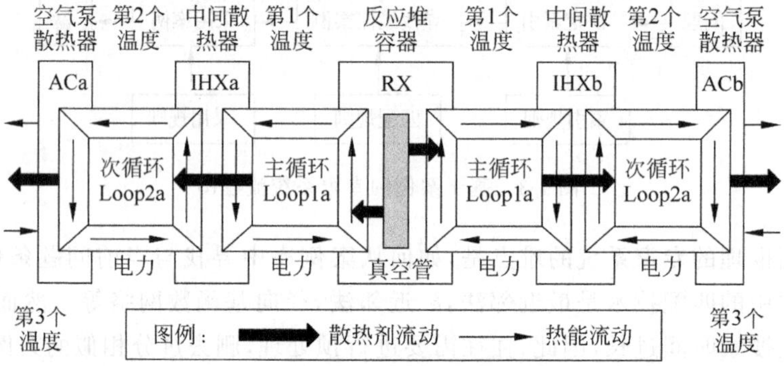

图 7-5　核电站的热传递模型图

2. 神经网络模型

神经网络模型与传统的产生式专家系统存在本质区别，首先，知识表示从显式变为隐式；其次，知识不是通过人的加工，而是通过算子自动获取；最后，推理机制不是传统的归纳推理，而是变为在竞争层对权值的竞争。与传统的产生式专家系统相比，神经网络有以下 6 点优势：①固有并行性；②分布式联想存储；③较好容错性；④自适应能力；⑤通过实例学习能力；⑥便于硬件实现。值得注意的是，神经网络也存在下述 5 个缺点：①只对解决小规模问题有优势；②性能受样本集影响；③没有解释能力；④没有询问机制；⑤对知识、输入证据、输出结果等要求数字化。

因此，目前的研究方向在于，将神经网络与专家系统集成，使其优势互补。集成系统的结构如图 7-6 所示。根据侧重点不同，集成分成以下 3 种模式：①神经网络支持专家系统；②专家系统支持神经网络；③协同式的神经网络专家系统。

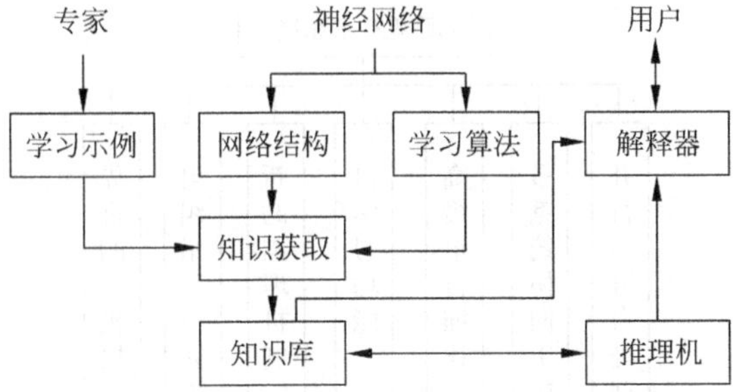

图 7-6 神经网络专家系统的集成图

7.2.5 基于 Web 的专家系统

随着 Internet 的发展，Web 已成为用户的交互接口，软件也逐步走向网络化。而专家系统的发展也顺应该趋势，将人机交互定位在 Internet 层次：专家、工程师与用户通过浏览器访问专家系统服务器，将问题传递给服务器；服务器则通过后台的推理机，调用当地或远程的数据库、知识库来推导结论，并将这些结论反馈给用户。Delen 提出一种基于 Web 的预测系统，采用神经网络、决策树、Logistic 回归、判别分析 4 种模型进行协同预测，最后采用线性模型实现信息融合。图 7-7 给出了基于 Web 的专家系统的结构，一般将其分为 3 个层次：浏览器层、应用逻辑层、数据库层，这种划分方式符合 3 层网络结构。

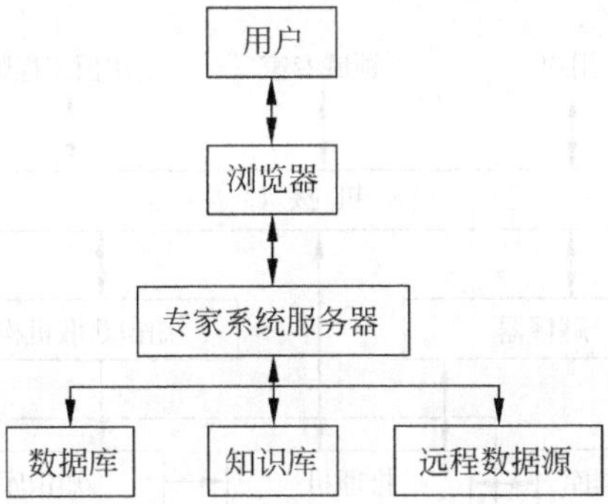

图 7-7 基于 Web 专家系统结构图

专家系统的远期目标是探究人类智能和机器智能的基本原理，研究用自动机模拟人类的思维过程和智能行为。该目标远远超出计算机科学的范畴，几乎涉及自然科学和社会科学的所有学科。因此，目前对专家系统的发展预测集中在近期目标，即能出现用于代替人类高级脑力劳动的专家系统。新型的专家系统应具有如图 7-8 所示的特征。完全实现这些特征是一项艰巨的任务，目前第一、二种新特征已经较为成熟。分布式专家系统具有分布处理的特征，其主要目的在于把一个专家系统的功能分解到多个处理器上并行工作，从而在总体上提高系统的处理效率；协同式专家系统综合若干个子专家系统，互相协作共同解决一个问题。尽管分布式专家系统与协同式专家系统存在共性，例如，都涉及多个子系统，但是前者强调处理和知识的分布，后者强调子系统间的协同合作。因此，协同式专家系统并不一定要求多个处理器，甚至在同一个处理器上实现亦可。

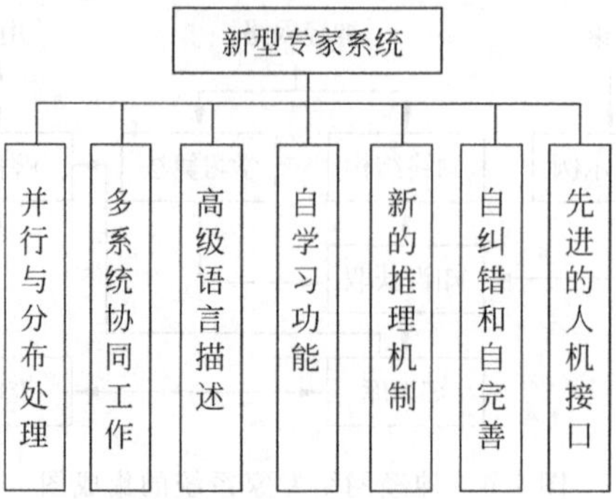

图 7-8 新型专家系统特征

7.3 专家系统的基本结构

不同类型的专家系统，其功能和系统结构也不尽相同，选择恰当的系统结构，对专家系统的有效性和适应性有很大的影响。系统开发人员可以根据用户的要求以及自己所具备的软硬件环境决定选择什么样的系统结构。这里要讨论的是，通常情况下专家系统最基本的结构。一个最基本的专家系统应该由 6 个部分组成，包括综合数据库及其管理系统、知识库及其管理系统、推理机、解释器、知识获取机构和人机接口等，它们之间组织关系如图 7-9 所示。

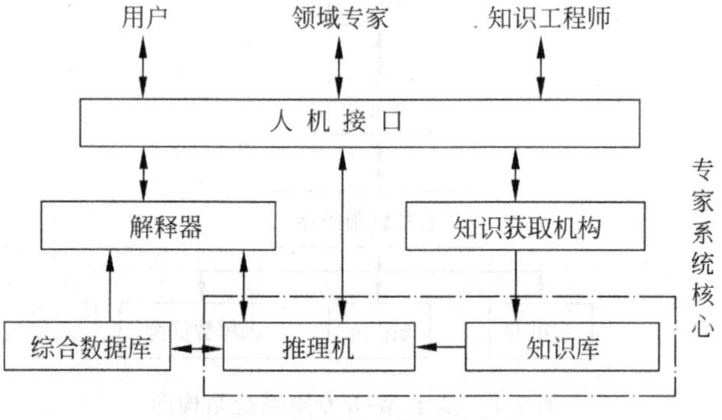

图 7-9 专家系统的基本结构

其中专家系统的核心是知识库和推理机，其工作过程是根据知识库中的知识和用户提供的事实进行推理，不断地由已知的事实推出未知的结论即中间结果，并将中间结果放到数据库中，作为已知的新事实进行推理，从而把求解的问题由未知状态转换为已知状态。在专家系统的运行过程中，会不断地通过人机接口与用户进行交互，向用户提问，并向用户作出解释。

7.3.1 数据库及其管理系统

数据库又称综合数据库，用来存储有关领域问题的初始事实、问题描述及系统推理过程中得到的各种中间状态或结果等，系统的目标结果也存于其中。数据库相当于专家系统的工作存储器，其规模和结构可以根据系统的目的不同而不同，在系统推理过程中，数据库的内容是动态变化的。当开始求解问题时，它存放的是用户的提供的初始事实和对问题的基本描述；当开始推理问题时，它又把推理过程所得到的中间结果存入其中；推理机将数据库中的数据作为匹配条件去知识库中选择合适的知识（规则）进行推理，再把推理的结果存入数据库中。这样循环往复，继续推理直到得到目标结果。

对于数据库的管理由其管理系统来完成，它负责对数据库中的数据进行增、删、改、查及维护等工作，以保证数据表示方法和知识表示方法的一致性。

7.3.2 知识库及其管理系统

知识库是专家系统的知识存储器，用来存放被求解问题相关领域内的原理性知识或者一些相关的事实及专家的经验性知识。原理性或者事实性知识是一种广泛公认的知识，即书本知识和常识，而专家的经验则是长期实践的结晶。

知识库建立的关键是要解决知识的获取和表示问题。知识获取是专家系统开发中的一个重要任务，它要求知识工程师十分认真细致地对专家经验知识进行深入分析，研究提取方法。知识的表示则要解决如何用计算机能够理解的形式表达编码和存储的问题。目前，专家系统中的知识提取是由知识获取机构辅助人工来完成，当把所有的知识放于知识库中，推理机在求解问题时，就可以到知识库中搜索所需要的知识。所以，知识库与推理机、知识库与知识获取机构有着密切的联系。

知识管理系统实现对知识库中的知识合理组织和有效管理，并能根据推理过程的需求去搜索、运用知识库和对知识库中知识做出正确的解释；它还负责对知识库进行维护，以保证知识库的一致性、完备性、相容性等。

7.3.3 知识获取机构

知识获取机构是专家系统中的一个重要部分，它负责系统的知识获取，由一组程序组成。其基本任务是从知识工程师那里获得知识或从训练数据中自动获取知识，并把得到的知识送入知识库中，并确保知识的一致性及完整性。不同专家系统中其知识获取机构的功能和实现方法也不同，有些系统的知识获取机构自动化功能较弱，需要通过知识工程师向领域专家获取知识，再通过相应的知识编辑软件把获得的知识送到知识库中；有些系统自身就具有部分学习功能，由系统直接与领域专家对话获取知识以辅助知识工程师进行知识库的建设，也可为修改知识库中的原有知识和扩充新知识提供相应手段；有的系统具有较强的机器自动学习功能，系统可通过一些训练数据或在实际运行过程中，通过各种机器学习法，如关联分析、数据挖掘等，获得新的知识。无论采取哪种方式，知识获取都是目前专家系统研制中的一个重要问题。

7.3.4 推理机

推理机是专家系统在解决问题时的思维推理核心，它是一组程序，用以模拟领域专家思维过程，以使整个专家系统能够以逻辑方式进行问题求解。它能够依据综合数据库中的当前数据或事实，按照一定的策略从知识库中选择所需的启用知识，并依据该知识对当前的问题进行求解，它还能判断输入综合数据库的事实和数据是否合理，并为用户提供推理结果。在设计推理机时，必须使程序求解问题的推理过程符合领域专家解决问题时的思维过程，所采用的推理方式可以是正向推理、反向推理或双向混合推理，推理过程可以是确定性推理或不确定性推理，可根据具体情况确定。

7.3.5 解释器

解释器用于向用户解释专家系统的行为，包括解释“系统是怎样得出这一结论的”“系统为什么要提出这样的问题来询问用户”等用户需要解释的问题。为了回答“为什么”得到某个结论的询问，系统通常需要反向跟踪动态库中保存的推理路径，并把它翻译成用户能接受的自然语言表达方式。

7.3.6 人机接口

人机接口是专家系统的另一个关键组成部分，它是专家系统与外界进行通信与交互的桥梁，由一组程序与相应的硬件组成。领域专家或知识工程师通过人机接口可以实现知识的输入与更改，并可实现知识库的日常维护；而最终用户则可通过人机接口输入要求解的问题描述、已知事实以及所关心的问题；系统则可通过人机接口输出推理结果回答用户提出的问题或者向用户进一步求解问题所需的数据。

7.4 专家系统的开发

7.4.1 专家系统的开发工具

1. 语言型开发工具

程序设计语言是开发专家系统最常用和最基本的工具，包括通用程序设计语言和人工智能语言。用于专家系统开发的通用程序设计语言的主要代表有 C，C++，Pascal 和 Ada 等；人工智能的代表语言有 Smalltalk，LISP，PROLOG。Smalltalk 是面向对象性的语言，LISP 为函数性语言，而 PROSPECTOR 则是逻辑性语言。

LISP（list processing language）语言是一种表处理语言，由约翰·麦卡锡（John McCarthy）和他的研究小组于 1960 年研究开发成功。它的出现对推动人工智能的研究与发展起到了巨大的作用。在专家系统发展的早期，有许多著名的专家系统都是用这种语言开发出来的，如医疗专家系统 MYCIN、地质勘探专家系统和 PROSPECTOR 等。PROLOG（programming in logic）语言是一种逻辑编程语言，由科瓦尔斯基 R. Kowalski 首先提出，并于 1972 年由科麦瑞尔 A. Comerauer 及其研究小组研制成功的。由于它具有简洁的文法以及一阶逻辑的推理能力，因而被广泛地应用于人工智能的许多研究领域中。

Smalltalk 语言是施乐公司于 1980 年推出的一种面向对象的程序设计语言，自此以后，面向对象技术引起了计算机界的高度重视，并在以后的 20 多年中取得了巨大的发展，各种不同风格、不同用途的面向对象语言如雨后春笋般的相继问世。如 AT&T 公司贝尔实验室在 1985 年研制开发的 C++ 语言，荷兰阿姆斯特丹大学开发的 POOL，施乐公司开发的 LOOPS 及 CommonLOOPS 等。

C++ 语言既是一种通用程序设计语言，又是一种很好的人工智能语言，它以其强大的功能和面向对象特征，在人工智能中得到了广泛的应用。目前，已有不少人直接用它来开发专家系统或各种专家系统工具。尤其是 Visual C++ 的发展，为专家系统对多媒体信息的处理、可视化界面的设计、基于网络的分布式运行等提供了一种很好的语言环境。

另外，在基于网络的分布式多专家协同的专家系统开发方面，近几年比较流行的 Java 语言也是值得考虑的一种语言开发工具。

利用程序设计语言进行专家系统的开发，其优点是开发者能够根据具体问题的特点灵活设计所需要的知识表示模式和推理机制，程序质量较高，针对性强。缺点是编程工作量大，逻辑设计比较烦琐，难度大开发周期长，很多工作必须从头做起，导致开发成本大大提高。

2. 骨架型开发工具

骨架型开发工具也被称为专家系统外壳或框架性开发工具，他是由一些已经成熟的具体的专家系统演变而来的。其演变方法是：抽去这些专家系统的具体知识，保留它们的体系结构和功能，再把领域专用的界面改造成通用界面，这样就可以得到相应的专家系统外壳和框架。在这样的开发工具中，知识表示模式，推理机等都是已经确定好的，利用它开发专家系统时候，只需要将所获得领域内通用知识用所规定的知识表示模式写入数据库中，即可快速的产生一个新的专家系统。比较有代表性的专辑系统骨架性开发工具有 EMYCIN、KAS 等。下面对它们分别介绍。

1) EMYCIN

EMYCIN 是由美国斯坦福大学的 W. J. V. Melle 于 1980 年开发的一个骨架型专家系统开发工具，是由著名的对细菌感染病进行诊断的 MYCIN 系统发展而来的。EMYCIN 沿用了 MYCIN 系统的知识表示方式。推理机制以及各种辅助功能，并提供了一个用于构建知识库的开发环境，使得开发者可以用更接近于自然语言的规则语言对知识进行表示，并且该开发环境还能在对知识进行输入和编辑时，对知识表示的语法和一致性等进行检查。储佳数在 EMYCIN 中，知识的表示方法为产生式规则，知识的不确定性由可信度表示，推理过程的控制策略为反向链深度优先搜索策略。EMYCIN 所适应的对象是那些需要提供基本情况数据，并能提供解释和分析的系统，尤其适合于诊断这一类演绎问题，它的知识表示模式仅限于产生式规则，推理机制是一种目标制导的控制机制。在国际上，以 EMYCIN 为工具，已经成功开发了多个著名的专家系统。例如，用于分析并确定病人血液凝固机制疾病的专家系统 CLOT；用于抑郁病人治疗咨询的专家系统 BLUBOX 等。另外，EMYCIN 还提供了很有价值的跟踪及调试程序，并附有一个测试例子集，这些特性为用户开发系统提供了极大的帮助。

2) KAS

KAS(knowledge acquisition sysem)是美国斯坦福大学人工智能研究小组成功开发的

一个专家系统开发工具。它源于著名的矿物勘探专家系统 PROSPECTOR，是 PROSPECTOR 的知识获取系统，在把 PROSPECTOR 系统中的具体知识“挖去”之后发展成建造专家系统的骨架型工具。在利用 KAS 开发专家系统时，只需将某应用领域的专家知识以 KAS 所要求的知识表示方式输入知识库，就可以快速地构造出一个该领域的专家系统，该专家系统的推理机制与 PROSPECTOR 的相同。KAS 与 PROSPECTOR 的关系和 EMYCIN 与 MYCIN 的关系相同。KAS 的知识表示主要采用的是产生式规则、语义网络和概念层次 3 种形式；推理机制采用的是正向和反向相结合的混合推理机制，在推理过程中推理方向是不断改变的。目前，利用 KAS 骨架型工具开发的一些专家系统有 CONPHYDE 和 AIRID 等。CONPHYDE 是一个用于帮助化学工程师选择化工生产过程中物理参数的专家系统，而 AIRID 则是一个根据飞行物特征和实时气候环境条件识别飞机型号的专家系统。

3. 图谱开发工具

图谱型开发工具也被称为通用性开发工具，它主要负责专家系统知识库的构建，其中最为常用的是 Protégé 软件。

Protégé 软件是斯坦福大学医学院生物信息研究中心基于 Java 语言开发的本体编辑和知识获取软件，或者说是本体开发工具，也是基于知识的编辑器，属于开放源代码软件。这个软件主要用于语义网中本体的构建，是语义网中本体构建的核心开发工具，现在的最新版本为 5.5.0 版本。

Protégé 使用 JAVA 和 Open Source 作为操作平台，可用于编制本体和知识库(knowledge base)，Protégé 可以根据使用者的需要进行定制，通过定制用户的界面以更好地适应新语言的使用；有可自行设置的数据输入模式，可以将 Protégé 的内部表示转制成多种形式的文本表示格式，如 XML、RDF(S)、OIL、DAML、DAML+OIL、OWL 等系统语言。Protégé 工具本身没有嵌入推理工具，不能实现推理，但它具有很强的可扩展性，可以插入插件来扩展一些特殊的功能如推理、提问、XML 转换等。Protégé 提供可扩展的独立平台环境，用于构建和编辑本体以及知识库。Protégé 开放源码，运行多重继承，提供本体建设的基本功能，而且它采用图形化界面，界面风格与 OilEd 一样，都与 WINDOWS 操作系统的风格一致，模块划分清晰。另外，Protégé 本体结构和 OntoEdit 一样，也是以树形的等级体系结构来显示，用户可以通过点击相应的项目来增加或编辑类、子类、实例等，所以用户使用 Protégé 不需要掌握具体的本体表示语言，是用户比较容易学习、使用的本体开发工具。由于其优秀的设计和众多的插件，其已经成为最广泛的本体论编辑器之一，它已成为国内外众多本体研究机构的首选工具。具体来说，Protégé 具有以下功能。

(1) 类建模：Protégé 提供了一个图形化用户界面来建模类(包括概念)和它们的属性以及关系。

(2) 实例编辑：根据创建的类型，Protégé 会自动产生交互的形式，可以根据类之间的关系获得相应实例的约束，并对实例进行编辑。

(3) 模型处理：Protégé 有一些插件库，可以定义语义、解答询问以及定义逻辑行为。

(4) 模型交换：最终的模型(类、实例、关系、属性等)能以各种各样的格式被保存和加载，包括 XML、UML、RDF、OWL 等。

打开软件后，可以看到工作区域是由很多 tab 组成。

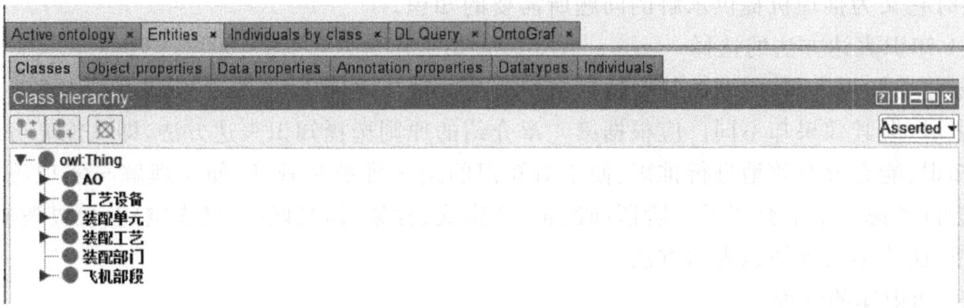

Active ontology：是显示当前的实体名称，以 URI 的形式显示，前面是“www.semanticweb.org”后面跟着主机名（主机名称为 dell），再后面是默认的根据时间命名的实体。

Entities：可以看作实体的总览，能够看到我们创建实体的一些主要信息，是对实体信息的汇总。

Classes：是对本体模型中类型部分的编辑，能够定义类之间的层次关系，相互之间的关系。

Object properties：物体关系，可以理解为编辑实体外部的关系，也就是实体和实体之间的关系。

Data properties：数据属性，可以理解为编辑实体内部的属性，用来定义实体本身所具有的属性以及属性值。

Annotation Properties：标注属性，是 W3C 定义的一些常用的属性，根据 URI 可以看到这些属性的具体说明。

Individuals by class：根据类型创建的实例，用来编辑实例信息，类似于 java 程序中的对象，要归于某个类别。

OntoGraf：本体关系图，用来展示我们创建的本体里面各个实体之间的层次关系。

7.4.2 专家系统的开发步骤

专家系统是一个计算机软件系统，但与传统程序又有区别，因为知识工程与软件工程在许多方面有较大的差别，所以专家系统的开发过程在某些方面与软件工程类似，但某些方面又有区别。例如，软件工程的设计目标是建立一个用于事物处理的信息处理系统，处理的对象是数据，主要功能是查询、统计、排序等，其运行机制是确定的；而知识工程的设计目标是建立一个辅助人类专家的知识处理系统，处理的对象是知识和数据，主要的功能是推理、评估、规划、解释、决策等，其运行机制难以确定。另外从系统的实现过程来看，知识工程比软件工程更强调渐进性、扩充性。因此，在设计专家系统时软件工程的设计思想及过程虽可以借鉴，但不能完全照搬。

专家系统的开发步骤一般分为问题识别、概念化、形式化、实现和测试阶段。其中最为核心的部分是知识库与知识库管理系统设计的建立和推理机与解释机制设计。

1. 知识库与知识库管理系统设计的建立

知识库主要用来存放领域专家提供的专门知识。知识库中的知识来源于知识获取结构，同时它又为推理机提供求解的问题所需要的知识。

1）知识表达方法的选择

要建立知识库，首先要选择合适的知识表达方法。对同一知识，一般都可以用多种方法进行表示，但其效果却不同。应根据第 4 章介绍的原则选择知识表达方法，即从能充分表示领域知识、能充分有效地进行推理、便于对知识的组织维护和管理、便于理解与实现等 4 个方面进行考虑。本书介绍了一阶谓词逻辑、产生式、框架、语义网络、状态空间、模糊逻辑、神经网络、遗传编码等知识表示方法。

2）知识库的管理

知识库管理系统负责对知识库中的知识进行组织、检索、维护等。专家系统中任何其他部分要与知识库发生联系，都必须通过该管理系统来完成。这样可实现对知识库的统一管理和使用。在进行知识库维护时，还要保证知识库的安全性。必须建立严格的安全保护措施，以防止由于操作失误等主观原因使知识库遭到破坏，造成严重的后果。一般知识库的安全保护也可以像数据库系统那样，通过设置口令验证操作者的身份，对不同操作者设置不同的操作权限等技术来实现。

3）综合数据库

综合数据库(global database)或动态数据库，又称为黑板，主要用于存放初始事实、问题描述及系统运行过程中得到的中间结果、最终结果等信息。

在开始求解问题时，综合数据库中存放的是用户提供的初始事实。综合数据库的内容随着推理的进行而变化，推理机根据综合数据库的内容从知识库中选择合适的知识进行推理并将得到的中间结果存放于综合数据库中。综合数据库中记录了推理过程中的各种有关信息，又为解释机构提供了回答用户咨询的依据。

从计算机技术角度来看，知识库和综合数据库都是数据库。它们所不同的是知识库的内容在专家系统运行过程中是不改变的，只有知识工程师通过人机接口进行管理。而综合数据库在专家系统运行过程中是动态变化的，不仅可以由用户输入数据，而且推理的中间结果也会改变其内容。

2. 推理机与解释机制设计

推理机的功能是模拟领域专家的思维过程，控制并执行对问题的求解。它能根据当前已知的事实，利用知识库中的知识，按一定的推理方法和控制策略进行推理，直到得出相应的结论为止。

推理机包括推理方法和控制策略两部分。推理方法有确定性推理和不确定性推理。控制策略主要指推理方法的控制及推理规则的选择策略。推理包括正向推理、反向推理和正反向混合推理。推理策略一般还与搜索策略有关。

推理机的性能与构造一般与知识的表示方法有关，但与知识的内容无关，这有利于保证推理机与知识库的独立性，提高专家系统的灵活性。

解释器回答用户提出的问题，解释系统的推理过程。解释器由一组程序组成。它跟踪并记录推理过程，当用户提出的询问需要给出解释时，它将根据问题的要求分别作相应的处理，最后把解答用约定的形式通过人机接口输出给用户。

上面讨论的专家系统的一般结构只是专家系统的基本形式。实际上，在具体建造一个专家系统时，随着系统要求的不同，可以在此基础上做适当修改。

7.5 本章小结

专家系统是人工智能的一个重要分支，正在向着更为成熟的方向发展，其应用范围也在不断深入与拓展。专家系统的工作过程是专家工作过程的一种机器模拟，它根据知识库中的知识和用户提供的事实进行推理，不断地由已知前提推出未知结论，并把推导的结论添加到知识库，作为已知的新事实继续推理，从而把求解的问题由未知状态转换为已知状态。本章围绕专家系统的基本知识，详细介绍了专家系统基本概念、系统结构、系统各部分设计、应用案例、开发工具与环境。随着信息技术的不断发展以及多媒体等计算机主流技术的新突破，专家系统将具有更强的生命力。专家系统的研制和应用能够促进整个科学技术的发展，不仅对人工智能的各个领域的发展具有很大的促进作用，而且将对经济、教育国防、社会和人民生活的各个方面都产生深远的影响。

习 题

1. 简要说明专家系统与传统程序存在哪些区别。
2. 举例说明专家系统的类型。
3. 专家系统主要包括哪几部分？每部分的作用是什么？
4. 专家系统有哪几种知识获取方式？
5. 说明推理机在专家系统中的地位。
6. 为什么专家系统强调推理机和知识库相分离？

第5篇

进化算法及其应用

学习目标

- 了解进化算法的发展历程、背景和相关特点
- 熟悉并掌握基本遗传算法的一般过程和相关操作
- 熟悉并掌握基本遗传算法的相关改进算法
- 了解以遗传算法的生产应用

知识导图及项目导引

知识导图

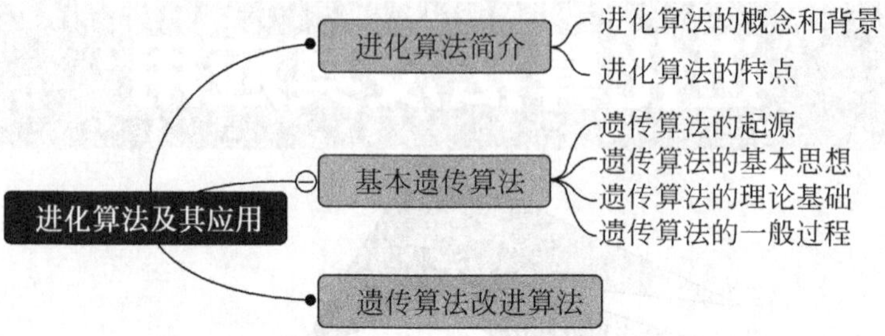

本篇首先对进化算法相关概念和类别进行了介绍,对进化算法的概念、生物学概念、生物学背景和特点进行了详细介绍。随后重点对基本遗传算法进行了介绍。首先从基本遗传算法的理论背景讲起,并介绍了基本遗传算法迭代过程中的重要步骤:编码、种群设定、适应度函数、个体选择、交叉、变异等。最后对遗传算法的改进算法进行介绍,包括双倍体改进遗传算法和自适应遗传算法。

本篇的难点是理解基本遗传算法的算法步骤,并能对相关生产问题进行求解。

项目导引

项目背景:流水车间调度问题(flow-shop scheduling problem,FSP)是与在城市不对称情况下的旅行商问题难度相当的同一类型的NP完全问题中最困难的问题之一。自从约翰逊(S. M. Johnson)1954年发表第一篇关于FSP的文章以来,FSP引起了许多学者的关注。整数规划和分支定界法是寻求最优解的常用方法,但FSP是NP完全问题,对于一些大规模甚至中等规模的问题,整数规划和分支定界方法仍是很困难的。在多数情况下很难用数学方法求解生产调度问题,数学计算和智能算法的结合往往是有效的。

FSP一般可以描述为n个工件要在m台机器上加工,每个工件需要经过m道工序,每道工序要求不同的机器,n个工件在m台机器上的加工顺序相同。工件在机器上的加工时间是给定的,设为$t_{ij}(i=1,2,\cdots,n;j=1,2,\cdots,m)$。问题的目标是确定$n$个工件在每台机器上的最优加工顺序,使最大流程时间达到最小。

对该问题常常作如下假设:

① 每个工件在机器上的加工顺序是给定的。

② 每台机器同时只能加工一个工件。

③ 一个工件不能同时在不同的机器上加工。

④ 工序不能预定。

⑤ 工序的准备时间与顺序无关，且包含在加工时间中。

⑥ 工件在每台机器上的加工顺序相同，且是确定的。

令 $c(j_i,k)$ 表示工件 j_i 在机器 k 上的加工完工时间，$\{j_1,j_2,\cdots,j_n\}$ 表示工件的调度，那么，对于无限中间存储方式而言，n 个工件、m 台机器的流水车间调度问题的完工时间可表示为

$$c(j_1,k)=t_{j_t 1}$$

$$c(j_1,k)=c(j_1,k-1)+t_{j_1 k}$$

$$c(j_1,1)=c(j_{i-1},1)+t_{j_t 1}$$

$$c(j_1,k)=\max\{c(j_{i-1},k),c(j_i,k-1)\}+t_{j_i k}$$

$$i=2,\cdots,n;\quad k=2,\cdots,m$$

$$c_{\max}=c(j_n,m)$$

项目要求：依据提供的工艺场景，采用遗传算法，确定 $\{j_1,j_2,\cdots,j_n\}$，使得 $c_{\max}$ 最小。

第8章 进化算法及其应用

8.1 进化算法简介

8.1.1 进化算法的概念和背景

进化算法(evolutionary algorihms,EA)是基于自然选择和自然遗传等生物进化机制的一种搜索算法。生物进化是通过繁殖、变异、竞争和选择实现的,而进化算法则主要通过选择、重组和变异这三种操作实现优化问题的求解。

进化算法类似于生物进化,需要经过长时间的成长演化,最后收敛到最优化问题的一个或者多个解。因此,了解一些生物进化过程,有助于理解遗传算法的工作过程。“适者生存”揭示了大自然生物进化过程中的一个规律:最适合自然环境的群体往往产生了更大的后代群体。生物进化的基本过程如图 8-1 所示。

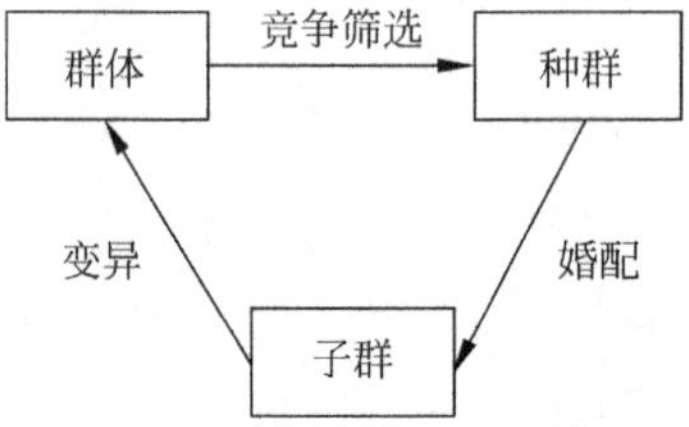

图 8-1 生物进化的基本过程

生物的遗传物质的主要载体是染色体(chromosome),DNA 是其中最主要的遗传物质。染色体中基因的位置称作基因座,而基因所取的值又叫作等位基因。基因和基因座决定了染色体的特征,也决定了生物个体(individual)的性状。

以一个初始生物群体(population)为起点,经过竞争后,一部分群体被淘汰而无法再进入这个循环圈,而另一部分则成为种群。竞争过程遵循生物进化中“适者生存,优胜劣汰”的基本规律,所以都有一个竞争标准,或者生物适应环境的评价标准。适应程度高的并不一定进入种群,只是进入种群的可能性比较大。而适应程度低的并不一定被淘汰,只是进入种群的可能性比较小。这一重要特性保证了种群的多样性。生物进化中种群经过婚配产生子代群体(简称子群)。在进化的过程中,可能会因为变异而产生新的个体。每个基因编码了生物机体的某种特征,如头发的颜色、耳朵的形状等。综合变异的作用,子群成长为新的群体而取代旧群体。在新的循环过程中,新的群体代替旧的群体而成为循环的开始。

进化算法是一个"算法簇",包括遗传算法(genetic algorithms,GA)、遗传规划(genetie programming)、进化策略(evolution strategies)和进化规划(evolution programming)等。尽管它有很多的变化,有不同的遗传基因表达方式,不同的交叉和变异算子,特殊算子的引用,以及不同的再生和选择方法,但它们产生的灵感都来自于大自然的生物进化,进化算法的基本框架是遗传算法所描述的框架。

进化算法在搜索过程中利用结构化和随机性的信息,使最满足目标的决策获得最大的生存可能,是一种概率型的算法。在进化搜索中用目标函数值的信息,可以不必用目标函数的导数信息或与具体问题有关的特殊知识,因而进化算法具有广泛的应用性,高度的非线性,易修改性和可并行性。因此,与传统的基于微积分的方法和穷举法等优化算法相比,进化算法是一种具有高鲁棒性和广泛适用性的全局优化方法,具有自组织、自适应、自学习的特性,能够不受问题性质的限制,能适应不同的环境和不同的问题,有效地处理传统优化算法难以解决的大规模复杂优化问题。

8.1.2 进化算法的特点

进化算法利用了生物进化和遗传的思想,其不同于枚举法等传统的优化方法,具有如下特点:

(1) 自组织、自适应和智能性。进化算法不需要事先描述问题的全部特点,也不需要针对问题的不同特点采取相应措施。因此,它可以用来解决复杂的非结构化问题,具有很强的鲁棒性。

(2) 直接处理的对象是参数编码集,而不是问题参数本身。

(3) 搜索过程中使用的是基于目标函数值的评价信息,搜索过程既不受优化函数连续性的约束,也没有优化函数必须可导的要求。

(4) 易于并行化,可降低由于使用超强计算机硬件所带来的昂贵费用。

(5) 基本思想简单、运行方式和实现步骤规范,便于具体使用。

8.2 基本遗传算法

8.2.1 遗传算法的起源

遗传算法是由美国密歇根大学(University of Michigan)的约翰·亨利·霍兰德(John Henry Holland)教授于1975年首先提出的。它源于查尔斯·罗伯特·达尔文(Charles Robert Darwin)的进化论、格雷戈尔·约翰·孟德尔(Gregor Johann Mendel)的群体遗传学说和魏茨曼(Weizmann)的物种选择学说;其基本思想是模拟自然界遗传机制和生物进化论而形成的一种过程搜索最优解的算法,具有坚实的生物学基础。遗传算法最早应用于一维地震波形反演中,其特点是处理的对象是参数的编码集而不是问题参数本身,搜索过程不受优化函数联系性的约束。

1975年是遗传算法研究历史上十分重要的一年。这一年，美国约翰·亨利·霍兰德(Johann Henry Holland)出版了他的专著《自然系统和人工系统的适配》，系统地阐述了遗传算法的基本理论和方法，并提出了对遗传算法的理论研究和发展极为重要的模式理论。20世纪80年代以后，遗传算法进入兴盛发展时期，无论是理论研究还是应用研究都成了十分热门的课题。遗传算法广泛应用于自动控制生产计划、图像处理、机器人等研究领域。

8.2.2 遗传算法的基本思想

遗传算法主要借用生物进化中“适者生存”的规律。在遗传算法中，染色体对应的是数据或数组，通常是由一维的串结构数据来表示的。串上各个位置对应上述的基因座，而各个位置上所取的值对应上述的等位基因。遗传算法处理的是染色体，或者称为基因型个体。一定数量的个体组成了群体。群体中个体的数量称为种群的大小，也称作种群的规模。各个个体对环境的适应程度称作适应度。适应度大的个体被选择进行遗传操作产生新个体，体现了生物遗传中适者生存的原理。选择两个染色体进行交叉产生一组新的染色体的过程，类似生物遗传中的婚配。编码的某一个分量发生变化的过程，类似生物遗传中的变异。

遗传算法包含两个数据转换操作：一个是从表现型到基因型的转换，将搜索空间中的参数或解转换成遗传空间中的染色体或个体，这个过程称为编码(coding)；另一个是从基因型到表现型的转换，即将个体转换成搜索空间中的参数，这个过程称为译码(decode)。

遗传算法在求解问题时从多个解开始，然后通过一定的法则进行逐步迭代以产生新的解。这多个解的集合称为一个种群，记为p(1)。这里 t 表示迭代步，称为演化代。一般地，p(1)中元素的个数在整个演化过程中是不变的，可将群体的规模记为N。p(1)中的元素称为个体或染色体，记为 $x(1)$、$x2(1)$在进行演化时，要选择当前解进行交叉以产生新解。这些当前解称为新解的父解(parent)，产生的新解称为后代解(offspring)。

8.2.3 遗传算法的理论基础

模式定义：模式是描述种群中在位串的某些确定位置上具有相似性的位串子集的相似性模板。

不失一般性，考虑二值字符集{0,1}，由此可以产生通常的0、1字符串。增加一个符号“*”，称作“通配符”，即“*”既可以当作“0”，也可以当作“1”。这样，二值字符集{0,1}就扩展为三值字符集{0,1,*}，由此可以产生诸如0110,0*11**,**01*0之类的字符串。

基于三值字符集{0,1,*}所产生的能描述具有某些结构相似性的0、1字符串集的字符串，称作模式。这里需要强调的是，“*”只是一个描述符，而并非遗传算法中实际的运算符号，它仅仅是为了方便描述而引入的符号。

本模式的概念可以简明地描述为具有相似结构特点的个体编码字符串。在引入了模式概念之后，遗传算法的本质是对模式所进行的一系列运算，即通过选择操作将当前群体中的优良模式遗传到下一代群体中，通过交叉操作进行模式的重组，通过变异操作进行模式的突变。通过这些遗传运算，一些较差的模式逐步被淘汰，而一些较好的模式逐步被遗传和进化，最终就可以得到问题的最优解。

多个字符串中隐含着多个不同的模式。确切地说，长度为L的字符串，隐含着2的L次方个不同的模式，而不同的模式所匹配的字符串的个数是不同的。为了反映这种确定性的差异，引入模式阶概念。

模式阶定义：模式 H 中确定位置的个数称作该模式的模式阶，记作 $O(H)$。例如，模式 01*1* 的阶数为3，而模式 0*** 的阶数为1。显然，一个模式的阶数越高，其样本数就越少，因而其确定性就越高。但是，模式阶并不能反映模式的所有性质；即使具有同阶的模式，在遗传操作下，也会有不同的性质。为此，引入定义距的概念。

定义距定义：在模式 H 中第一个确定位置和最后一个确定位置之间的距离称作该模式的定义距，记作 $D(H)$。

模式定理：在遗传算法选择、交叉和变异算子的作用下，具有低阶、短定义距，并且其平均适应度高于群体平均适应度的模式在子代中将呈指数级增长。

模式定理又称为遗传算法的基本定理。模式定理阐述了遗传算法的理论基础，说明了模式的增加规律，同时也对遗传算法应用提供了指导。根据模式定理，随着遗传算法一代一代地进行，那些定义距短的、位数少的、高适应度的模式将越来越多，因而可期望最后得到的位串的性能越来越得到改善，并最终趋向全局的最优点。

模式的思路提供了一种简单而有效的方法，使得能够在有限字符表的基础上讨论有限长位串的严谨定义的相似性；而模式定理从理论上保证了遗传算法是一个可以用来寻求最优可行解的优化过程。

8.2.4　编码

遗传算法中包含了五个基本要素：参数编码、初始群体的设定、适应度函数的设计、遗传操作设计、控制参数设定。

遗传算法求解问题不是直接作用在问题的解空间上，而是作用于解的某种编码。因此，必须通过编码将要求解的问题表示成遗传空间的染色体或者个体。它们由基因按一定结构组成。由于遗传算法的鲁棒性，对编码表示方式的要求一般并不苛刻，但有时对算法的性能、效率等会产生很大影响。

1. 二进制编码

二进制编码使用二值编码符号集{0,1}，每个个体是一个二进制符号串。Holland 的 GA 是二进制编码 GA。根据模式理论，采用二进制编码算法处理的模式最多，几乎任何问题都可以用二进制编码来表达。因此，二进制编码应用是最早和最广泛的，它是 GA 中最常用的一种编码方案。

二进制编码方案的主要优点有：①编码、解码操作简单易行；②选择、交叉和变异等遗传操作便于实现；③符合最小符号集编码原则；④便于利用模式定理对算法进行理论分析。

对于一些多维、高精度连续函数优化问题，二进制编码方案的主要缺点为：①二进制编码有时不能反映所求问题固有的结构特征和特定信息或很难直接描述问题的性质，这样不便于设计针对专门问题的遗传算子；②二进制编码 GA 的随机性使得其局部搜索能力较差；③相邻整数的二进制编码可能具有较大的汉明距离(Hamming distance)，这种缺陷将会降低遗传算子的搜索效率和影响计算精度；④使用二进制编码需频繁地编码和解码，这样会既增加算法的计算量，又存在转换误差，产生有限的离散点阵，导致接近极值的个体漏掉，还可能产生额外的最优点，造成算法早熟收敛或寻优速度慢，算法效率随着变量增多和计算精度提高急剧下降。

2. 实数编码

对于实变量情况，米夏尔维克兹提出了实数编码以克服二进制编码的缺陷。实数编码是将个体的每个基因值用某一范围内的一个实数（或浮点数）来表示，个体的编码长度等于其变量的个数。实数编码GA已成功地应用于许多领域，而且今后的应用趋势仍将上升。

与二进制编码方案相比，实数编码方案的主要优点有：①实数编码直接采用解空间的形式进行编码，意义明确，易于引入特定领域的信息，而且能大大缩短串长，遗传操作无须频繁地编码和解码，改善了GA的计算复杂性，提高了算法效率；②实数编码能够表达很大的域，而对于给定长度的二进制编码来说增大域要以牺牲精度为代价；③采用实数编码可使GA更接近问题空间，而二进制编码并非总能接近问题空间，这是因为实数编码采用欧几里得度量（Euclidean Metric），而二进制编码一般采用Hamming距离；④一个实数对应于一个分量，其精度由实数小数点后面的有效位数决定，根据具体问题还可对个体部分或全部的分量进行取值约束或只由计算机字长决定实数编码的表示精度，因而可获得非常理想的求解精度。

实数编码的主要缺点为：①实数编码GA不是建立在模式定理基础之上，其交叉、变异运算只是形式，因而其全局搜索能力与二进制编码相比较差，基因操作不够灵活；②实数编码与二进制编码一样，也存在计算量较大、收敛速度较慢、解的精度受编码长度控制等问题。

3. 矩阵编码

一维编码（如二进制编码、实数编码等）方案无法简单地表示各种组合情况，如组合服务、循环路径、多任务等。因此，戈特利布（Gottlieb）等人提出了矩阵编码GA以解决固定费用运输问题。矩阵编码是指采用矩阵的形式来对个体进行编码。一维向量是矩阵的特例，因此一维编码都是矩阵编码的特例。

矩阵编码方案的主要优点有：①矩阵编码GA用简单、直接的方法来表示各种组合情况，扩大了解的搜索范围，通过一次运行，就可以从所有组合方案中选出满足要求的最佳方案，克服了一维编码GA一次只能表示一条路径、在多路径情况下需要多次编码和多次运行的局限性。因此，矩阵编码GA比一维编码GA容易获得更优解。②矩阵比一维数据结构具有更大的表示空间，使用矩阵编码的个体，其繁殖新个体的方式更灵活、更多样化。③非矩阵编码GA受维数的限制，其交叉、变异算子的种类有限，而使用矩阵编码，可以设计更加多样化的遗传算子并使算法具有更好的搜索能力。

矩阵编码方案的主要缺点为：①在矩阵编码方式中，能产生代表任何组合的个体，再加上GA固有的随机性，造成交叉或变异操作所生成的新个体可能是不符合实际或不合理的（即无效的个体）；②采用矩阵编码方式可能会导致算法的搜索空间显著增大或复杂的进化规则；③矩阵编码GA比一维编码GA占用更多的存储空间。目前，矩阵编码GA的研究尽管取得了一些进展，但是还有很多问题有待于继续深入研究。例如，根据具体的变量编码长度找到更加节省存储空间的矩阵形式；矩阵编码GA的收敛性证明；基于矩阵编码的操作算子非常灵活和具有多样化，如何选择交叉和变异算子会得到较好的结果尚无任何标准等。

4. 树型编码

许多问题的自然表示是树或图的形式，尤其是二叉树，这类问题的表示，采用树型编码比较方便。树型编码方案的每个个体对应着一棵树，每个个体的基因位对应树中一个节点，每个节点保存了其父节点和子节点的信息。

与一维编码方式相比，树型编码方案的主要优点有：①树的任何一种数据结构可用来描述每个个体的结构，树型编码表示概率型、顺序型、并发型、循环型等多种组合类型[5]。以及多个类型的嵌套组合，具有强大的结构表达能力，减少了算法编码空间和搜索空间，简化了编码操作。②树型编码的个体可携带结构语义信息，优化过程中甚至无须解码，直接利用节点间的父子关系信息和辅以支路信息进行节点搜索。这种编码能够存储适应度计算的中间结果，通过适当的交叉与变异策略，大大减少了适应度的计算量，加快了算法的运行速度，提高了求解效率。

树型编码方案的主要缺点为：①由于树型编码结构的特殊性，其交叉、变异操作需要保持子树结构不变以避免生成无效的个体，树型编码 GA 的交叉、变异操作要比一维编码的复杂。②树型编码 GA 是在树结构空间内进行编码，如果对树结构的深度不加限制，编码空间将是无限的，这会使搜索最优解变得相当困难并增加算法分析难度。因此，在实际应用中应该限定树结构的深度。

8.2.5 种群设定

1. 初始种群的产生

遗传算法中初始群体中的个体可以是随机产生的，但最好采用如下策略设定：

(1) 根据问题固有知识，设法把握最优解所占空间在整个问题空间中的分布范围，然后，在此分布范围内设定初始群体。

(2) 先随机产生一定数目的个体，然后从中挑选最好的个体加到初始群体中。这种过程不断迭代，直到初始群体中个体数目达到了预先确定的规模。

2. 种群规模的确定

群体中个体的数量称为种群规模。

群体规模影响遗传优化的结果和效率。当群体规模太小时，遗传算法的优化性能一般不会太好，容易陷入局部最优解；而当群体规模太大时，则计算复杂。

群体规模的确定受遗传操作中选择操作的影响很大。模式定理表明：若群体规模为 M，则遗传操作可从这 M 个个体中生成和检测 M^3 个模式，并在此基础上能够不断形成和优化积木块，直到找到最优解。

显然，群体规模越大，遗传操作所处理的模式就越多，产生有意义的积木块并逐步进化为最优解的机会就越高。群体规模太小，会使遗传算法的搜索空间范围有限，因而搜索有可能停止在未成熟阶段，出现未成熟收敛现象使算法陷入局部解。因此，必须保持群体的多样性，即群体规模不能太小。

另外，群体规模太大会带来若干弊病：一是群体越大，其适应度评估次数增加，所以计算量也增加，从而影响算法效率；二是群体中个体生存下来的概率大多采用和适应度成比例的方法，当群体中个体非常多时，少量适应度很高的个体会被选择而生存下来，但大多数个体却被淘汰，这会影响配对库的形成，从而影响交叉操作。

8.2.6 适应度函数

在遗传算法中，每个个体都有一个适应度函数值相对应。其优劣需要通过适应度函数值大小进行定量评价。个体越优，其适应度函数值越大。适应度函数是算法执行"适者生存、优胜劣汰"的依据，直接决定搜索群体的进化行为。

在通常情况下，适应度函数要根据目标函数进行设置。令 $g(x)$表示目标函数，令 $G(x)$表示适应度函数。从目标函数 $g(x)$映射到适应度函数 $G(x)$的过程称为标定。基本标定方法如下：

对于最大值优化问题，可直接将目标函数 $g(x)$设置为适应度函数 $G(x)$，即

$$G(x) = \max g(x) \tag{8-1}$$

对于最小值优化问题可在目标函数 $g(x)$前加负号再将其设置为适应度函数 $G(x)$，即

$$G(x) = -\min g(x) \tag{8-2}$$

在遗传算法中，规定适应度函数值为正值，但是式(8-1)和式(8-2)不能保证这一点，需要进一步转换，令 $F(x)$表示转换后的适应度函数，具体方法如下：

对于最大值优化问题，令

$$F(x) = \begin{cases} G(x) + C_{\min}, & 当\ G(x) + G_{\min} > 0 \\ 0, & 其他 \end{cases} \tag{8-3}$$

其中，C 是足够小的常数。

对于最小值优化问题，令

$$F(x) = \begin{cases} G_{\max} - C(x), & 当\ G_{\max} > G(x) \\ 0, & 其他 \end{cases} \tag{8-4}$$

其中，$C_{\min}$ 是足够大的常数。

一般情况下，在遗传算法优化过程的初始阶段，搜索个体的适应度值差异显著。极少数高适应度值个体会被多次选择；低适应度值个体，尽管自身携带有效基因，也会被过早淘汰。在这种情况下，群体多样性较差，算法容易早熟收敛。此时，应该缩小个体之间适应度值的差距。而在算法运行的最后阶段，各个个体的适应度值差别较小。此时，应该扩大个体之间适应度值的差距，保证算法能够在高适应度值个体对应解区域进行集中搜索，加快算法收敛速度。

令 F 和 H 分别表示变换前和变换后的适应度函数，以下给出对适应度值进行尺度变换的常用方法：

1) 线性尺度变换法

线性变换采用如下方法：

$$H = aF + b$$

2) σ 截断法

σ 截断法采用如下方法：

$$H = F + (\bar{F} - c\sigma)$$

式中，$\bar{F}$ 表示变换前的适应度函数值的平均值；参数 c 需要根据问题设置。

3）幂律尺度变换

幂律尺度变换采用如下方法：

$$H = F^{\alpha}$$

式中，当参数 $\alpha>1$ 时，选择压力增加；当参数 $\alpha<1$ 时，选择压力减少。

采用以上这些适应度函数设置方法是为调整群体中各个个体优劣程度的差距，以体现"优胜劣汰"的原则。当需要选择更多的优秀个体时，增加选择压力，可以扩大个体间适应度函数值的差距。

8.2.7 个体选择

选择（也称为复制）就是从当前群体中选择适应度函数值大的个体，使这些优良个体有可能作为父代来繁殖下一代。选择操作直接体现了"适者生存、优胜劣汰"的原则。在该阶段，个体的适应度函数值越大，被选择作为父代的概率越大；个体的适应度函数值越小，被淘汰的概率越大。

在遗传算法中，一方面要保持搜索群体的多样性，设置低选择压力可选择多种类型的个体，加强对未知解区域的搜索，避免算法陷入局部极值，但算法优化速度会变得缓慢；另一方面要设置高选择压力可选择优良个体，实现优胜劣汰，可以加快优化速度但群体多样性会下降，会减小搜索到全局最优值概率。目前，可以通过选择策略调节选择压力和群体多样性之间的矛盾。

实现选择操作的方法有很多，最基本的是霍兰德推荐的轮盘赌算法。计算每个个体被选择进入下一代群体的概率，即

$$P_i = \frac{F_i}{\sum_{i=1}^{N} F_i} \tag{8-5}$$

式中，P_i 表示第 i 个个体被选择的概率；F_i 表示第 i 个个体的适应度函数值；N 表示群体规模。如图 8-2 所示，根据选择概率 P：将圆盘形赌轮分成 N 份，第 i 个扇形的中心角为 $2\pi p_i$。转动轮盘一次，假设参考点落入第 i 个扇形中，就选择第 i 个个体。上述过程可以采用计算机模拟来实现。

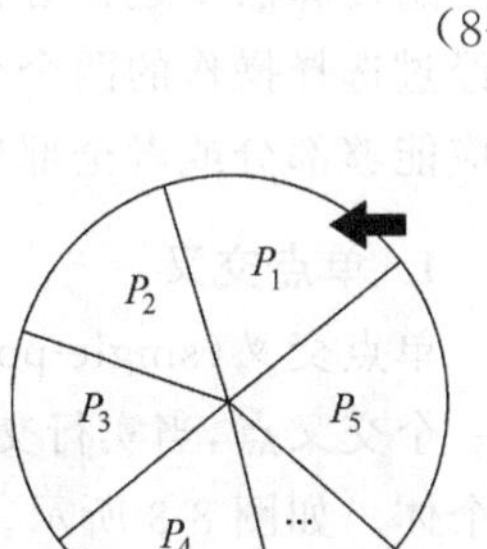

图 8-2　轮盘赌选择原理

首先计算每个个体的累积概率，即

$$Q_i = \sum_{j=1}^{i} P_j \tag{8-6}$$

式中，Q_i 表示第 i 个个体的累计概率。然后随机产生在 0 到 1 之间服从均匀分布的 r，当 $Q_{i-1}<r\leqslant Q_i$ 时，则选择个体 i。最后重复上述过程 N 次，就可以选择 N 个个体。

除了之前轮盘赌算法外，选择策略还有分级选择法、锦标赛选择法和玻尔兹曼选择法等。以下给出这几种选择策略的实现方法。

1）分级选择法

假设群体规模为 N，所有个体按照适应度值排名依次记为 $1,2,\cdots,N$。排名为 i 的个

体被选择的概率可以通过线性函数进行设置：

$$\text{prob}(i)=q-(i-1)d \tag{8-7}$$

也可以通过非线性函数进行设置：

$$\text{prob}(i)=q(1-q)^{i-1} \tag{8-8}$$

式中，q 表示最优个体被选择的概率；d 表示相邻个体被选择的概率之差。此外，概率满足以下关系：

$$\sum_{i=1}^{N}\text{prob}(i)=1 \tag{8-9}$$

2）锦标赛选择法

这种选择策略也基于排名的思想，但不进行显示排名。在当前群体中，每次随机选择 k 个个体，然后从这 k 个个体中选出适应度值最大的个体进入下一代群体中。被选择的个体仍然返回当前群体中，参加下一次 k 个个体的随机选择。重复上述过程 N 次，就可以产生 N 个个体，达到群体规模的要求。

3）Boltzmann 选择法

这种选择策略参考模拟退火原理，通过控制温度来调节选择压力。具体方法如下：

$$H_k=\frac{\mathrm{e}^{F_k/T}}{\sum_{k=1}^{N}\mathrm{e}^{F_k/T}/N} \tag{8-10}$$

式中，H_k 表示第 k 个个体转换后的适应度值；F_k 表示第 k 个个体转换前的适应度值；T 为控制温度，随着迭代次数逐步降低。

8.2.8 交叉

遗传算法中起核心作用的是交叉算子，也称为基因重组（recombination）。交叉操作是对经过选择操作的两个个体进行的。采用的交叉方法应能够使父串的特征遗传给子串。子串应能够部分或者全部地继承父串的结构特征和有效基因。

1. 单点交叉

单点交叉（single-pointcrossover）又称为简单交叉。其具体操作是：在个体串中随机设定一个交叉点，当实行交叉时，该点前或后的两个个体的部分结构进行互换，并生成两个新的个体。如图 8-3 所示。

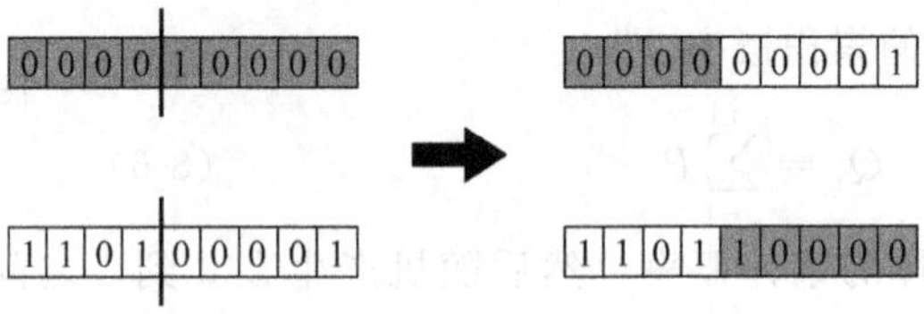

图 8-3 单点交叉

2. 二点交叉

二点交叉（two-pointcnosover）的操作与一点交叉类似，如图 8-4 所示，只是设置了两个交叉点(仍然是随机设定),将两个交叉点之间的码串相互交换。类似于二点交叉,可以采用多点交叉(muliple-pointcrossover)。

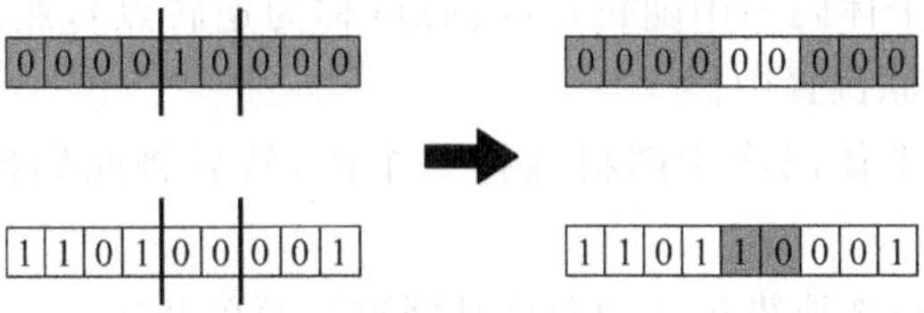

图 8-4　二点交叉

3. 均匀交叉

均匀交叉(uniform crossover)或一致交叉是按照均匀概率抽取一些位。每一位是否被选取都是随机的,并且独立于其他位。然后将两个个体被抽取位互换组成两个新个体,基本的交叉算子还有洗牌交叉(shuffle crossover)。缩小代理交叉(crossover with reduced surrogate)等。

下面从模式角度分析点式交叉和均匀交叉算子的优缺点:

(1) 由于点式交叉破坏模式的概率小,从而在搜索过程中能以较大的概率保护好的模式,但它能搜索到的模式数也较小。这样,在群体规模较小时,其搜索能力将受到一定的影响。

(2) 由于均匀交叉在交换位时并不考虑其所在的位置,破坏模式的概率较大。但它能搜索到一些点式交叉无法搜索到的模式。因此,当群体规模较小时,使用均匀交叉比较合适,而当规模较大时,群体内在的多样性使得没有必要搜索更多的模式,可使用点式交叉以加快收敛的速度。

两个个体是否进行交叉操作由交叉概率决定。较大的交叉概率可以使遗传算法产生更多的新解,保持群体的多样性,并能防止算法早熟收敛。但是交叉概率过大,会使算法过多搜索不必要的解区域,消耗过多的计算时间。通常情况下,交叉概率的取值在 0.9 左右。

8.2.9　变异

在生物进化中,由于偶然因素染色体某个(些)基因会发生突变,从而产生新的染色体。在遗传算法中,变异是产生新解的另一种操作。交叉操作相当于进行全局探索,而变异操作相当于进行局部开发。而全局探索和局部开发是智能优化算法必备的两种搜索能力。对二进制编码的染色体进行变异操作,等价于进行补运算,即将字符 0 变为 1,或者将字符 1 变为 0。个体是否进行变异由变异概率决定。变异概率过低,部分有用的基因就难以进入染色体,不能有效提高算法解的质量;变异概率过大,子代较容易丧失父代优良的基因,导致算法失去从过去搜索经验进行的学习能力。变异概率也不能过大,以防止群体中重要的、单一的基因可能被丢失。事实上,变异概率太大将使遗传算法趋于纯粹的随机搜索。一般情况下,变异概率的取值为 0.005 左右。

以整数编码为例,变异方法如下。

(1) 位点变异。位点变异指对群体中的个体码串,随机挑选一个或多个基因座,并对这些基因座的基因值以变异概率 P 作变动。对于二进制编码的个体来说,若某位原为 0,则通过变异操作就变成了1,反之亦然。对于整数编码,将被选择的基因变为以概率选择的其他基因。为了消除非法性,将其他基因所在的基因座上的基因变为被选择的基因。

(2) 逆转变异。在个体码串中随机选择两点(称为逆转点),然后将两个逆转点之间的基因值以逆向排序插入原位置中。

(3) 插入变异。在个体码串中随机选择一个码,然后将此码插入随机选择的插入点中间。

(4) 互换变异。随机选取染色体的两个基因进行简单互换。

(5) 移动变异。随机选取一个基因,向左或者向右移动一个随机位数。

(6) 自适应变异。与位点变异的操作内容类似,唯一不同的是变异概率 P 不是固定不变,而是随群体中个体的多样性程度而自适应调整。

8.2.10 遗传算法一般过程和特点

1. 一般过程

遗传算法的运算流程如图8-5所示。具体步骤如下。

(1) 初始化。设置进化代数计数器 $g=0$,设置最大进化代数 G,随机生成 Np 个个体作为初始群体 $P(0)$。

(2) 个体评价。计算群体 $P(g)$ 中各个个体的适应度。

(3) 选择运算。将选择算子作用于群体,根据个体的适应度,按照一定的规则或方法,选择一些优良个体遗传到下一代群体。

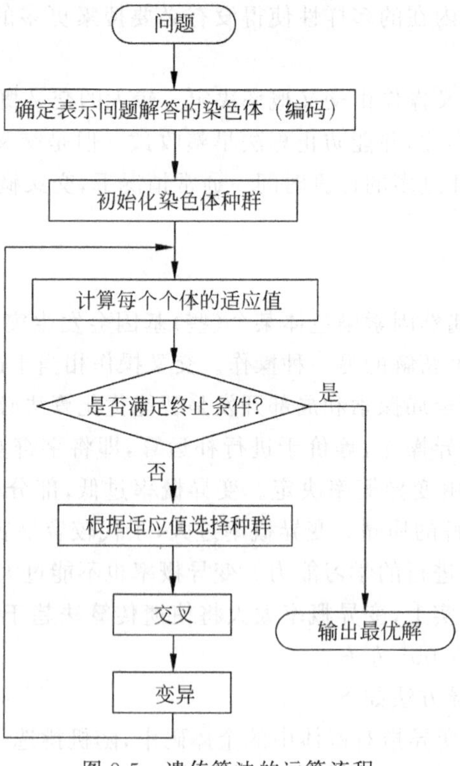

图8-5 遗传算法的运算流程

(4) 交叉运算。将交叉算子作用于群体,对选中的成对个体,以某一概率交换它们之间的部分染色体,产生新的个体。

(5) 变异运算。将变异算子作用于群体,对选中的个体,以某一概率改变某一个或某一些基因值为其他的等位基因。

(6) 循环操作。群体 $P(g)$ 经过选择、交叉和变异运算之后得到下一代群体 $P(g+1)$。计算其适应度值,并根据适应度值进行排序,准备进行下一次遗传操作。

(7) 终止条件判断:若 $g \leqslant G$,则 $g=g+1$,转到步骤(2);若 $g>G$,则此进化过程中所得到的具有最大适应度的个体作为最优解输出,终止计算。

2. 遗传算法的特点

遗传算法是模拟生物在自然环境中的遗传和进化的过程而形成的种并行、高效、全局搜索的方法,它主要有以下特点。

(1) 遗传算法以决策变量的编码作为运算对象。这种对决策变量的编码处理方式,使得在优化计算过程中可以借鉴生物学中染色体和基因等概念,模仿自然界中生物的遗传和进化等的机理,方便地应用遗传操作算子。特别是对一些只有代码概念而无数值概念或很难有数值概念的优化问题,编码处理方式更显示出了其独特的优越性。

(2) 遗传算法直接以目标函数值作为搜索信息。它仅使用由目标函数值变换来的适应度函数值,就可确定进一步的搜索方向和搜索范围,而不需要目标函数的导数值等其他一些辅助信息。实际应用中很多函数无法或很难求导,甚至根本不存在导数,对于这类目标函数的优化和组合优化问题,遗传算法就显示了其高度的优越性,因为它避开了函数求导这个障碍。

(3) 遗传算法同时使用多个搜索点的搜索信息。遗传算法对最优解的搜索过程,是从一个由很多个体所组成的初始群体开始的,而不是从单一的个体开始的。对这个群体所进行的选择、交叉、变异等运算,产生出新一代的群体,其中包括了很多群体信息。这些信息可以避免搜索一些不必搜索的点,相当于搜索了更多的点,这是遗传算法所特有的一种隐含并行性。

(4) 遗传算法是一种基于概率的搜索技术。遗传算法属于自适应概率搜索技术,其选择、交叉、变异等运算都是以一种概率的方式来进行的,从而增加了其搜索过程的灵活性。虽然这种概率特性也会使群体中产生一些适应度不高的个体,但随着进化过程的进行,新的群体中总会更多地产生出优良的个体。与其他一些算法相比,遗传算法的鲁棒性使得参数对其搜索效果的影响尽可能小。

(5) 遗传算法具有自组织、自适应和自学习等特性。当遗传算法利用进化过程获得信息自行组织搜索时,适应度大的个体具有较高的生存概率,并获得更适应环境的基因结构。同时,遗传算法具有可扩展性,易于同别的算法相结合,生成综合双方优势的混合算法。

8.2.11 遗传算法实例及代码

本节使用遗传算法解决以下优化问题:

$$\min Z=3(1-x)^2 \mathrm{e}^{-x^2-(y+1)^2}-10\left(\frac{x}{5}-x^3-y^5\right)\mathrm{e}^{-x^2-y^2}-\frac{1}{3}\mathrm{e}^{-(x+1)^2-y^2}$$

其中，$x\in[-3,3]$，$y\in[-3,3]$。该函数的图像如图 8-6 所示。

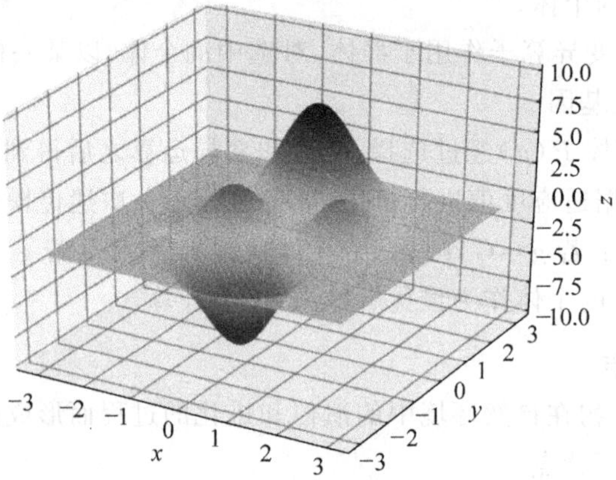

图 8-6 函数图像示意图

在遗传算法里，个体通常为某个问题的一个解，并且该解在计算机中被编码为一个向量表示！例子中要求最大值，所以该问题的解为一组可能的(x, y)的取值。例如，$(x=2.1, y=0.8)$，$(x=-1.5, y=2.3)$，…，就是求最大值问题的一个可能解，也就是遗传算法里的个体。人们把这样的一组一组的可能解的集合就叫作种群。如在这个问题中设置 100 个这样可能的取值对。

而这样的实数取值对不能直接作为遗传算法的编码。为了满足后续交叉、变异的要求，需要将实数编码转换为二进制的编码。由此，需要定义一个由实数转换为二进制的映射。首先限制二进制串的长度为 10(长度自己指定即可，越长精度越高)，例如，有一个二进制串[0101110101]，需要将其映射到指定范围：首先先将二进制串按权展开，将二进制数转化为十进制数，有 $0\times2^9+1\times2^8+0\times2^7+\cdots+0\times2^0+1\times2^1=373$ 然后将转换后的实数压缩到[0，1]之间的一个小数：373/（210 － 1）≈0.36461388074，通过以上这些步骤，所有二进制串表示都可以转换为[0，1]之间的小数，现在只需要将[0，1]区间内的数映射到所要的区间即可。

不难看出上面的 DNA(二进制串)长为 10，10 位二进制可以表示 2^{10} 种不同的状态，可以看作将最后要转化的十进制区间 $x\in[-3,3]$，$y\in[-3,3]$切分成 2^{10} 份。显而易见，如果增加二进制串的长度，那么对区间的切分可以更加精细，转化后的十进制解也更加精确。

通过编码，已经得到了一个种群。现在要根据适者生存规则把优秀的个体保存下来，同时淘汰掉那些不适应环境的个体。现在摆在面前的问题是如何评价一个个体对环境的适应度？在求最大值的问题中可以直接用可能解(个体)对应的函数的函数值大小来评估，这样可能解对应的函数值越大越有可能被保留下来。

通过选择得到了当前看来“还不错的基因”，但是这并不是最好的基因，需要通过繁殖后代(包含有交叉＋变异过程)来产生比当前更好的基因，但是繁殖后代并不能保证每个后代个体的基因都比上一代优秀，这时需要继续通过选择过程来让适应环境的个体保留下来，从而完成进化，不断迭代上面这个过程种群中的个体就会一步一步地进化。

具体地繁殖后代过程包括交叉和变异两步。交叉是指每一个个体是由父亲和母亲两个个体繁殖产生，子代个体的DNA(二进制串)获得了一半父亲的DNA，一半母亲的DNA，但是这里的一半并不是真正的一半，这个位置叫作交配点，是随机产生的，可以是染色体的任意位置。通过交叉子代获得了一半来自父亲一半来自母亲的DNA，但是子代自身可能发生变异，使得其DNA既不来自父亲，也不来自母亲，在某个位置上发生随机改变，通常就是改变DNA的一个二进制位(0变到1，或者1变到0)。

需要说明的是，交叉和变异不是必然发生，而是有一定概率发生。先考虑交叉，最坏情况，交叉产生的子代的DNA都比父代要差(这样算法有可能朝着优化的反方向进行，不收敛)，如果交叉是有一定概率不发生，那么就能保证子代有一部分基因和当前这一代基因水平一样；而变异本质上是让算法跳出局部最优解，如果变异时常发生，或发生概率太大，那么算法到了最优解时还会不稳定。交叉概率，范围一般是0.6～1，突变常数(又称为变异概率)，通常是0.1或者更小。

完整代码如下：

```
import numpy as np
import matplotlib.pyplot as plt
from matplotlib import cm
from mpl_toolkits.mplot3d import Axes3D

DNA_SIZE = 24
POP_SIZE = 200
CROSSOVER_RATE = 0.8
MUTATION_RATE = 0.005
N_GENERATIONS = 50
X_BOUND = [-3, 3]
Y_BOUND = [-3, 3]


def F(x, y):
    return 3 * (1-x) ** 2 * np.exp(-(x ** 2)-(y+1) ** 2)- 10 * (x/5 - x ** 3 - y ** 5) *
np.exp(-x ** 2-y ** 2)- 1/3 ** np.exp(-(x+1) ** 2 - y ** 2)

def plot_3d(ax):

    X = np.linspace( * X_BOUND, 100)
    Y = np.linspace( * Y_BOUND, 100)
    X,Y = np.meshgrid(X, Y)
    Z = F(X, Y)
    ax.plot_surface(X,Y,Z,rstride=1,cstride=1,cmap=cm.coolwarm)
    ax.set_zlim(-10,10)
    ax.set_xlabel('x')
    ax.set_ylabel('y')
    ax.set_zlabel('z')
    plt.pause(3)
    plt.show()


def get_fitness(pop):
    x,y = translateDNA(pop)
    pred = F(x, y)
    return (pred - np.min(pred)) + 1e-3        #减去最小的适应度是为了防止适应度出现负数，
```

通过这一步 fitness 的范围为[0, np.max(pred)－np.min(pred)],最后在加上一个很小的数防止出现为 0 的适应度

```
def translateDNA(pop):
#pop 表示种群矩阵,一行表示一个二进制编码表示的 DNA,矩阵的行数为种群数目
    x_pop = pop[:,1::2]                    #奇数列表示 x
    y_pop = pop[:,::2]                     #偶数列表示 y

    #pop:(POP_SIZE,DNA_SIZE) * (DNA_SIZE,1) --> (POP_SIZE,1)
    x = x_pop.dot(2 ** np.arange(DNA_SIZE)[::-1])/float(2 ** DNA_SIZE-1) * (X_
BOUND[1]-X_BOUND[0])+X_BOUND[0]
    y = y_pop.dot(2 ** np.arange(DNA_SIZE)[::-1])/float(2 ** DNA_SIZE-1) * (Y_
BOUND[1]-Y_BOUND[0])+Y_BOUND[0]
    return x,y

def crossover_and_mutation(pop, CROSSOVER_RATE = 0.8):
    new_pop = []
    for father in pop:                     #遍历种群中的每一个个体,将该个体作为父亲
        child = father
#孩子先得到父亲的全部基因(这里我把一串二进制串的那些 0,1 称为基因)
        if np.random.rand() < CROSSOVER_RATE:
#产生子代时不是必然发生交叉,而是以一定的概率发生交叉
            mother = pop[np.random.randint(POP_SIZE)]
#再种群中选择另一个个体,并将该个体作为母亲
            cross_points = np.random.randint(low=0, high=DNA_SIZE * 2)
#随机产生交叉的点
            child[cross_points:] = mother[cross_points:]
#孩子得到位于交叉点后的母亲的基因
        mutation(child)                    #每个后代有一定的机率发生变异
        new_pop.append(child)

    return new_pop

def mutation(child, MUTATION_RATE=0.003):
    if np.random.rand() < MUTATION_RATE:       #以 MUTATION_RATE 的概率进行变异
        mutate_point = np.random.randint(0, DNA_SIZE * 2)
#随机产生一个实数,代表要变异基因的位置
        child[mutate_point] = child[mutate_point]^1          #将变异点的二进制位反转

def select(pop, fitness):                  #根据适应度值自然选择
    idx = np.random.choice(np.arange(POP_SIZE), size=POP_SIZE, replace=True,
                           p=(fitness)/(fitness.sum()))
    return pop[idx]

def print_info(pop):
    fitness = get_fitness(pop)
    max_fitness_index = np.argmax(fitness)
    print("max_fitness:", fitness[max_fitness_index])
    x,y = translateDNA(pop)
    print("最优的基因型:", pop[max_fitness_index])
    print("(x, y):", (x[max_fitness_index], y[max_fitness_index]))
```

```
if __name__ == "__main__":
    fig = plt.figure()
    ax = Axes3D(fig)
    plt.ion()        #将画图模式改为交互模式,程序遇到 plt.show 不会暂停,而是继续执行
    plot_3d(ax)

    pop = np.random.randint(2, size=(POP_SIZE, DNA_SIZE * 2)) # matrix (POP_SIZE, DNA_
SIZE)
    for _ in range(N_GENERATIONS):  #迭代 N 代
        x,y = translateDNA(pop)
        if 'sca' in locals():
            sca.remove()
        sca = ax.scatter(x, y, F(x,y), c='black', marker='o');plt.show();plt.pause(0.1)
        pop = np.array(crossover_and_mutation(pop, CROSSOVER_RATE))
        #F_values = F(translateDNA(pop)[0], translateDNA(pop)[1])  #x, y --> Z matrix
        fitness = get_fitness(pop)
        pop = select(pop, fitness)          #选择生成新的种群

    print_info(pop)
    plt.ioff()
    plot_3d(ax)
```

最终求解结果如下：

```
max_fitness: 0.10333042920383484
最优的基因型: [1 1 1 0 0 0 0 0 0 0 0 0 0 1 1 1 0 0 0 0 0 0 0 0 0 1 1 0 1 1 1 0 0 1 0 1 1 0 1 1 1 0 1 1 0
1 0 0 1]
(x,y): (0.04820019294024647,1.571304832178642)
```

8.3　遗传算法改进算法

标准遗传算法的主要本质特征,在于群体搜索策略和简单的遗传算子,这使得遗传算法获得了强大的全局最优解搜索能力、问题域的独立性、信息处理的并行性、应用的鲁棒性和操作的简明性,从而成为一种具有良好适应性和可规模化的求解方法。但大量的实践和研究表明,标准遗传算法存在局部搜索能力差和“早熟”等缺陷,不能保证算法收敛。

在现有的许多文献中出现了针对标准遗传算法的各种改进算法,并取得了一定的成效。它们主要集中在对遗传算法的性能有重大影响的 6 个方面:编码机制、选择策略、交叉算子、变异算子、特殊算子和参数设计(包括群体规模、交叉概率、变异概率)等。

此外,遗传算法的工业使用非常广泛。控制系统优化、路径规划、安全性评估等一系列难以建立数学模型的复杂工业问题都能使用遗传算法进行运算求解。目前学术界对遗传算法的研究多聚焦于遗传算法的并行化、遗传算法与其他启发式算法的混合等方面。

8.3.1　双倍体改进遗传算法

基本遗传算法针对一个宏观的种群进行复制、交叉、变异 3 种操作,类似于人类进化过程,一群人随着时间的推移而不断地进化,并具备越来越多的优良品质。然而由于他们的生长、演化、环境和原始祖先的局限性,经过相当长的时间后,他们将逐渐进化到某些特征相对

优势的状态，称之为平衡态。当一个种群进化到这种状态，这个种群的特性就不会再有很大的变化。为了解决这个问题，可以在遗传算法中使用多种群同时进化，并交换种群之间优秀个体所携带的遗传信息，以打破种群内的平衡态，达到更高的平衡态，有利于算法跳出局部最优。就本质而言，多种群遗传算法是一种并行算法，可以提高算法的效率。

建立两个遗传算法群体，分别独立地运行复制、交叉、变异操作，同时当每一代运行结束以后，选择两个种群中的随机个体及最优个体分别交换。编码/解码方法与基本遗传算法相同。两个种群分别进行选择、交叉、变异等操作，且交叉概率、变异概率不同。设种群 A 与种群 B，当种群 A 与种群 B 都完成了选择、交叉、变异算子后，产生一个随机数 num，随机选择 A 中 num 个个体与 A 中最优个体，随机选择 B 中 num 个个体与 B 中最优个体，交换两者，以打破平衡态。

双种群遗传算法程序流程图如图 8-7 所示。

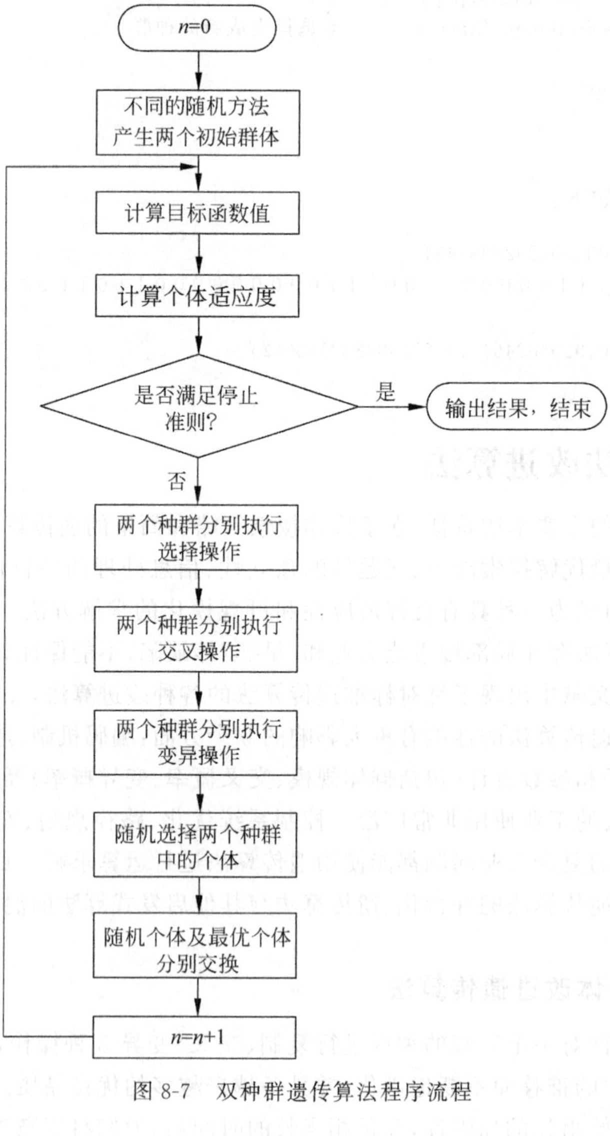

图 8-7 双种群遗传算法程序流程

8.3.2 自适应遗传算法

遗传算法的交叉概率 P 和变异概率 P 是影响遗传算法行为和性能的关键参数,直接影响算法的收敛性。P 越大,新个体产生的速度就越快;然而,P 过大时遗传模式被破坏的可能性也越大,使得具有高适应度的个体结构很快被破坏;但是如果 P 过小,会使搜索过程缓慢,以至停滞不前。对于变异概率 P,如果 P 过小,就不易产生新的个体结构;如果 P 取值过大,则遗传算法变成了纯粹的随机搜索算法。

针对不同的优化问题,需要反复实验来确定 P。这是一件烦琐的工作,而且很难找到适应每个问题的最佳值。

斯里尼瓦(Srinivas)等在 1994 年提出一种自适应遗传算法(adaptive genetical gorithms, AGA)。自适应遗传算法使交叉概率和变异概率能够随适应度自动改变。当种群各个体适应度趋于一致或者趋于局部最优时,使交叉概率和变异概率增加,以跳出局部最优;而当群体适应度比较分散时,使交叉概率和变异概率减少,以利于优良个体的生存。

同时,对于适应度高于群体平均适应值的个体,选择较低的交叉概率和变异概率使得该解得以保护进入下一代;对低于平均适应值的个体,选择较高的交叉概率和变异概率值,使该解被淘汰。

因此,自适应交叉概率和变异概率能够提供相对某个解的最佳交叉概率和变异概率。自适应遗传算法在保持群体多样性的同时,保证遗传算法的收敛性。自适应遗传算法的步骤如下。

步骤 1:编码/解码设计同基本遗传算法。

步骤 2:用初始种群产生的一些方法,产生 N(N 是偶数)个候选解,组成初始解集。

步骤 3:定义适应度函数为 $f=1/\text{ob}$,计算适应度 f。

步骤 4:按照轮盘赌规则选择 N 个个体,计算群体的平均适应度和最大适应度。

步骤 5:将群体中的各个个体随机搭配成对,共组成 $N/2$ 对,对每一对个体,按照自适应公式计算自适应交叉概率,以 P 为交叉概率进行交叉操作,即随机产生 $R(0,1)$,如果 $R<P$ 则对该对染色体进行交叉操作。

步骤 6:对于群体中的所有个体,共 N 个,按照自适应变异公式计算自适应变异概率 P,以 P 为变异概率进行变异操作,即随机产生 $R(0,1)$,如果 $R<P$ 则对该染色体进行变异操作。

步骤 7:计算由交叉和变异生成新个体的适应度,新个体与父代一起构成新群体。

步骤 8:判断是否达到预定的迭代次数,是则结束寻优过程;否则转步骤 4。

此外,遗传算法与差分进化算法、免疫算法、蚁群算法、粒子群算法、模拟退火算法、禁忌搜索算法、神经网络算法和量子计算等结合起来所构成的各种混合遗传算法,可以综合遗传算法和其他算法的优点,提高运行效率和求解质量。

8.4 本章小结

进化算法主要借用生物进化中"适者生存"的规律。进化算法的设计包括编码、适应度函数、选择、控制参数、交叉与变异等进化算子等。进化算法常用的编码方案有位串编码(二进制编码 Gray 编码)、实数编码、有序串编码、结构式编码等。

进化算法中初始群体中的个体可以是随机产生的。群体规模太小时,进化算法的优化性能一般不会太好,容易陷入局部最优解。而当群体规模太大时,则计算复杂。进化算法的适应度函数是用来区分群体中的个体好坏的标准。适应度函数一般是由目标函数变换得到的,但必须将目标函数转换为求最大值的形式,而且保证函数值必须非负。为了防止欺骗问题,对适应度函数值域的某种映射变换,称为适应度函数的尺度变换或者定标。

个体选择概率的常用分配方法有适应度比例方法、排序方法等。选择个体方法主要有轮盘赌选择、锦标赛选择方法、最佳个体保存方法等。

习　题

1. 设用遗传算法求解某问题时,产生了 4 个个体 A、B、C 和 D,适应度值分别为 34、98、60 和 45,采用赌轮选择机制,则个体 A 的适应度值所占份额为?(　　)

   A. 34　　B. 34/98　　C. 100　　D. 34/237

2. 如用遗传算法求解某问题时,有两个八位长的个体 10111010 和 01011001,进行交叉操作,交叉位置在从右往左第 5 位,产生的两个新个体分别为:(　　)。

   A. 01011010 和 10111001　　B. 01011001 和 10111010

   C. 101 和 11001　　D. 01110101 和 10100101

3. 遗传算法的选择操作将使适应度____的个体有较大的存在机会。(　　)

   A. 较低　　B. 较高　　C. 低劣　　D. 为正数

4. 如用遗传算法求解某问题时,有两个八位长的个体 10101010 和 01011011,进行交叉操作,交叉位置在从右往左第 5 位,产生的两个新个体分别为(　　)。

   A. 01011010　　B. 01011001　　C. 11001　　D. 10101011

5. 进化算法包括进化程序设计、____等。(　　)

   A. 遗传算法　　B. 进化规划　　C. 模拟退火算法　　D. 进化策略

6. 遗传算法(　　)。

   A. 是一种对生物进化现象进行仿真的程序

   B. 的理论机制已清楚了

   C. 具有自适应性

   D. 具有隐并行性

7. 简单遗传算法并不是所有被选择了的染色体都要进行交叉操作和变异操作,而是以一定的(　　)进行。

8. 简单遗传算法的遗传操作主要有两种:(　　)、(　　)。

9. 遗传算法中将位串形式编码表示变换为原问题结构的过程叫(　　)。

10. 试述遗传算法的基本原理,并说明遗传算法的求解步骤。

11. 遗传算法、进化策略和进化编程的关系如何?有何区别?

第6篇

机器学习与神经网络

学习目标

- 了解机器学习的研究内容与工作流程
- 掌握机器学习理论基础
- 掌握机器学习经典算法原理及应用，如 k-近邻算法、线性回归算法、决策树算法等
- 掌握数据表示与数据处理的方法
- 重点理解并掌握支持向量机与朴素贝叶斯算法的原理及应用

知识导图及项目导引

知识导图

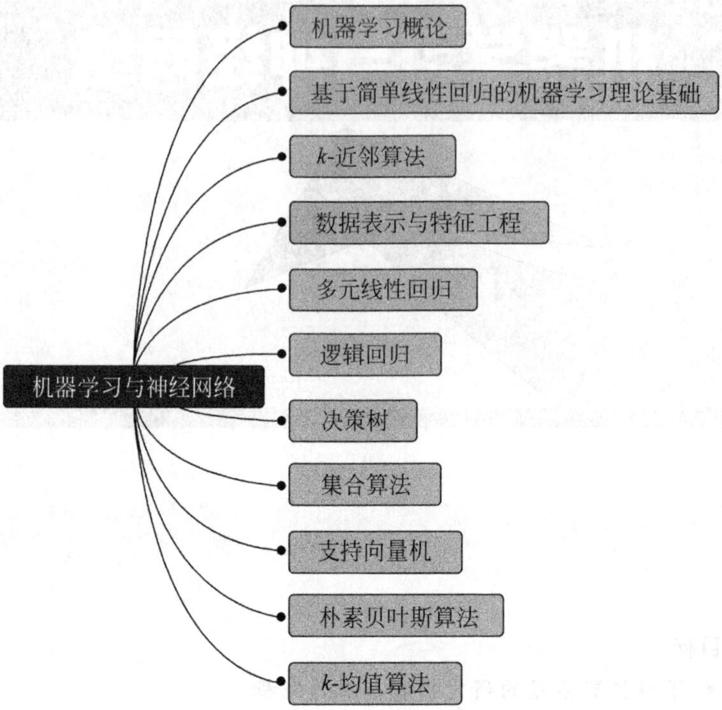

项目导引

项目背景：随着社会经济发展步伐的加快和民众偏好的逐渐转变，汽车已经成为人们出行的主要工具，根据公安部公布的最新统计数字，中国的汽车保有量已经超过 3 亿辆。根据市场数据分析机构 Hedges & Company 的估算，全球汽车数量则已经超过了 14 亿辆。面对如此巨大的市场，全世界的汽车销售商都在想方设法去提高汽车的销售量。但汽车的销售量是由什么决定的呢？汽车的销售量是由客户的满意度来决定的。汽车的满意度主要是由什么决定的呢？汽车的价格、舒适度、安全性哪个因素起的作用更大呢？

通过研究汽车满意度与特征因素的内在关系，确定影响客户对汽车满意度的主要因素，可以实现对汽车满意度的预测。建立汽车满意度预测模型对于提升客户使用体验，拉升汽车销量有着重要意义。一些汽车生产商已经认识到数据分析对汽车满意度的重要性，数据分析结果已经应用于汽车满意度的优化中，提升了优化效率，减少了提升汽车满意度的不必要工作，节省了时间和金钱。

汽车满意度预测的本质是一个分类问题，常用的分类模型有逻辑回归、k-近邻、决策树等模型，在面对高维特征的小数据集时，这些分类器训练得到的模型泛化能力有限。而集合算法通过集成基分类器获取更优的预测结果，降低了过拟合的风险，有更强的泛化能力。随机森林是一种常用的集合算法，在数据分析领域有着广泛的应用。在本项目中，使用随机森林算法来预测客户对汽车的满意度。

工业场景：本项目使用从 Kaggle 网站下载的汽车评估数据集，如果想要了解数据集的详细信息，可以访问该网站。汽车评估数据集包含 1728 个实例，所有实例共有 4 种标签，分别为 unacc、acc、good、vgood。(acc 是 acceptable 的简写，vgood 是 very good 的简写)每个实例都有 6 个特征值，下面对特征值做简单介绍：

(1) buying：购买价格，vhigh 表示价格很高、high 表示价格高、med 表示价格中等、low 表示价格低；

(2) maint：保养价格，vhigh 表示价格很高、high 表示价格高、med 表示价格中等、low 表示价格低；

(3) doors：车门数，2 表示汽车有 2 个车门、3 表示有 3 个车门、4 表示有 4 个车门、5more 表示有 5 个及以上车门；

(4) persons：汽车乘员数，2 表示 2 个乘员、4 表示 4 个乘员、more 表示 4 个以上乘员；

(5) lug_boot：行李箱大小，samll 表示空间小、med 表示空间中等、big 表示空间大；

(6) safety：安全性，low 表示安全性差、med 表示安全性一般、high 表示安全性高。

项目要求：构建随机森林分类器来预测汽车满意度。要求做到以下几点：对不同的特征进行特征工程；尝试更改模型参数，观察模型准确率随着模型中决策树数量的增加而发生的变化；通过随机森林模型找到影响汽车满意度的最重要特征和最不重要特征，删除最不重要特征，重建模型并检查其对准确率的影响；使用混淆矩阵和分类报告来评价模型性能。

第9章 机器学习概论

机器学习在现在的社会中随处可见——无论是对手机相册中的图片自动标识风景、动物、人脸等，还是网上购物平台或者短视频应用的日常推送。作为人工智能的分支，机器学习让计算机可以对历史数据进行学习，以便对未来进行预测。除此之外，计算机视觉是机器学习最令人激动的应用领域之一，深度学习和卷积神经网络不断驱使着如无人驾驶汽车和谷歌 DeepMind 这样的创新系统的发展。

在本章中，将对机器学习做一个系统的了解，并介绍一些在解决机器学习问题时的常用工具。

9.1 概论

9.1.1 机器学习的定义

机器学习是让计算机像人类一样学习和判断的科学，机器通过长时间观察，并与现实世界进行互动获取数据和信息，以自主的方式提高计算机的学习能力。

它是一门多领域交叉学科，涉及概率论、统计学、逼近论、凸分析、算法复杂度理论等多门学科。专门研究计算机怎样模拟或实现人类的学习行为，以获取新的知识或技能，重新组织已有的知识结构使之不断改善。它是人工智能核心，是使计算机具有智能的根本途径。

研究人工智能的著名科学家亚瑟·萨缪尔(Arthur Samuel)曾说机器学习是“给予计算机学习的能力而无须显式地编程的研究”。在 20 世纪 50—60 年代，萨缪尔开发了多个下棋程序。虽然下棋的规则很简单，但是要战胜技艺高超的对手需要复杂的策略。萨缪尔从来没有显式地编程过这些策略，而是通过数千次比赛的经验，程序学习了复杂的行为以此打败许多人类对手。

计算机科学家汤姆·米切尔(Tom Mitchell)对机器学习给出了一个更加正式的定义：“如果一个程序的性能在‘T’中体现，通过‘P’来衡量，并通过经验‘E’来提升，那么该程序可以被视为针对一些任务类型‘T’和性能衡量‘P’从经验‘E’中进行学习。”例如，假设你有一个图片集合，每一张图片描绘了一只狗或一只猫。任务是将图片分为狗图片类和猫图片类，而程序可以通过观察已经被分类好的图片来学习执行这个任务，同时它可以通过计算分类图片的正确比例来提升性能。

9.1.2 机器学习的作用

长久以来，人类的想象力一直被那些能够学习和模仿人类智慧的机器所吸引。尽管具有一般人工智能的机器仍然没有实现，但是能够从经验中获取新知识和新技能的软件正在变得越来越流行。人们使用这些机器学习程序去寻找自己可能喜欢的新音乐，找到自己真正想在网上购买的鞋子。机器学习程序允许对智能手机下达命令，并允许用恒温控制器自动设置温度。机器学习程序可以比人类更好地破译书写凌乱的邮寄地址，并更加警觉地防止信用卡欺诈。从研发新药到估计一个头条新闻的页面访问量，机器学习软件正在成为许多行业的核心部分。机器学习甚至已经侵占了许多长久以来一直被认为只有人类才能涉及的领域，例如，根据要求作曲，按照提示绘画和写一篇新闻报道等。

机器学习对人类非常有用，因为它们具有的处理能力，能够更快地突出显示或找到人类可能错过的大数据(或其他)中的模式，它是一种工具，可用于增强人类解决问题的能力，并从广泛的问题中做出明智的推断。

9.1.3 机器学习的分类

大多数的机器学习问题属于以下三种类别之一。

1. 监督学习

每个数据点都被标记或关联为一个类别(分值)。类别标签的例子是给一张图片分配一只猫或者狗的字段。分值标签的例子是为网上出售的鞋子设置一个出售价格。监督学习的目标就是学习大量类似这样的样本(叫作训练数据)，从而对未来的数据点做出预测(叫作测试数据)。预测结果分为两种情况，如从新图片中识别正确的动物(叫作分类问题)，或者为其他鞋子分配一个准确的出售价格(叫作回归问题)。

2. 非监督(无监督)学习

数据点没有相关的标记。它本质上是一个统计手段，在没有标签的数据里可以发现潜在的一些结构或者分类的一种训练方法。从而让这些数据看起来更有规律。

3. 强化学习

算法会根据各个数据点选择动作进行响应。这是机器人科学中比较常见的算法，一组感知器在某个时间点读取的数据就是一个数据点，这时算法需要为机器人的下一个动作做出选择。算法在未来某一小段时间内接收到奖励信号，这个信号可以表明这个决策的好坏。总之机器以“试错”的方式进行学习，通过与环境进行交互获得的奖赏指导行为，目标是使机器获得最大的奖赏。最终将记住获得奖赏的规则，并且不断追求更大的奖赏。

图 9-1 演示了这三种主要的机器学习类别。

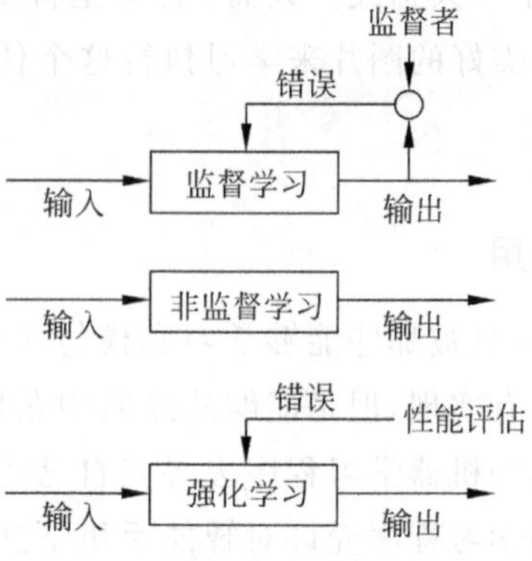

图 9-1 主要的机器学习类别

9.1.4 机器学习的流程

机器学习主要是为了通过构建数学模型来理解数据。当一个机器学习模型可以调节它内在的参数，让模型可以更好地解释这些数据，这个过程十分类似人类学习的样子。从感觉上来说，这个过程可以理解为模型从数据中学习。当模型学到了足够多的知识后，就可以让它来解释新的数据。

这个过程可以用图 9-2 来展示。

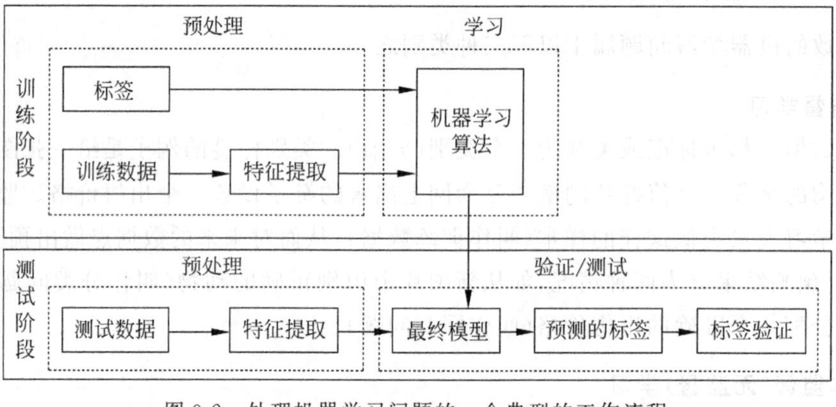

图 9-2 处理机器学习问题的一个典型的工作流程

下面按步骤进行解释。

第一个要注意的地方是机器学习问题总是会分成至少两个阶段：

1. 训练阶段

在这个阶段中，在一个数据集上训练一个机器学习模型。该数据集叫作训练数据集。

2. 测试阶段

在这个阶段中，使用一个新的(没有用来训练过模型)数据集来评估训练好的机器学习模型。该数据集叫作测试数据集。

把数据分为训练数据和测试数据是十分重要的。另外一个高级的机器学习问题工作流一般会包括第三个叫作交叉验证的数据集。交叉验证数据集一般是将训练数据集进一步划分而得到的，这会用在一些高级的概念中，如模型选择。

下一个需要注意的是机器学习全部都是关于数据的处理。数据以原始的形式进入前面描述的工作流中——这些数据在训练和测试阶段都会用到。数据可以是任何形式，从图像视频到文本、音频。因此，在原始状态下，数据可能由像素、字符、单词甚至更糟的情况(单纯的比特组成)。显然这种原始形式的数据可能处理起来不太方便。因此，需要找到方法来对数据进行预处理，让数据变成容易解析的格式。

数据预处理分为两个阶段。

1）特征选择

这是识别数据中重要属性(或者特征)的步骤。如一幅图像的特征可能是边缘的位置、角点或者山脊点。

2）特征提取

这一步是把原始数据转换为希望的特征空间的过程。

更高级的话题是创造有含义的特征过程，也叫作特征工程。毕竟，要让人们可以从大众的特征中选择它，这些特征必须首先被创造。相比于算法的选择，这个过程对于算法成功性的影响更大。后面的章节将会详细讨论特征工程。

监督学习中最后要注意的一点是，每个数据点都必须有一个标签。标签表示数据点要么属于某个特定的事物类别(如猫或者狗)，要么有某个确定的值(如房子的价格)。最终，监督学习系统的目的是预测测试数据集(如图 9-2 所示)中所有数据点的标签。通过在训练数据集中使用数据对应的标签，学习其规律性来获得这种能力，进而在测试数据集上测试其性能。

9.2　使用 scikit-learn 的机器学习例子

机器学习经常使用的一些库，例如，NumPy、Pandas、Matplotlib，在第 2 章中已经详细介绍过，这里主要对 scikit-learn 库做一些补充介绍，并给出一个使用 scikit-learn 的机器学习例子。

scikit-learn 是一个开源的 Python 机器学习工具包，是简单高效的数据挖掘和数据分析工具，自 2007 年发布以来，已经成为很受欢迎的机器学习库之一。

scikit-learn 基于 NumPy、SciPy 等 Python 数值计算库，涵盖了几乎所有主流机器学习算法的实现，可以实现数据预处理、分类、回归、降维、模型选择等常用的机器学习算法，并且提供了一致的调用接口。

scikit-learn 为使用者提供了强大的数据库，想了解具体信息可以访问 scikit-learn 的官方网站，因为 scikit-learn 的开源属性，可以直接使用网站上的数据集，例如，经典的鸢尾花数据集和波士顿房价数据集。而且在 scikit-learn 官网，对于每一个数据集，在后面都给出了使用该数据集的示例。

scikit-learn 的安装十分简单，可以参考上文提到的 IPython 安装方法，使用 pip 安装，也可以使用 Anaconda。

下面介绍一个 scikit-learn 的简单案例,用以说明机器学习的一般步骤。

1. 数据准备

首先,导入需要的包和函数:

```
import numpy as np
import pandas as pd
import matplotlib.pyplot as plt
from sklearn import datasets, linear_model
from sklearn.metrics import mean_squared_error, r2_score
```

本案例采用 sklearn 中的 diabetes 数据集,diabetes 是一个关于糖尿病的数据集,包括 442 位病人的生理数据及一年后的病情发展状况。使用如下代码来加载数据。

```
# return_X_y=True 表示不再返回 Bunch 对象,而是返回其 data 和 target 的 ndarray 对象
diabetes_X, diabetes_y = datasets.load_diabetes(return_X_y = True)
```

我们可以使用如下代码查看数据格式。

```
print ("shape of diabetes_X: {0}".format(diabetes_X.shape))
```

输出为:

```
shape of diabetes_X: (442,10)
```

2. 特征选择

diabetes 数据集中包含 442 个样本,每个样本包含 10 个特征,分别是:年龄、性别、体质指数、血压、s1、s2、s3、s4、s5、s6。s1～s6 分别是 6 种血清化验数据。本案例选用全部特征。

3. 拆分数据集

需要将数据集拆分为训练数据集和测试数据集。训练集用于训练模型,占数据集的大部分。测试集用于评估训练的模型的性能。通常以 8∶2 或者 7∶3 进行数据划分。本例选择以 8∶2 进行数据划分,代码如下。

```
# train_test_split 函数可以进行数据集划分
from sklearn.model_selection import train_test_split

# 数据集划分为训练集和测试集
diabetes_X_train, diabetes_X_test = train_test_split(diabetes_X, test_size=0.2, random_state=2)
# 把预测的目标划分为训练集和测试集
diabetes_y_train, diabetes_y_test = train_test_split(diabetes_y, test_size=0.2, random_state=2)
```

4. 模型选择

不同的机器学习算法模型针对特定的机器学习问题会表现出不同的性能,本案例仅作为简单示例,所以选择线性回归模型。对糖尿病预测问题感兴趣的同学,可以选择不同模型进行研究。

使用如下代码创建线性回归对象。

```
regr = linear_model.LinearRegression()
```

5. 模型训练

使用训练数据集 diabetes_X_train 和 diabetes_y_train 来训练模型。

```
regr.fit(diabetes_X_train, diabetes_y_train)
```

6. 模型测试

测试训练出来的模型的准确度，一个直观的方法是用训练出来的模型 regr 预测测试数据集，然后把预测结果和真正的结果比较，看有多少个是正确的，这样就能评估出模型的准确度了。scikit-learn 提供了现成的方法来完成这项工作：

```
# 模型测试
regr.score(diabetes_X_test, diabetes_y_test)
```

笔者计算机上的输出为：

```
0.4399387660024644
```

若模型评估结果不太理想，一般情况下，会考察单个特征值与结果标签之间的相关关系。但本案例仅希望让读者了解机器学习的一般步骤，故不做过多讨论。

本案例的代码包含在随书代码 ch09.01.ipynb 中，读者可自行阅读。

9.3 本章小结

本章简要介绍了机器学习的定义、应用场景、机器学习的分类和典型的流程，也涉及了一些机器学习的专业术语。另外，本章还提供了一个使用 scikit-learn 实现机器学习的例子，介绍了机器学习的典型步骤，为后续章节的学习建立了基础。

习　题

1. 机器学习分哪两类？它们之间有什么区别？
2. 试列举无监督机器学习的优势。
3. 试列举机器学习应用开发的典型步骤。

第10章 基于简单线性回归的机器学习理论基础

10.1 简单线性回归

简单线性回归也称为一元线性回归，也就是回归模型中只含一个自变量，否则称为多元线性回归。

来看一个简单的例子。首先，生成一个包含 25 个点的训练样本集。

```
%matplotlib inline
import matplotlib.pyplot as plt
import numpy as np
n_dots = 25                              # 生成点的数量
x = np.linspace(0,1,n_dots)              # [0,1] 之间创建 25 个点，即训练样本
y = np.sqrt(x) + 0.15 * np.random.rand(n_dots) - 0.05;
```

训练样本用函数 $y=\sqrt{x}+b$ 创建，其中 b 是[−0.1,0.1]间的一组随机数。然后用一阶多项式模型，即简单线性回归模型来拟合这个训练数据集，用到了 NumPy 库的 polyfit() 和 poly1d()函数。

```
p = np.poly1d(np.polyfit(x,y,1))
t = np.linspace(0,1,200)
plt.figure(figsize=(6,4))
plt.title('Under Fitting',fontsize=20)
plt.plot(x,y,'ro',t,p(t),'b-',t,np.sqrt(t),'r--')
                        # 'ro'表示红色实心圆,'b-'表示蓝色实线,'r--'表示红色破折线
```

如图 10-1 所示，红色实心圆表示训练样本，蓝色直线表示由训练样本拟合得出的简单线性回归模型。

本节的示例代码请参照随书代码 ch10.01.ipynb。

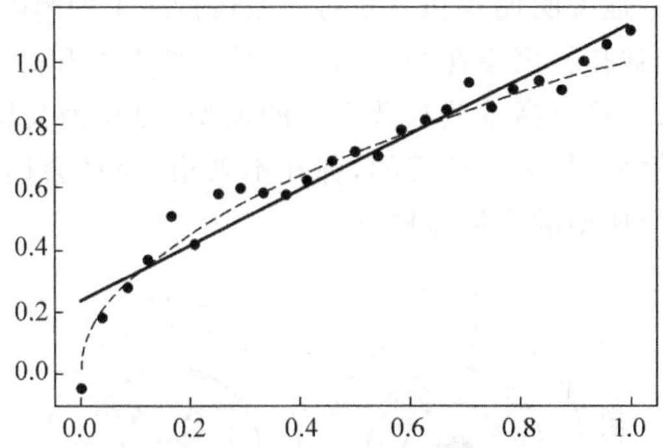

图 10-1 简单线性回归(见文前彩图)

10.2 训练数据、测试数据和验证数据

在模型训练和测试的阶段,需要把数据集分成训练数据集和测试数据集。训练数据用于构建模型,测试数据是在模型构建完后,用来检验模型准确性的。二者的比例一般按照 8∶2 或 7∶3 来划分。有时,仅把数据集分为训练数据集和测试数据集是不够合理的,还需要一个交叉验证数据集,用于给模型调参。

读者可能会感到疑惑,既然已经有了测试数据集来验证模型准确性,为什么还需要验证数据集?这里用一个形象的例子来说明。把机器学习算法看作一个笨学生,他没有办法直接学会抽象的概念,只能通过做大量的题目来提高自己。对带标签的训练数据而言,数据本身是题目,标签是题目的答案。学生要证明自己真的学到了东西,就要通过考试成绩来说话,把测试数据看作是高考,模型只能在测试数据上跑一次,相当于高考一考定终身。

既然测试数据只能使用一次,那就要在最终测试之前,用一部分数据先验证模型构建得是否合理,相当于在高考前要先组织模拟考。可能有人会有疑问,为什么不能够从测试数据或者是训练数据里抽出一部分数据来充当验证数据?答案很简单,训练数据是模型已经反复接触过的数据,拿模型已经见过的数据充当模拟考,显然没有意义。从测试数据中抽取一部分充当验证集,这相当于高考前的泄题,如果考生提前做过了高考题,那就无法检验出考生(模型)的真实水平了。

总而言之,需要验证集的真正原因是:防止机器学习算法作弊!一般,训练数据、测试数据和交叉验证数据的推荐比例是 6∶2∶2。

10.3 偏差和方差

当模型表现不佳时,通常是出现两种问题,一种是高偏差问题,另一种是高方差问题。识别偏差和方差有助于选择正确的优化方式,所以我们先来看下偏差与方差的意义。

偏差(bias)描述的是预测值的期望与真实值之间的差距。偏差越大,越偏离真实数据,如图 10-2 第二行所示。方差(variance)描述的是预测值的变化范围,离散程度,也就是离其期望值的距离。方差越大,数据的分布越分散,如图 10-2 右列所示。图 10-2 所示,我们用一个打靶的例子来更形象地说明偏差和方差对模型运行结果的影响。一个具有低偏差和低方差的模型,子弹打出的弹孔将聚集在靶心周围。具有低偏差和高方差的模型,弹孔不会聚集,但仍会围绕靶心分布。具有高偏差和低方差的模型,弹孔仍会聚集,但会远离靶心。而具有高偏差和高方差的模型,是最不理想的,弹孔不聚集,而且会远离靶心。第一节中的简单线性回归模型就是一个典型的高偏差模型。

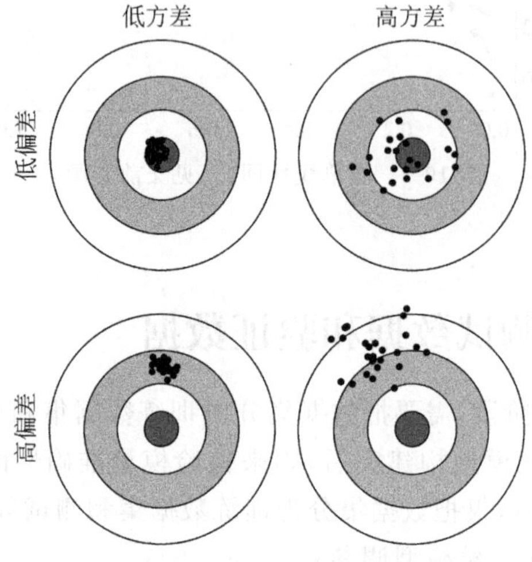

图 10-2 偏差和方差

理想情况下,一个模型应该具有低偏差和低方差,但是减小其中一个经常会使另一个增大,这个现象被称为"偏差-方差权衡"。

10.4 过拟合和欠拟合

模型的拟合状态可以分为三种,过拟合、欠拟合和好的拟合。过拟合指模型在训练集上表现比较优秀,较好地拟合了样本数据,但是在验证集和测试集上却表现平平。欠拟合指模型不能很好地拟合数据,在训练集、验证集和测试集上均表现不佳。

对第一节示例的代码进行修改,加入高阶多项式来拟合训练数据集,代码的运行效果如图 10-3 所示。

```
def plot_polynomial_fit(x, y, order):
    p = np.poly1d(np.polyfit(x, y, order))
    print(np.polyfit(x, y, order))              # 输出拟合多项式的系数
    print(p)                                    # 输出拟合多项式
                                                # 画出拟合出来的多项式所表达的曲线以及原始的点
    t = np.linspace(0, 1, 200)
    plt.plot(x, y, 'ro', t, p(t), '-', t, np.sqrt(t), 'r--')
    return p

plt.figure(figsize=(18, 4))
titles = ['Under Fitting', 'Fitting', 'Over Fitting']      # 欠拟合,好的拟合,过拟合
models = [None, None, None]
for index, order in enumerate([1, 4, 12]):    # 分别用一阶、四阶和十二阶多项式来拟合数据集
```

```
    plt.subplot(1,3,index + 1)
    models[index] = plot_polynomial_fit(x,y,order)
    plt.title(titles[index],fontsize=20)
```

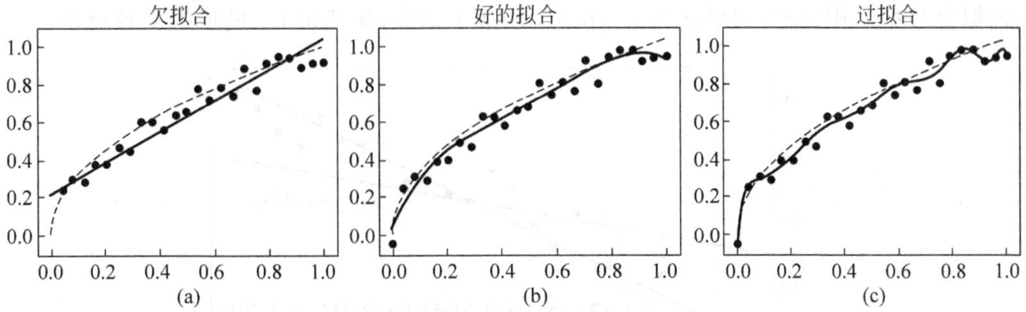

图 10-3　代码运行效果

(a) 欠拟合运行结果；(b) 好的拟合运行结果；(c) 过拟合运行结果

在图 10-3 中，图(a)～(c)，依次是用一阶、四阶和十二阶多项式来拟合数据，直观地展示了拟合的三种状态。图 10-3(a)是一阶多项式模型，也就是简单线性回归模型，模型过于简单，所以是欠拟合，也可以说是"高偏差"。图 10-3(b)是四阶多项式模型，较好地拟合了训练数据，所以是好的拟合状态。图 10-3(c)是十二阶多项式模型，虽然对现有训练数据拟合得近乎完美，但这样的模型过度拟合训练数据，对新的数据的预测效果会很差，是过拟合，也称为"高方差"。

本节的示例程序可参考随书代码 ch10.02.ipynb，读者可自行修改参数。

10.5　成本函数

成本函数(cost function)，也称为代价函数，是能够衡量模型预测出来的值 $h(\theta)$ 与真实值 y 之间的差异的函数，如果有多个样本数据，则可以将所有成本函数的取值求均值，记做 $J(\theta)$。成本函数有以下四种性质。

(1) 对于每种算法来说，成本函数不是唯一的。

(2) 成本函数是参数 θ 的函数。

(3) 成本函数 $J(\theta)$ 可以用来评价模型的好坏，用成本函数计算出成本，成本越小说明模型和参数越符合训练样本。

(4) $J(\theta)$ 是一个标量。

事实上，训练模型的过程就是不断改变参数 θ，从而得到更小的成本函数的过程。理想情况下，当取到成本函数 $J(\theta)$ 的最小值时，就得到了最优的模型参数。

在 10.1 节的示例中，用到一阶多项式来拟合数据，一阶多项式模型的表达式为 $h_\theta(x)=\theta_0+\theta_1 x$。其中，$\theta_0$ 和 θ_1 就是模型参数。根据成本函数的定义，可以给出一阶多项式模型的成本函数公式：

$$J(\theta_0,\theta_1)=\frac{1}{2m}\sum_{i=1}^{m}(h(x^{(i)})-y^{(i)})^2 \tag{10-1}$$

其中，m 代表训练集中的样本个数；$h(x^{(i)})$ 是模型对各样本的预测值；而 $y^{(i)}$ 是真实值；

故成本就是预测值和真实值的差的平方的平均值，之所以乘以 1/2 是为了计算方便。想要做的就是关于 θ_0 和 θ_1 对函数 $J(\theta_0,\theta_1)$ 求最小值。

如图 10-4 所示，L_1 和 L_2 分别对应不同的模型参数，从图上可以明显看出，L_2 能够更好地拟合数据。相应地，如果计算 L_1 和 L_2 的成本函数，显然是 L_2 的成本函数更小。

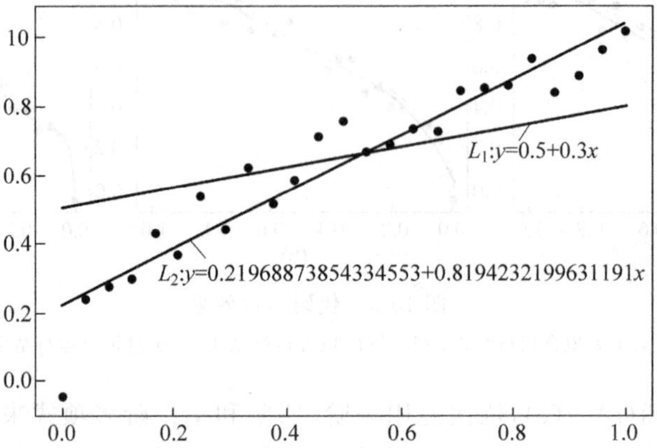

图 10-4 模型参数

本节的代码可参考随书代码 ch10.02.ipynb。

10.6 模型性能评估

10.5 节中介绍的成本函数是一种重要的评价模型性能的方法，成本越小说明模型预测出来的值与实际值的差异越小，对新数据的预测准确率就越高。除此之外，还有很多评价模型性能的指标，在这里做简单的介绍。

对于分类模型而言，准确率(accuracy)是很常用的指标，指分类正确的样本占总样本个数的比例。该指标在某些场景中存在着明显的缺陷，当不同类别的样本比例不均衡时，特别是比例较大时，占比大的类别往往成为影响准确率的最主要因素，例如，当负样本占 99%，模型把所有样本都预测为负样本也可以得到 99%的准确率，此时模型没有识别正样本的能力。针对这个缺陷，还需要查准率、召回率和 F1 Score 这三个指标，本章的后面会做详细介绍。

对于回归模型，常用的评估指标是均方误差(mean-square error，MSE)、误差平方和(sum of the squared errors，SSE)和决定系数(R^2)。

在 sklearn 里，给出了 score()函数用于评价模型性能。对于分类模型，score 函数计算的是准确率。对于回归模型，score 函数计算的是决定系数(R^2)。score()函数返回的分数总是在[0,1]之间，数值越大说明模型性能越好。当模型训练完成后，调用模型的 score(X,y)即可算出模型的分数，其中 X 和 y 是测试数据集样本。

10.7 查准率和召回率

前文已经提过，模型准确率在某些场景中存在着明显的缺陷。所以需要引入以下两个指标，查准率(precision)和召回率(recall)。

现在假定一个具体场景作为例子。假如某机械工程班有男生 35 人，女生 15 人，共计 50 人，目标是找出所有女生。现在某人挑选出 25 个人，其中 10 人是女生，另外还错误地把 15 个男生也当作女生挑选出来了。

在介绍查准率和召回率之前，需要先定义 TP、FN、FP 和 TN 四种分类情况。按照前面例子，需要从一个班级的人中寻找所有女生，如果把这个任务当成一个分类器，那么女生就是所需要的，而男生不是，所以称女生为"正类"，而男生为"负类"，如表 10-1 所示。

表 10-1　TP、FN、FP 和 TN

类　别	正　类	负　类
被预测为正类	TruePositive(是女生，也被判定为女生)	FalsePositive(是男生，却被判定为女生)
被预测为负类	FalseNegative(是女生，却被判定为男生)	TrueNegative(是男生，也被判定为男生)

通过表 10-1，可以很容易得到这几个值：TP＝10、FN＝5、FP＝15、TN＝20。

查准率和召回率的公式如下：

$$\text{Precision} = \frac{\text{TP}}{\text{TP} + \text{FP}} \tag{10-2}$$

$$\text{Recall} = \frac{\text{TP}}{\text{TP} + \text{FN}} \tag{10-3}$$

可以得到上面例子的查准率为 10/(10＋15)＝2/5，召回率为 10/(10＋5)＝2/3。

在 scikit-learn 里，评估模型性能的算法都在 sklearn. metrics 包里。其中，计算查准率和召回率的 API 分别为 sklearn. metrics. precision_score()和 sklearn. metrics. recall_score()。

10.8　F1 Score

虽然现在有了两个指标——查准率和召回率，但有时还是会陷入两难的境地。例如，有一个模型的查准率是 0.6，召回率是 0.4；另一个模型的查准率是 0.1，召回率是 1.0。哪个模型更好呢？(查准率和召回率都是越大越好，最大都为 1)

为了解决这样的难题，引入新的概念——F1 分数(F1 Score)。F1 Score 是用于衡量分类模型的一个指标，可以看作模型查准率和召回率的一种加权平均，它的最大值是 1，最小值是 0，值越大意味着模型越好。公式 10-4 如下：

$$F_1 = 2 \cdot \frac{\text{Precision} \cdot \text{Recall}}{\text{Precision} + \text{Recall}} \tag{10-4}$$

最理想的情况下，查准率和召回率都为 1，那么 F1 Score 也为 1。

在 scikit-learn 里，提供了 sklearn. metrics. f1_score()函数来计算 F1 Score。

本书 14.4.2 节和 14.4.3 节还会对准确率、查准率和召回率进行深入讲解。

10.9　本章小结

本章基于简单线性回归，介绍了机器学习的理论基础知识。本章的内容是整本书的理论基础，对于学习后续章节的算法知识有着重要的意义，希望读者耐心地学习完本章。本章包含的主要内容如下。

(1) 简单线性回归;

(2) 数据的划分,训练数据、测试数据和验证数据;

(3) 偏差和方差;

(4) 过拟合和欠拟合的特征;

(5) 成本函数的定义和公式;

(6) 模型性能评估,包括评估的若干指标。

习　题

1. 过拟合和欠拟合有什么特征?如果模型表现出了欠拟合或过拟合,该怎样优化模型?

2. 常见的模型评估指标有哪些?

3. 为什么在准确率之外,还需要查准率、召回率和 F1 Score?

第11章

k-近邻算法

11.1 算法原理

k-近邻(k-nearest neighbor,KNN)算法,又称作 KNN 算法,是 1967 年由 Thomas Cover 和 Peter Hart 提出的一种基本分类与回归方法。k-近邻算法是一个有监督的机器学习算法,该算法的基本思想是:给定一个已经标记的数据集,输入一个未标记的样本,在数据集中找到与该样本最相似(最邻近)的 k 个样本,这 k 个样本的多数属于某个类,就把输入样本分到这个类中。

k-近邻算法原理的伪代码如下:

(1) 计算未标记样本与已标记数据集中的各个样本之间的距离。

(2) 对距离进行排序,选取距离最小的 k 个点。

(3) 确定距离最小的 k 个点所在类别的出现频率。

(4) 返回出现频率最高的类别作为待标记样本的预测分类。

11.1.1 算法的优缺点

k-近邻算法有以下优点:

(1) 简单好用,理论成熟,易于理解。

(2) 精度高,对异常值不敏感。

(3) 可以处理回归问题和分类问题,特别适合于多分类问题。

k-近邻算法有以下缺点:

(1) 计算量较大,对内存的需求也较大。

(2) 样本不平衡问题,即有些类别的样本数量很多,而其他样本的数量很少。

(3) 消极学习方法,预测时速度较缓慢。

11.1.2 算法参数 k 的选取

k-近邻算法的参数是 k,k 值既不能过大,也不能过小。

如果选取过小的 k 值,那么模型会变得复杂,容易将噪声数据学习到模型中,若 k 值过小，就会造成过拟合。如果选取过大的 k 值，就相当于用较大邻域中的训练数据进行预测，这时与输入样本距离较远的（不相似）训练样本也会对预测起作用，使预测发生错误，k 值的过大意味着整体模型变得简单，容易造成欠拟合。

11.1.3 对传统 k-近邻算法的改进

传统 k-近邻算法中，在计算距离时，都是使用相同权重，也就是认定各个邻居对于分类的贡献是相同的，显然这是不符合实际情况的。所以，对 k-近邻算法的一个显而易见的改进是对 k 个近邻的贡献加权，根据距离的不同赋予不同的权重，距离越近的权重就越高。这个可以通过指定算法的 weights 参数来实现。

11.1.4 示例：使用 k-近邻算法进行分类

下面给出一个示例，演示如何用 k-近邻算法进行分类，帮助读者更深入地理解 k-近邻算法的原理。下面按步骤展示部分代码，具体的示例代码可参阅随书代码 ch11.01.ipynb，读者可自行更改代码参数以加深理解。

1. 生成标记样本数据集

sklearn 中的 make_blobs() 函数可以根据用户指定的参数生成数据集。

```
from sklearn.datasets import make_blobs
centers = [[-1,3],[1,2],[0,4],[0,1]]  # 设置中心点
X,y=make_blobs(n_samples=80,centers=centers,random_state=0,cluster_std=0.5)
# 生成数据
# X 是训练数据集,y 是样本所属类别
# n_samples 是训练样本的总数; cluster_std 是标准差; centers 用来指定中心点;
# n_features 是每个样本的特征数(本例中使用默认值); cluster_std 是标准差
```

在本例中，一共生成 80 个训练样本，这些样本均分成 4 部分，分布在设置好的 4 个中心点周围。X 存放有训练数据集，y 里面的是训练样本的类别，共有 4 个类别。

下面调用 Matplotlib 库把训练样本以散点图的形式画出来，便于更直观地理解。

```
plt.figure(figsize=(16,10),dpi=144)
# figsize,指定 figure 的宽和高,单位是英寸; dpi,指定分辨率
c = np.array(centers)
for i in range(0,79):
# 画出样本,X[i:i+1,0]表示横坐标,X[i:i+1,1]表示纵坐标
    if y[i] == 0:
        plt.scatter(X[i:i+1,0],X[i:i+1,1],c='r',s=100,marker='o',cmap='cool');
    if y[i] == 1:
        plt.scatter(X[i:i+1,0],X[i:i+1,1],c='c',s=100,marker='s',cmap='cool');
    if y[i] == 2:
        plt.scatter(X[i:i+1,0],X[i:i+1,1],c='b',s=100,marker='*',cmap='cool');
    if y[i] == 3:
        plt.scatter(X[i:i+1,0],X[i:i+1,1],c='m',s=100,marker='+',cmap='cool');
plt.scatter(c[:,0],c[:,1],s=100,marker='^',c='orange');        # 画出中心点
```

点的分布情况如图 11-1 所示。图中，以圆点表示“类别[0]”，以正方形表示“类别[1]”，

以星形表示“类别[2]”，以十字表示“类别[3]”。另外，三角形就是中心点。

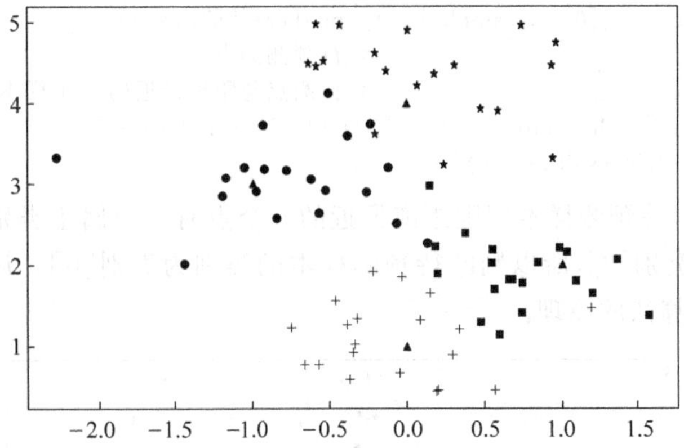

图 11-1 已标记的训练数据集(见文前彩图)

2. 对算法进行训练

用到 KNeighborsClassifier()函数，KNeighborsClassifier 是 sklearn 里使用 k-近邻算法进行分类处理的函数，选择算法参数 $k=5$。

```
from sklearn.neighbors import KNeighborsClassifier
# 模型训练
k = 5
clf = KNeighborsClassifier(n_neighbors=k)
clf.fit(X,y)
```

3. 对一个未标记的样本进行预测

```
# 进行预测
X_sample = [0,3]                                # 未标记的样本,待预测
X_sample = np.array(X_sample).reshape(1, -1)
y_sample = clf.predict(X_sample);               # y_sample 是预测得出的类别
neighbors = clf.kneighbors(X_sample, return_distance=False)
```

这里用到了 kneighbors()函数，作用是把未标记样本周围距离最近的 5 个点取出来，返回这 5 个近邻点的索引。取出来的点的索引是训练样本 X 里的索引，从 0 开始计算，最后存入到变量 neighbors 中。读者可以把 neighbors 和 y_sample 打印出来查看。

4. 把待预测样本和距离其最近的 5 个点标记出来

```
# 画出示意图
plt.figure(figsize=(16,10))
for i in range(0,79):                           # 样本
    if y[i] == 0:
        plt.scatter(X[i:i+1,0],X[i:i+1,1],c='r',s=100,marker='o',cmap='cool');
    if y[i] == 1:
        plt.scatter(X[i:i+1,0],X[i:i+1,1],c='c',s=100,marker='s',cmap='cool');
    if y[i] == 2:
        plt.scatter(X[i:i+1,0],X[i:i+1,1],c='b',s=100,marker='*',cmap='cool');
    if y[i] == 3:
```

```
    plt.scatter(X[i:i+1,0],X[i:i+1,1],c='m',s=100,marker='+',cmap='cool');
plt.scatter(c[:,0],c[:,1],s=100,marker='^',c='k')          # 中心点
plt.scatter(X_sample[0][0],X_sample[0][1],marker="x",s=100,
cmap='cool')                                               # 待预测的点
for i in neighbors[0]:                                     # 预测点与距离最近的 5 个样本的连线
    plt.plot([X[i][0],X_sample[0][0]],[X[i][1],X_sample[0][1]],
             'k--',linewidth=0.6);
```

如图 11-2 所示,待预测样本周围距离最近的 5 个点有 3 个属于类别[0],1 个属于类别[1],还有 1 个属于类别[2],所以判断待预测样本的类别为类别[0]。从图 11-2 中,可以很清晰地看到 k-近邻算法的原理。

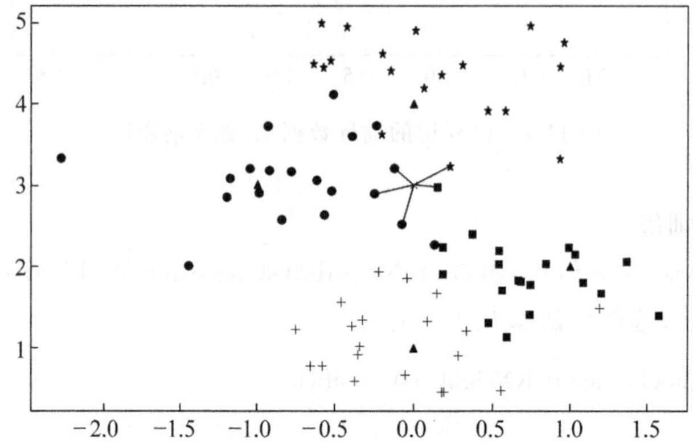

图 11-2 算法原理演示

11.2 交叉验证

交叉验证是在机器学习建立模型和验证模型参数时常用的办法,一般被用于评估一个机器学习模型的表现。更多的情况下,也用交叉验证来进行模型选择(model selection)。交叉验证,顾名思义,就是重复地使用数据,把得到的样本数据进行切分,组合为不同的训练集和测试集,用训练集来训练模型,用测试集来评估模型预测的好坏。在此基础上可以得到多组不同的训练集和测试集,某次训练集中的某样本在下次可能成为测试集中的样本,即所谓"交叉"。

那么什么时候才需要交叉验证呢?交叉验证用在数据不是很充足的时候。如果数据样本量小于一万条,就会采用交叉验证来训练优化选择模型;如果样本大于一万条,一般随机地把数据分成三份,一份为训练数据集(training set);另一份为验证数据集(Validation Set),最后一份为测试数据集(test set)。用训练集来训练模型,用验证集来评估模型预测的好坏和选择模型及其对应的参数。把最终得到的模型再用于测试集,最终决定使用哪个模型以及对应参数。

回到交叉验证,根据切分的方法不同,交叉验证分为三种:简单交叉验证或留出法(hold-out cross validation)、k-折交叉验证(k-fold cross validation)、留一法(leave-one cross validation)。

11.2.1　简单交叉验证或留出法

直接将数据集划分为两个互斥的集合，其中一个集合作为训练集，另外一个作为测试集。(训练集还可以进一步划分出验证集)在训练集上训练出模型后，用测试集来评估其测试误差，作为对泛化误差的估计。

留出法的原理简单，易于理解和实现，但不适合不平衡数据集。

11.2.2　*k*-折交叉验证

先把数据集划分为 k 个大小相似的互斥子集，每次用 $k-1$ 个子集的并集作为训练集，余下的那个子集作为测试集。以上过程重复 k 次，保证 k 个子集的数据都分别当过测试集，这样就是一次完整的 k-折交叉验证，最终返回的是这 k 个测试结果的均值。

显然，该方法评估结果的稳定性和保真性在很大程度上取决于 k 的取值，为强调这一点，才把该方法称为“k-折交叉验证”。k 最常用的取值是 10，此时称为 10 折交叉验证，其他常用的 k 值有 5、20 等。图 11-3 给出了 10 折交叉验证的示意图。

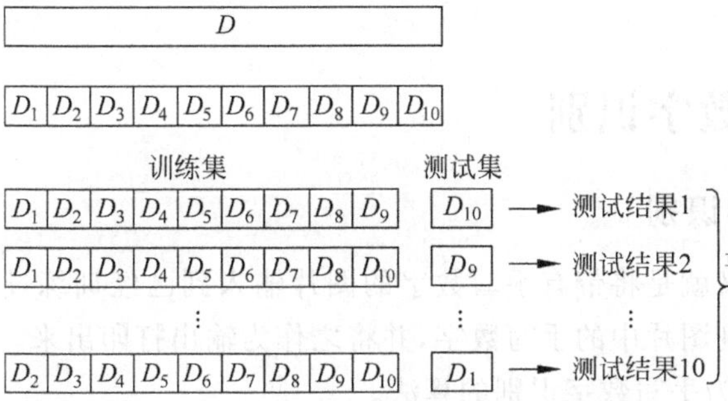

图 11-3　10 折交叉验证示意图

k-折交叉验证的优点是充分利用了所有样本数据，但计算比较烦琐，需要训练 k 次，测试 k 次。

11.2.3　留一法

留一法就是每次只留下一个样本做测试集，其他样本做训练集，如果有 k 个样本，则需要训练 k 次，测试 k 次。

留一法的样本利用率最高，但计算也最烦琐，只适合小样本的情况。

以下代码展示了一个使用 sklearn 库实现交叉验证的案例。

```
import numpy as np
from sklearn import datasets
from sklearn.model_selection import train_test_split
#train_test_split 进行数据切分
#X_train, X_test, y_train, y_test = train_test_split(X, y, test_size=0.2)
from sklearn.neighbors import KNeighborsClassifier
from sklearn.model_selection import cross_val_score
```

```
def main():
    # 加载 iris 数据集
    iris = datasets.load_iris()
    # 读取特征
    X = iris.data
    # 读取分类标签
    y = iris.target
    # 定义分类器,k 近邻选择为 5
    knn = KNeighborsClassifier(n_neighbors = 5)
    # 进行交叉验证数据评估,数据分为 5 部分,每次用一部分作为测试集
    scores = cross_val_score(knn, X, y, cv = 5, scoring = 'accuracy')
    # 输出 5 次交叉验证的准确率
    print(scores)

if __name__ == '__main__':
    main()
[0.96666667  1.0  0.93333333 0.96666667  1.0]
```

11.3 KNN 手写数字识别

11.3.1 手写数字识别

手写数字识别,其含义就是将带有手写数字的图片输入到已经训练过的机器学习模型中,并且模型能够迅速识别图片中的手写数字,并将之作为输出打印出来。

本节选择 KNN 算法为手写数字识别的算法。

11.3.2 手写数字识别算法之 KNN

KNN 算法大致有以下几个步骤。

(1) 收集数据。

(2) 数据预处理。

(3) 用测试集进行测试,并记录正确率。

(4) 将模型进行实际应用。

本次使用 tensorflow.keras.datasets 模块中的数据集 mnist、训练集 60000×28×28、测试集 10000×28×28。使用 sklearn 中的 KNN 分类器。具体的示例代码可参阅随书代码 ch11.03.ipynb。

```
# 导入相关库和数据集
该例子做了修改,直接读入手写数据库
import matplotlib.pyplot as plt
import numpy as np
from sklearn.neighbors import KNeighborsClassifier      # 导入 KNN 分类器
# 画出数据集的个别数字图像
(x_train, y_train), (x_test, y_test) = mnist.load_data()
```

```
for i in range(3):
    plt.figure()
    plt.imshow(x_train[i],cmap='gray')
plt.show()
```

得到图像如图 11-4 所示。

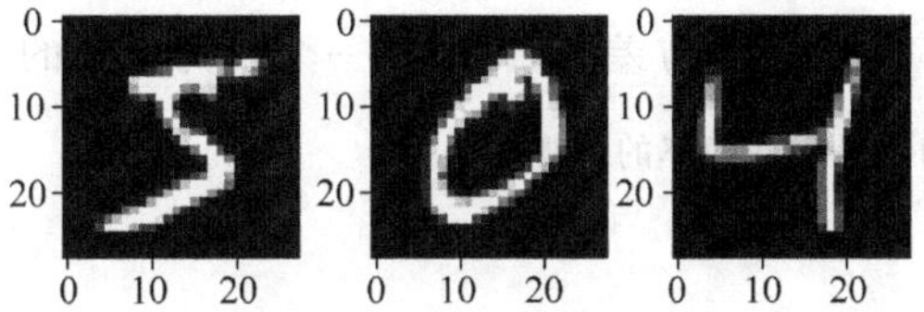

图 11-4 数据集的个别数字图像

```
# 重新调整图像的大小(60000,28,28)->(6000,784)。
    x_train = x_train.reshape([-1,784])
    x_test = x_test.reshape([-1,784])
    # 定义 KNN 分类器,并且对 KNN 算法进行训练
    knn = KNeighborsClassifier()
    # mnist 数据集较大,KNN 算法计算复杂度高,所以选用 10000 个样本数据集进行训练
    knn.fit(x_train[:10000],y_train[:10000])
    # 计算模型的得分
    print('模型在训练集上的得分:%f'%knn.score(x_train,y_train))
    print('模型在测试集上的得分:%f'%knn.score(x_test,y_test))
```

最终训练的结果是:模型在训练集上的得分为 0.949050;模型在测试集上的得分为 0.944200,数据的最终结果说明模型的分类效果不错。

```
# 输出测试集 9 张图像及其预测结果
for i in range(9):
    plt.subplot(3,3,i+1)
    plt.title("prediction is "+str(knn.predict([x_test[i]])))
    plt.imshow(x_test[i].reshape(28,28),cmap='gray')
plt.show()
```

得到测试集预测结果如图 11-5 所示。

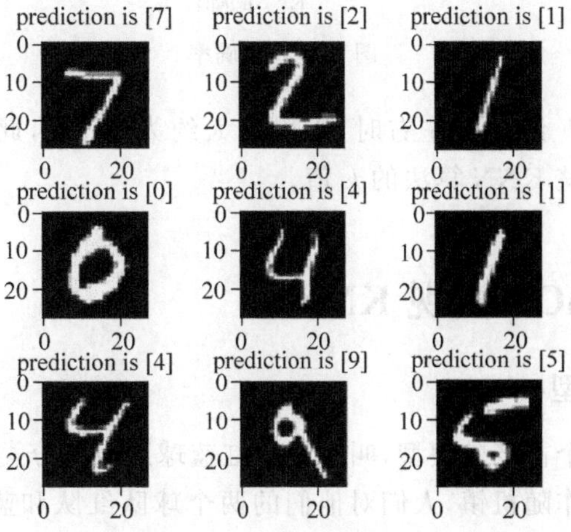

图 11-5 测试集预测结果

上文已经提过，KNN 算法中需要选择合适的 k 值，这里稍作补充。k 值较小，则模型复杂度较高，学习的估计误差会增大，预测结果对近邻的实例点非常敏感。k 值较大可以减小学习的估计误差，但是学习的近似误差会增大，与输入实例较远的训练实例也会对预测起作用，使预测发生错误。

在应用中，k 值一般取一个比较小的值，通常采用交叉验证法来选取最优的 k 值。不断增加 k 的值，然后计算验证集合的方差，最终选取一个较为合适的 k 值。

```
# k 值从 1～20 变化时，平均准确率的可视化
k_range = range(1,20)
k_scores = []
for k in k_range:
    knn = KNeighborsClassifier(n_neighbors=k)
    # 选取 10000 个数字图片
    scores=cross_val_score(knn, x_train[:10000], y_train[:10000], cv=10, scoring='accuracy')
    k_scores.append(scores.mean())
plt.plot(k_range, k_scores)
plt.xlabel('Value of K for KNN')
plt.ylabel('Cross-Validated Accuracy')
plt.show()
```

得到平均准确率图像如图 11-6 所示。

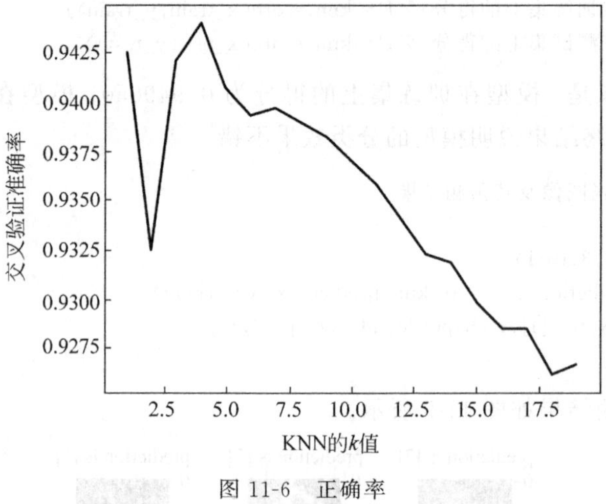

图 11-6　正确率

由上图可以得出当 k 值在 4 左右时，正确率大约为 0.949，此时模型的平均准确率最高。基于此可以方便调整 KNN 算法的 k 值。

11.4　使用 OpenCV 实现 KNN

11.4.1　分类模型

在分类问题中有一个古老的模型，叫作小镇红蓝球迷们的分类问题。

假设有一个小镇叫作随机镇，人们对他们的两个球队红队和蓝队非常痴迷。红队历史

悠久,深受人们喜爱。但随后一些外镇的百万富翁来到小镇,买下红队中最出色的选手,并开始组建一支新的球队,蓝队。

除了让大部分红队球迷不满之外,那个最出色的选手依旧可以在蓝队中一步一步赢得冠军。尽管依旧会有一些永远无法原谅他的早期球迷感到不满,几年之后他还是会返回红队。

小镇中红队球迷与蓝队球迷的关系并不好,这两队的球迷因为不愿与对方做邻居,连住所都是分开的。而且红队球迷在蓝队球迷搬到家附近时,会故意搬走到其他地方。

当某人一无所知的进入这个小镇,打算挨家挨户地卖给人们一些蓝队的货物时,时不时地会遇到一些热血的红队球迷会因为其售卖蓝队的东西而对其大喊大叫,并驱赶出他们的草坪。但如果可以避免这些房屋而仅仅访问那些蓝队球迷的家,压力将会更小,也可以更好地利用时间。

为了学会预测红队球迷居住的地方,人们开始记录每次的访问。如图 11-7 所示,如果遇到了一个红队球迷的家,就在手边的小镇地图上画一个三角形;否则,就画一个正方形。一阵子之后,人们就非常了解他们的居住信息了。

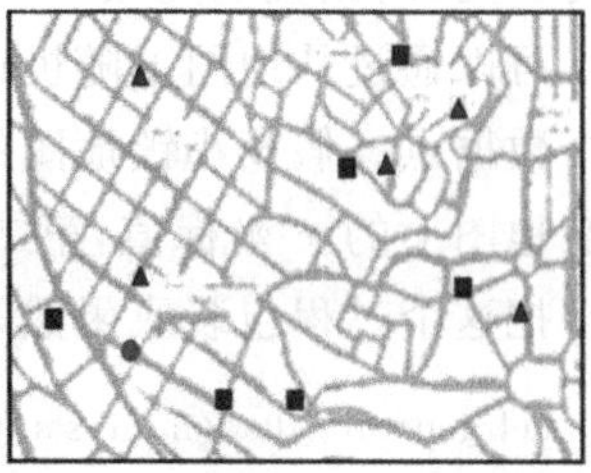
图 11-7 小镇地图(见文前彩图)

然而当人们到了地图中的圆圈标记(未被访问记录的住户)的位置时,人们尝试着找到一些线索来确定他们支持哪个球队(也许在后阳台上插着球队的旗帜),但没有找到。那如何知道敲门是否安全呢?

这个例子准确说明了监督学习算法可以解决的一类问题,有一些观察信息(房屋、房屋的地点和他们支持球队的颜色)组成了训练数据。可以使用这些数据来从经验里学习,这样当面对预测新房子的主人支持的球队颜色这一任务时,就可以有足够的信息做出评估。

正如前面所说,红队的球迷对他们的球队非常狂热,因此他们绝不可能成为蓝队球迷的邻居。是否可以使用这个信息比对所有邻居的房屋,以此来查明居住在新房子中的是哪一队的球迷呢?

这正是 KNN 算法将要处理的问题。

11.4.2 使用 OpenCV 创建模型

KNN 算法可以被认为是最简单的机器学习算法之一。原因是只需要存储训练数据集。接下来,为了对新数据点进行预测,仅需要在训练数据集中找到它最近邻的点就可以了。该算法认为一个数据点很可能与它近邻的点属于同一个类。例如,如果某人邻居是红队球迷,那么他很可能也是红队球迷,否则他可能很早之前就搬家到其他地方了。对于蓝队球迷而言也是这样。

此时使用 OpenCV 通过 cv2.ml.KNearest_create()函数来创建一个 kNN 模型。首先需要引入所有必需的模块:OpenCV、NumPy(用于处理数据)、Matplotlib(用于绘图)。具体的示例代码可参阅随书代码 ch11.04.ipynb。

```
import numpy as np
```

```
import cv2
import matplotlib.pyplot as plt
plt.style.use('ggplot')                          #设置绘图属性
```

1. 生成训练数据

第一步是生成一些训练数据。可使用 NumPy 的随机数生成器来完成这个操作。将固定随机数生成器的种子值,这样重新运行脚本将总可以生成相同的值。

在上文的例子中,数据点是小镇地图中的房子。每个数据点有两个特征(小镇地图上的位置的 x 和 y 坐标)以及一个类别标签(蓝队球迷居住的地方是一个蓝色的正方形,红队球迷居住的地方是一个红色的三角形)。

单独数据点的特征可以用一个具有两个元素的向量表示,这个向量表示数据点在小镇地图上的 x 坐标和 y 坐标。相似的,如果标记是蓝色的正方形,则类别是数字 0,如果是红色的三角形,则类别是数字 1。

可以通过从地图上随机选择一个位置并随机分配一个标签(不是 0 就是 1)就可以生成一个数据点。假设小镇地图的范围是 $0 \leqslant x < 100$ 和 $0 \leqslant y < 100$。将把第一个整数当作数据点在地图上的 x 坐标值,第二个整数当作数据点的 y 坐标值。

把这个过程包装成函数,输入数据点的个数和每个数据点的特征数:

```
def generate_data(num_samples, num_features):
    data_size = (num_samples, num_features)
    data = np.random.randint(0, 100, size=data_size)
    labels_size = (num_samples, 1)
    labels = np.random.randint(0, 2, size=labels_size)
    return data.astype(np.float32), labels  # 确保将数据转换成 np.float32
train_data, labels = generate_data(11, 2)
```

下面然后分红色和蓝色分别作图:

```
def plot_data(all_blue, all_red):
    plt.scatter(all_blue[:, 0], all_blue[:, 1], c='b', marker='s', s=180)
    plt.scatter(all_red[:, 0], all_red[:, 1], c='r', marker='^', s=180)
    plt.xlabel('x coordinate (feature 1)')
    plt.ylabel('y coordinate (feature 2)')
print("train_data:", train_data)                # 观察数据集

# 平面化数据
bule = train_data[labels.ravel()== 0]
red = train_data[labels.ravel() == 1]
plot_data(bule, red)
plt.show()
```

可得到输出结果如下:

```
train_data: [[97. 47.]
[73. 21.]
[55.  5.]
[91. 84.]
[84. 21.]
```

```
[66. 48.]
[87. 22.]
[76. 16.]
[54. 3.]
[61. 50.]
[48. 59.]]
```

得到的图像如图 11-8 所示。

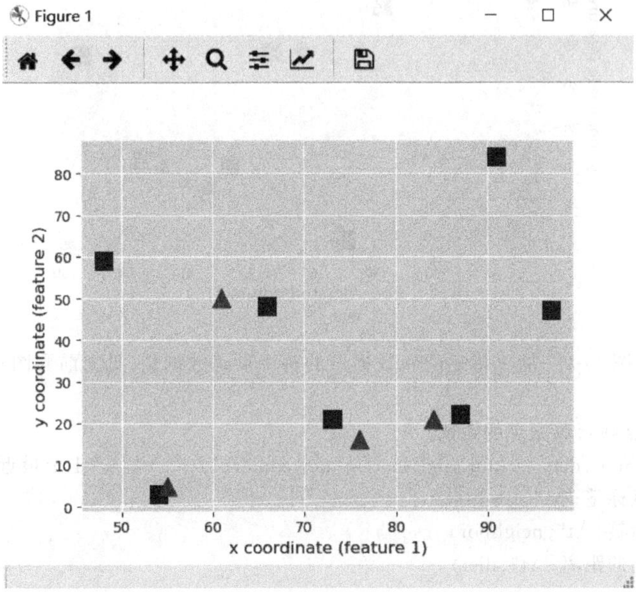

图 11-8 训练数据集的可视化(见文前彩图)

2. 训练分类器

需要创建一个新的分类器

```
knn = cv2.ml.KNearest_create()                # 实例化
knn.train(train_data, cv2.ml.ROW_SAMPLE, labels)
```

3. 预测新数据点的类别

KNN 可提供 findNearest 方法,它可以根据最近邻数据点的标签来预测新数据点的标签。回到小镇地图案例,要像之前一样把训练数据集画出来,并将新的数据点加入,用绿色的圆圈表示(未知点)。而且绿色点是距离红点、蓝点距离相同的点,即为 KNN 预测值。

```
newcomer, _ = generate_data(1, 2)
plot_data(bule, red)
plt.plot(newcomer[0, 0], newcomer[0, 1], 'go', markersize=14)
plt.show()
```

得到图像如图 11-9 所示。

得到上面的图像后得知新的新数据点(绿色圆圈)的位置,接下来用下面的代码来确定离它最近的球迷住户类型以及相距的距离。

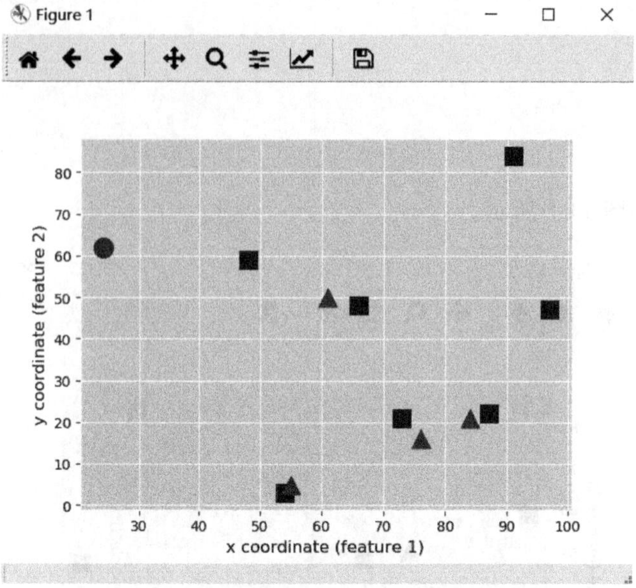

图 11-9 加上待定的新数据点的整个训练数据集(见文前彩图)

```
# 确定最近邻点到新数据点的距离
ret, results, neighbor, dist = knn.findNearest(newcomer, 1)        # k=1 个最近邻
print("新数据点标签: \t", results)
print("邻居的标签: \t", neighbor)
print("最近邻点的距离: \t", dist)
```

输出如下：

```
预测点标签: [[0.]]
邻居的标签: [[0.]]
最近邻点的距离: [[585.]]
```

从中可以看出相距绿色圆圈最近的点是蓝色正方形，即蓝队球迷的房子，且与其相距 221 个单位远。如果扩大搜索范围，如将 k 设为 7，就可以观测到距离数据点最近的 7 个房子的类型以及与其相距的距离，代码如下：

```
ret, results, neighbor, dist = knn.findNearest(newcomer, 7)        # k=7 个最近邻
print("新数据点标签: \t", results)
print("邻居的标签: \t", neighbor)
print("最近邻点的距离: \t", dist)
```

输出如下：

```
预测点标签:     [[0.]]
邻居的标签:     [[0. 1. 0. 0. 1. 0. 1.]]
最近邻点的距离:     [[ 585. 1513. 1960. 4082. 4210. 4381. 4820.]]
```

从这个输出结果就可以看出，最近的 7 个邻居中有 4 个是蓝队的球迷，因此多数投票建议新的数据点也是蓝队球迷。最后把最近邻的 7 个点与预测点连接起来，代码如下，输出图像如图 11-10 所示：

```
# 预测点与最近邻点连线
for i in range(0,11):
    for j in range(0,7):
        if (newcomer[0][0] - train_data[i][0]) * (newcomer[0][0] - train_data[i][0]) +
                (newcomer[0][1] - train_data[i][1]) * (newcomer[0][1] - train_data[i][1]) -
dist[0][j] == 0:
            z = i
            x = [newcomer[0,0],train_data[z,0]]
            y = [newcomer[0,1],train_data[z,1]]
            plt.plot(x,y)
plot_data(bule,red)
plt.plot(newcomer[0,0],newcomer[0,1],'go',markersize=14)
plt.show()
```

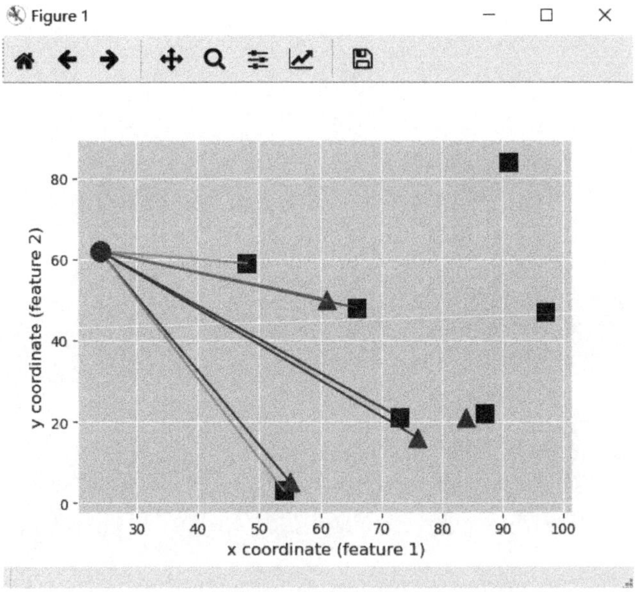

图 11-10　预测点与最近邻的 7 个点连线

除此之外，KNN 的输出结果会随着 k 的变化而变化。然而，大多数情况下是无法提前知道 k 为何值时是最合适的。对于这个问题最简单的解决方法是尝试一组 k 值，并观察哪个的结果最好。

11.5　本章小结

本章介绍了 k-近邻算法。k-近邻算法，也被称为 KNN 算法，是一个有监督的机器学习算法，也是最简单的机器学习算法。本章首先介绍了 k-近邻算法的原理、优缺点、参数 k 的选取和改进方法，并通过一个使用 k-近邻算法处理分类问题的示例，进一步演示了 k-近邻算法的原理和实现过程。然后，又介绍了 KNN 手写数字识别，包括手写数字识别的原理和算法的实现。最后，介绍了使用 OpenCV 实现 KNN 的过程。

习　　题

1. 简要阐述 k-近邻算法的原理。
2. 参考示例 ch11.01.ipynb,尝试更改部分代码,体会 k-近邻算法实现的过程。
3. 参考 ch11.03.py 的代码,体会算法参数 k 如何选取。

第12章 数据表示与特征工程

一个机器学习系统可以学习的程度主要由训练数据的质量决定，虽然每个学习算法都有其自身的优点和缺点，但在系统性能上的差异其实主要来自于数据的准备方式或者表示形式的不同，所以特征工程可以看成数据表示的一个工具。机器学习算法尝试从样本数据中学习解决问题的方法，而特征工程解决的问题则是：找到可以让系统学习到解决问题的方法的最佳数据表示。

12.1 特征工程

“数据决定了机器学习的上限，而算法只是尽可能逼近这个上限”，这里的数据指的就是经过特征工程得到的数据。特征工程指把原始数据转变为模型的训练数据的过程，它的目的就是获取更好的训练数据特征，使得机器学习模型逼近这个上限。

特征工程主要可以分为以下两个阶段。

(1) 特征选择。这是识别数据中的重要属性(或者重要特征)的过程。如一张图像的潜在特征可能是边缘的位置、角的位置或者脊的位置。

(2) 特征提取。这是把原始数据转换为用于机器学习算法的期望特征空间的实际过程。Harris 算子是其中的一个例子，可以使用它来从图像中提取角点(即选择的特征)，并以矩阵形式返回。

12.2 数据预处理

处理数据的第一步就叫作数据预处理，它主要有以下三种形式：

1. 数据格式化

得到所需要的数据格式。数据可能并不是适合处理的那种格式，例如，数据可能保存在一种专有的文件格式中，而使用的机器学习算法却无法读取。

2. 数据清理

主要是处理数据中无效和丢失项。数据中可能存在无效的或者丢失的条目，这些数据需要被清理或者移除出去，以便提高机器学习效率。

3. 数据采集

针对数据量较大的情况,需要巧妙地采样数据以便提高机器学习效率。

数据在被预处理后,就可以进行真正的特征工程了:把预处理后的数据转换为满足特定机器学习算法需要的格式,这个过程通常包括下面三个步骤中的一步或者多步:

1) 特征缩放

将所有特征(有不同的物理单位的)变成特定范围内的值。某些机器学习算法常常要求数据在一个特定的范围内,如需要拥有零均值(均值为0)和单位方差(标准差为1)。常用的方法有归一化和标准化。

2) 特征分解

许多数学对象可以通过将它们分解成多个组成部分或者找到它们的一些属性而更好地理解,这些属性是通用的,而不是由人们选择表示它们的方式产生的。例如,整数可以分解为质因数。可以用十进制或二进制等不同方式表示整数12,但是12=2×2×3永远是对的。从这个表示中可以获得一些有用的信息,如12不能被5整除,或者12的倍数可以被3整除。

3) 特征聚合

将多个特征聚合成一个更有意义的特征。例如,一个数据集中可能包含每个用户登录Web系统的日期和时间。根据特定的任务,这个数据可能通过简单地统计每个用户登录的次数来表示会更加合适。

接下来详细地看一下这些过程。

12.2.1 特征标准化

由于一个样本的不同特征值差异较大,不利于使用现有机器学习算法进行样本处理,标准化可以把数据缩放到拥有零均值和单位方差(均值为0,方差为1)。公式如下:

$$z=\frac{x-u}{\sigma} \tag{12-1}$$

其中,μ为所有样本数据的均值;σ为所有样本数据的标准差。

参考本章案例 ch12tu.01.ipynb:

```
# sklearn 提供的 StandardScaler 方法
from sklearn.preprocessing import StandardScaler        # 标准化工具
import numpy as np

x_np = np.array([[1.5,-1.,2.],
                 [2.,0.,0.]])
scaler = StandardScaler()
x_train = scaler.fit_transform(x_np)
print('StandardScaler 矩阵初值为: \n{}'.format(x_np))
print('该矩阵的均值为: {}\n 该矩阵的标准差为: {}'.format(scaler.mean_, np.sqrt(scaler.var_)))
print('标准差标准化的矩阵为: \n{}'.format(x_train))
```

输出结果为

StandardScaler 矩阵初值为:

```
[[ 1.5 -1.   2. ]
 [ 2.   0.   0. ]]
```

该矩阵的均值为：[1.75 -0.5   1.]
该矩阵的标准差为：[0.25 0.5 1.]
标准差标准化的矩阵为：

```
[[-1. -1.  1.]
 [ 1.  1. -1.]]
```

为了对比的需要，用 NumPy 也可以实现同样的功能：

```
x_np = np.array([[1.5,-1.,2.],
                 [2.,0.,0.]])
mean = np.mean(x_np,axis=0)
std = np.std(x_np,axis=0)
print('numpy 矩阵初值为: \n{}'.format(x_np))
print('该矩阵的均值为: {}\n 该矩阵的标准差为: {}'.format(mean,std))
another_trans_data = x_np - mean
another_trans_data = another_trans_data / std
print('标准差标准化的矩阵为: \n{}'.format(another_trans_data))
```

输出结果为
numPy 矩阵初值为：

```
[[ 1.5 -1.   2. ]
 [ 2.   0.   0. ]]
```

该矩阵的均值为：[1.75 -0.5   1.]
该矩阵的标准差为：[0.25 0.5 1.]
标准差标准化的矩阵为

```
[[-1. -1.  1.]
 [ 1.  1. -1.]].
```

12.2.2 特征归一化

除将特征缩放到零均值和单位方差之外，还可以将特征缩放到一个给定的最小值和最大值之间。归一化是缩放单个样本以使它们拥有单位范数的过程，公式如下：

$$X_{\text{norm}}=\frac{X-X_{\min}}{X_{\max}-X_{\min}} \tag{12-2}$$

如果最小值和最大值对应 0 和 1，每个特征的最大绝对值就缩放到单位尺寸了。在 scikit-learn 中，可以使用 MinMaxScaler 来完成这个操作。

使用这种方法的目的包括：对于方差非常小的属性可以增强其稳定性；维持稀疏矩阵中为 0 的条目。

参考本章案例 ch12.02.ipynb。

```
from sklearn import preprocessing          # 标准化工具
import numpy as np
```

```
X_train = np.array([[ 1.,-1.,  2.],
                    [ 2.,  0.,  0.],
                    [ 0.,  1.,-1.]])
min_max_scaler = preprocessing.MinMaxScaler()
X_train_minmax = min_max_scaler.fit_transform(X_train)
print(X_train_minmax)
print('*'*40)
#将相同的缩放应用到测试集数据中
X_test = np.array([[ -3.,-1.,  4.]])
X_test_minmax = min_max_scaler.transform(X_test)
print(X_test_minmax)
```

输出为

```
[[0.5         0.          1.          ]
[1.          0.5         0.33333333]
[0.          1.          0.          ]]
****************************************
[[-1.5        0.          1.66666667]]
```

12.2.3 特征二值化

要判断一个特征是存在或者不存在，二值化数据的操作可以通过对特征值设置阈值来完成。

在 scikit-learn 中，可以使用 Binarizer 来完成这个操作。参考本章案例 ch12.03.ipynb。

默认 threshold=0 进行阈值化处理，如果当其中的数字超过 0 时用 1 表示，否则用 0 表示：

```
from sklearn import preprocessing              # 标准化工具
import numpy as np

X_train = [[ 1.,-1.,  2.],
           [ 2.,  0.,  0.],
           [ 0.,  1.,-1.]]
binarizer = preprocessing.Binarizer().fit_transform(X_train)
print(binarizer)
print('*'*40)
#不同的 threshold 值
binarizer = preprocessing.Binarizer(threshold=1.1).fit_transform(X_train)
print(binarizer)
```

结果就是一个全部由 0 和 1 组成的矩阵：

```
[[1. 0. 1.]
[1. 0. 0.]
[0. 1. 0.]]
****************************************
[[0. 0. 1.]
[1. 0. 0.]
[0. 0. 0.]]
```

12.2.4 缺失数据处理

另一个特征工程中的常见需求是处理缺失的数据。大多数的机器学习算法无法处理非数(not-a-number,NAN)值(Python 中是 nan)。因此,首先需要把所有的 nan 值替换为某个合适的填充值。这个操作叫作填充缺失值。

scikit-learn 提供了三种不同的策略来填充缺失值。

1. mean

将所有的 nan 值替换为矩阵指定坐标轴上元素的平均值(默认情况：axis=0)

2. median

将所有的 nan 值替换为矩阵指定坐标轴上元素的中值(默认情况：axis=0)

3. most_frequest

将所有的 nan 值替换为矩阵在指定坐标轴上出现频率最高的值(默认情况：axis=0)

二维列表中的 axis=0 表示沿着列的方向做逐行的操作,方向从上到下；axis=1 表示沿着行的方向做逐列操作,方向从左到右。如图 12-1 所示。

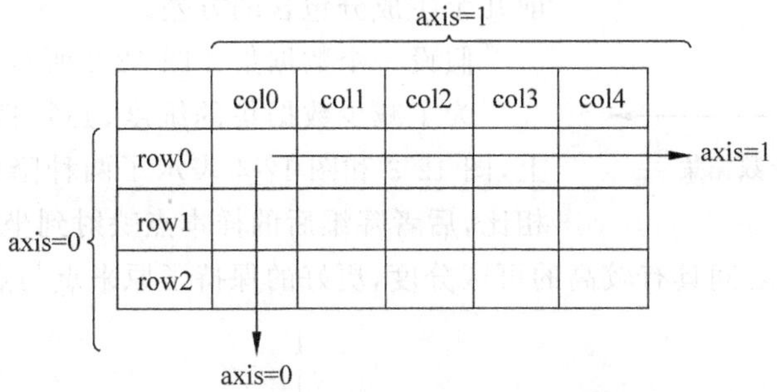

图 12-1 参数 axis 在二维列表中的含义

12.3 数据降维

数据降维是机器学习当中的一种手段,当数据量较大时(维数多),通常采取降维的方法,来降低数据的维数,方便进行处理以及之后的计算。举一个通俗一点的例子,当对象为人时,如性别、年龄、名字、家庭住址等,都是已经收集的特征,每个信息都是一维特征。但是在一次实验当中,并不需要这么多维的信息,那只取性别、年龄,这样就把开始很多维的信息降到了二维,这就是降维。

数据降维的意义有：从数据中发现更方便理解的特征,促进数据可视化,使理解可视化后的数据更容易；提高算法的运行效率；有时数据经过主成分分析以后再用于机器学习算法,数据的被识别率更好。

12.3.1 PCA 算法

主成分分析(principal component analysis,PCA)是一种常见的数据分析方式,常用于高维数据的降维,可用于提取数据的主要特征分量。PCA 经常被用于探索和可视化高维度数据集。它可以被用于压缩数据，和被另一个估计器所用之前处理数据。PCA 将一系列可能相关联的高维变量减少为一系列被称为主成分的低维度线性不相关合成变量。这些低维度数据会尽可能多地保存原始数据的方差。PCA 通过将数据投影到一个低维度子空间来减少一个数据集的维度。例如，一个二维数据集可以通过把点投影到一条直线来减少维度，数据集中的每一个实例会由单个值来表示而不是一对值。一个三维数据集可以通过把变量投影到一个平面上来降低到二维。总的来说，一个 n 维数据集可以通过投影到一个 n 维子空间来降维，n 小于 m。更正式地，PCA 可以用于找出一系列向量，这些向量能够扩张一个能将投影数据平方误差和最小化的子空间，这个投影能保留原始数据集的最大方差比例。

比方说对于一个正方体，在只能从一个角度去识别它时(把三维降到二维)，无论是从它的主视图、侧视图或者是俯视图都难以直接判断出它的实际情况，但其实如果从它的体对角线方向去观察时就能直接辨别出它的几何特征。

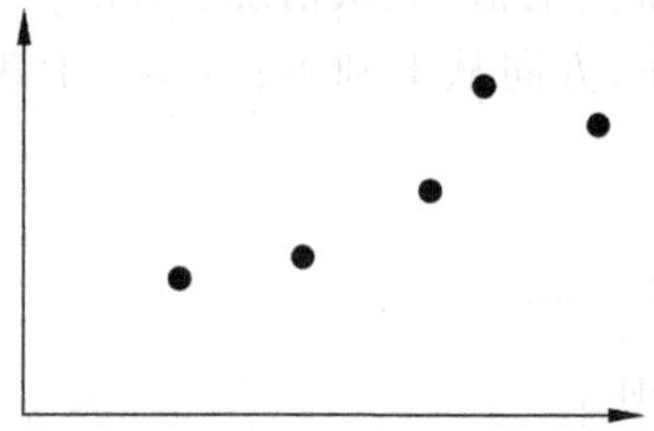

图 12-2　一个数据集

PCA 的目的和这个例子很类似，它可以将高维度空间中的数据投影到一个低维度空间中，并尽可能多地保留方差。PCA 旋转数据集对齐它的主成分，以此最大化前几个主成分包含的方差。

假设一个数据集如图 12-2 所示。

为了减少数据集的维度，必须将点投影到一条直线上，图 12-3 和图 12-4 表示了两种降维方案，其中这两者相比，后者降维后的样本点映射到坐标轴上，点与点之间的距离较大，该样本之间具有较高的可区分度，更好的保持了原来点与点之间的距离。

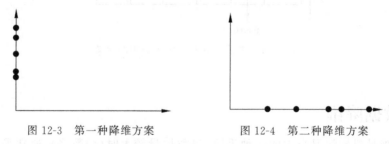

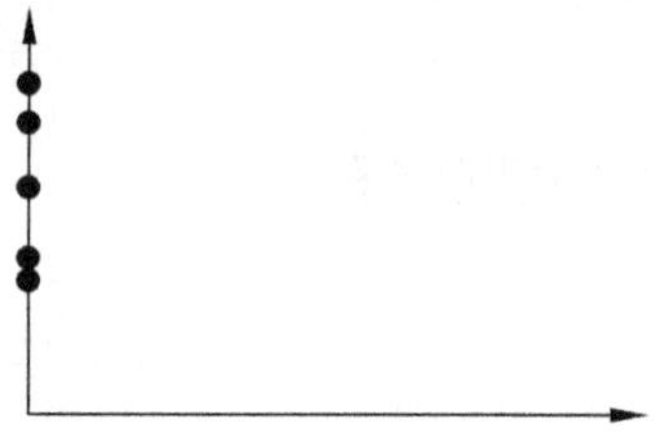

图 12-3　第一种降维方案

图 12-4　第二种降维方案

但为了让这些点的区分度更为明显，图 12-5 与图 12-6 表示了第三种降维方案，相比上两种方案，它的所有的样本点的差异更趋近原来二维特征空间内样本点的差异，样本的区分度更加明显。

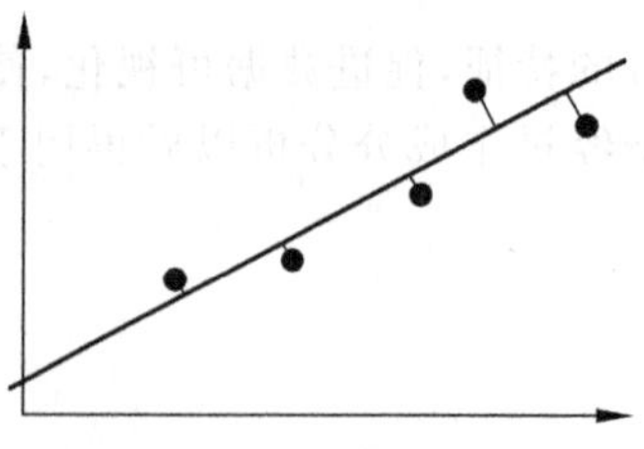

图 12-5　第三种降维方案(1)

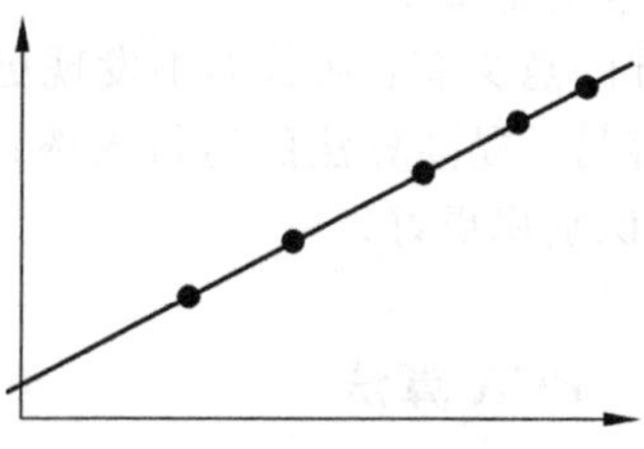

图 12-6　第三种降维方案(2)

12.3.2 PCA 实例

下面用一个实例来学习 scikit-learn 中的 PCA 类使用。为了让大家有一个直观的认识，这里使用了三维的数据来降维。完整代码请参考随书代码 ch12.04.ipynb。

首先生成随机数据并可视化，代码如下：

```
import numpy as np
import matplotlib.pyplot as plt
from mpl_toolkits.mplot3d import Axes3D
%matplotlib inline
from sklearn.datasets.samples_generator import make_blobs
# X 为样本特征，Y 为样本簇类别，共 1000 个样本，每个样本 3 个特征，共 4 个簇
X, y = make_blobs(n_samples=10000, n_features=3, centers=[[3,3,3],[0,0,0],[1,1,1],[2,2,2]], cluster_std=[0.2,0.1,0.2,0.2], random_state =9)

fig = plt.figure()
ax = Axes3D(fig, rect=[0,0,1,1], elev=30, azim=20)
plt.scatter(X[:,0], X[:,1], X[:,2], marker='o')
```

输出的三维数据分布图如图 12-7 所示。

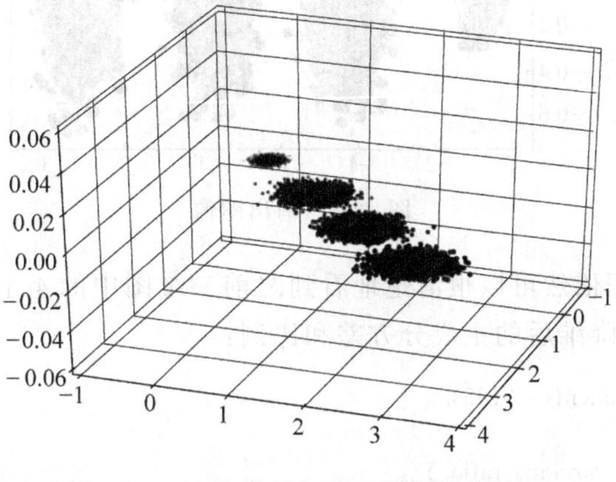

图 12-7 PCA 案例初始三维数据分布图

先不降维，只对数据进行投影，看看投影后的三个维度的方差分布，代码如下：

```
from sklearn.decomposition import PCA
pca = PCA(n_components=3)
pca.fit(X)
print (pca.explained_variance_ratio_)
print (pca.explained_variance_)
```

输出如下：

```
[ 0.98318212   0.00850037   0.00831751]
[ 3.78483785   0.03272285   0.03201892]
```

这个结果其实可以预料，因为上面三个投影后的特征维度的方差分别为：[3.78483785 0.03272285 0.03201892]，投影到二维后选择的肯定是前两个特征，而抛弃第三个特征。

n_components：这个参数可以指定希望 PCA 降维后的特征维度数目。最常用的做法是直接指定降维到的维度数目，此时 n_components 是一个大于等于 1 的整数。当然，也可以指定主成分的方差和所占的最小比例阈值，让 PCA 类自己去根据样本特征方差来决定降维到的维度数，此时 n_components 是一个(0,1]之间的数。当然，还可以将参数设置为“mle”，此时 PCA 类会用 MLE 算法根据特征的方差分布情况自己去选择一定数量的主成分特征来降维。也可以用默认值，即不输入 n_components，此时 n_components＝min(样本数，特征数)。

为了有个直观的认识，看看此时转化后的数据分布，代码如下：

```
X_new = pca.transform(X)
plt.scatter(X_new[:,0],X_new[:,1],marker='o')
plt.show()
```

输出图像如图 12-8 所示。

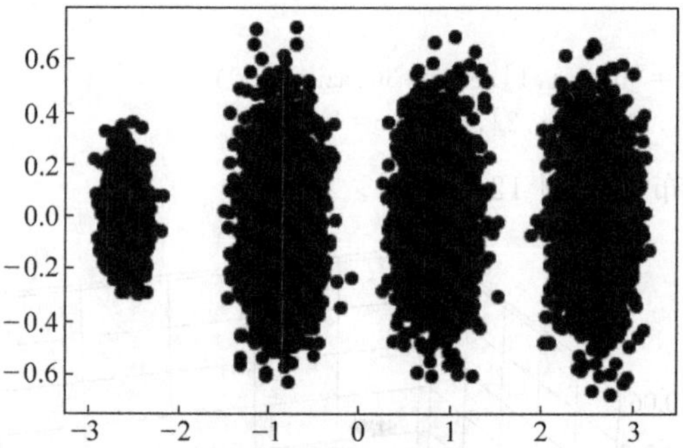

图 12-8 输出图像

可见降维后的数据依然可以很清楚地看到之前三维图中的 4 个簇，现在看看不直接指定降维的维度，而指定降维后的主成分方差和比例：

```
pca = PCA(n_components=0.95)
pca.fit(X)
print (pca.explained_variance_ratio_)
print (pca.explained_variance_)
print (pca.n_components_)
```

此代码指定了主成分至少占 95%，输出如下：

```
[0.98318212]
[3.78483785]
1
```

可见只有第一个投影特征被保留。这也很好理解，第一个主成分占投影特征的方差比例高达 98%。只选择这一个特征维度便可以满足 95%的阈值。现在选择阈值 99%看看，代码如下：

```
pca = PCA(n_components=0.99)
pca.fit(X)
print (pca.explained_variance_ratio_)
print (pca.explained_variance_)
```

```
print (pca.n_components_)
```

此时的输出如下：

```
[0.98318212  0.00850037]
[3.78483785  0.03272285]
2
```

第一个主成分占了 98.3%的方差比例，第二个主成分占了 0.8%的方差比例，两者一起可以满足阈值。

最后看看让 MLE 算法自己选择降维维度的效果，代码如下：

```
pca = PCA(n_components='mle',svd_solver='full')
pca.fit(X)
print (pca.explained_variance_ratio_)
print (pca.explained_variance_)
print (pca.n_components_)
```

输出结果如下：

```
[0.98318212]
[3.78483785]
1
```

可见由于数据的第一个投影特征的方差占比高达 98.3%，MLE 算法只保留了第一个特征。

12.4 本章小结

本章介绍了一些常见的特征工程方法，主要是特征选择和特征提取。详细认识了数据的预处理，使用 PCA 算法降维和进行面部识别。通过对数据进行格式化、清理和转换，数据就可以被常见的机器学习算法理解了。最后介绍了 PCA 算法，并通过一个实例来学习其应用。

习 题

1. 简述特征预处理的主要形式和主要过程。
2. 为什么要进行数据降维？
3. 简述一下 PCA 算法。

第13章

多元线性回归

线性回归是一种有监督机器学习算法，它分为简单线性回归和多元线性回归。从数学角度直观理解，它就是通过某个公式(如 $y=a+bx_1+cx_2$)来表达一个 y 值和 n 个 x 值之间的关系。其中，y 值指响应变量，也就是要预测的值，是连续型的；x 值指解释变量，也称为维度或特征，可以连续也可以离散；a、b 和 c 值指要求解的参数，也称为模型。

本章重点学习多元线性回归，还将讨论多项式回归——一种多元线性回归的特殊形式，并了解增加模型的复杂度将增大模型泛化失败风险的原因。

13.1 简单线性回归与多元线性回归

熟悉的一元一次方程 $y=a+bx$，其实就是典型的简单线性回归函数，它是坐标轴上的一条直线，a 表示截距，b 表示斜率。在机器学习中，也常表达为 $y=\alpha+\beta x$ 形式，其中 β 为权重值。

如图 13-1 所示的一个简单线性回归函数图像，“简单”指计算时只需要考虑一个 x 值，“线性”是因为 x 为一次方，计算出的 y 值，在坐标轴中呈现“线性的变化”。

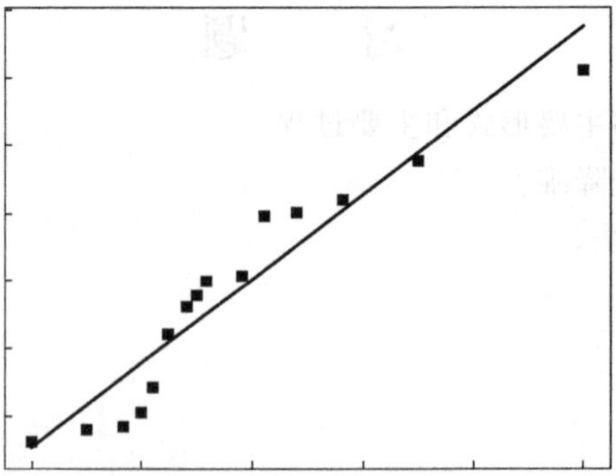

图 13-1 简单线性回归函数图像

当人们到拉面馆吃拉面时，拉面的价格一般和它的分量相关联，则当人们预测拉面的价格时，就可以根据已知的价格和重量之间的关系进行建模，这就是上面所说的只需要考虑一

个解释变量 x 的简单线性回归。但拉面馆除了卖不加其他配菜的素拉面外，还会销售加了羊肉或者牛肉的羊肉拉面和牛肉拉面，把增加的配料作为第二个解释变量。此时已经不能使用简单线性回归进行处理，但可以使用一种称为多元线性回归的简单线性回归的泛化形式，它能够使用多个解释变量。多元线性回归模型的公式如下：

$$y=\alpha+\beta_1 x_1+\beta_2 x_2+\cdots+\beta_n x_n \tag{13-1}$$

和简单线性回归使用单一解释变量和单一系数不同，多元线性回归使用任意数量的解释变量，每个解释变量对应一个系数。用于线性回归的模型也可以被表示为向量计法，其公式如下：

$$\boldsymbol{Y}=\boldsymbol{X\beta} \tag{13-2}$$

对于简单线性回归，向量计法公式如下：

$$\begin{bmatrix}\boldsymbol{Y}_1\\ \boldsymbol{Y}_2\\ \vdots\\ \boldsymbol{Y}_n\end{bmatrix}=\begin{bmatrix}\alpha+\boldsymbol{\beta}X_1\\ \alpha+\boldsymbol{\beta}X_2\\ \vdots\\ \alpha+\boldsymbol{\beta}X_n\end{bmatrix}=\begin{bmatrix}1 & X_1\\ 1 & X_2\\ \vdots & \vdots\\ 1 & X_n\end{bmatrix}\times\begin{bmatrix}\alpha\\ \boldsymbol{\beta}\end{bmatrix} \tag{13-3}$$

其中，$\boldsymbol{Y}$ 是一个由训练实例相应变量组成的列向量；$\boldsymbol{\beta}$ 是一个由模型参数值组成的列向量；$\boldsymbol{X}$ 为设计矩阵，是一个由训练实例解释变量组成的 $m\times n$ 的矩阵；m 为训练实例的数量；n 是特征的数量。如表 13-1 所示，将拉面的价格、分量、配料（配料类型中加羊肉记为 1，加牛肉记为 2，不加肉记为 0）的值整理成拉面价格的训练数据。

表 13-1 训练数据

训练实例	质量/两(1两=0.05千克)	配料类型(牛羊肉)	价格/元
1	6	2	7
2	8	1	9
3	10	0	13
4	14	2	17.5
5	18	0	18

测试数据如表 13-2 所示。

表 13-2 测试数据

测试实例	质量/两	配料类型(牛羊肉)	价格/元
1	8	2	11
2	9	0	8.5
3	11	2	15
4	16	2	18
5	12	0	11

学习算法必须估计 3 个参数的值：两个特征对应的系数和一个截断项。尽管有人可能会想要通过等式的每一边都除以 $\boldsymbol{X}$ 来解出 $\boldsymbol{\beta}$ 的值，但是直接除以一个矩阵是不可行的。因此可以通过乘以矩阵 $\boldsymbol{X}$ 的逆矩阵来避免矩阵除法，需要注意的是，只有方阵才可以求逆。矩阵 $\boldsymbol{X}$ 不一定是方阵，也不能用特征的数量来限制训练实例的数量。因此需要将乘以其转

置来产出一个可以求逆的方阵。一个矩阵的转置是将矩阵的行变为列、将列变为行，并用一个上角标 T 来表示，如公式(13-4)所示：

$$\begin{bmatrix}1 & 2 & 3\\4 & 5 & 6\end{bmatrix}^{\mathrm{T}}=\begin{bmatrix}1 & 4\\2 & 5\\3 & 6\end{bmatrix} \tag{13-4}$$

结合公式(13-2)，从表中可以得到 $\boldsymbol{Y}$ 和 $\boldsymbol{X}$ 的值，由此为了计算能将代价函数极小化的 β 值，可由公式(13-5)得出：

$$\boldsymbol{\beta}=(\boldsymbol{X}^{\mathrm{T}}\boldsymbol{X})^{-1}\boldsymbol{X}^{\mathrm{T}}\boldsymbol{Y} \tag{13-5}$$

下面使用 NumPy 库解出 β 的值(参考 ch13.01.ipynb)：

```
from numpy.linalg import inv
from numpy import dot, transpose
X=[[1,6,2],[1,8,1],[1,10,0],[1,14,2],[1,18,0]]
Y=[[7],[9],[13],[17.5],[18]]
print(dot(inv(dot(transpose(X),X)),dot(transpose(X),Y)))
```

输出结果如下：

```
[[1.1875    ]
[1.01041667]
[0.39583333]]
```

然后输入拉面的价格预测代码如下，并在测试集上和简单线性回归模型比较性能(参考 ch13.02.ipynb)：

```
from sklearn.linear_model import LinearRegression
X=[[6,2],[8,1],[10,0],[14,2],[18,0]]
Y=[[7],[9],[13],[17.5],[18]]
model = LinearRegression()
model.fit(X,Y)
X_test=[[8,2],[9,0],[11,2],[16,2],[12,0]]
Y_test=[[11],[8.5],[15],[18],[11]]
predictions=model.predict(X_test)
for i,prediction in enumerate (predictions):
print('Predicted: %s,Target: %s'%(prediction,Y_test[i]))
print('R-squared: %.2f'%model.score(X_test,Y_test))
```

输出如下：

```
Predicted: [ 10.0625],Target: [11]
R-squared: 0.77
Predicted: [ 10.28125],Target: [8.5]
R-squared: 0.77
Predicted: [ 13.09375],Target: [15]
R-squared: 0.77
Predicted: [ 18.14583333],Target: [18]
R-squared: 0.77
Predicted: [ 13.3125],Target: [11]
R-squared: 0.77
```

13.2　多项式回归

前面的例子假设解释变量和响应变量之间的真实关系是线性的，而本节介绍的是多项式回归——一种多元线性回归的特殊形式。多项式回归主要用于对响应变量和多项式特征项之间的关系进行建模。现实世界中的曲线关系通过对特征做变换获得，而这些特征与多元线性回归的特征一致。

本节内容中只用拉面的质量作为唯一的解释变量，用表 13-3 和表 13-4 作为训练集和测试集。

表 13-3　训练集

训练实例	质量/两	价格/元
1	6	7
2	8	9
3	10	13
4	14	17.5
5	18	18

表 13-4　测试集

训练实例	质量/两	价格/元
1	6	8
2	8	12
3	11	15
4	16	18

二次多项式回归的公式表示如下：

$$y=\alpha+\beta_1 x+\beta_2 x^2 \tag{13-6}$$

由于只用了一个解释变量的一个特征，但是模型现在有三个参数项而不是两个。解释变量进行了变换，并作为第三个项目增加到模型来捕获曲线关系。同时也需要注意到在向量计法下，多项式回归的方程和多元线性回归的方程一致。PolynomialFeatures 转换器可以用于为一个特征表示增加多项式特征。使用这些特征来拟合一个模型，并将其和简单线性回归模型比较，其代码如下(参考 ch13.03.ipynb)：

```
import numpy as np
import matplotlib.pyplot as plt
from sklearn.linear_model import LinearRegression
from sklearn.preprocessing import PolynomialFeatures

# 解决 matplotlib 绘图时无法显示中文问题
plt.rcParams['font.sans-serif'] = [u'SimHei']
plt.rcParams['axes.unicode_minus'] = False
```

```
X_train = [[6],[8],[10],[14],[18]]
y_train = [[7],[9],[13],[17.5],[18]]
X_test = [[6],[8],[11],[16]]
y_test = [[8],[12],[15],[18]]
regressor = LinearRegression()
regressor.fit(X_train, y_train)
xx = np.linspace(0,26,100)
yy = regressor.predict(xx.reshape(xx.shape[0],1))
plt.plot(xx,yy)
quadratic_featurizer = PolynomialFeatures(degree=2)      # degree=2 表示二次曲线
X_train_quadratic = quadratic_featurizer.fit_transform(X_train)
X_test_quadratic = quadratic_featurizer.transform(X_test)
regressor_quadratic = LinearRegression()
regressor_quadratic.fit(X_train_quadratic, y_train)
xx_quadratic = quadratic_featurizer.transform(xx.reshape(xx.shape[0],1))
plt.plot(xx,regressor_quadratic.predict(xx_quadratic),c='r',linestyle='--')
plt.title('Hand-Pulled Noodle price regressed on weight')
plt.xlabel('Weigh in ounce')
plt.ylabel('Price in yuan')
plt.axis([0,25,0,25])
plt.grid(True)
plt.scatter(X_train,y_train)
plt.show()
print(X_train)
print(X_train_quadratic)
print(X_test)
print(X_test_quadratic)
print('Simple linear regression r-squared',regressor.score(X_test,y_test))
print('Quadratic regression r-squared',regressor_quadratic.score(X_test_quadratic,y_test))
```

输出结果如下：

```
[[6],[8],[10],[14],[18]]
[[ 1.   6.  36.]
 [ 1.   8.  64.]
 [ 1.  10. 100.]
 [ 1.  14. 196.]
 [ 1.  18. 324.]]
[[6],[8],[11],[16]]
[[ 1.   6.  36.]
 [ 1.   8.  64.]
 [ 1.  11. 121.]
 [ 1.  16. 256.]]
Simple linear regression r-squared 0.809726797707665
Quadratic regression r-squared 0.8675443656345073
```

得到的结果图如图 13-2 所示，简单线性回归模型使用实线表示，二元回归模型使用虚线表示，可以明显看到二元回归模型更加拟合训练数据。

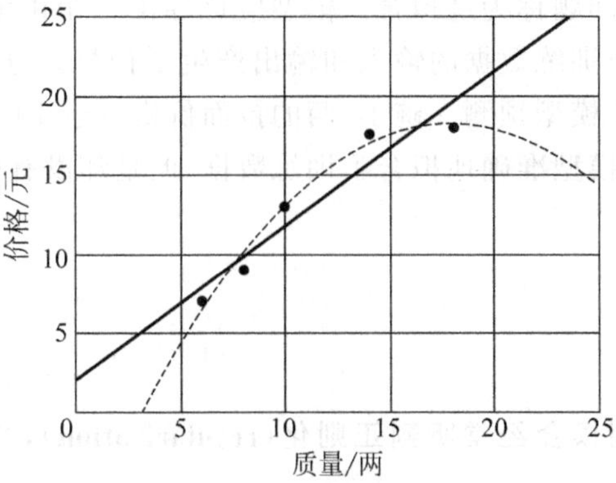

图 13-2　拉面价格回归

简单线性回归模型的决定系数是 0.81，二次回归模型的决定系数被提升到了 0.87。然而二次回归和三次回归最为常见，可以增加更多阶多项式，图 13-3 绘制了一次回归模型和三次回归模型，图 13-4 则绘制了一个九阶多项式回归曲线进行比较。

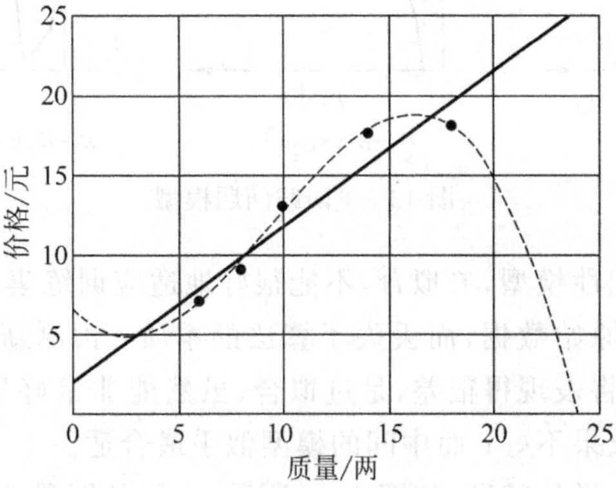

图 13-3　一次回归模型和三次回归模型

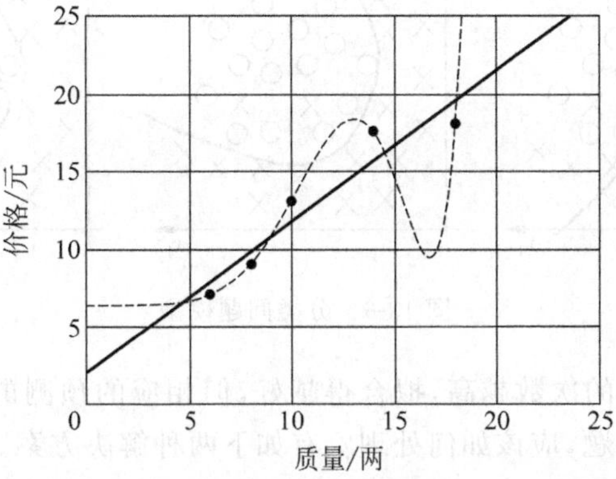

图 13-4　九阶多项式回归曲线

虽然九阶回归模型的曲线几乎完全准确地拟合了训练数据，但是，模型在测试数据集上的决定系数为−0.09。人们已经了解到一个极其复杂的模型能够准确拟合训练数据，却不能逼近真实的关系，这个问题称为过拟合。模型应该导出一个由输入项映射到输出项的普遍关系，然而，模型已经对训练数据的输入和输出产生了记忆。这样的结果就是，模型在测试集合上性能很差。这个模型预测一碗 16 两的拉面价格少于 10 元，然而一碗 18 两的拉面价格却超过 30 元。这个模型准确地拟合了训练数据，但是却没有能学习到质量和价格之间的真实关系。

13.3 正则化

在学习机器学习的时候会经常听到正则化(regularization)，其一般是用于改善或者减少过度拟合问题。

图 13-5 是一个回归问题的例子。

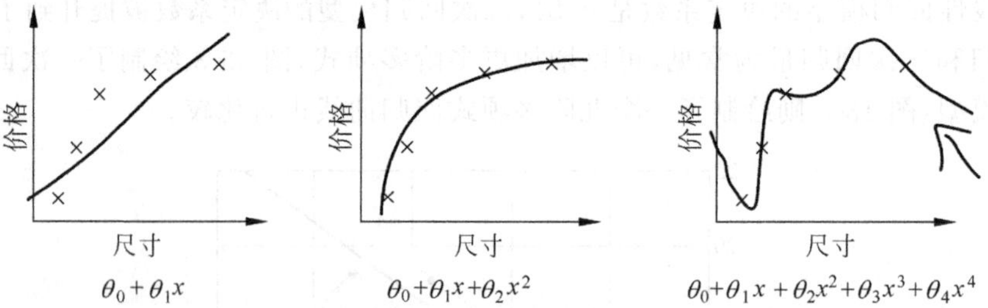

图 13-5 回归问题模型

第一个模型是一个线性模型，欠拟合，不能很好地适应训练集；第三个模型是一个四次方的模型，过于强调拟合原始数据，而丢失了算法的本质：预测新数据。可以看出，若给出一个新的值使之预测，它将表现得很差，是过拟合，虽然能非常好地适应训练集但在新输入变量进行预测时可能会效果不好；而中间的模型似乎最合适。

分类问题中也存在这样的问题，如图 13-6 所示，中间的图最合适。

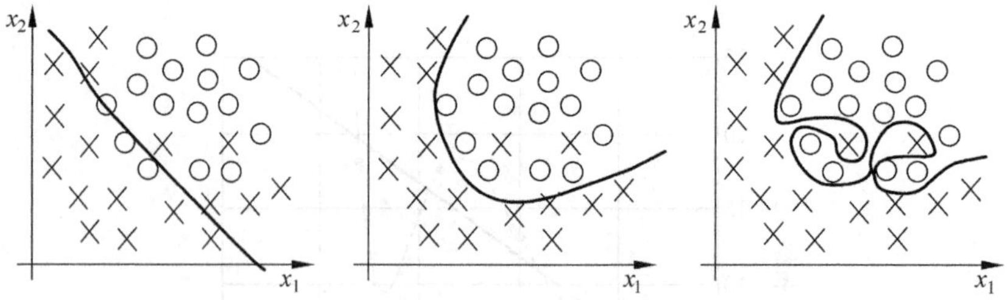

图 13-6 分类问题模型

就以多项式理解，x 的次数越高，拟合得越好，但相应的预测的能力就可能变差。问题是，如果发现了过拟合问题，应该如何处理？有如下两种解决方案。

丢弃一些不能帮助人们正确预测的特征。可以是手工选择保留哪些特征，或者使用一些模型选择的算法来帮忙(如 PCA)。

正则化。保留所有的特征，但是减少参数的大小。

在 12 章已经学习了 PCA 算法的基本知识，下面将对正则化进行详细地讲解。

13.3.1 L1 正则化/Lasso

L1 正则的优化目标如公式(13-7)所示：

$$\mathrm{Obj}(\omega) = \mathrm{Loss}(\omega) + \lambda \sum_i |\omega_i| \tag{13-7}$$

L1 正则化将系数 ω 的 L1 范数作为惩罚项加到损失函数上，由于正则项非零，这就迫使那些弱的特征所对应的系数变成 0。因此 L1 正则化往往会使处理后的模型很稀疏（系数 ω 经常为 0），这个特性使得 L1 正则化成为一种很好的特征选择方法。

Scikit-learn 为线性回归提供了 Lasso，实现 L1 正则化。下面的例子在波士顿房价数据上运行了 Lasso，其中参数 alpha 是通过 grid search 进行优化的（参考随书代码 ch13.04.ipynb）：

```
from sklearn.linear_model import Lasso
from sklearn.preprocessing import StandardScaler
from sklearn.datasets import load_boston

boston = load_boston()
scaler = StandardScaler()
X = scaler.fit_transform(boston["data"])
Y = boston["target"]
names = boston["feature_names"]

lasso = Lasso(alpha=.3)
lasso.fit(X, Y)
print("Lasso model: ", lasso.coef_, names)
```

输出结果为

```
Lasso model:  [-0.23616802  0.08100299 -0.  0.54017417 -0.70027816
2.99189989  -0.  -1.08067403  0.  -0.  -1.75682067  0.63108483  -3.70696598]
['CRIM' 'ZN' 'INDUS' 'CHAS' 'NOX' 'RM' 'AGE' 'DIS' 'RAD' 'TAX' 'PTRATIO'
'B' 'LSTAT']
```

可以看到，很多特征的系数都是 0。如果继续增加 alpha 的值，得到的模型就会越来越稀疏，即越来越多的特征系数会变成 0。

然而，L1 正则化像非正则化线性模型一样，也是不稳定的，如果特征集合中具有相关联的特征，当数据发生细微变化时也有可能导致很大的模型差异。

13.3.2 L2 正则化/Ridge regression

L2 正则的优化目标如公式 13-8 所示。

$$\mathrm{Obj}(\omega) = \mathrm{Loss}(\omega) + \frac{1}{2}\lambda \sum_i \omega_i^2 \tag{13-8}$$

L2 正则化将系数向量的 L2 范数添加到了损失函数中。由于 L2 惩罚项中系数是二次方的，这使得 L2 和 L1 有着诸多差异，最明显的一点就是，L2 正则化会让系数的取值变得平均。对于关联特征，这意味着它们能够获得更相近的对应系数。还是以 $Y=X_1+X_2$ 为例,假设 X_1 和 X_2 具有很强的关联,如果用 L1 正则化,不论处理的模型是 $Y=X_1+X_2$ 还是 $Y=2X_1$,惩罚都是一样的,都是 2λ。但是对于 L2 来说,第一个模型的惩罚项是 2λ,但第二个模型的是 4λ。可以看出,系数之和为常数时,各系数相等时惩罚是最小的,所以才有了 L2 会让各个系数趋于相同的特点。

可以看出,L2 正则化对于特征选择来说是一种稳定的模型,不像 L1 正则化那样,系数会因为细微的数据变化而波动。所以 L2 正则化和 L1 正则化提供的价值是不同的,L2 正则化对于特征理解来说更加有用:表示能力强的特征对应的系数是非零。Scikit-learn 为线性回归提供了 Ridge,实现 L2 正则化。

回过头来看看 3 个互相关联的特征的例子,分别以 10 个不同的种子随机初始化运行 10 次,来观察 L1 和 L2 正则化的稳定性(参考随书代码 ch13.05.ipynb):

```
import numpy as np
from sklearn.linear_model import LinearRegression
from sklearn.linear_model import Ridge

# 该方法用于打印线性模型
def pretty_print_linear(coefs, names=None, sort=False):
    if names == None:
        names = ["X%s" % x for x in range(len(coefs))]
    lst = zip(coefs, names)
    if sort:
        lst = sorted(lst, key=lambda x: -np.abs(x[0]))
    return " + ".join("%s * %s" % (round(coef, 3), name) for coef, name in lst)

size = 100
# 使用不同的随机种子运行该方法 10 次
for i in range(10):
    print("Random seed %s" % i)
    np.random.seed(seed=i)
    X_seed = np.random.normal(0, 1, size)
    X1 = X_seed + np.random.normal(0, .1, size)
    X2 = X_seed + np.random.normal(0, .1, size)
    X3 = X_seed + np.random.normal(0, .1, size)
    Y = X1 + X2 + X3 + np.random.normal(0, 1, size)
    X = np.array([X1, X2, X3]).T
    lr = LinearRegression()
    lr.fit(X, Y)
    print("Linear model:", pretty_print_linear(lr.coef_))
    ridge = Ridge(alpha=10)
    ridge.fit(X, Y)
    print("Ridge model:", pretty_print_linear(ridge.coef_))
    print()
```

输出结果为

```
Random seed 0
Linear model: 0.728 * X0 + 2.309 * X1 + -0.082 * X2
Ridge model: 0.938 * X0 + 1.059 * X1 + 0.877 * X2
```

```
Random seed 1
Linear model: 1.152 * X0 + 2.366 * X1 + -0.599 * X2
Ridge model: 0.984 * X0 + 1.068 * X1 + 0.759 * X2

Random seed 2
Linear model: 0.697 * X0 + 0.322 * X1 + 2.086 * X2
Ridge model: 0.972 * X0 + 0.943 * X1 + 1.085 * X2

Random seed 3
Linear model: 0.287 * X0 + 1.254 * X1 + 1.491 * X2
Ridge model: 0.919 * X0 + 1.005 * X1 + 1.033 * X2

Random seed 4
Linear model: 0.187 * X0 + 0.772 * X1 + 2.189 * X2
Ridge model: 0.964 * X0 + 0.982 * X1 + 1.098 * X2

Random seed 5
Linear model: -1.291 * X0 + 1.591 * X1 + 2.747 * X2
Ridge model: 0.758 * X0 + 1.011 * X1 + 1.139 * X2

Random seed 6
Linear model: 1.199 * X0 + -0.031 * X1 + 1.915 * X2
Ridge model: 1.016 * X0 + 0.89 * X1 + 1.091 * X2

Random seed 7
Linear model: 1.474 * X0 + 1.762 * X1 + -0.151 * X2
Ridge model: 1.018 * X0 + 1.039 * X1 + 0.901 * X2

Random seed 8
Linear model: 0.084 * X0 + 1.88 * X1 + 1.107 * X2
Ridge model: 0.907 * X0 + 1.071 * X1 + 1.008 * X2

Random seed 9
Linear model: 0.714 * X0 + 0.776 * X1 + 1.364 * X2
Ridge model: 0.896 * X0 + 0.903 * X1 + 0.98 * X2
```

可以看出，不同的数据上线性回归得到的模型（系数）相差甚远，但对于 L2 正则化模型来说，结果中的系数非常稳定，差别较小，都比较接近于 1，能够反映出数据的内在结构。

13.4 应用线性回归

应用线性回归的第一步就是数据采集，任何模型的训练都离不开数据，因此收集数据构建数据集是必不可少的环节。数据收集完毕就可以拟合和评估模型。下面探讨一个预测波士顿房价的案例。（参考 ch13.06.ipynb）

```
# 工具导入(线性回归在 scikit -learn 的 linear_model 模块中)
from sklearn import datasets
from sklearn.linear_model import LinearRegression
import numpy as np
```

```
import matplotlib.pyplot as plt
from sklearn.model_selection import train_test_split
```

从 sklearn 的 datasets 中导入波士顿房价数据集。

```
loaded_data = datasets.load_boston()
X_data = loaded_data.data
y_data = loaded_data.target
```

查看一下波士顿房价数据集的特征名称。

```
print(loaded_data.feature_names)
# 输出
['CRIM' 'ZN' 'INDUS' 'CHAS' 'NOX' 'RM' 'AGE' 'DIS' 'RAD' 'TAX' 'PTRATIO' 'B' 'LSTAT']
```

下面划分数据集，一部分用于训练，另一部分用来做测试，sklearn 中自然也有相应的方法可以直接实现，其中 random_state 是一个随机种子，可以是任意一个数。

```
X_train, X_test, y_train, y_test = train_test_split(X_data, y_data, test_size=0.3, random_state=42)
model = LinearRegression()
model.fit(X_train, y_train)
```

上述过程已经训练好了一个线性回归模型，调用 model.predict 可以预测某一个或者某一些与输入值相应的输出。

```
print(model.predict(X_test[:5, :]))
# 输出
[28.65507152 36.50208976 15.41877538 25.4123428  18.84504144]
```

可以通过查看 y_test 的真实值，对比模型预测值与真实值的差距。

```
print(y_test[:5])
# 输出
[23.6 32.4 13.6 22.8 16.1]
```

同时可以查看模型的斜率和截距，也就是线性回归模型 $y=ax+b$ 中的 a，b。

```
a = model.coef_                          # 模型的斜率(权重)
b = model.intercept_                     # 模型的截距(偏置)
print('模型的斜率是: {0} \n 相应的截距是: {1}'.format(a,b))
# 输出
模型的斜率是: [-1.32774155e-01  3.57812335e-02  4.99454423e-02  3.12127706e+00
-1.54698463e+01  4.04872721e+00 -1.07515901e-02 -1.38699758e+00
  2.42353741e-01 -8.69095363e-03 -9.11917342e-01  1.19435253e-02
-5.48080157e-01]
相应的截距是: 31.682148582133994
```

下面查看 R^2 拟合优度和模型得分，R^2 拟合优度指回归直线对观测值的拟合程度。R^2 的范围是 0～1。R^2 的值越接近 1，说明回归直线对观测值的拟合程度越好；反之，R^2 的值越小，说明回归直线对观测值的拟合程度越差。

```
y_hat = model.predict(X_test)
from sklearn.metrics import r2_score

r2_score(y_hat, y_test)                  # 0.669370269149561
```

```
r2_score(y_test, y_hat)                          # 0.711226005748496
r2 = model.score(X_test, y_test)                 # 0.711226005748496
```

可以画图更直观的查看一下模型的拟合情况，结果如图 13-7 所示。

```
plt.plot(range(len(y_test)), sorted(y_test), c='k', label='real')
plt.plot(range(len(y_hat)), sorted(y_hat), c='r', label='predict')
plt.legend()
plt.show()
```

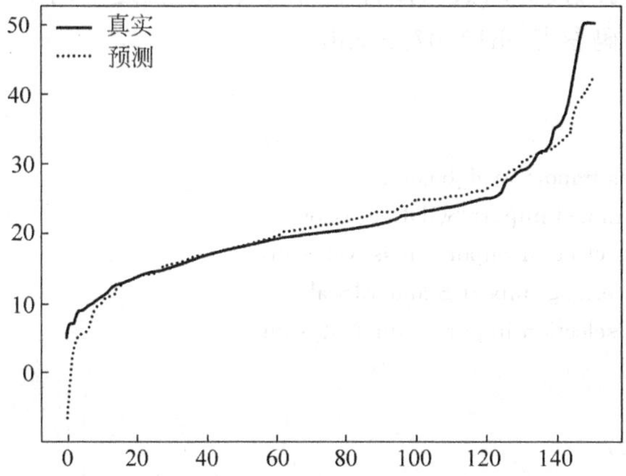

图 13-7 波士顿房价预测拟合模型

13.5 梯度下降法

梯度下降法是一个一阶最优化算法，通常也称为最速下降法。常用于机器学习和人工智能中递归性逼近最小偏差模型，梯度下降的方向就是用负梯度方向作为搜索方向，沿着梯度下降的方向求解极小值。梯度下降法可以应用在多元线性回归中。

梯度下降法的基本思想可以类比为一个大雾天下山的过程。

假设这样一个场景：一个人被困在山上，需要从山上下来（找到山的最低点，也就是山谷）。但此时山上的浓雾很大，导致可视度很低；因此，下山的路径就无法确定，必须利用自己周围的信息一步一步地找到下山的路。这时，便可利用梯度下降算法来帮助自己下山。怎么做呢，首先以他当前所处的位置为基准，寻找这个位置最陡峭的地方，其次朝着下降方向走一步，再次又继续以当前位置为基准，再找最陡峭的地方，直到最后到达最低处；同理上山也是如此，只是这时就变成梯度上升算法了。

在机器学习领域，许多算法都是以梯度下降法为基础的，它的主要作用是寻找目标函数的最优解。

常用的梯度下降法有三种不同的形式。

1. 批次梯度下降法（batch gradient descent，BGD）

该方法在每次迭代中使用所有训练实例来更新模型参数，比较耗时。

2. 随机梯度下降法（stochastic gradient descent，SGD）

该方法在每次迭代中仅仅使用一个训练实例来更新参数，简单高效。

3. 小批量梯度下降法(mini-batch gradient descent,MBGD)

该方法使用少量的训练实例,这是一个折中的办法。

当拥有成千上万甚至更多的训练实例时,小批次随机梯度下降法或随机梯度下降法是更好的选择,因为他们会比批次梯度下降法收敛更快。

借助 scikit-learn 类库使用随机梯度下降法来估计一个模型的参数。SDGRegressor 类是随机梯度下降法的一种实现,它甚至能被用于包含成千上万甚至更多特征的回归问题中。它能够被用来优化不同的代价函数以拟合不同的模型。在这个例子中,将使用 13 个特征来预测房屋的价格。(代码参考 ch13.07.ipynb)

```
# 导入工具
import numpy as np
from sklearn.datasets import load_boston
from sklearn.linear_model import SGDRegressor
from sklearn.model_selection import cross_val_score
from sklearn.preprocessing import StandardScaler
from sklearn.model_selection import train_test_split

# 导入数据
data = load_boston()
X_train, X_test, y_train, y_test = train_test_split(data.data, data.target)

# 将训练数据标准化后拟合并评估估测器
X_scaler = StandardScaler()
y_scaler = StandardScaler()
X_train = X_scaler.fit_transform(X_train)
y_train = y_scaler.fit_transform(y_train.reshape(-1,1))
y_train = y_train.ravel()
X_test = X_scaler.transform(X_test)
y_test = y_scaler.transform(y_test.reshape(-1,1))
regressor = SGDRegressor(loss='squared_loss')
scores = cross_val_score(regressor, X_train, y_train, cv=5)
print('Cross validation r-squared scores: %s' % scores)
print('Average cross validation r-squared score: %s' % np.mean(scores))
regressor.fit(X_train, y_train)
print('Test set r-squared score %s' % regressor.score(X_test, y_test))
```

输出结果为

```
Cross validation r-squared scores: [0.54877024 0.59868179 0.80932472 0.72657493 0.7506609 ]
Average cross validation r-squared score: 0.6868025173314859
Test set r-squared score 0.7284898243591591
```

13.6 学习曲线

学习曲线是训练数据集大小变化时,模型在训练集上的得分变化曲线。也就是以训练集的样本数为横坐标,训练集上的得分(如准确率)为纵坐标。通过学习曲线,可以比较直观地了解到模型处于一个什么样的状态，如过拟合或欠拟合。

下面用一个示例（完整代码参考 ch13.08.ipynb）告诉读者如何用 scikit-learn 画出模型的学习曲线。

```
m = 200
X = np.linspace(0,1.2,m)                    # 在[0,1.2] 之间创建 200 个点，即训练样本
for i in range(0,199):
    if X[i] <= 0.5:
        y = 0.97 * np.sqrt(X) + 0.25 * np.random.rand(m) - 0.1
    else:
        y = 1.15 * np.sqrt(X) + 0.25 * np.random.rand(m) - 0.1
# 把 X 和 y 转化为行数为 200，列数为 1 的矩阵
X = X.reshape(-1,1)
y = y.reshape(-1,1)
```

用 Pipeline 快速构建多项式回归模型。Pipeline 的意思是流水线，可以将多个估计器（estimator）按顺序组合起来，以构建复合估计器。Pipeline 中的所有估计器，除了最后一个，都必须是转换器（transformer）。最后一个估计器可以是任何类型（如转换器、分类器等）。流水线按顺序运行，上一个处理完，转到下一个处理。

```
from sklearn.pipeline import Pipeline
from sklearn.preprocessing import PolynomialFeatures
from sklearn.linear_model import LinearRegression

# 定义 polynomial_model()函数，用于生成多项式回归模型
def polynomial_model(degree=1):              # degree 是多项式的阶数
    # 利用 pipeline 快速构建多项式回归：先构造多项式特征，再建立线性回归模型.前一个是转换
器，后一个是回归器
    pipeline = Pipeline(steps=[("poly",PolynomialFeatures(degree=degree,
include_bias=False)),("reg",LinearRegression())])
    return pipeline
```

plot_learning_curve()函数是官方提供的模板，可以无须修改，初学时仅需要知道传入的参数意义即可。

在这个模板里，用到了 learning_curve()函数，该函数返回的是 train_sizes，train_scores 和 test_scores。train_sizes 参数就是指定训练样本数量的变化规则，当其为[0.1,0.325,0.55,0.775,1.]时代表：分别计算使用 10%训练集，32.5%训练集，55%训练集，77.5%训练集和 100%训练集训练时的分数。train_scores 和 test_scores 是模型在训练集和验证集上的得分，反映了模型的准确性。

```
from sklearn.model_selection import learning_curve
from sklearn.model_selection import ShuffleSplit

def plot_learning_curve(estimator,title,X,y,ylim=None,cv=None,
                        n_jobs=1,train_sizes=np.linspace(.1,1.0,5)):
# train_sizes=np.linspace(.1,1.0,5)，表示把训练样本数量从 0.1～1 分成 5 等分，即 train_sizes=
[0.1,0.325,0.55,0.775,1.]
plt.title(title,fontsize=15)
    if ylim is not None:
```

```
        plt.ylim(*ylim)
    plt.ylabel('分数',fontsize=15)
    train_sizes,train_scores,test_scores = learning_curve(
        estimator,X,y,cv=cv,n_jobs=n_jobs,train_sizes=train_sizes)
    train_scores_mean = np.mean(train_scores,axis=1)
    train_scores_std = np.std(train_scores,axis=1)
    test_scores_mean = np.mean(test_scores,axis=1)
    test_scores_std = np.std(test_scores,axis=1)
    plt.grid()

    plt.fill_between(train_sizes,train_scores_mean - train_scores_std,
                     train_scores_mean + train_scores_std,alpha=0.1,
                     color="r")
    plt.fill_between(train_sizes,test_scores_mean - test_scores_std,
                     test_scores_mean+test_scores_std,alpha=0.1,color="g")
    plt.plot(train_sizes,train_scores_mean,'o--',color="r",
             label="训练得分")
    plt.plot(train_sizes,test_scores_mean,'o-',color="g",
             label="交叉验证得分")
    plt.legend(loc="best")
return plt
```

train_scores_mean 和 test_scores_mean 是模型在训练集和验证集上的得分的平均值。在画训练集的曲线时：横轴为 train_sizes，纵轴为 train_scores_mean；画验证集的曲线时：横轴为 train_sizes，纵轴为 test_scores_mean。由于在计算模型的准确性时，是随机抽取的训练集和交叉验证集，可能会导致每次计算出来的分数都不一样。为了解决这个问题，在计算时，需多次计算取平均值和方差，画的学习曲线就是得分的平均值。在 plot_learning_curve()模板中用到了 plt.fill_between 函数，它会把平均值（学习曲线）的上下方差的空间里用颜色填满。

最后，调用 plot_learning_curve()函数和 polynomial_model()函数，画出一阶多项式模型、三阶多项式模型和十二阶多项式模型的学习曲线。

```
# 为了让学习曲线更平滑，交叉验证数据集的得分计算 10 次，每次都重新选中 20%的数据计算一遍
cv = ShuffleSplit(n_splits=10,test_size=0.2,random_state=0)
titles = ['学习曲线 (欠拟合)',
          '学习曲线(好的拟合)',
          '学习曲线 (过拟合)']
labels = ['一阶多项式','三阶多项式','十二阶多项式']
degrees = [1,3,12]

plt.rcParams['font.sans-serif']=['SimHei']
plt.rcParams['axes.unicode_minus']=False
plt.figure(figsize=(18,4))
for i in range(len(degrees)):
    plt.subplot(1,3,i + 1)
    plt.xlabel(labels[i],fontsize=15)
    plot_learning_curve(polynomial_model(degrees[i]),titles[i],X,y,ylim=(0.75,1.01),cv=cv)
plt.show()
```

最终绘制出的学习曲线如图 13-8 所示。

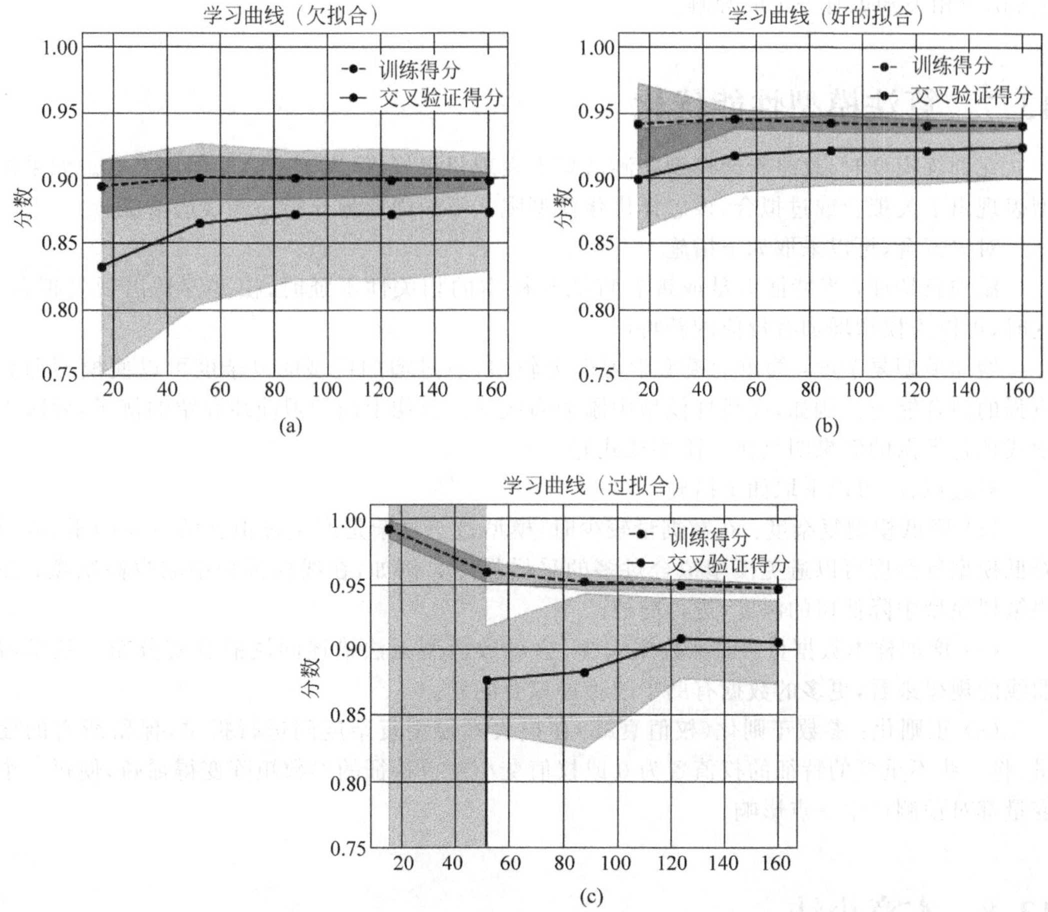

图 13-8　学习曲线

(a) 一阶多项式；(b) 三阶多项式；(c) 十二阶多项式

图 13-8(a)是一阶多项式模型的学习曲线，为欠拟合；图 13-8(b)是三阶多项式模型的学习曲线，可以看出，较好地拟合了数据集；图 13-8(c)是十二阶多项式模型的学习曲线，为过拟合。

从图 13-8(a)可以看出，随着训练集样本数的增加，模型在训练集上的分数下降，在交叉验证集的得分上升，二者逐渐靠近。训练集的分数大约收敛在 0.9 的位置，交叉验证集则是收敛在 0.875 左右。模型在两个数据集上的得分都不太高，是典型的欠拟合的特征。

从图 13-8(c)可以看出，随着训练集样本数的增加，模型在训练集上的分数也是下降，在交叉验证集的得分也是上升。训练集的分数收敛在 0.95 左右，是比较高的，但交叉验证集收敛在 0.905 左右，是比较低的。从图上也可以看出，训练集和交叉验证集的得分曲线间始终有比较大的间隙。根据以上特征，可以判断为过拟合。

一个好的机器学习模型的表现应该和图 13-8(b)一样，在训练集上能表现出较好的准确性，即能够较好地拟合数据；同时在交叉验证集上也能够表现出色，对未知数据也能够实现较好的拟合。

学习曲线是判断模型性能的一个非常重要的工具，希望读者参照随书代码 ch13.08.ipynb，对相关知识有一定的理解。

13.7 算法模型性能优化

在训练模型时，总是希望模型在测试集上表现得很好，但现实未必能尽如人意。如果模型表现出了欠拟合或过拟合，该怎样优化模型呢？下面简要地介绍一些改进措施。

对欠拟合，可以采取如下措施。

添加新特征：当特征不足或现有特征与样本的相关性不强时，模型容易出现欠拟合。这时，可以为模型增加有价值的新特征。

增加模型复杂度：简单的模型学习能力较差，通过增加模型的复杂度可以使模型拥有更强的拟合能力。例如，在线性模型中添加高次项。就像上面学习曲线介绍的例子，四阶多项式拟合数据的效果明显比一阶多项式好。

对过拟合，可以采取如下措施。

(1) 降低模型复杂度：在数据量较少时，模型过于复杂是产生过拟合的主要因素，适当降低模型复杂度可以避免模型拟合过多的采样噪声。例如，在线性模型中减少高次项；在决策树模型中降低树的深度，进行剪枝。

(2) 增加样本数据量：训练数据太少，会导致模型无法描述问题的真实分布。从学习曲线的规律来看，更多的数据有助于改善过拟合问题。

(3) 正则化：参数正则化(权值衰减)在损失和模型复杂度间进行折中，保留所有的变量，将一些不重要的特征的权值置为0或权值变小使得特征的参数矩阵变得稀疏，使每一个变量都对预测产生一点影响。

13.8 本章小结

本章介绍了多元线性回归，它是一种简单线性回归的泛化形式，它使用多个变量来预测一个响应变量的值。描述了多项式回归，它是一种可以使用多项式特征项来对非线性关系建模的线性模型。介绍了正则化的概念，它可以用于防止模型在训练数据中记忆噪声。介绍了梯度下降法，它是一种能够预估使代价函数极小化的参数值的可扩展学习算法。最后，通过学习曲线，可以比较直观地了解到模型是好的拟合、过拟合还是欠拟合，并且介绍了对过拟合和欠拟合模型的优化措施。

习 题

1. 多元线性回归相比简单线性回归有哪些优点？
2. 正则化的作用是什么？
3. 简述梯度下降法的作用？
4. 参考随书代码 ch13.08.ipynb，学习曲线，并简述过拟合和欠拟合的产生原因，以及解决措施。

第14章 逻辑回归

逻辑回归虽然被称为回归，但其实际上是分类模型，并常用于二分类。因其具有简单、可并行化等优点深受工业界喜爱。

逻辑回归在流行病学中应用较多，比较常用的情形是探索某疾病的危险因素，根据危险因素预测某疾病发生的概率等。例如，想探讨胃癌发生的危险因素，可以选择两组人群，一组是胃癌人群，一组是非胃癌人群，两组人群肯定有不同的体征和生活方式等。这里的因变量与是否胃癌相关，即“是”或“否”。自变量就可以包括很多了，例如，年龄、性别、饮食习惯、幽门螺杆菌感染等。自变量既可以是连续的，也可以是离散的。

14.1 线性回归与逻辑回归

本书第13章已经介绍了简单线性回归、多元线性回归和多项式线性回归。本章介绍的逻辑回归与上述多种线性回归实际上有很多相同之处，最大的区别就在于它们的因变量不同，其他的基本类似。正是因为如此，这两种回归可以归于同一个家族，即广义线性模型。

广义线性模型这一家族中的模型形式基本上都差不多，不同的就是因变量不同：如果是连续的，就是多重线性回归；如果是二项分布，就是逻辑回归。

线性回归分析用于研究一个变量与另一个变量或多个变量之间的关系。线性回归对于给定的输入 x，输出的是一个数值 y，因此它是一个解决回归问题的模型，也就是说，能通过线性回归，知道 x 和某个特征的相关度。

但是对于二分类问题，需要的结果并不是数值，而是0或1这样能够给对象分类的布尔值，解决这一问题的一个方法就是不去直接预测标签，而是去预测标签为A概率，如果概率是一个[0,1]区间的连续数值，那么输出的数值就是标签为A的概率。一般情况下，如果标签为A的概率大于0.5，那么就认为它是A类，否则就是B类。这就是逻辑回归。

逻辑回归的因变量可以是二分类的，也可以是多分类的，但是二分类的更为常用，也更加容易解释。所以实际中最常用的就是二分类的逻辑回归。

逻辑回归的主要用途有以下三个方面。

(1) 寻找危险因素：寻找某一疾病的危险因素等；

(2) 预测：根据模型，预测在不同的自变量情况下，发生某病或某种情况的概率有多大；

(3) 判别：实际上跟预测有些类似，也是根据模型，判断某人属于某病或属于某种情况的概率有多大，也就是看一下这个人有多大的可能性是属于某病。

14.2 二元分类

普通的线性回归假设响应变量符合正态分布。正态分布或者高斯分布，是描述任何一个观测值对应一个位于两个实数之间值的概率的函数。正态分布数据是对称的，一半值大于均值，另一半数据小于均值。正态分布数据的均值、中位数和众数也相等。许多自然现象都近似于正态分布。例如，人的身高是正态分布的，大多数人有平均身高，少数人长得高，少数人长得矮。在一些问题中响应变量不符合正态分布。例如，投掷一次硬币会产生两个结果——正面朝上或者背面朝上。伯努利分布描述了一个只能取概率为 P 的正向情况或者概率为 $1-P$ 的负向情况的随机变量的概率分布。如果响应变量代表一个概率，它只能被限制在[0,1]中。

在逻辑回归中，响应变量描述了结果是正向情况的概率。如果响应变量等于或者超出了一个区分阈值，则被预测为正向类，否则将被预测为负项类。响应变量使用逻辑函数建模为一个特征的线性组合函数，其逻辑函数总是返回一个范围在[0,1]中的值，如公式(14-1)所示：

$$F(t)=\frac{1}{1+e^{-t}} \tag{14-1}$$

公式中欧拉数 e 是一个无理数，约等于 2.718，$F(t)$的函数图像如图 14-1 所示。

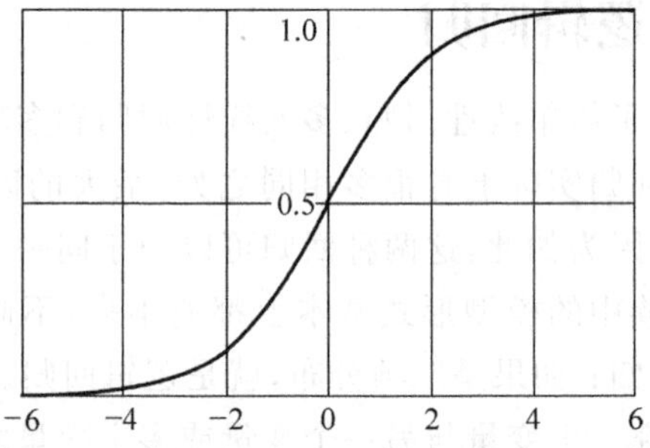

图 14-1 $F(t)$的函数图像

由函数图像即可看出，函数的值域为[0,1]，在远离 0 的地方函数的值会很快接近 0 或者 1。它的这个特性对于解决二分类问题十分重要。

对于逻辑回归 t 等于解释变量的线性组合，需要的逻辑回归模型的表达式如公式(14-2)所示：

$$F(x)=\frac{1}{1+e^{-(\beta_0+\beta x)}} \tag{14-2}$$

效用函数是逻辑函数的逆，它将 $F(x)$反连接到特征的一个线性组合，如公式(14-3)所示：

$$g(x)=\ln\frac{F(x)}{1-F(x)}=\beta_0+\beta x \tag{14-3}$$

模型的参数值可以用许多学习算法来估计，包括梯度下降法。接下来将逻辑函数的模型运用于一个二元分类任务。

14.3 垃圾邮件过滤

在日常学习以及工作中，人们会收到非常多的邮件，除了与学习工作相关的邮件外，还会收到许多垃圾邮件，包括广告邮件、欺诈邮件等。本任务通过邮件中包含的文本内容来判断该邮件是正常邮件(ham)还是垃圾邮件(spam)，来实现自动化垃圾邮件过滤，是一种典型的文本分类任务。

人们通常使用来自 UCI 机器学习仓库中的垃圾信息数据集，该数据集可从 http://archive.ics.uci.edu/ml/datasets/sms+spam+collection 下载。该数据集包含 5574 条邮件，所有邮件都被标记为正常邮件或者垃圾邮件。

首先来探索数据集，并使用 pandas 类库计算一些基本概括统计量，代码如下(完整代码参考 ch14.01.ipynb)：

```
import pandas as pd
df = pd.read_csv('./SMSSpamCollection', delimiter='\t', header=None)
print(df.head())
print('Number of spam messages: %s' % df[df[0] == 'spam'][0].count())
print('Number of ham messages: %s' % df[df[0] == 'ham'][0].count())
```

输出如下：

```
0                                                   1
0   ham   Go until jurong point, crazy.. Available only ...
1   ham                       Ok lar... Joking wif u oni...
2   spam   Free entry in 2 a wkly comp to win FA Cup fina...
3   ham   U dun say so early hor... U c already then say...
4   ham   Nah I don't think he goes to usf, he lives aro...
Number of spam messages: 747
Number of ham messages: 4825
```

数据集的每一行由一个二元标签和一个文本信息组成。该数据集包含 5574 个实例，其中 4827 条信息是正常邮件，剩余的 747 条是垃圾邮件。显然，正向的输出经常被赋值为 1，负向的输出经常被赋值为 0，但事实上赋值是随机的。观察数据也许能透露其他应该被模型捕获的属性。以下的信息集合描述了垃圾邮件和正常邮件的基本特征。

垃圾邮件：Free entry in 2 a wkly comp to win FA Cup final tkts 21st May 2005. Text FA to 87121 to receive entry question(std txt rate)T&C's apply 08452810075over18's

垃圾邮件：WINNER!! As a valued network customer you have been selected to receive a ＄900 prize reward! To claim call 09061701461. Claim code KL341. Valid 12 hours only.

正常邮件：Sorry my roommates took forever, it ok if i come by now?

正常邮件：Finished class where are you.

人们通常使用 scikit-learn 类库的 LogisticRegression 类来进行一些预测。首先，将数据集分为训练集和测试集。默认情况下，traintestsplit 将 75%的样本分为训练集，将剩余的

25%的样本分为测试集。接着，创建一个 TfidfVectorizer 实例。Tfidfvectorizer 类包含 CountVectorizer 和 TfidfTransformer 类。使用训练信息文本去拟合它，同时将训练文本和测试文本都进行转换。最后，创建一个 LogisticRegression 实例并训练一个模型。和 LinearRegression 类一样，LogisticRegression 类也实现了 fit 和 predict 方法。作为完整性检查，将一些人工检验的预测结果打印出来，代码如下所示：

```
import numpy as np
import pandas as pd
from sklearn.feature_extraction.text import TfidfVectorizer
from sklearn.linear_model import LogisticRegression
from sklearn.model_selection import train_test_split, cross_val_score

X = df[1].values
y = df[0].values
X_train_raw, X_test_raw, y_train, y_test = train_test_split(X, y)
vectorizer = TfidfVectorizer()
X_train = vectorizer.fit_transform(X_train_raw)
X_test = vectorizer.transform(X_test_raw)
classifier = LogisticRegression()
classifier.fit(X_train, y_train)
predictions = classifier.predict(X_test)
for i, prediction in enumerate(predictions[0:10]):
    print('Predicted: %s, message: %s' % (prediction, X_test_raw[i]))
```

输出如下：

```
Predicted: ham, message: chile, please! It's only a  &lt;DECIMAL&gt;  hour drive for me. I come down all the time and will be subletting feb-april for audition season.
Predicted: ham, message: She.s good. She was wondering if you wont say hi but she.s smiling now. So how are you coping with the long distance
Predicted: ham, message: K...k:)why cant you come here and search job:)
Predicted: ham, message: Meet after lunch la...
Predicted: ham, message: Was gr8 to see that message. So when r u leaving? Congrats dear. What school and wat r ur plans.
Predicted: ham, message: Yeah but which is worse for i
Predicted: ham, message: Sorry pa, i dont knw who ru pa?
Predicted: ham, message: S.this will increase the chance of winning.
Predicted: ham, message: Oh my God. I'm almost home
Predicted: ham, message: How come she can get it? Should b quite diff to guess rite...
```

上面例子中提到的 TfidfVectorizer 可以把原始文本内容变换为以 TF-IDF（term frequency-inverse document frequency）组成的特征矩阵（也可以理解为向量化），从而为后续的文本分类、计算文本相似度、主题模型等工作奠定基础。

TF 表示词频。TF(w)=(词 w 在文档中出现的次数)/(文档的总词数)。IDF 表示逆向文件频率，有些词可能在文本中频繁出现，但并不重要，也即信息量小，如 is、of、that 这些单词，这些单词在语料库中出现的频率也非常大，可以利用这点，降低其权重。IDF(w)=log_e(语料库的总文档数)/(语料库中词 w 出现的文档数)。将上面的 TF 与 IDF 相乘就得到了综合参数：TF-IDF = TF×IDF。

在上面的示例中，将邮件的内容变成向量，以组成矩阵来输入模型中处理。下面介绍一个更为简单易懂的例子来帮助读者弄清楚 TfidfVectorizer（代码参考 ch14.02.ipynb）：

```
from sklearn.feature_extraction.text import TfidfVectorizer

cv=TfidfVectorizer(binary=False,decode_error='ignore',stop_words='english')

# 传入句子组成的 list
vec = cv.fit_transform(['hello world','this is a panda.'])
arr = vec.toarray()
print(arr)
```

输出的 arr 是一个 2 * 3 的矩阵，如下：

```
[[0.70710678 0.         0.70710678]
 [0.         1.         0.        ]]
```

一行代表一个句子样本，这样的矩阵就可以放入模型中训练了。

14.4 二元分类性能指标

目前，人们仅仅关注预测的类是否正确，以及预测结果离决策边界有多远。本节将讨论可以被用于评估二元分类器的性能指标。

许多指标能基于可信标签对二元分类器的性能进行衡量。最常用的指标是**准确率、查准率、召回率、F1 值以及 ROC AUC 得分**。所有这些衡量方式都是基于真阳性、真阴性、假阳性和假阴性的概念。阳性和阴性用来指代类。真和假用来标示预测的类和真实的类是否相同。**以上这些指标对于其他分类算法也是适用的。**

14.4.1 混淆矩阵

在介绍各个指标之前，先来介绍一下混淆矩阵。如果用的是一个二分类的模型，那么把预测情况与实际情况的所有结果两两混合，结果就会出现如表 14-1 所示的 4 种情况，就组成了混淆矩阵。

由于 1 和 0 是数字，阅读性不好，所以分别用 P 和 N 表示 1 和 0 两种结果。变换之后为 PP，PN，NP，NN，阅读性也很差，并不能轻易地看出来预测的正确性。因此，为了能够更清楚地分辨各种预测情况是否正确，将其中一个符号修改为 T 和 F，以便于分辨出结果。因此，P(positive)代表 1；N(negative)代表 0；T(true)代表预测正确；F(false)代表错误。

按照上面的字符表示重新分配矩阵，混淆矩阵就变成了表 14-2 这样。

表 14-1 两两混合结果

表现分类		实际表现	
		1	0
预测表现	1	11	10
	0	01	00

表 14-2 混淆矩阵

表现分类		实际表现	
		1	0
预测表现	1	TP	FP
	0	FN	TN

将这种表示方法总结如下，可分为两部分，如图 14-2 所示。

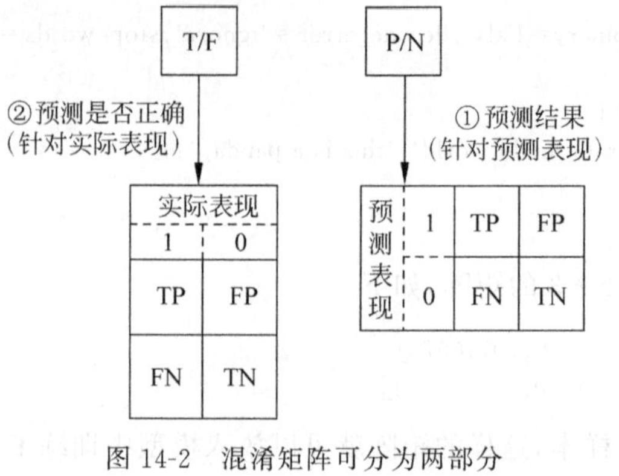

图 14-2 混淆矩阵可分为两部分

因此对于这种表示方法可以简单地理解：先看①预测结果（P/N），再根据②实际表现对比预测结果，给出判断结果（T/F）。按这个顺序理解，这 4 种情况就很好记住了。

TP：预测为 1，预测正确，即实际为 1，定义为真阳性；

FP：预测为 1，预测错误，即实际为 0，定义为假阳性；

FN：预测为 0，预测错误，即实际为 1，定义为假阴性；

TN：预测为 0，预测正确，即实际为 0，定义为真阴性。

对于垃圾邮件分类器而言，当分类器将一条邮件正确地预测为垃圾邮件时为真阳性；当分类器将一条邮件正确地预测为非垃圾邮件时为真阴性；当非垃圾邮件被预测为垃圾邮件时为假阳性；当垃圾邮件被预测为非垃圾邮件时为假阴性。一个混淆矩阵或者列联表，可以用来对真假阴阳性可视化。矩阵的行是实例的真实类，矩阵的列是实例的预测类，代码如下所示（参考 ch14.03.ipynb）：

```
from sklearn.metrics import confusion_matrix
import matplotlib.pyplot as plt

y_test = [0,0,0,0,0,1,1,1,1,1]
y_pred = [0,1,0,0,0,0,0,1,1,1]
confusion_matrix = confusion_matrix(y_test, y_pred)
print(confusion_matrix)
plt.matshow(confusion_matrix)

plt.rcParams['font.sans-serif'] = [u'SimHei']        # 解决中文无法显示的问题
plt.rcParams['axes.unicode_minus'] = False

plt.title('混淆矩阵')
plt.colorbar()
plt.ylabel('真实值')
plt.xlabel('预测值')
plt.show()
```

输出为

```
[[4 1]
 [2 3]]
```

如图 14-3 所示，混淆矩阵标明有 4 个真阴性预测，3 个真阳性预测，2 个假阴性预测和 1 个假阳性预测。在多类别问题中很难去决定出现错误最多的类型，此时混淆矩阵变得非常有用。

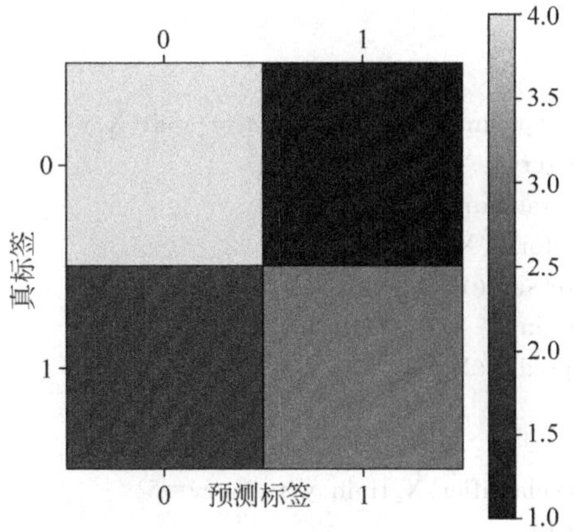

图 14-3 混淆矩阵

14.4.2 准确率

准确率用来衡量分类器预测正确的比例，可以给测试集的标签进行预测和打分。准确率是预测正确的结果占总样本的百分比，其计算方法如公式(14-4)所示：

$$准确率=\frac{TP+TN}{TP+TN+FP+FN} \tag{14-4}$$

该公式的含义如图 14-4 所示。

针对上一节的垃圾邮件过滤系统，在原有代码的基础上增加对其准确率的计算，完整代码如下(参考 ch14.04.ipynb)：

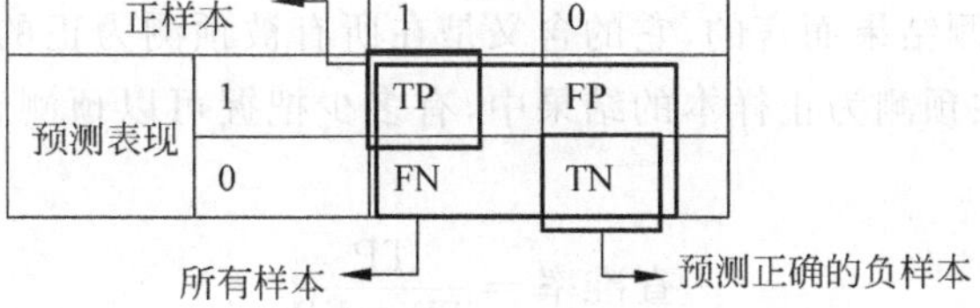

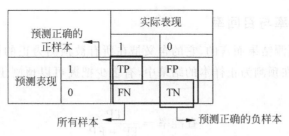

图 14-4 公式(14-4)的含义

```
# 工具包导入(此处包含本章所有性能指标的工具)
import pandas as pd
import numpy as np
from sklearn.feature_extraction.text import TfidfVectorizer
from sklearn.linear_model import LogisticRegression
from sklearn.model_selection import train_test_split,cross_val_score
from sklearn.preprocessing import LabelEncoder
import matplotlib.pyplot as plt
```

```
from sklearn.metrics import roc_curve, auc

df = pd.read_csv('./SMSSpamCollection', delimiter= '\t', header=None)

#预测 (与上一节相同)
X = df[1].values
y = df[0].values
X_train_raw, X_test_raw, y_train, y_test = train_test_split(X, y)
vectorizer = TfidfVectorizer()
X_train = vectorizer.fit_transform(X_train_raw)
X_test = vectorizer.transform(X_test_raw)
classifier = LogisticRegression()
classifier.fit(X_train, y_train)
predictions = classifier.predict(X_test)

#准确率
scores = cross_val_score(classifier, X_train, y_train, cv=5)
print("准确率为: ", scores)
print("平均准确率为: ", np.mean(scores))
```

输出结果如下：

```
准确率为:  [0.95095694 0.95454545 0.95574163 0.95095694 0.9508982 ]
平均准确率为:  0.9526198321061227
```

虽然准确率可以判断总的正确率，但是在样本不平衡的情况下，并不能作为很好的指标来衡量结果。举个简单的例子，例如，在一个总样本中，正样本占 90%，负样本占 10%，样本是严重不平衡的。对于这种情况，只需要将全部样本预测为正样本即可得到 90% 的高准确率，但实际上并没有很用心地分类。这就说明了：由于样本不平衡的问题，导致了得到的高准确率结果含有很大的水分。即如果样本不平衡，准确率就会失效。

正因为如此，也就衍生出了其他两种指标：查准率和召回率。

14.4.3 查准率与召回率

查准率是针对预测结果而言的，它的含义是在所有被预测为正的样本中实际为正的样本的概率，意思就是在预测为正样本的结果中，有多少把握可以预测正确，其计算方法如公式(14-5)所示：

$$\text{查准率} = \frac{TP}{TP + FP} \tag{14-5}$$

该公式的含义如图 14-5 所示。

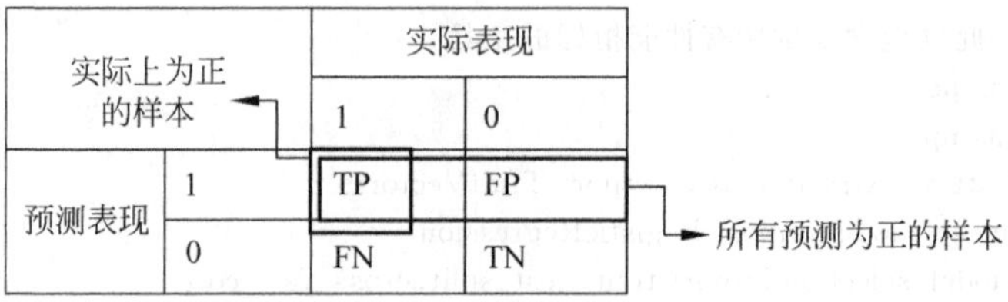

图 14-5　公式(14-5)的含义

查准率和准确率看上去有些类似，但是完全不同的两个概念。查准率代表对正样本结果中的预测准确程度，而准确率则代表整体的预测准确程度，既包括正样本，也包括负样本。

召回率(recall)是针对原样本而言的，它的含义是在实际为正的样本中被预测为正样本的概率，其计算方法如公式(14-6)所示：

$$召回率=\frac{TP}{TP+FN} \tag{14-6}$$

该公式的含义如图 14-6 所示。

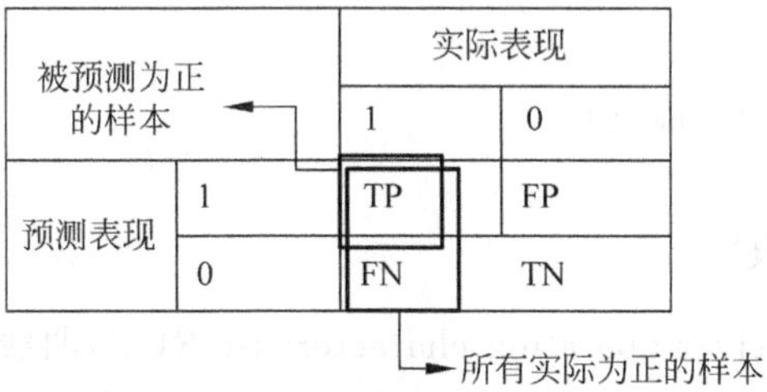

图 14-6　公式(14-6)的含义

召回率的应用场景：以网贷违约率为例，相对好用户，人们更关心坏用户，不能错放过任何一个坏用户。因为如果过多的将坏用户当成好用户，这样后续可能发生的违约金额会远超过好用户偿还的借贷利息金额，造成严重偿失。召回率越高，代表实际坏用户被预测出来的概率越高，它的含义类似于“宁可错杀一千，绝不放过一个”。

查准率是阳性预测结果为正确的比例。在垃圾邮件分类器中，查准率表示被分类为垃圾邮件的邮件实际上为垃圾邮件的比例。召回率表示真实的阳性实例被分类器辨认出的比例，在医学领域中有时也被称为敏感性。召回率为 1 表示分类器没有做出任何假阴性预测。对于垃圾邮件分类器来说，召回率是真实的垃圾邮件被分类为垃圾邮件的比例。

对于垃圾邮件分类系统，在上述代码后补充对查准率和精准率的计算代码如下：

```
# 有时必须要将标签转为数值
class_le = LabelEncoder()
y_train_n = class_le.fit_transform(y_train)
y_test_n = class_le.fit_transform(y_test)

# 查准率
precision = cross_val_score(classifier, X_train, y_train_n, cv=5, scoring='precision')
print("平均查准率为：", np.mean(precision))

# 召回率
recall = cross_val_score(classifier, X_train, y_train_n, cv=5, scoring='recall')
print("平均召回率为：", np.mean(recall))
```

输出结果为

```
平均查准率为： 0.9926520898408449
平均召回率为： 0.7005599764220454
```

分类器的查准率为 0.992，表示几乎所有被预测为垃圾邮件的信息实际上都是垃圾信息。它的召回率很低，表示有接近 32%的垃圾邮件被预测为了非垃圾邮件。

14.4.4 计算 F1 Score

概念参考本书 10.8 节。

针对垃圾邮件分类模型，计算其 F1 Score 的代码如下：

```
# F1 值
f1 = cross_val_score(classifier, X_train, y_train_n, cv=5, scoring='f1')
print("平均 F1 值为：", np.mean(f1))
```

输出结果为

```
平均 F1 值为： 0.821165239801277
```

14.4.5 ROC AUC

受试者操作特征(receiver operating characteristic ROC)曲线，可以对一个分类器的性能进行可视化。和准确率不同，ROC 曲线对类别分布不平衡的数据集不敏感。和精准率、召回率不同，ROC 曲线表明了分类器对所有阈值的性能。ROC 曲线描绘了分类器召回率和衰退之间的关系。衰退或者假阳性率，是假阳性数量除以所有阴性数量的值，其定义如公式(14-7)所示：

$$\text{衰退 / 假阳性率} = \frac{FP}{TN + FP} \tag{14-7}$$

AUC 是 ROC 曲线以下部分的面积，它将 ROC 曲线归纳为一个用来标示分类器预计性能的值。人们可以从 AUC 值来判断分类器(预测模型)的优劣。

AUC = 1：是完美分类器，采用这个预测模型时，存在至少一个阈值能得出完美预测。绝大多数预测的场合，不存在完美分类器。

0.5 < AUC < 1：优于随机猜测。这个分类器(模型)妥善设定阈值的话，能有预测价值。

AUC = 0.5：跟随机猜测一样(如丢硬币)，模型没有预测价值。

AUC < 0.5：比随机猜测还差；但只要总是反预测而行，就优于随机猜测。

在上文代码的最后，绘制垃圾邮件分类系统的 ROC 曲线，其代码如下：

```
#ROC 曲线 y_test_n 为数值
predictions_pro = classifier.predict_proba(X_test)
false_positive_rate, recall, thresholds = roc_curve(y_test_n, predictions_pro[:,1])
roc_auc = auc(false_positive_rate, recall)
plt.title("受试者操作特征曲线(ROC)")
plt.plot(false_positive_rate, recall, 'b', label='AUC = %0.2f' % roc_auc)
plt.legend(loc='lower right')
plt.plot([0,1],[0,1],'r--')
plt.xlim([0.0,1.0])
plt.ylim([0.0,1.0])
plt.xlabel('假阳性率')
plt.ylabel('召回率')
plt.show()
```

输出结果如图 14-7 所示，图中虚线表示一个分类器对类随机进行预测，它的 AUC 值为

0.99。实曲线表示一个性能优于随机猜测的分类器。

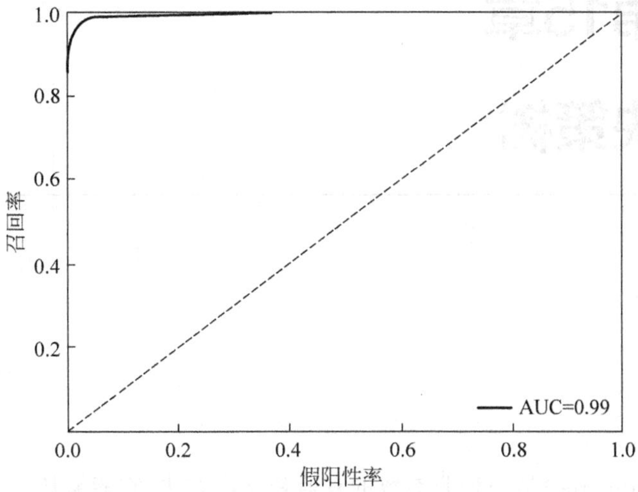

图 14-7　垃圾邮件分类系统的 ROC 曲线

14.5　本章小结

本章讨论了逻辑回归，它是一种使用逻辑连接函数来联系解释变量和一个伯努利分布的响应变量的泛化线性模型。逻辑回归可以用于二元分类，它是一种每个实例必须分配给两个类中的一个类的任务。使用逻辑回归来对垃圾邮件和非垃圾邮件进行分类。接着，介绍了二元分类性能指标：准确率、查准率、召回率、F1 值以及 ROC、AUC 得分，并将其应用到垃圾邮件过滤模型中进行性能分析。

习　　题

1. 逻辑回归与线性回归有什么异同？
2. 二元分类的性能指标及其含义分别是什么？

第15章 决策树

决策树(decision tree)是一种非参数的有监督学习方法,它能够从一系列有特征和标签的数据中总结出决策规则,并用树状图的结构来呈现这些规则,以解决分类和回归问题。决策树算法容易理解,适用各种数据,在解决各种问题时都有良好表现,尤其是以树模型为核心的各种集成算法,在各个行业和领域都有广泛的应用。

15.1 算法原理

决策树是一个类似于流程图的树结构,分别节点表示对一个特征进行测试,根据测试结果进行分类,树叶节点代表一个类别。如图 15-1 所示用决策树来决定下班后的安排。

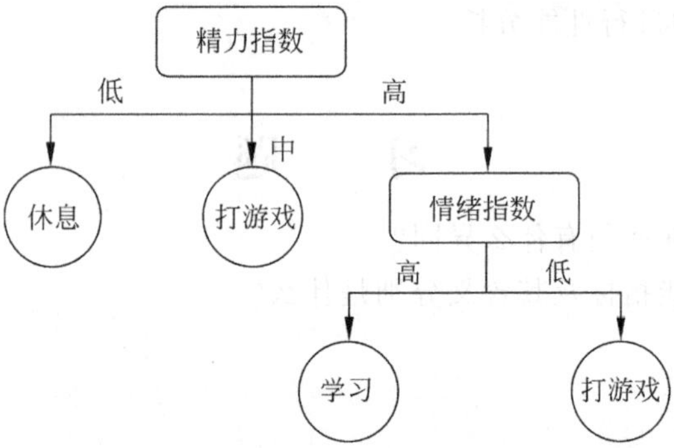

图 15-1　决策树

分别对精力指数和情绪指数两个特征进行测试,并根据测试结果决定行为的类别。每选择一个特征进行测试,数据集就被划分成多个子数据集。接着继续在子数据集上选择特征,并进行数据集划分,直到创建出一个完整的决策树。创建好决策树模型后,只要根据下班后的精力和情绪情况,从根节点一路往下即可预测出下班后的行为。

问题来了,在创建决策树的过程中,要先对哪个特征进行分裂?如针对图 15-1 中的例子,先判断精力指数进行分裂还是先判断情绪指数进行分裂?要回答这个问题,需要从信息的量化谈起。

15.1.1　信息增益

在决策树算法的学习过程中，信息增益是特征选择的一个重要指标，它定义为一个特征能够为分类系统带来多少信息，带来的信息越多，说明该特征越重要，相应的信息增益也就越大。一条信息的信息量和它的不确定性有直接关系。一个问题不确定性越大，要搞清楚这个问题，需要了解的信息就越多，其信息熵(entropy)就越大。信息熵的计算公式为

$$H(X)=-\sum_{x\in X}P(x)\log_2 P(x) \tag{15-1}$$

其中，$P(x)$表示事件x出现的概率。例如，一个盒子里分别有2个白球和2个红球，随机取出一个球。问：这个球是红色的还是白色的？这个问题的信息量多大呢？由于红球和白球出现的概率都是1/2，代入信息熵公式，可以得到其信息熵为

$$H(X)=-\left(\frac{1}{2}\log_2\frac{1}{2}+\frac{1}{2}\log_2\frac{1}{2}\right) \tag{15-2}$$

信息量的单位是bit，所以这个问题的信息量是1 bit。要确定这个球是红色的还是白色的，只需要1bit的信息就够了。例如，一个盒子里有10个白球，随机取出一个球，这个球是什么颜色的？这个问题的信息量是多少呢？答案是0，因为这是一个确定的事件，其概率$P(x)=1$。

在构建决策树时，需要选择一个特征作为数据集的划分依据。这个选择通常基于信息增益或其他相关指标。为了确定最佳的划分特征，需要遍历所有的特征，并计算使用每个特征进行划分后，数据集的信息熵的变化值。然后，选择信息熵变化幅度最大的特征作为分裂节点，也就是选择信息增益最大的特征作为优先划分数据集的依据。

例如，一个盒子里共有红、白、黑、蓝4种颜色的球共24个，其中红球6个，白球4个，黑球6个，蓝球8个。红球和黑球的体积一样，都为1个单位；白球和蓝球的体积一样，都为2个单位。红球、白球的质量一样，都是2个单位，黑球和蓝球的质量为1个单位。已知得：红球、白球、黑球、蓝球出现的概率分别为6/24、4/24、6/24、8/24。因此基础信息熵为

$$H(D_{\text{base}})=-\left(\frac{6}{24}\log_2\frac{6}{24}+\frac{4}{24}\log_2\frac{4}{24}+\frac{6}{24}\log_2\frac{6}{24}+\frac{8}{24}\log_2\frac{8}{24}\right)=1.959 \tag{15-3}$$

用体积划分数据集，此时会划分出两个数据集，第一个子数据集里是红球和黑球，第二个子数据集里是白球和蓝球，以这种划分方式计算信息熵。

子数据集一：红球6个，黑球6个，其概率分别为6/12和6/12，其信息熵为

$$H(D1_{\text{sub1}})=-\left(\frac{6}{12}\log_2\frac{6}{12}+\frac{6}{12}\log_2\frac{6}{12}\right)=1 \tag{15-4}$$

子数据集二：白球4个，蓝球8个，其概率分别为4/12和8/12，其信息熵为

$$H(D1_{\text{sub2}})=-\left(\frac{4}{12}\log_2\frac{4}{12}+\frac{8}{12}\log_2\frac{8}{12}\right)=0.918 \tag{15-5}$$

因此，使用体积来划分数据集后，其信息熵为

$$H(D1)=\frac{12}{24}\times 1+\frac{12}{24}\times 0.918=0.959 \tag{15-6}$$

如图15-2所示，信息增益为

$$H(D_{\text{base}})-H(D1)=1.959-0.959=1 \tag{15-7}$$

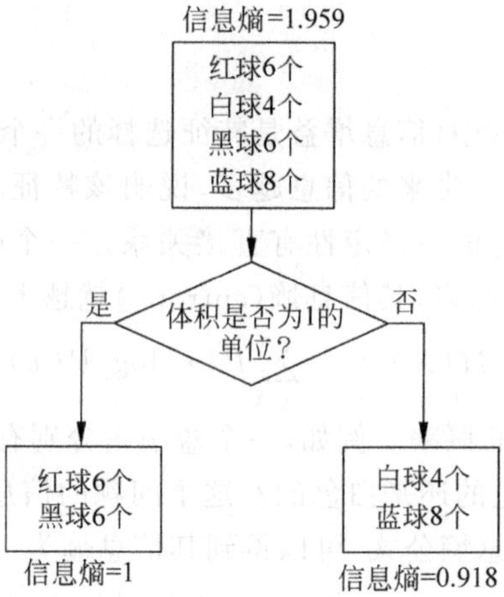

图 15-2 信息增益

其次，用质量来划分数据集，也会划分出两个数据集，第一个子数据集里是红球和白球，第二个子数据集里是黑球和蓝球，其信息熵计算方法同上。

信息熵为

$$H(D2_{\text{sub1}})=-\left(\frac{6}{10}\log_2\frac{6}{10}+\frac{4}{10}\log_2\frac{4}{10}\right)=0.971 \tag{15-8}$$

$$H(D2_{\text{sub2}})=-\left(\frac{6}{14}\log_2\frac{6}{14}+\frac{8}{14}\log_2\frac{8}{14}\right)=0.985 \tag{15-9}$$

$$H(D2)=\left(\frac{10}{24}\times 0.971+\frac{14}{24}\times 0.985\right)=0.979 \tag{15-10}$$

信息增益则等于：1.959－0.979＝0.98，如图 15-3 所示。

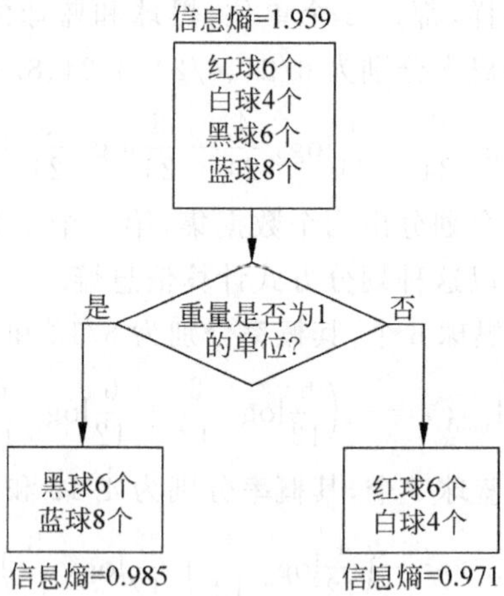

图 15-3 信息增益

结论：由于使用体积划分数据集比使用质量划分数据集得到了更高的信息增益，所以优先选择质量这个特征来划分数据集。

15.1.2　决策树的创建

决策树的构建过程，就是从训练数据集中归纳出一组分类规则，使它与训练数据矛盾较小的同时具有较强的泛化能力。有了信息增益来量化地选择数据集的划分特征，使决策树的创建过程变得容易了。决策树的创建基本上分以下几步。

(1) 计算数据集划分前的信息熵。

(2) 遍历所有未作为划分条件的特征，分别计算根据每个特征划分数据集后的信息熵。

(3) 选择信息增益最大的特征，并使用这个特征作为数据划分节点来划分数据。

(4) 递归地处理被划分后的所有子数据集，从未被选择的特征里继续选择最优数据划分特征来划分子数据集。

问题来了，递归过程什么时候结束呢？一般来讲，有两个终止条件：一是所有的特征都用完了，即没有新的特征可以用来进一步划分数据集；二是划分后的信息增益足够小了，这个时候就可以停止递归划分了。针对这个停止条件，需要事先选择信息增益的阈值来作为结束递归的条件。

使用信息增益作为特征选择指标的决策树构建算法，称为 ID3 算法。

1. 离散化

细心的读者可能会发现一个问题——如果一个特征是连续值怎么办呢？以本章开头的图 15-1 为例，假设有个精力测试仪器，测出来的是一个 0～100 的数字，这是个连续值，这时怎么用决策树来建模呢？答案是：离散化。需要对数据进行离散化处理。例如，当精力指数小于等于 30 时标识为低；当大于 30 且小于等于 60 时标识为中；当大于 60 时标识为高。经过离散处理后，就可以用来构建决策树了。要离散化成几个类别，这个往往和具体的业务相关。

2. 正则项

最大化信息增益来选择特征，在决策树的构建过程中，容易造成优先选择类别最多的特征来进行分类。例如，把某个产品的唯一标识符 ID 作为特征之一加入数据集中，那么当构建决策树时，就会优先选择产品 ID 来作为划分特征，因为这样划分出来的数据，每个叶子节点只有一个样本，划分后的子数据集最“纯净”，其信息增益最大。

但是上面的这种划分是毫无意义的，如何避免该情况的发生？解决办法是，当计算划分后的子数据集的信息熵时，加上一个与类别个数成正比的正则项，来作为最后的信息熵。这样，当算法选择的某个类别较多的特征，使信息熵较小时，由于受到类别个数的正则项惩罚，导致最终的信息熵也比较大。这样通过合适的参数，可以使算法训练达到某种程度的平衡。

3. 基尼不纯度

信息熵是衡量信息不确定性的指标，实际上也是衡量信息“纯度”的指标。除此之外，基尼不纯度(Gini impurity)也是衡量信息不纯度的指标。

其计算公式如下：

$$\text{Gini}(D)=\sum_{x\in X}P(x)(1-P(x))=1-\sum_{x\in X}P(x)^2 \tag{15-11}$$

其中，$P(x)$是样本属于 x 这个类别的概率。如果所有的样本都属于一个类别，此时 $P(x)=1$，则 Gini(D)=0,即数据不纯度最低,纯度最高。以概率 $P(x)$作为横坐标,以这个类别的基尼不纯度 Gini(D)=$P(x)(1-P(x))$作为纵坐标,在坐标轴上画出其函数关系,如图 15-4 所示。

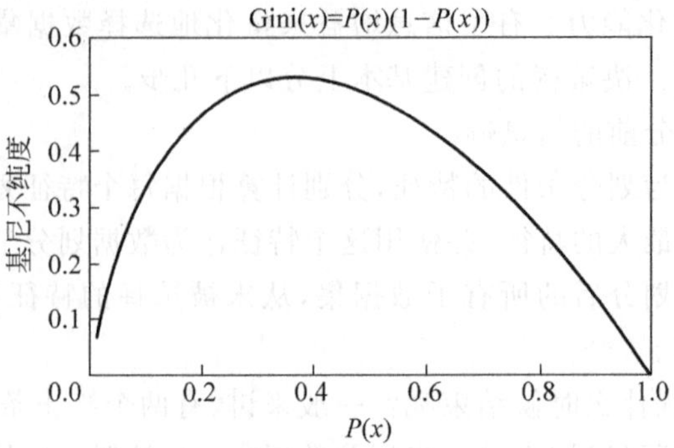

图 15-4 基尼不纯度

从图 15-4 中可以看出,其形状和信息熵的形状几乎一样。CART 算法使用基尼不纯度来作为特征选择标准,CART 也是一种决策树构建算法。

15.1.3 剪枝算法

使用决策树模型拟合数据时,容易造成过拟合。解决过拟合的方法是对决策树进行剪枝处理。决策树的剪枝有两种思路:前剪枝(pre-pruning)和后剪枝(post-pruning)。

1. 前剪枝

在构造决策树的同时进行剪枝。在决策树的构建过程中,如果无法进一步降低信息熵的情况下,就会停止创建分支。为了避免过拟合,可以设定一个阈值,信息熵减小的数量小于这个阈值,即使还可以继续降低熵,也停止继续创建分支。

限制叶子节点的样本个数,当样本个数小于一定的阈值时,即不再继续创建分支。

2. 后剪枝

指决策树构造完成后进行剪枝。剪枝的过程是对拥有同样父节点的一组节点进行检查,判断如果将其合并,信息熵的增加量是否小于某一阈值。如果小于阈值,则这一组节点可以合并一个节点。

删除一些子树,然后用子树的根节点代替,来作为新的叶子节点。这个新叶子节点所标识的类别通过大多数原则来确定,即把这个叶子节点里样本最多的类别,作为这个叶子节点的类别。sklearn 中的算法库一般仅仅支持前剪枝。

15.2 算法参数

sklearn 中决策树的类都在"tree"这个模块之下。如表 15-1 所示,这个模块总共包含五个类别。

表 15-1 sklearn 中决策树的类

tree. DecisionTreeClassifier	分类树
tree. DecisionTreeRegressor	回归树
tree. export_graphviz	将生成的决策树导出为 DOT 格式,画图专用
tree. ExtraTreeClassifier	高随机版本的分类树
tree. ExtraTreeRegressor	高随机版本的回归树

sklearn 建模的基本流程如图 15-5 所示。

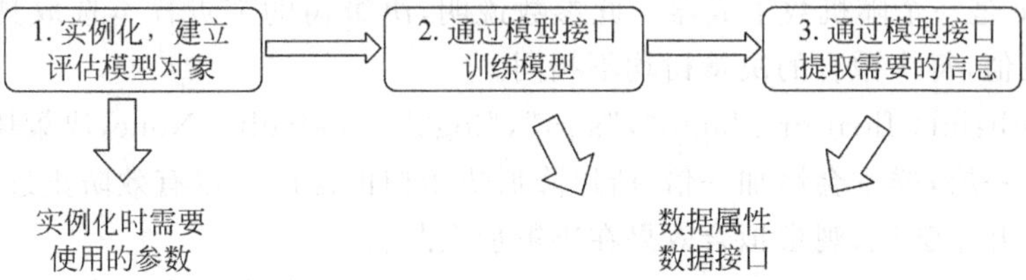

图 15-5 sklearn 建模的基本流程

15.2.1 决策树分类参数

为了要将表格转化为一棵树,决策树需要找出最佳节点和最佳的分枝方法,对分类树来说,衡量这个"最佳"的指标叫做"不纯度"。通常来说,不纯度越低,决策树对训练集的拟合越好。现在使用的决策树算法在分枝方法上的核心大多是围绕在对某个不纯度相关指标的最优化上。

不纯度基于节点来计算,树中的每个节点都会有一个不纯度,并且叶子节点的不纯度一定是低于父节点的,也就是说,在同一棵决策树上,叶子节点的不纯度一定是最低的。

Criterion 这个参数正是用来决定不纯度的计算方法的。sklearn 提供了两种选择:

(1) 输入"entropy",使用信息熵。

(2) 输入"gini",使用基尼系数(Gini impurity)。

比起基尼系数,信息熵对不纯度更加敏感,对不纯度的惩罚最强。但是在实际使用中,信息熵和基尼系数的效果基本相同。信息熵的计算比基尼系数缓慢一些,因为基尼系数的计算不涉及对数。

决策树衡量分枝质量的指标,支持的标准有以下三种:

(1) 输入"mse"使用均方误差(mean squared error,MSE),父节点和叶子节点之间的均方误差的差额将被用来作为特征选择的标准,这种方法通过使用叶子节点的均值来最小化 L2 损失。

(2) 输入"friedman_mse"使用费尔德曼均方误差,这种指标使用弗里德曼针对潜在分枝中的问题改进后的均方误差。

(3) 输入"mae"使用绝对平均误差(mean absolute error,MAE),这种指标使用叶子节点的中值来最小化 L1 损失属性中最重要的依然是 feature_importances_,接口依然是 apply、fit、predict、score 最核心。

在决策树中,MSE 不只是我们的分枝质量衡量指标,也是我们最常用的衡量决策树回归质量的指标，决策树的接口 score 返回的是 R 平方，并不是 MSE。

15.2.2 决策树其他重要参数

splitter:{"best","random""}, default="best"。节点划分策略，默认采用最优划分节点，random 是随机取最优随机节点。

random_state:int or RandomState, default=None。①如果 random_state 为 int，说明随机数是由随机数生成器生成的随机种子。②如果 random_state 为 RandomState，则 Random_state 是一个随机数生成器。此参数说明，决策树的节点样本选取具有随机性，设置不同的随机值，每次拟合的决策树均不相同。

max_depth:int, float or {"auto","sqrt","log2"}, default=None，决策树的最大深度。决策树多生长一层，样本会增加一倍，所以降低决策树的深度可以有效防止过拟合。实际使用时建议从 3 开始尝试，观察拟合效果在决策加大与否。

min_sample_leaf:int or float, default=1，节点分裂生成一个子节点需要最少 min_sample_leaf 个样本，否则不生成该节点，或者分枝会向着满足每个节点都包含 min_sample_leaf 个样本的方向发展。一般和 max_depth 搭配使用，在回归模型中会使曲线更平滑。这个参数设置太小会引起过拟合，太大会阻碍模型学习数据，一般建议从 5 开始。如果节点含有的样本数量变化很大，建议设置浮点数作为样本的百分比使用。同时，这个参数可以保证每个节点的最小尺寸，在回归问题上避免高方差，过拟合的节点出现；对于类别不多的分类问题，等于 1 通常是最佳选择。

min_sample_split:int or float, default=2，一个节点能够进行分枝所需的最少样本个数。

max_featrues:int, float or {"auto", "sqrt"; "log2"}, default=None，限制分枝时考虑的特征数，超过这个数的分枝特征将被丢弃，与 max_depth 异曲同工。该参数用来限制高纬度数据的剪枝参数，通过限制决策树可使用的特征数量使决策树停下来。在不知道各个特征重要程度的情况下，强行设置此参数会导致模型学习能力不足。如果希望通过降维的方式防止模型过拟合，可以使用 PCA 或 ICA 或特征选择模块中的降维方法。

min_impurity_decrease:float, default=0.0，限制信息增益的大小，信息增益小于该数值的分枝不会发生。

class_weight:dict, list of dict or "balanced" , default=None，该参数用来调整少量数量分类的样本权重。因此我们要使用 class_weight 参数对样本标签进行一定的均衡，给少量的标签更多的权重，让模型更偏向少数类，向捕获少数类的方向建模。该参数默认 None，此模式表示自动给予数据集中的所有标签相同的权重(1∶1)。有了样本权重之后，样本量就不再单纯地记录样本量，而是受样本权重影响了。因此在剪枝时，就需要配合 min_weight_faction_leaf 这个基于样本权重的参数来使用。这个基于权重的剪枝参数会在加权情况下比不加权的剪枝参数(例如：max_sample_leaf)效果更好。

15.3 实例：泰坦尼克号幸存者的预测

泰坦尼克号的沉没是世界上最严重的海难事故之一，通过分类树模型来预测一下哪些人可能成为幸存者。数据集包含一个 train.csv 文件，data 为接下来要使用的数据，test 为

kaggle 提供的测试集。下面就来执行该代码。参考代码 ch15.01.ipynb.

1. 导入所需要的库

```
import pandas as pd
from sklearn.tree import DecisionTreeClassifier
from sklearn.model_selection import train_test_split
from sklearn.model_selection import GridSearchCV
from sklearn.model_selection import cross_val_score
import matplotlib.pyplot as plt
```

2. 导入数据集，探索数据

```
data=pd.read_csv(r'train.csv',index_col=0)
data.head()
data.info()
```

然后可以查看到训练集，如图 15-6 所示。

	PassengerId	Survived	Pclass	Name	Sex	Age	SibSp	Parch	Ticket	Fare	Cabin	Embarked
0	1	0	3	Braund, Mr. Owen Harris	male	22.0	1	0	A/5 21171	7.2500	NaN	S
1	2	1	1	Cumings, Mrs. John Bradley (Florence Briggs Th...	female	38.0	1	0	PC 17599	71.2833	C85	C
2	3	1	3	Heikkinen, Miss. Laina	female	26.0	0	0	STON/O2. 3101282	7.9250	NaN	S
3	4	1	1	Futrelle, Mrs. Jacques Heath (Lily May Peel)	female	35.0	1	0	113803	53.1000	C123	S
4	5	0	3	Allen, Mr. William Henry	male	35.0	0	0	373450	8.0500	NaN	S

图 15-6　训练集

根据图中训练集所示，可以看到有 11 个输入参数，一个输出参数(survived)，现在对输出参数的特征进行解读。

PassengerId：乘客的 ID 号，这是个顺序编号，用来唯一地标识一名乘客。

Pclass：乘客的舱位(1-一等舱；2-二等舱；3-三等舱)是很重要的特征。看过电影的读者都知道，高仓位等级的乘客能更快地到达甲板，从而更容易获救。

Name：乘客名字。

Sex：乘客性别，看过电影的读者都知道，由于救生艇数量不够，船长让妇女和儿童先上救生艇。所以这也是个很重要的特征。

Age：乘客年龄。

SibSp：兄弟姐妹，伴侣人数。

Parch：父母人数。

Ticket：票号。

Fare：船票价格。

Cabin：乘客所在的船舱号。实际上这个特征和幸存与否有一定的关系，如最早被水淹没的船舱位置，其乘客的幸存概率要低一些。但由于这个特征有大量的丢失数据，而且没有更多的数据来对船舱进行归类，因此丢弃这个特征的数据。

Embarked：上船地点

输出量：

survived：是否生还(1-是，0-否)

3. 对数据集进行预处理

```
#删除缺失值过多的列,和观察判断来说和预测的 y 没有关系的列
data.drop(["Cabin","Name","Ticket"],inplace=True,axis=1)

#处理缺失值,对缺失值较多的列进行填补,有一些特征只确实一两个值,可以采取直接删除记录的方法
data["Age"] = data["Age"].fillna(data["Age"].mean()) data =
data.dropna()
#将分类变量转换为数值型变量

#将二分类变量转换为数值型变量
#astype 能够将一个 pandas 对象转换为某种类型,和 apply(int(x))不同,astype 可以将文本类转换为数字,用这个方式可以很便捷地将二分类特征转换为 0-1
data["Sex"] = (data["Sex"]== "male").astype("int")

#将三分类变量转换为数值型变量
labels = data["Embarked"].unique().tolist()
data["Embarked"] = data["Embarked"].apply(lambda x: labels.index(x))

#查看处理后的数据集
data.head()
```

处理后的数据集如图 15-7 所示。

	PassengerId	Survived	Pclass	Sex	Age	SibSp	Parch	Fare	Embarked
0	1	0	3	male	22.0	1	0	7.2500	S
1	2	1	1	female	38.0	1	0	71.2833	C
2	3	1	3	female	26.0	0	0	7.9250	S
3	4	1	1	female	35.0	1	0	53.1000	S
4	5	0	3	male	35.0	0	0	8.0500	S

图 15-7 处理后的数据集

4. 提取标签和特征矩阵,分测试集和训练集

```
X = data.iloc[:,data.columns != "Survived"]
y = data.iloc[:,data.columns == "Survived"]

from sklearn.model_selection import train_test_split
Xtrain,Xtest,Ytrain,Ytest = train_test_split(X,y,test_size=0.3)

#修正测试集和训练集的索引
for i in [Xtrain,Xtest,Ytrain,Ytest]:
    i.index = range(i.shape[0])

#查看分好的训练集和测试集
Xtrain.head()
```

代码结果图如图 15-8 所示。

	PassengerId	Survived	Pclass	Sex	Age	SibSp	Parch	Fare	Embarked
0	1	0	3	male	22.0	1	0	7.2500	S
1	2	1	1	female	38.0	1	0	71.2833	C
2	3	1	3	female	26.0	0	0	7.9250	S
3	4	1	1	female	35.0	1	0	53.1000	S
4	5	0	3	male	35.0	0	0	8.0500	S

图 15-8 分好的训练集和测试集

5. 导入模型,运行代码并查看结果

```
clf = DecisionTreeClassifier(random_state=25)
clf = clf.fit(Xtrain, Ytrain)
score_ = clf.score(Xtest, Ytest)
print("score_:", score_)
score = cross_val_score(clf, X, y, cv=10).mean()
print("score:", score)
```

显示:

```
score_:0.7350746268656716
score: 0.7778651685393257
```

显然效果不是太好,属于过拟合。下面进行前剪枝优化。

6. 在不同 max_depth 下观察模型的拟合状况

```
tr = []
te = []
for i in range(10):
    clf = DecisionTreeClassifier(random_state=25
                                 ,max_depth=i+1
                                 ,criterion="entropy"
                                 )
    clf = clf.fit(Xtrain, Ytrain)
    score_tr = clf.score(Xtrain, Ytrain)
    score_te = cross_val_score(clf, X, y, cv=10).mean()
    tr.append(score_tr)
    te.append(score_te)
print(max(te))
plt.plot(range(1,11), tr, color="red", label="train")
plt.plot(range(1,11), te, color="blue", label="test")
plt.xticks(range(1,11))
plt.legend()
plt.show()
```

#这里为什么使用“entropy”?因为在最大深度等于3时,模型拟合不足,在训练集和测试集上的表现接近,如图15-9所示,但却都不是非常理想,只能够达到82%左右,所以要使用“entropy”。

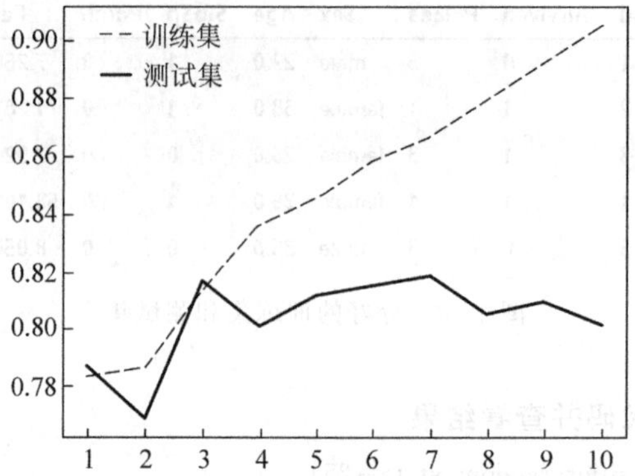

图 15-9　训练集和测试集

7. 用网格搜索调整参数

```
import numpy as np
gini_thresholds = np.linspace(0,0.5,20)

parameters = {'splitter':('best','random')
              ,'criterion':("gini","entropy")
              ,"max_depth":[*range(1,10)]
              ,'min_samples_leaf':[*range(1,50,5)]
              ,'min_impurity_decrease':[*np.linspace(0,0.5,20)]
              }

clf = DecisionTreeClassifier(random_state=25)
GS = GridSearchCV(clf,parameters,cv=10)
GS.fit(Xtrain,Ytrain)
print("best_params:")
bp=GS.best_params_
print(bp)
print("best_score:")
bs=GS.best_score_
print(bs)
```

结果：

best_params:
{'criterion':'entropy','max_depth': 5,'min_impurity_decrease': 0.0,'min_samples_leaf': 6,'splitter': 'best'}
best_score:
0.829979518689196

最终得到的参数最优值为 0.829979518689196。

15.4　决策树的优缺点

15.4.1　决策树的优点

易于理解和解释,因为树木可以画出来被看见；需要很少的数据准备。其他很多算法通常都需要数据规范化，需要创建虚拟变量并删除空值等。但请注意，sklearn 中的决策树模块不支持对缺失值的处理；使用树的成本（如在预测数据的时候）是用于训练树的数据点的数量的对数，相比于其他算法，这是一个很低的成本；能够同时处理数字和分类数据，既可以做回归又可以做分类。其他技术通常专门用于分析仅具有一种变量类型的数据集；能够处理多输出问题，即含有多个标签的问题，注意与一个标签中含有多种标签分类的问题区别开。

15.4.2 决策树的缺点

决策树学习者可能创建过于复杂的树，这些树不能很好地推广数据。这称为过拟合。修剪，设置叶节点所需的最小样本数或设置树的最大深度等机制是避免此问题所必需的，而这些参数的整合和调整对初学者来说会比较晦涩；决策树可能不稳定，数据中微小的变化可能导致生成完全不同的树，这个问题需要通过集成算法来解决；决策树的学习基于贪婪算法，它靠优化局部最优（每个节点的最优）来试图达到整体的最优，但这种做法不能保证返回全局最优决策树。这个问题也可以由集成算法来解决，在随机森林中，特征和样本会在分枝过程中被随机采样；有些概念很难学习，因为决策树不容易表达它们，例如，XOR、奇偶校验或多路复用器问题；如果标签中的某些类占主导地位，决策树学习者会创建偏向主导类的树。因此，建议在拟合决策树之前平衡数据集。

15.5 本章小结

决策树是一个类似于流程图的树结构，分别节点表示对一个特征进行测试，根据测试结果进行分类，树叶节点代表一个类别；其次详细介绍了决策树的分类参数和回归参数，简述决策树的优缺点；最后通过案例对决策树进行了学习。

习 题

1. 决策树的优缺点？
2. 构造决策树的步骤？
3. 在 ch15.01.ipynb 中，对数据的预处理有哪些是需要删除的数值？

第16章 集合算法

集合算法(ensemble)是一种元算法,被广泛运用于分类和回归任务。它的思想很简单:训练若干个个体分类器,通过一定的结合策略,可以集合成一个更强大的分类器,以达到博采众长的目的。也就是平时常说的"三个臭皮匠,顶个诸葛亮"的思想。

集合算法的优势在于:即使每个分类器都是弱分类器(意味着它仅比随机猜测好一点),通过集合依然可以实现一个强分类器(高准确率),只要有足够大数量并且足够多种类的弱分类器即可。需要注意的是,虽然从理论上来说弱分类器的集合足以得到好的性能,但在实践中还是建议使用比较强的分类器来集合。

集合算法的实现过程有两个主要问题需要解决:

(1) 如何得到若干个个体分类器。

(2) 如何选择一种结合策略,将这些个体学习器集合成一个强学习器。

16.1 理解集合算法

前面我们讲到,集合算法的第一个问题就是如何得到若干个个体分类器。这里我们有两种选择。

第一种就是所有的个体分类器都是同一种类的,或者说是同质的。如都是决策树个体分类器,或者都是神经网络个体分类器。第二种是所有的个体分类器不全是一个种类的,或者说是异质的。如有一个分类问题,对训练集采用支持向量机个体分类器,逻辑回归个体分类器和朴素贝叶斯个体分类器来学习,再通过某种结合策略来确定最终的强分类器。

目前来说,同质个体分类器的应用是最广泛的,一般常说的集合算法的方法都是指的同质个体分类器。而同质个体分类器使用最多的模型是 CART 决策树和神经网络。同质个体分类器按照个体分类器之间是否存在依赖关系可以分为两类,第一个是个体分类器之间存在强依赖关系,一系列个体分类器基本都需要串行生成,代表算法是 Boosting 系列算法,第二个是个体分类器之间不存在强依赖关系,一系列个体分类器可以并行生成,代表算法是 Bagging 和随机森林(Random forest)系列算法。下面就分别对这两类算法做一个简要的介绍。

16.1.1 Bagging

Bagging 是并行式集合算法的代表,它的名字来源于 Bootstrap Aggregating,在文献资料中有被翻译为套袋法、自助聚合法或是平均法,本书直接用英文 Bagging 来称呼。

Bagging 基于有放回采样(bootstrapping)思想,即给定包含 m 个样本的数据集,先随机从数据集中取出一个样本放入训练集中,再把该样本返回初始数据集,使得下次采样时该样本仍可以被选中。重复 $n(n \leqslant m)$ 次有放回地采样,就得到了一个包含 n 个样本的训练集,然后用这个训练集训练分类器。重复上述训练过程 T 次,得到 T 个分类器。

前面提到,集合算法需要确定的结合策略。Bagging 的策略是:当有新样本需要预测时,首先用 T 个分类器分别对样本进行预测,然后对分类问题采用简单投票法(少数服从多数),对回归问题采用简单平均法(求 T 个结果的平均值),最后得到一个预测结果。

在 scikit-learn 里,可以由 BaggingClassifier 和 BaggingRegressor 分别实现 Bagging 的分类和回归。

ch16.01.ipynb 代码训练了一个包含 20 个 k-近邻分类器的集合,其中每个 k-近邻分类器使用训练集中 50%的训练样本进行训练。

```
from sklearn.ensemble import BaggingClassifier
from sklearn.neighbors import KneighborsClassifier
    bag_clf = BaggingClassifier(KNeighborsClassifier(n_neighbors=5),
                                n_estimators=20, max_samples=0.5,
                                bootstrap=True, random_state=0)
```

简单介绍一下 BaggingClassifier 的几个参数:n_estimators 是基础估计器的个数,默认为 10,在例子中就是 k-近邻分类器的个数;max_samples 表示从训练集抽取的用来训练分类器的样本数量(或比例);max_features 表示用来训练分类器的特征数量(或比例)。

使用乳腺癌数据集作为样本数据,用 train_test_split()函数随机划分样本数据为训练集和测试集。

```
from sklearn.datasets import load_breast_cancer
from sklearn.model_selection import train_test_split

dataset = load_breast_cancer()
X = dataset.data
y = dataset.target
X_train, X_test, y_train, y_test = train_test_split(X, y, random_state=0)
```

用 fit()函数拟合数据,用 score()评估集合分类器的性能。

```
bag_clf.fit(X_train, y_train)                    # 拟合数据
bag_clf.score(X_test, y_test)                    # 获取分数(准确率)

out: 0.958041958041958
```

再训练一个单一的 k-近邻分类器作为对比,验证性能的提升。

```
knn = KNeighborsClassifier(n_neighbors=5)
knn.fit(X_train, y_train)
knn.score(X_test, y_test)

out: 0.9370629370629371
```

可以看到,用 Bagging 把 20 个 k-近邻分类器集合起来得到的分类器,比起单独的 k-近邻分类器,在测试集上的分数从 0.937 上升到 0.958。

16.1.2 Boosting

Boosting 是指一种可以将弱分类器提升为强分类器的算法。和 Bagging 一样,Boosting 有多种中文译法,例如,提升法、推进法和正向激励算法(该翻译最能反映算法原理的核心思想)。

Boosting 的核心思想是:给初始数据集的每个样本分配初始权重,用这个数据集训练出一个分类器后,根据分类器的表现来更新训练样本的权重,对预测错误的样本,增加其权重值,然后拿权重变化后的训练集来训练下一个分类器。以上过程重复 T 次,得到 T 个分类器。根据分类器训练的表现,Boosting 的分类器被赋予了不同的权重,即准确性高的分类器有更高的权重。在对新样本进行预测时,可以得到一个加权的强分类器。

要注意的是,虽然同属集合算法,但 Bagging 算法和 Boosting 算法有几点不同,Boosting 有点像 Bagging 的改进版本,加入了样本权重和分类器权重的概念。

Boosting 算法实现有很多种,其中最著名的是 AdaBoost 算法。在 scikit-learn 里由 AdaBoostClassifier 和 AdaBoostRegressor 分别实现分类和回归任务。

对 AdaBoost 算法,下面也给出一个简单的例子,还是用到乳腺癌数据集。

```
from sklearn.ensemble import AdaBoostClassifier
boost = AdaBoostClassifier(n_estimators=500,random_state=0)
```

简单介绍一下 AdaBoostClassifier 的几个参数:base_estimator 是构建增强集成的基础分类器,默认值为 None,即选择决策树分类器;n_estimators 为终止 Boosting 的分类器的最大数量。

后面的步骤和 Bagging 的例子相似。

```
X_train,X_test,y_train,y_test = train_test_split(X,y,random_state=0)
boost.fit(X_train,y_train)
boost.score(X_test,y_test)
out: 0.972027972027972
```

Bagging 和 Boosting 的示例代码可参照随书代码 ch16.01.ipynb。

16.2 随机森林

随机森林是一种特殊的 Bagging 算法,在 Bagging 的基础上更进一步,对特征也使用随机采样。随机森林的名称中有两个关键词,一个是"随机",另一个就是"森林"。"森林"很好理解,多棵决策树集合起来就是一片森林了。"随机"指的是两个随机过程(采样),下面会详细介绍。

假设有一个包含 m 个样本、n 个特征的原始数据集,概括随机森林的工作原理如下:对原始数据集采用有放回的采样,经过 m 次采样,得到一个有 m 个样本的训练集(训练集里可能有重复样本)。对特征采用无放回的采样,从 n 个特征里抽取 k 个特征作为输入特征。在有 m 个样本,k 个特征的新数据集上构建一棵决策树。重复以上过程 T 次,得到 T 棵决策树。

得到 T 棵决策树后，需要确定一个结合策略。随机森林的结合策略和 Bagging 类似：如果是分类问题，采用简单投票法（少数服从多数），取单棵决策树分类结果最多的类别作为分类结果；如果是回归问题，采用简单平均法，即取 T 棵决策树预测结果的平均值为预测结果。

尽管随机森林的原理很简单，但它是迄今可用的最强大的机器学习算法之一，有着许多令人瞩目的优点，例如：

(1) 两个随机过程的引入，使得随机森林不容易陷入过拟合。

(2) 在当前的很多数据集上，相对其他算法有着很大的优势，两个随机过程的引入，使得随机森林具有很好的抗噪声能力。

(3) 实现比较简单，容易做成并行化方法。

16.2.1 理解决策树的不足

决策树是很经典的机器学习算法，它易于理解和解释、易于使用、运行速度快、用途广泛且功能强大。但是，它也存在着缺陷。

用一个简单的例子来说明决策树的过拟合风险。首先用 make_moons()函数生成一个卫星数据集，这是一个用于二元分类的小数据集，其中数据点的形状为两个交织的半圆。选择生成 100 个样本，并为数据集添加标准方差为 0.3 的噪声。添加噪声的目的是让决策树忽略点的整体排列，转而关注数据中的噪声，这样就能很好地展示决策树的过拟合。

```
from sklearn.datasets import make_moons
X, y = make_moons(n_samples=100, noise=0.3, random_state=100)
```

用 plt.scatter()函数让数据集可视化，用红色圆点和蓝色正方形分别表示两个类别，以示区分，卫星数据集的最终效果如图 16-1 所示。

```
%matplotlib inline
import matplotlib.pyplot as plt
plt.figure(figsize=(12,8))
for i in range(0,99):
    if y[i] == 0:
        plt.scatter(X[i:i+1,0],X[i:i+1,1],c='r',s=100,
marker='o',cmap='cool');
    if y[i] == 1:
        plt.scatter(X[i:i+1,0],X[i:i+1,1],c='b',s=100,
marker='s',cmap='cool');
```

用 train_test_split()函数把数据集划分为训练集和测试集，划分比例是 75%：25%。

```
from sklearn.model_selection import train_test_split
X_train, X_test, y_train, y_test = train_test_split(X, y, random_state=0)
```

下面定义 plot_decision_boundary()，该函数用于画出决策树的决策边界。该函数比较复杂，可以分为几个步骤，在代码里给出了注释。

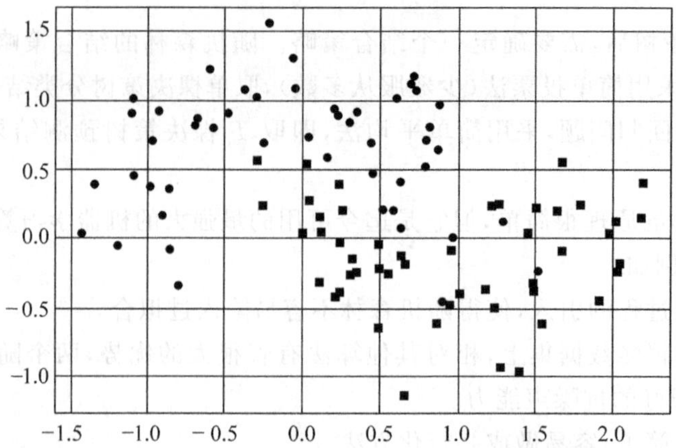

图 16-1 卫星数据集的最终效果(见文前彩图)

```
import numpy as np
def plot_decision_boundary(clf, X_test, y_test):
    # 建立一个在(x_min, y_min)和(x_max, y_max)之间的数据点的二维网格
    h = 0.02                                         # 网格的步长
    x_min, x_max = X_test[:, 0].min() - 1, X_test[:, 0].max() + 1
    y_min, y_max = X_test[:, 1].min() - 1, X_test[:, 1].max() + 1
    # np.meshgrid()函数,生成网格点坐标矩阵(mesh 状网格)
    xx, yy = np.meshgrid(np.arange(x_min, x_max, h),
                         np.arange(y_min, y_max, h))
    # 对网格中的每个数据点进行分类
    X_hypo = np.c_[xx.ravel().astype(np.float32),
                   yy.ravel().astype(np.float32)]
    z = clf.predict(X_hypo)
    z = z.reshape(xx.shape)
    # 使用预测的目标特征(z)对决策结构上色
    # plt.contourf()可以为轮廓线填充颜色,plt.cm.coolwarm 表示颜色为冷暖色
    plt.contourf(xx, yy, z, cmap=plt.cm.coolwarm, alpha=0.8)
    for i in range(0, 24):
        if y_test[i] == 0:
            plt.scatter(X_test[i:i+1, 0], X_test[i:i+1, 1], c='r',
s=100, marker='o', cmap='cool');
        if y_test[i] == 1:
            plt.scatter(X_test[i:i+1, 0], X_test[i:i+1, 1], c='b',
s=100, marker='s', cmap='cool');
```

接下来使用 for 循环,完成不同最大深度的决策树的拟合。

```
from sklearn.tree import DecisionTreeClassifier
plt.figure(figsize=(16, 12))
for depth in range(1, 10):
    plt.subplot(3, 3, depth)
    clf = DecisionTreeClassifier(max_depth=depth)
    clf.fit(X, y)
    plot_decision_boundary(clf, X_test, y_test)
    plt.axis('off')                                  # 取消坐标轴
    plt.title('depth = %d' % depth)
```

如图 16-2 所示，得到了不同深度决策树的决策边界。从图上可以看出，随着不断构建越来越深的决策树，得到的决策区域形状就越奇怪，如第二行和第三行的子图里那些又细又窄的区域。实际上，这些区域是受到了数据集里的噪声的影响，而不是潜在的数据分布特征，数据集是两个交织的半圆，不应该出现这样的决策边界。很明显，最大深度的增加使决策树对数据过拟合，更接近真实数据分布的应该是深度＝3 的树。

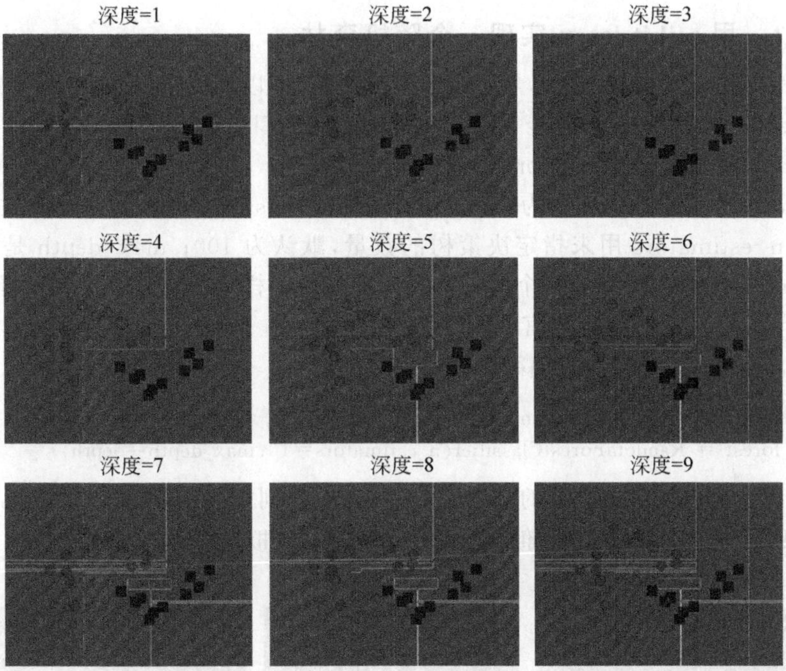

图 16-2 不同深度决策树的决策边界(见文前彩图)

除了过拟合之外，决策树还有一个缺陷——不稳定性。可以用一个简单的例子来说明决策树的不稳定性。

决策树喜欢正交的决策边界，即所有分割线都垂直于轴，这导致它对训练集的旋转敏感，如图 16-3 所示的决策树的不稳定性就显示了这种敏感性。图 16-3 显示了一个简单的线性可分离数据集，用不同的颜色和形状表示两个类别。图 16-3(a)，决策树用一条竖直的决策边界轻松地对其进行划分；而图 16-3(b)，数据集旋转了 45°，但决策边界变得复杂了，没有和数据集一样旋转 45°，这样的复杂是没有必要的。

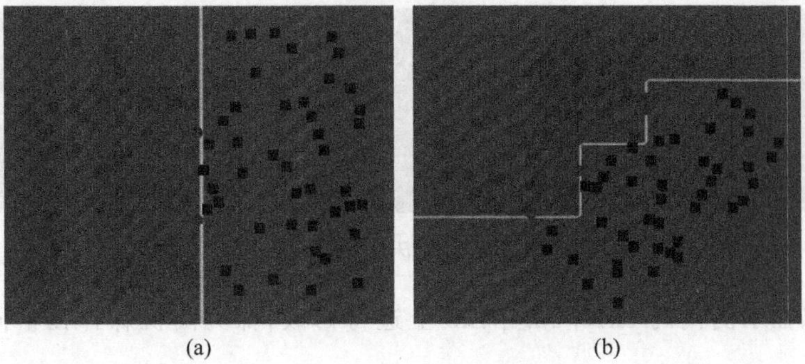

图 16-3 决策树的不稳定性

图 16-3 的例子是决策树不稳定性的一个缩影，更进一步说，决策树的不稳定性是对数据的微小变化的敏感，训练数据的微小变化可能会导致生成完全不同的树。

前面提过，随机森林有两个随机过程，即输入数据的随机抽取(有放回)和特征的随机抽取(无放回)。这两个随机过程使得随机森林在很大程度上弥补了决策树的不足。

以上示例代码可参照随书代码 ch16.02.ipynb。

16.2.2 用 scikit-learn 实现一个随机森林

随机森林是决策树的集合，在 scikit-learn 里，可以用 Bagging 训练：先构建一个 BaggingClassifier，然后将其传输到 DecisionTreeClassifier。更简单的方法是用 RandomForestClassifier 和 RandomForestRegressor 类。

以 RandomForestClassifier 为例，RandomForestClassifier 提供了多个参数来设置随机森林，例如，n_estimators 用来指定决策树的数量，默认为 100；max_depth 是树的最大深度；min_samples_split 是分裂一个内部节点所需的最小样本数。读者若想获得更详细的介绍，可以自行访问 scikit-learn 的官方网站。

以下代码就建立了一个随机森林，十分简单。

```
from sklearn.ensemble import RandomForestClassifier
random_forest = RandomForestClassifier(n_estimators=10, max_depth=depth)
```

在示例代码 ch16.02.ipynb 的基础上略作修改，得到如图 16-4 所示的随机森林的决策边界，与图 16-2 对比，可以看出，随机森林对决策树的过拟合有很好的改善。

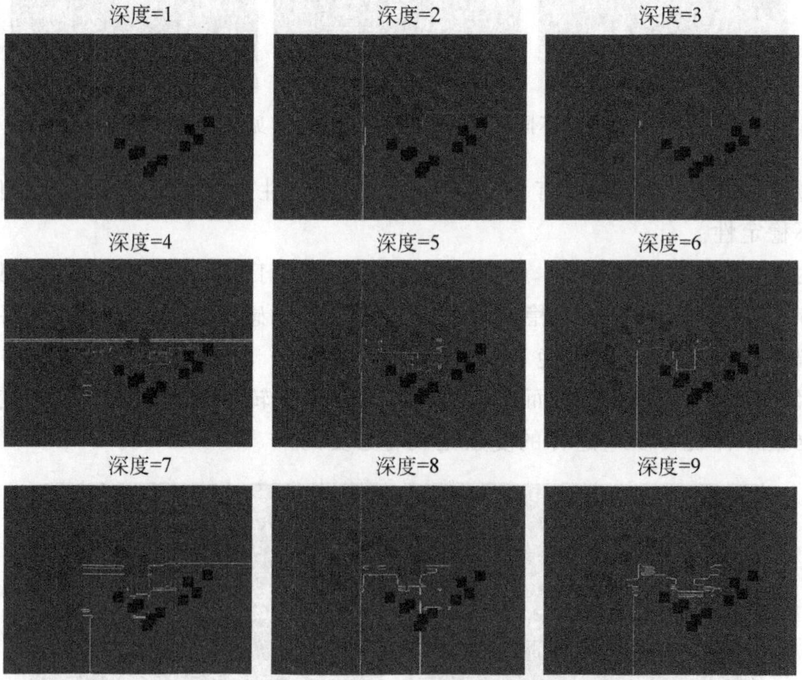

图 16-4 随机森林的决策边界(见文前彩图)

读者可以在示例代码 ch16.03.ipynb 上进行修改，探究随机森林在不同数据集上的表现。

16.3 预测泰坦尼克号幸存者

泰坦尼克号是1912年沉没的一艘巨型游轮，读者应该不陌生。可以使用随机森林来预测泰坦尼克号上的哪些乘客可能是幸存者。

泰坦尼克号乘客的数据集来自Kaggle官方网站。Kaggle是一个流行的数据科学竞赛平台，如果读者想在机器学习领域有更深入的学习，想必会和这个平台有很多接触。数据集包含两个文件，train.csv和test.csv，分别是训练数据集和测试数据集。

16.3.1 数据分析

train.csv包括891个训练样本，每个样本有12个特征。在使用训练数据集之前，需要先分析特征，知道哪些特征是有效的，对无效项和丢失项进行清理。下面是对特征的介绍和分析：

Survived：样本标签，0表示遇难，1表示幸存。

PassengerId：乘客的编号，这个特征仅用来标识乘客，和学生的学号一样，对乘客幸存与否没有影响，可以去除。

Pclass：船舱等级，现实中的泰坦尼克号上，高等级船舱的乘客生还率更高，所以这是一个很重要的特征。1表示头等舱，2表示二等舱，3表示三等舱。

Name：乘客的名字，和结果无关，可以丢弃。

Sex：乘客的性别，这也是一个重要的特征。在组织逃生时，泰坦尼克号上实行"妇女儿童优先"的规则，乘客中的妇女儿童有69%活了下来，而男乘客只有17%得以生还。需要把性别转换为数值型数据。

Age：乘客的年龄，儿童优先上救生艇，青壮年幸存的可能性比老年人高。

SibSp：同船上兄弟姐妹和配偶的数量。

Parch：同船上父母和孩子的数量。

Ticket：乘客的船票号码，这个特征对结果没有影响，丢弃。

Fare：乘客的船票价格。

Cabin：乘客所在的船舱号，这个特征的缺失值太多，有效值仅有204个，因此丢弃这个特征。

Embarked：乘客登船的港口，C代表Cherbourg，Q代表Queenstown，S代表Southampton。该特征和乘客幸存与否是有关的，在不同的港口上船，生还率不同，C最高，Q次之，S最低，需要把港口数据转换为数值型数据。

以下是对train.csv做的一些预处理：

(1) 提取Survived列作为样本的标签。

(2) 从数据集中移除不需要的特征。

(3) 对部分数据进行转换，便于模型处理。如性别，可以用0和1表示。

(4) 处理缺失数据。

用Pandas可以完成数据预处理。

```
def preprocessing_data(name):
    # 指定第一列作为行索引
    data = pd.read_csv(name,index_col=0)
    # 删除无用的数据,axis=1 表示删除列数据
    data.drop(['Name','Ticket','Cabin'],axis=1,inplace=True)
    # 处理性别数据,用 0 和 1 表示性别,0 为女,1 为男
    data['Sex'] = (data['Sex'] == 'male').astype('int')
    # 把登船港口数据转化为数值型数据,用 0、1、2 表示
    labels = data['Embarked'].unique().tolist()
    data['Embarked'] = data['Embarked'].apply(lambda n: labels.index(n))
    # 处理缺失数据
    data = data.fillna(0)# 用 0 来填充缺失值
    return data
train = preprocessing_data('train.csv')
```

完成了数据的预处理后,可以用 Pandas 的 head()函数读取数据,处理完的数据样本(前 10 行)如图 16-5 所示。

```
train.head(n=10)                        # n 表示输出的行数
```

PassengerId	Survived	Pclass	Sex	Age	SibSp	Parch	Fare	Embarked
1	0	3	1	22.0	1	0	7.2500	0
2	1	1	0	38.0	1	0	71.2833	1
3	1	3	0	26.0	0	0	7.9250	0
4	1	1	0	35.0	1	0	53.1000	0
5	0	3	1	35.0	0	0	8.0500	0
6	0	3	1	0.0	0	0	8.4583	2
7	0	1	1	54.0	0	0	51.8625	0
8	0	3	1	2.0	3	1	21.0750	0
9	1	3	0	27.0	0	2	11.1333	0
10	1	2	0	14.0	1	0	30.0708	1

图 16-5 样本数据(前 10 行)

16.3.2 模型训练

需要把 Survived 列提取出来作为样本标签,并把数据集中的 Survived 列移除。然后用 train_test_split()函数把数据集分成训练集和交叉验证集,划分比例是 8:2。

```
from sklearn.model_selection import train_test_split

y = train['Survived'].values
X = train.drop(['Survived'],axis=1).values

X_train,X_test,y_train,y_test = train_test_split(X,y,test_size=0.2)
```

调用 scikit-learn 的随机森林模型拟合数据。RandomForestClassifier 的参数不设置,使用默认值。

```
# 用随机森林拟合训练数据
from sklearn.ensemble importRandomForestClassifier

clf = RandomForestClassifier(random_state=50)
```

```
# 把随机种子设置为同一数值才能对比参数优化前后的得分
clf.fit(X_train, y_train)
train_score = clf.score(X_train, y_train)
test_score = clf.score(X_test, y_test)
print('train score: {0}; test score: {1}'.format(train_score, test_score))
```

得到结果为(读者计算机输出的结果可能和笔者的不同)。

```
train score: 0.9859550561797753; test score: 0.8044692737430168
```

从输出结果中可以看出,模型在训练集上得分很高,但在交叉验证集上的得分一般,这表示模型存在过拟合的问题。或许有读者认为随机森林不会有过拟合的问题,这种想法是不对的,任何机器学习算法都无法彻底避免过拟合。

可以尝试对模型参数优化,看看能不能让模型在交叉验证集上的得分提高一些,以改善过拟合的问题。

16.3.3 模型参数优化

应该怎样优化参数呢?或许有人想要手动修改参数,一个个地试,然后找出最优参数。这种方法就太烦琐了,在 scikit-learn 里有简单的方法。scikit-learn 提供了一个调优神器:GridSearcherCV(),它使用交叉验证的方式,对某一分类器,可以制定想要调参的名称和数值,作为一个字典传入这个函数,然后它就会告诉你最佳的参数组合。(其实就是通过遍历的方式)

```
from sklearn.model_selection import GridSearchCV

# Set the parameters by cross-validation
param_grid = [{'max_depth':range(8,12),'n_estimators':range(100,200,25),
               'min_samples_split':range(2,4,1)}]

clf_s = GridSearchCV(RandomForestClassifier(random_state=50),param_grid, cv=5, return_train_
score=True)
clf_s.fit(X, y)
print("best param: {0}\nbest score: {1}".format(clf_s.best_params_,
                                                 clf_s.best_score_))
```

这里要注意一点,参数优化中调用 RandomForestClassifier()函数时,要把随机种子 random_state 的值设置为和模型训练阶段一样的值(笔者设置为 50)。如果不把 random_state 设置为相同值,那么每次模型运行的结果都不同,无法比较参数优化前后的模型性能。

得到结果如下:

```
best param: {'max_depth': 11,'min_samples_split': 2,'n_estimators': 125}
best score: 0.8294394576611637
```

根据 GridSearcherCV()得到的最佳参数组合,训练随机森林模型。

```
clf_better = RandomForestClassifier(n_estimators=125, max_depth=11,
min_samples_split=2, random_state=50)
clf_better.fit(X_train, y_train)
train_score = clf_better.score(X_train, y_train)
```

```
test_score = clf_better.score(X_test,y_test)
print('train score: {0}; test score: {1}'.format(train_score,test_score))
```

得到结果如下：

```
train score: 0.9648876404494382; test score: 0.8435754189944135
```

相比于之前的结果，过拟合得到了有效的缓解。本节的代码参考示例代码 ch16.04.ipynb。

16.4 本章小结

本章讨论了集合算法，即组合多种分类器为一个集合来提高性能。本章首先讲解了集合算法的原理，介绍了两种集合算法——Bagging 和 Boosting，并提供了简单的示例。然后重点介绍了本章的主要内容——随机森林，通过介绍决策树的不足告诉读者随机森林的优势所在，并用 scikit-learn 实现了一个简单的随机森林。最后，向读者展示了用随机森林解决预测泰坦尼克号幸存者的问题。

习 题

1. Bagging 和 Boosting 有哪些不同之处？
2. 决策树有哪些不足？为什么用随机森林可以弥补决策树的不足？
3. 尝试修改示例代码 ch16.04.ipynb 中的模型参数优化部分，增加别的参数，或是修改参数遍历的范围，看看能不能提高模型的得分。

第17章 支持向量机

支持向量机(support vector machine,SVM)是有监督学习算法的一种,用于解决数据挖掘或模式识别领域中数据分类问题。它是一种有监督学习方法,即已知训练点的类别,求训练点和类别之间的对应关系,以便将训练集按照类别分开,或者是预测新的训练点所对应的类别。

17.1 理论基础

SVM 算法即寻找一个分类器使得超平面和最近的数据点之间的分类边缘(超平面和最近的数据点之间的间隔)最大,对于 SVM 算法通常认为分类边缘越大,平面越优,通常定义具有"最大间隔"的决策面就是 SVM 要寻找的最优解。并且最优解对应两侧虚线要穿过的样本点,称为"支持向量"。其处理的基本思路为: 把问题转化为一个凸二次规划问题,可以用运筹学有关思想进行求解:

(1) 在线性 SVM 算法中,目标函数显然就是那个"分类隔",使分类间隔最大。

(2) 约束条件即决策面,通常需要满足三个条件: ①确定决策面使其正确分类; ②决策面在间隔区域的中轴线; ③如何确定支持向量。因此求解 SVM 问题即转化为求解凸二次规划的最优化问题。

SVM 就是用来分割数据点的那个分割面,它的位置是由支持向量确定的(如果支持向量发生了变化,往往分割面的位置也会随之改变),因此这个面就是一个支持向量确定的分类器,即 SVM。

线性可分数据的二值分类机理: 系统随机产生一个超平面并移动它,直到训练集中属于不同类别的样本点正好位于该超平面的两侧。显然,这种机理能够解决线性分类问题,但不能够保证产生的超平面是最优的。SVM 建立的分类超平面能够在保证分类精度的同时,使超平面两侧的空白区域最大化,从而实现对线性可分问题的最优分类。

SVM 的主要思想是: 建立一个最优决策超平面,使得该平面两侧距平面最近的两类样本之间的距离最大化,从而对分类问题提供良好的泛化力(推广能力)。

支持向量: 则是指训练集中的某些训练点,这些点最靠近分类决策面,是最难分类的数据点。

17.2 核方法

17.2.1 使用核方法的目的

在线性 SVM 中转化为最优化问题时求解的公式计算都是以内积(dotproduct)形式出现的,其中 $\Phi(X)$是把训练集中的向量点转化到高维的非线性映射函数,因为内积的算法复杂度非常大,所以利用核函数来取代计算非线性映射函数的内积。

以下核函数和非线性映射函数的内积等同,但核函数 K 的运算量要远少于求内积。

$$K(\boldsymbol{X}_i,\boldsymbol{X}_j)=\boldsymbol{\varphi}(\boldsymbol{X}_i)\cdot\boldsymbol{\varphi}(\boldsymbol{X}_j) \tag{17-1}$$

17.2.2 常用的核函数

h 度多项式核函数(polynomial kernel of degree h)

$$K(\boldsymbol{X}_i,\boldsymbol{X}_j)=(\boldsymbol{X}_i,\boldsymbol{X}_j+1)^h \tag{17-2}$$

高斯径向基核函数(Gaussian radial basis function kernel)

$$K(\boldsymbol{X}_i,\boldsymbol{X}_j)=e^{-\|X_i,X_j\|^2/2\sigma^2} \tag{17-3}$$

S 型核函数(Sigmoid function kernel)

$$K(\boldsymbol{X}_i,\boldsymbol{X}_j)=\tanh(k\boldsymbol{X}_i\cdot\boldsymbol{X}_j-\delta) \tag{17-4}$$

一般根据以下两种情况来选使用的核函数:一是根据先验知识,如图像分类,通常使用高斯径向基核函数(RBF),文字不使用 RBF。二是使用交叉验证的方法尝试不同的核函数,误差最小的即为效果最好的核函数,或者也可以将多个核函数结合起来,形成混合核函数。

17.2.3 核函数举例

假设定义两个向量:$\boldsymbol{x}=(x_1,x_2,x_3)$,$\boldsymbol{y}=(y_1,y_2,y_3)$

定义升维方程:$\boldsymbol{\phi}(\boldsymbol{x})=(x_1x_1,x_1x_2,x_1x_3,x_2x_1,x_2x_2,x_2x_3,x_3x_1,x_3x_2,x_3x_3)$

定义核函数:$K(\boldsymbol{x},\boldsymbol{y})=(\langle\boldsymbol{x},\boldsymbol{y}\rangle)^2$

其中$\langle\boldsymbol{x},\boldsymbol{y}\rangle$表示内积。

假设 $\boldsymbol{x}=(1,2,3)$,$\boldsymbol{y}=(4,5,6)$,然后不用核函数,直接求内积:

$\boldsymbol{\phi}(\boldsymbol{x})=(1,2,3,2,4,6,3,6,9)$

$\boldsymbol{\phi}(\boldsymbol{y})=(16,20,24,20,25,36,24,30,36)$

$\langle\boldsymbol{\phi}(\boldsymbol{x}),\boldsymbol{\phi}(\boldsymbol{y})\rangle=16+40+72+40+100+180+72+180+324=1024$

使用核函数:$K(\boldsymbol{x},\boldsymbol{y})=(4+10+18)^2=32^2=1024$

从中可以看到同样的结果,使用 kernel 方法计算容易很多。而这只是九维的情况,如果维度更高,那么直接求内积的方法运算复杂度会非常大。

所以使用核函数的意义在于:

(1) 将向量的维度从低维映射到高维;

(2) 降低运算复杂度。

17.3 SVM的使用

17.3.1 参数的设置

SVC　class sklearn.svm.SVC(C=1.0, kernel='rbf', degree=3, gamma='auto', coef0=0.0, shrinking=True, probability=False, tol=0.001, cache_size=200, class_weight=None, verbose=False, max_iter=-1, decision_function_shape='ovr', random_state=None)

C：惩罚系数，用来控制损失函数的惩罚系数，类似于 LR 中的正则化系数。C 越大，相当于惩罚松弛变量，希望松弛变量接近 0，即对误分类的惩罚增大，趋向于对训练集全分对的情况，这样会出现训练集测试时准确率很高，但泛化能力弱，容易导致过拟合。C 值小，对误分类的惩罚减小，容错能力增强，泛化能力较强，但也可能欠拟合。

kernel：算法中采用的核函数类型，核函数是用来将非线性问题转化为线性问题的一种方法。参数选择有 RBF、Linear、Poly、Sigmoid、precomputed 或者自定义一个核函数，默认的是“RBF”，即径向基核，也就是高斯核函数；而 Linear 指的是线性核函数，Poly 指的是多项式核，Sigmoid 指的是双曲正切函数 tanh 核。

degree：当指定 kernel 为“poly”时，表示选择的多项式的最高次数，默认为三次多项式；若指定 kernel 不是“poly”，则忽略，即该参数只对“poly”有用。（多项式核函数是将低维的输入空间映射到高维的特征空间）

gamma：核函数系数，该参数是 rbf，poly 和 sigmoid 的内核系数；默认是“auto”，那么将会使用特征位数的倒数，即 1/n_features（即核函数的带宽，超圆的半径）。gamma 越大，σ 越小，使得高斯分布又高又瘦，造成模型只能作用于支持向量附近，可能导致过拟合；反之，gamma 越小，σ 越大，高斯分布会过于平滑，在训练集上分类效果不佳，可能导致欠拟合。

coef0：核函数常数值（$y=kx+b$ 中的 b 值），只有“poly”和“sigmoid”核函数有，默认值是 0。

shrinking：是否进行启发式。如果能预知哪些变量对应着支持向量，则只要在这些样本上训练就够了，其他样本可不予考虑，这不影响训练结果，但降低了问题的规模并有助于迅速求解。进一步，如果能预知哪些变量在边界上（即 $a=C$），则这些变量可保持不动，只对其他变量进行优化，从而使问题的规模更小，训练时间大大降低。这就是 Shrinking 技术。Shrinking 技术基于这样一个事实：支持向量只占训练样本的少部分，并且大多数支持向量的拉格朗日乘子等于 C。

所有类的 weight 为 1。“balanced”模式使用 y 值自动调整权重，调整方式是与输入数据中类频率成反比。如 n_samples/(n_classes * np.bincount(y))。（给每个类别分别设置不同的惩罚参数 C，如果没有给，则会给所有类别都给 $C=1$，即前面参数指出的参数 C。如果给定参数“balance”，则使用 y 的值自动调整与输入数据中的类频率成反比的权重。）

verbose：是否启用详细输出。在训练数据完成之后，会把训练的详细信息全部输出打印出来，可以看到训练了多少步，训练的目标值是多少；但是在多线程环境下，由于多个线程会导致线程变量通信困难，因此 verbose 选项的值就是出错，所以多线程下不要使用该参数。

max_iter：最大迭代次数，默认是－1，即没有限制。这个是硬限制，它的优先级要高于tol参数，不论训练的标准和精度达到要求没有，都要停止训练。

decision_function_shape：原始的SVM只适用于二分类问题，如果要将其扩展到多分类，就要采取一定的融合策略，这里提供了三种选择。“ovo”一对一，即将类别两两之间进行划分，用二分类的方法模拟多分类的结果，决策所使用的返回的是(样本数，类别数)*(类别数－1)/2)；“ovr”一对多，即一个类别与其他类别进行划分，返回的是(样本数，类别数)，或者None，就是不采用任何融合策略。默认是ovr，因为此种效果要比ovo略好一点。

random_state：在使用SVM训练数据时，要先将训练数据打乱顺序，用来提高分类精度，这里就用到了伪随机序列。如果该参数给定的是一个整数，则该整数就是伪随机序列的种子值；如果给定的就是一个随机实例，则采用给定的随机实例来进行打乱处理；如果什么都没给，则采用默认的np.random实例来处理。

NuSVC class sklearn.svm.NuSVC(nu=0.5, kernel='rbf', degree=3, gamma='auto', coef0=0.0, shrinking=True, probability=False, tol=0.001, cache_size=200, class_weight=None, verbose=False, max_iter=－1, decision_function_shape='ovr', random_state=None)

nu：训练误差部分的上限和支持向量部分的下限，取值在(0,1)之间，默认是0.5。

LinearSVC class sklearn.svm.LinearSVC(penalty='l2', loss='squared_hinge', dual=True, tol=0.0001, *C*=1.0, multi_class='ovr', fit_intercept=True, intercept_scaling=1, class_weight=None, verbose=0, random_state=None, max_iter=1000)

penalty：正则化参数，L1和L2两种参数可选，仅LinearSVC有。

loss：损失函数，有“hinge”和“squared_hinge”两种可选，前者又称L1损失，后者称为L2损失，默认是“squared_hinge”，其中hinge是SVM的标准损失，squared_hinge是hinge的平方。

dual：是否转化为对偶问题求解，默认是True。

tol：残差收敛条件，默认是0.0001，与LR中的一致。

C：惩罚系数，用来控制损失函数的惩罚系数，类似于LR中的正则化系数。

multi_class：负责多分类问题中分类策略制定，有“ovr”“crammer_singer”两种参数值可选，默认值“ovr”，“ovr”的分类原则是将待分类中的某一类当作正类，其他全部归为负类，通过这样求取得到每个类别作为正类时的正确率，取正确率最高的那个类别为正类。“crammer_singer”是直接针对目标函数设置多个参数值，最后进行优化，得到不同类别的参数值大小。

fit_intercept：是否计算截距，与LR模型中的意思一致。

class_weight：与其他模型中参数含义一样，也是用来处理不平衡样本数据的，可以直接以字典的形式指定不同类别的权重，也可以使用balanced参数值。

verbose：是否冗余，默认是False。

random_state：随机种子。

max_iter：最大迭代次数，默认是1000。

下面有两个例子，展示给大家。

由于SVM算法本身的实现非常复杂，所以不研究如何实现SVM，而是采用sklearn库来学习SVM的应用问题。参考ch17.01.ipynb。

```
# sklearn 库中导入 svm 模块
from sklearn import svm

# 定义三个点和标签
X = [[2,0],[1,1],[2,3]]
y = [0,0,1]
# 定义分类器,clf 意为 classifier,是分类器的传统命名
clf = svm.SVC(kernel = 'linear')          # .SVC()就是 SVM 的方程,参数 kernel 为线性核函数
# 训练分类器
clf.fit(X,y)  # 调用分类器的 fit 函数建立模型(即计算出划分超平面,且所有相关属性都保存在了分类器 cls 里)
# 打印分类器 clf 的一系列参数
print(clf)
# 支持向量
print(clf.support_vectors_)
# 属于支持向量的点的 index
print(clf.support_)
# 在每一个类中有多少个点属于支持向量
print(clf.n_support_)
# 预测一个新的点
print(clf.predict([[2,0]]))
```

可以得出结果如下：

```
[[1. 1.]
[2. 3.]]
# 属于支持向量的点的 index
[1 2]
# 在每一个类中有多少个点属于支持向量
[1 1]
# 预测一个新的点
[0]
```

随后按以下代码学习 SVM 的应用问题,可以查看 ch17.02.ipynb。

```
# 导入相关的包
import numpy as np
import pylab as pl                        # 绘图功能
from sklearn import svm

# 创建 40 个点
np.random.seed(0)                         # 让每次运行程序生成的随机样本点不变
# 生成训练实例并保证是线性可分的
# np._r 表示将矩阵在行方向上进行相连
# random.randn(a,b)表示生成 a 行 b 列的矩阵,且随机数服从标准正态分布
# array(20,2) - [2,2] 相当于给每一行的两个数都减去 2
X = np.r_[np.random.randn(20,2) - [2,2],np.random.randn(20,2) + [2,2]]
# 两个类别 每类有 20 个点,Y 为 40 行 1 列的列向量
Y = [0] * 20 + [1] * 20
```

```
# 建立 svm 模型
clf = svm.SVC(kernel='linear')
clf.fit(X, Y)
# 获得划分超平面
# 划分超平面原方程: w0x0 + w1x1 + b = 0
# 将其转化为点斜式方程,并把 x0 看作 x,x1 看作 y,b 看作 w2
# 点斜式: y = -(w0/w1)x - (w2/w1)
w = clf.coef_[0]                           # w 是一个二维数据,coef 就是 w = [w0,w1]
a = -w[0] / w[1]                           # 斜率
xx = np.linspace(-5,5)                     # 从 -5 到 5 产生一些连续的值(随机的)
# .intercept[0] 获得 bias,即 b 的值,b / w[1] 是截距
yy = a * xx - (clf.intercept_[0]) / w[1] # 代入 x 的值,获得直线方程

# 画出和划分超平面平行且经过支持向量的两条线(斜率相同,截距不同)
b = clf.support_vectors_[0]                # 取出第一个支持向量点
yy_down = a * xx + (b[1] - a * b[0])
b = clf.support_vectors_[-1]               # 取出最后一个支持向量点
yy_up = a * xx + (b[1] - a * b[0])

# 查看相关的参数值
print("w: ",w)
print("a: ",a)
print("support_vectors_: ",clf.support_vectors_)
print("clf.coef_: ",clf.coef_)
```

在 scikit-learin 中,coef_ 保存了线性模型中划分超平面的参数向量。形式为(n_classes,n_features)。若 n_classes > 1,则为多分类问题,(1,n_features) 为二分类问题。

```
# 绘制划分超平面,边际平面和样本点
pl.plot(xx,yy,'k-')
pl.plot(xx,yy_down,'k--')
pl.plot(xx,yy_up,'k--')
# 圈出支持向量
pl.scatter(clf.support_vectors_[:,0],clf.support_vectors_[:,1],s=80,facecolors='none')
pl.scatter(X[:,0],X[:,1],c=Y,cmap=pl.cm.Paired)
pl.axis('tight')
pl.show()
```

最终求得的结果如下。

```
w: [0.90230696 0.64821811]
a: -1.391980476255765
#斜率
support_vectors_: [[-1.02126202  0.2408932 ]
[-0.46722079 -0.53064123]
[ 0.95144703  0.57998206]]
clf.coef_: [[0.90230696 0.64821811]]
#参数向量
```

得到划分超平面图像如图 17-1 所示。

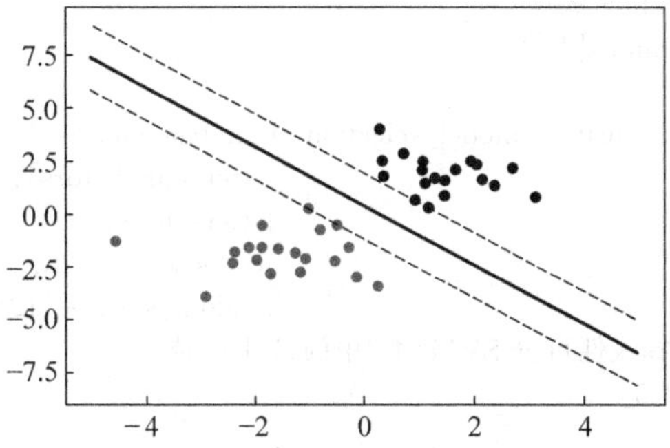

图 17-1 划分超平面

17.3.2 分类和预测

分类问题的解决：当一个用户在设备中写入某个字母后，该设备就需要准确地识别并返回写入字母的实际值。很显然，这是一个分类问题，即根据写入字母的特征信息（如字母的宽度、高度、边际等）去判断其属于哪一种字母。该数据集一共包含 20000 个观测和 17 个变量，其中变量 letter 为因变量，具体的值就是 20 个英文字母。接下来利用 SVM 模型对该数据集的因变量做分类判断。

首先使用线性可分 SVM 对手体字母数据集建模，由于该模型会受到惩罚系数 C 的影响，故应用交叉验证的方法，从给定的几种 C 值中筛选出一个相对合理的，代码如下（可参考 ch17.03.ipynb）：

```
# 导入第三方模块
from sklearn import svm
import pandas as pd
from sklearn import model_selection
from sklearn import metrics
# 读取外部数据
letters = pd.read_csv(r'letterdata.csv')
# 读取的数据前 5 行，如表 17-1 所示。
print(letters.head())
```

表 17-1 读取的数据前 5 行

	letter	xbox	ybox	width	height	onpix	xbar	ybar	x2bar	y2bar	xybar	x2ybar	xy2bar	xedge	xedgey	yedge	yedgex
0	T	2	8	3	5	1	8	13	0	6	6	10	8	0	8	0	8
1	I	5	12	3	7	2	10	5	5	4	13	3	9	2	8	4	10
2	D	4	11	6	8	6	10	6	2	6	10	3	7	3	7	3	9
3	N	7	11	6	6	3	5	9	4	6	4	4	10	6	10	2	8
4	G	2	1	3	1	1	8	6	6	6	6	5	9	1	7	5	10

表 17-1 中反映了手体字母数据集的前 5 行观测，都是关于手写体的长、宽及坐标信息的特征。通常在建模前都需要将原始数据集拆分为两个部分，分别用于模型的构建和测试，具体代码如下。

```
# 将数据拆分为训练集和测试集
predictors = letters.columns[1:]

X_train,X_test,y_train,y_test = model_selection.train_test_split(
                                                     letters[predictors],
                                                     letters.letter,
                                                     test_size = 0.25,
                                                     random_state = 1234)
# 使用网格搜索法,选择线性可分 SVM“类”中的最佳 C 值
C=[0.05,0.1,0.5,1,2,5]
parameters = {'C':C}
grid_linear_svc=model_selection.GridSearchCV(estimator=svm.LinearSVC(dual=False),
param_grid =parameters,
scoring='accuracy',cv=5,verbose =1)
# 模型在训练数据集上的拟合
grid_linear_svc.fit(X_train,y_train)
# 返回交叉验证后的最佳参数值
print(grid_linear_svc.best_params_,grid_linear_svc.best_score_)
# 模型在测试集上的预测
pred_linear_svc = grid_linear_svc.predict(X_test)
# 模型的预测准确率
print(metrics.accuracy_score(y_test,pred_linear_svc))
```

最终的结果为

```
{'C': 5} 0.6965333333333333
# 返回交叉验证后的最佳参数值
0.7196
# 模型的预测准确率
```

如上结果所示,经过 5 重交叉验证后,发现最佳的惩罚系数 C 为 5,模型在训练数据集上的平均准确率只有 69.7%,同时,其在测试数据集的预测准确率也不足 72%,说明线性可分 SVM 模型并不太适合该数据集的拟合和预测。接下来,使用非线性 SVM 模型对该数据集进行重新建模,代码如下,可以查看文件 ch17.04.ipynb。

```
#导入第三方模块
from sklearn import svm
import pandas as pd
from sklearn import model_selection
from sklearn import metrics

#读取外部数据
letters = pd.read_csv(r'letterdata.csv')

#将数据拆分为训练集和测试集
predictors = letters.columns[1:]
X_train,X_test,y_train,y_test = model_selection.train_test_split(
 letters[predictors],
 letters.letter,
 test_size=0.25,
 random_state=1234)
```

```
# 使用网格搜索法,选择非线性可分 SVM"类"中的最佳 C 值和核函数
kernel=['rbf', 'linear']
C=[1,2,5]
parameters = {'kernel':kernel, 'C':C}
grid_svc = model_selection.GridSearchCV(estimator = svm.SVC(),
                                        param_grid =parameters,
                    scoring='accuracy', cv=5, verbose =1)
# 模型在训练数据集上的拟合
grid_svc.fit(X_train, y_train)
# 返回交叉验证后的最佳参数值
print("grid_svc.best_params_")
bp=grid_svc.best_params_
print(bp)
print("grid_svc.best_score_")
bs=grid_svc.best_score_
print(bs)

# 模型在测试集上的预测
pred_svc = grid_svc.predict(X_test)
# 模型的预测准确率
print(metrics.accuracy_score(y_test, pred_svc))
```

最终的结果为

```
grid_svc.best_params_
{'C': 5, 'kernel': 'rbf'}
grid_svc.best_score_
0.9516666666666665
0.9596
```

如上结果所示,经过 5 重交叉验证后,发现最佳的惩罚系数 C 为 5,最佳的核函数为径向基核函数。相比于线性可分 SVM 模型来说,基于核技术的 SVM 表现出了极佳的效果,模型在训练数据集上的平均准确率高达 95.17%,而且其在测试数据集的预测准确率也接近 96%,**说明利用非线性可分 SVM 模型拟合及预测手体字母数据集是非常理想的。**

下面是预测问题的案例。

该数据集一共包含 517 条火灾记录和 13 个变量,其中变量 area 为因变量,表示火灾产生的森林毁坏面积,其余变量主要包含火灾发生的坐标位置、时间、各项火险天气指标、气温、湿度、风力等信息。接下来利用 SVM 模型对该数据集的因变量做预测分析,可参考 ch17.05.ipynb:

```
from sklearn import svm
import pandas as pd
from sklearn import model_selection
from sklearn import metrics

# 读取外部数据
forestfires = pd.read_csv(r'forestfires.csv')
# 读取的数据前 5 行,见下表 17-2
print(forestfires.head())
```

表 17-2 读取的数据前 5 行

	X	Y	month	day	FFMC	DMC	DC	ISI	temp	RH	wind	rain	area
0	7	5	mar	fri	86.2	26.2	94.3	5.1	8.2	51	6.7	0.0	0.0
1	7	4	oct	tue	90.6	35.4	669.1	6.7	18.0	33	0.9	0.0	0.0
2	7	4	oct	sat	90.6	43.7	686.9	6.7	14.6	33	1.3	0.0	0.0
3	8	6	mar	fri	91.7	33.3	77.5	9.0	8.3	97	4.0	0.2	0.0
4	8	6	mar	sun	89.3	51.3	102.2	9.6	11.4	99	1.8	0.0	0.0

如表 17-2 所示，火灾发生的时间(month 和 day)为字符型的变量，如果将这样的变量代入模型中，就必须对其做数值化转换。考虑到月份可能是火灾发生的一个因素，故将该变量做保留处理，而将 day 变量删除。数据清洗如下：

```
# 删除 day 变量
forestfires.drop('day',axis = 1,inplace = True)
# 将月份做数值化处理
forestfires.month = pd.factorize(forestfires.month)[0]
# 预览数据前 5 行
print(forestfires.head())
```

得到的数据化处理后的数据前 5 行如表 17-3 所示。

表 17-3 数值化处理后的数据前 5 行

	X	Y	month	FFMC	DMC	DC	ISI	temp	RH	wind	rain	area
0	7	5	0	86.2	26.2	94.3	5.1	8.2	51	6.7	0.0	0.0
1	7	4	1	90.6	35.4	669.1	6.7	18.0	33	0.9	0.0	0.0
2	7	4	1	90.6	43.7	686.9	6.7	14.6	33	1.3	0.0	0.0
3	8	6	0	91.7	33.3	77.5	9.0	8.3	97	4.0	0.2	0.0
4	8	6	0	89.3	51.3	102.2	9.6	11.4	99	1.8	0.0	0.0

如表 17-3 所示，day 变量已被删除，而且 month 变量也成为数值型变量。表中的应变量为 area，是一个数值型变量，通常都需要对连续型的因变量做分布的探索性分析，如果数据呈现严重的偏态，而不做任何的修正时，直接代入模型将会产生很差的效果。不妨这里使用直方图直观感受 area 变量的分布形态，操作代码如下。

```
# 导入第三方模块
import seaborn as sns
import matplotlib.pyplot as plt
from scipy.stats import norm
from warnings import simplefilter
simplefilter(action="ignore",category=FutureWarning)
# 绘制森林烧毁面积的直方图
sns.distplot(forestfires.area,bins = 50,kde = True,fit = norm,
                    hist_kws = {'color':'steelblue'},
                    kde_kws = {'color':'red','label':'Kernel Density'},
                    fit_kws ={'color':'black','label':'Nomal','linestyle':'--'})
# 显示图例
```

```
# 设置横坐标和纵坐标的标签
plt.xlabel('森林烧毁面积')
plt.ylabel('概率密度')
plt.legend()
# 显示图形
plt.show()
```

如图 17-2 所示为绘制森林烧毁面积直方图。

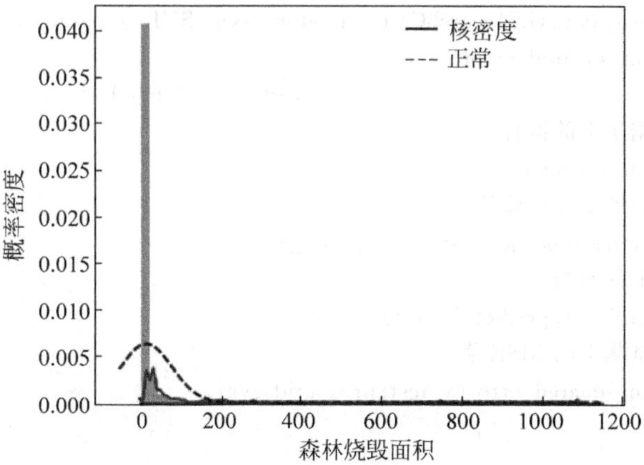

图 17-2 森林烧毁面积的直方图

如上图所示，从分布来看，数据呈现严重的右偏。建模时不能够直接使用该变量，一般都会将数据做对数处理，代码如下：

```
# 导入第三方模块
from sklearn import preprocessing
import numpy as np

# 对 area 变量做对数变换
y = np.log1p(forestfires.area)
# 将 X 变量做标准化处理
predictors = forestfires.columns[:-1]
X = preprocessing.scale(forestfires[predictors])
```

接下来基于上面清洗后的数据将其拆分为两部分，分别用于模型的构建和测试。需要注意的是，在建模时必须对参数 C、y 做调优处理，因为默认的 SVM 模型参数并不一定是最好的。代码如下：

```
# 将数据拆分为训练集和测试集
X_train, X_test, y_train, y_test = model_selection.train_test_split(X, y, test_size = 0.25, random_state = 1234)
# 构建默认参数的 SVM 回归模型
svr = svm.SVR()
# 模型在训练数据集上的拟合
svr.fit(X_train, y_train)
# 模型在测试上的预测
pred_svr = svr.predict(X_test)
```

```
# 计算模型的MSE
print(metrics.mean_squared_error(y_test,pred_svr))

# 使用网格搜索法,选择 SVM 回归中的最佳 C 值、epsilon 值和 gamma 值
epsilon = np.arange(0.1,1.5,0.2)
C= np.arange(100,1000,200)
gamma = np.arange(0.001,0.01,0.002)
parameters = {'epsilon':epsilon, 'C':C, 'gamma':gamma}
grid_svr=model_selection.GridSearchCV(estimator=svm.SVR(),param_grid =parameters,
scoring='neg_mean_squared_error',
                                      cv=5,verbose =1,n_jobs=2)
# 模型在训练数据集上的拟合
grid_svr.fit(X_train,y_train)
# 返回交叉验证后的最佳参数值
print(grid_svr.best_params_,grid_svr.best_score_)
# 模型在测试集上的预测
pred_grid_svr = grid_svr.predict(X_test)
# 计算模型在测试集上的 MSE 值
print(metrics.mean_squared_error(y_test,pred_grid_svr))
```

最终的结果为

```
1.9268192310372876
#模型的 MSE 值
{'C': 300,'epsilon': 1.1000000000000003,'gamma': 0.001} -1.9946668196316621
#返回交叉验证后的最佳参数值
1.7455012238826595
#模型在测试集上的 MSE 值
```

如上结果所示,经过 5 重交叉验证后,非线性 SVM 回归的最佳惩罚系数 C 为 300、最佳的值为 1.1、最佳的 Y 值为 0.001,而且模型在训练数据集上的负 MSE 值为−1.994。为了实现模型之间拟合效果的对比,构建了一个不做任何参数调整的 SVM 回归模型,并计算得到该模型在测试数据集上的 MSE 值为 1.926,相比于经过调参之后的模型来说,这个值要高于 1.746。**进而可以说明,在利用 SVM 模型解决分类或预测问题时,需要对模型的参数做必要的优化。**

17.4 SVM 可视化案例

17.4.1 导入数据

以下代码参考 ch17.06.ipynb。

```
import numpy as np
from sklearn import svm, datasets
from sklearn.pipeline import Pipeline
from sklearn.preprocessing import StandardScaler
import matplotlib.pyplot as plt
# 生成弯月形数据
```

```
Data = datasets.make_moons(n_samples=100, noise=0.2, random_state=11)
# 生成环形数据
# Data = datasets.make_circles(n_samples=100, noise=0.1, factor=0.1, random_state=11)
X = Data[0]                # 特征 (100, 2)
y = Data[1]                # 标签,0 或 1 (100,)
```

这里使用 pipeline 构造包含数据归一化和 SVM 的模型

17.4.2 构造 SVM 模型

```
def creatSVM(kernel='rbf', C=10, gamma=10):
    """
    kernel: SVM 使用的核函数,以 rbf 核为例,常用于处理分线性分类问题
    C: 目标函数惩罚项系数
    gamma: rbf 核函数参数。实际训练模型时 C 和 gamma 需要调参
    """
    return Pipeline([
        ("scaler", StandardScaler()),
        ("SVM", svm.SVC(kernel=kernel, gamma=gamma, C=C))
    ])
mySVM = creatSVM()              # 初始化模型
mySVM.fit(X, y)                 # 训练 SVM 模型
```

17.4.3 模型可视化

SVM 的可视化主要是希望画出模型分界面(决策函数),当 kernel=linear 时(即线性 SVM)可以直接得到分界面(wx+b=0)参数. coef_[0](对应 w)、. intercept_[0](对应 b),由此可以计算并绘制出分界面。但使用其他核函数时由于实际上进行了特征变换,故无法直接得到分界面参数。

此时,通常采用模拟的方法绘制近似分界面。具体来说,使用训练好的 SVM 计算指定区域内所有点(当然在算法中实际为抽样的有限个点)的预测结果,利用绘制等高线的函数绘制以输入特征为底面,预测结果为高度的等高线图,对应不同高度(预测结果)的点的分界面即为近似的分界面。

```
x1_min, x1_max = X[:, 0].min() - 1, X[:, 0].max() + 1
x2_min, x2_max = X[:, 1].min()-1, X[:, 1].max() + 1
# 获得绘图边界,这里没有区分训练数据或测试数据,根据实际需求选择即可
h = (x1_max - x1_min) / 100
# h 为采样点间隔,可以自己设定
xx, yy = np.meshgrid(np.arange(x1_min, x1_max, h), np.arange(x2_min, x2_max, h))
# 由 meshgrid 函数生成对应区域内所有点的横纵坐标,xx、yy 均为尺寸为(M, N)的二维矩阵,分别对应区域内所有点的横坐标和所有点的纵坐标,同时也是区域内所有样本的第一维特征和第二维特征
z = mySVM.predict(np.c_[xx.ravel(), yy.ravel()])
# 由训练好的 SVM 预测区域内所有样本的结果.由于 xx、yy 尺寸均为(M,N),通过.ravel 拉平并通过.c_组合,尺寸变为(M * N, 2),相当于 M * N 个具有两维特征的样本,输出 z 尺寸为(M * N,)
z = z.reshape(xx.shape)
# 将输出尺寸也转变为(M, N)以和横纵坐标对应绘制等高线图
plt.contourf(xx, yy, z, cmap=plt.cm.binary, alpha=0.1)
```

```
# 绘制等高线图
plt.scatter(X[y == 0, 0], X[y == 0, 1], marker='s', color='blue')
plt.scatter(X[y == 1, 0], X[y == 1, 1], marker='^', color='orange')
# 标记数据中各样本
plt.title('Visualization of SVM with RBF kernel')
plt.xlabel('x1')
plt.ylabel('x2')
plt.show()
```

绘制结果如下，由于此问题是二分类问题，图中只有两种颜色，对应不同分类结果。不同颜色的等高线界面即为近似分界面。

moon 数据分类结果，如图 17-3 所示。

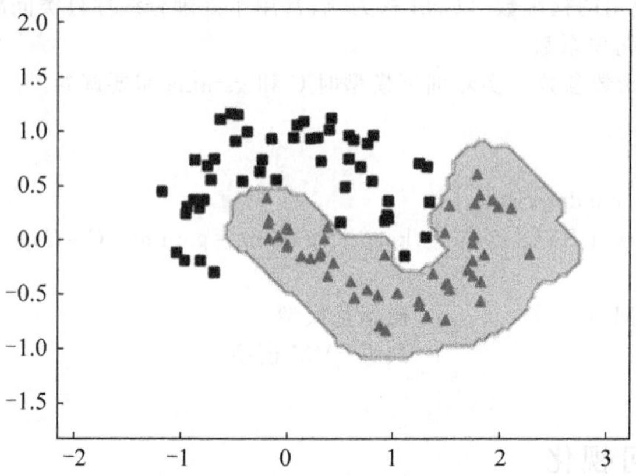

图 17-3　moon 数据分类结果

circle 数据分类结果，如图 17-4 所示。

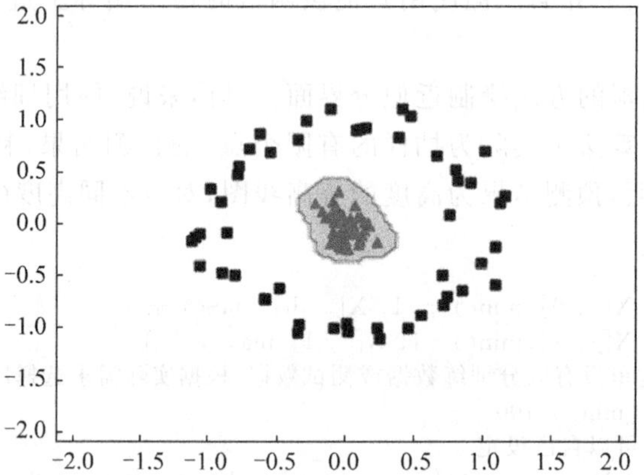

图 17-4　circle 数据分类结果

根据结果，可以得出以下结论：

(1) SVM 在环形数据集上的可视化展示了其对非线性数据的处理能力。通过使用径向基函数(RBF)核函数，SVM 能够在环形数据集上构建一个适应性强的决策边界，将不同类别的样本正确分类。

(2) 通过等高线图的可视化，可以观察到决策边界的形状和边界附近的颜色过渡区域。

这提供了关于模型对不同类别的预测概率和分类边界的不确定性的信息。

(3) SVM 可视化结果的图表展示了数据点的分布、决策边界以及不同类别的样本。通过这种可视化,可以更好地理解和解释模型的分类结果,并对数据集的特点有更深入的了解。

综上所述,通过 SVM 可视化的结果,可以得出关于模型对非线性数据的处理能力、分类边界的形状、预测概率的不确定性以及错误分类样本的存在的相关结论。这些结论有助于评估和理解 SVM 模型在特定数据集上的表现,并指导进行必要的调整和改进。

17.5　本章小结

本章主要介绍了 SVM 学习三要素：模型、策略、算法；SVM 学习模型主要学习了线性可分 SVM 和非线性可分 SVM；核技巧：在学习与预测中只定义核函数 $k(x,z)$,而不显式的定义映射函数；常用核函数：h 度多项式核函数、高斯径向基核函数、S 型核函数。

习　　题

1. SVM 的原理是什么？
2. 为什么要将求解 SVM 的原始问题转换为其对偶问题？
3. 如何选择核函数？
4. SVM 算法优缺点？

第18章 朴素贝叶斯算法

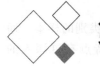

贝叶斯分类是一类分类算法的总称，这类算法均以贝叶斯定理为基础，故统称为贝叶斯分类。而朴素贝叶斯分类是贝叶斯分类中最简单、也是常见的一种分类方法，朴素贝叶斯算法的优点和缺点如下。

优点：算法逻辑简单，易于实现算法（思路很简单，只要使用贝叶斯公式转化即可）。缺点：朴素贝叶斯假设属性之间相互独立，这种假设在实际过程中往往是不成立的，在属性之间相关性越大，分类误差也就越大。

18.1 基础概念

18.1.1 贝叶斯公式

贝叶斯公式如下：

$$P(Y \mid \boldsymbol{X})=\frac{P(\boldsymbol{X} \mid Y) P(Y)}{P(\boldsymbol{X})} \tag{18-1}$$

式中，$\boldsymbol{X}$ 为特征向量；Y 为类别。

先验概率 $P(\boldsymbol{X})$：先验概率是指根据以往经验和分析得到的概率；

后验概率 $P(Y|\boldsymbol{X})$：事情已经发生，要求这件事情发生的原因是由某个因素引起的可能性的大小；

类条件概率 $P(\boldsymbol{X}|Y)$：在已知某类别的特征空间中，出现特征值 $\boldsymbol{X}$ 的概率密度。

接下来通过一个例子，来讲解贝叶斯分类。

某个医院早上收了 6 个门诊病人，其症状、职业、疾病如表 18-1 所示。

表 18-1 病人情况

症　状	职　业	疾　病
打喷嚏	护士	感冒
打喷嚏	农夫	过敏
头痛	建筑工人	脑震荡

续表

症　　状	职　　业	疾　　病
头痛	建筑工人	感冒
打喷嚏	教师	感冒
头痛	教师	脑震荡

有 6 个病人的情况已经在表上可见，那么如果现在又来了第 7 个病人，是一个打喷嚏的建筑工人，那么请问他患上感冒的概率有多大？接下来可以通过贝叶斯公式来进行计算。

根据上述的贝叶斯公式，设定 Y 为“感冒”，X 为“打喷嚏×建筑工人”。

可得：

$$P(\text{感冒} \mid \text{打喷嚏} \times \text{建筑工人}) = \frac{P(\text{打喷嚏} \times \text{建筑工人} \mid \text{感冒})P(\text{感冒})}{P(\text{打喷嚏} \times \text{建筑工人})} \tag{18-2}$$

此时假定“打喷嚏”和“建筑工人”这两个特征是独立的，因此，上面的等式就变成了

$$P(\text{感冒} \mid \text{打喷嚏} \times \text{建筑工人}) = \frac{P(\text{打喷嚏} \mid \text{感冒}) \times P(\text{建筑工人} \mid \text{感冒}) \times P(\text{感冒})}{P(\text{打喷嚏}) \times P(\text{建筑工人})} \tag{18-3}$$

由于 6 个病人里患感冒的有一半，其概率为 0.5；并且有打喷嚏症状的病人也有一半，概率也为 0.5；建筑工人占所有人病人的 2/3，概率为 0.33。患感冒的病人里有两个人的症状为打喷嚏，因此概率为 0.66，同理 6 人中有 2 人为建筑工人，因此概率为 0.33。注意以上计算为保留 2 位小数的去尾法。

再根据上述转换的公式，可以得到

$$P(\text{感冒} \mid \text{打喷嚏} \times \text{建筑工人}) = \frac{0.66 \times 0.33 \times 0.5}{0.5 \times 0.33} = 0.66 \tag{18-4}$$

最终通过计算，这个打喷嚏的建筑工人有 66% 的概率是得了感冒。同理，也可以计算这个病人患上过敏或脑震荡的概率。比较这几个概率，就可以知道他最可能得什么病。

这也就是贝叶斯分类器的基本方法：在统计资料的基础上，依据某些特征，计算各个类别的概率，从而实现分类。

18.1.2 朴素贝叶斯公式

朴素贝叶斯中的朴素一词的来源就是假设各特征之间相互独立，这一假设使得朴素贝叶斯算法变得简单，但有时会牺牲一定的分类准确率。

既然朴素贝叶斯算法是假设各个特征之间相互独立，那么在贝叶斯公式中 $P(X|Y)$ 可写成

$$P(X \mid Y) = P(x_1 \mid Y)P(x_2 \mid Y)\cdots P(x_n \mid Y) \tag{18-5}$$

那么朴素贝叶斯公式为

$$P(Y \mid X) = \frac{P(x_1 \mid Y)P(x_2 \mid Y)\cdots P(x_n \mid Y)P(Y)}{P(X)} \tag{18-6}$$

18.1.3 常见模型

在 sklearn 中，提供了若干种朴素贝叶斯的实现算法，不同的朴素贝叶斯算法，主要是

对 $P(x_i|y)$的分布假设不同,进而采用不同的参数估计方式。能够发现,朴素贝叶斯算法,主要就是计算 $P(x_i|y)$,一旦 $P(x_i|y)$确定,最终求解属于每个类别的概率问题,自然也就迎刃而解了。

常用的三种朴素贝叶斯:多项式朴素贝叶斯、高斯朴素贝叶斯、伯努利朴素贝叶斯。

多项式朴素贝叶斯,适用于离散变量,其假设各个特征 x_i 在各个类别 y 下是服从多项式分布的,故每个特征值不能是负数。

$$P(x_i \mid y)=\frac{N_{yi}+\alpha}{N_y+n\alpha} \tag{18-7}$$

式中,N_{yi} 为特征 i 在类别 y 的样本中发生的次数;N_y 为类别 y 的样本中,所有特征发生的次数;n 为特征数量;α 为平滑系数。

高斯朴素贝叶斯:当特征是连续变量的时候,假设特征分布为正态分布,根据样本算出均值和方差,再求得概率。

$$P(x_i \mid y)=\frac{1}{\sqrt{2\pi\sigma_y^2}}\exp\left(-\frac{(x_i-u_y)^2}{2\sigma_y^2}\right) \tag{18-8}$$

式中,μ_y 为在类别为 y 的样本中,特征 x_i 的均值;σ_y 为在类别为 y 的样本中,特征 x_i 的标准差。

伯努利朴素贝叶斯:适用于离散变量,其假设各个特征 x_i 在各个类别 y 下是服从 n 重伯努利分布(二项分布)的,因为伯努利试验仅有两个结果,因此,算法会首先对特征值进行二值化处理(假设二值化的结果为 1 与 0)。

$$P(x_i \mid y)=P(x_i=1|y)x_i+(1-P(x_i=1|y))(1-x_i) \tag{18-9}$$

18.1.4 算法流程

朴素贝叶斯算法如下:

(1) 设 $x=\{a_1,a_2,\cdots,a_n\}$为待分类项,其中 a 为 x 的一个特征属性;

(2) 类别集合为 $C=\{y_1,y_2,\cdots,y_n\}$;

(3) 分别计算 $P(y_1|x),P(y_2|x),\cdots,P(y_n|x)$;

(4) 如果 $P(y_k|x)=\max\{P(y_1|x),P(y_2|x),\cdots,P(y_n|x)\}$,那么认为 x 为 y_k 类型。

由上面算法定义可知整个朴素贝叶斯算法流程一般分为三个阶段。

第一阶段——准备工作阶段,这个阶段的任务是为朴素贝叶斯分类做必要的准备,主要工作是根据具体情况确定特征属性,并对每个特征属性进行适当划分,然后由人工对一部分待分类项进行分类,形成训练样本集合。这一阶段的输入是所有待分类数据,输出是特征属性和训练样本。这一阶段是整个朴素贝叶斯分类中唯一需要人工完成的阶段,其质量对整个过程将有重要影响,分类器的质量在很大程度上由特征属性、特征属性划分及训练样本质量决定。

第二阶段——分类器训练阶段,这个阶段的任务就是生成分类器,主要工作是计算每个类别在训练样本中的出现频率及每个特征属性划分对每个类别的条件概率估计,并将结果记录。其输入是特征属性和训练样本,输出是分类器。这一阶段是机械性阶段,根据前面讨论的公式可以由程序自动计算完成。

第三阶段——应用阶段。这个阶段的任务是使用分类器对待分类项进行分类，其输入是分类器和待分类项，输出是待分类项与类别的映射关系。这一阶段也是机械性阶段，由程序完成，具体算法流程如图 18-1 所示。

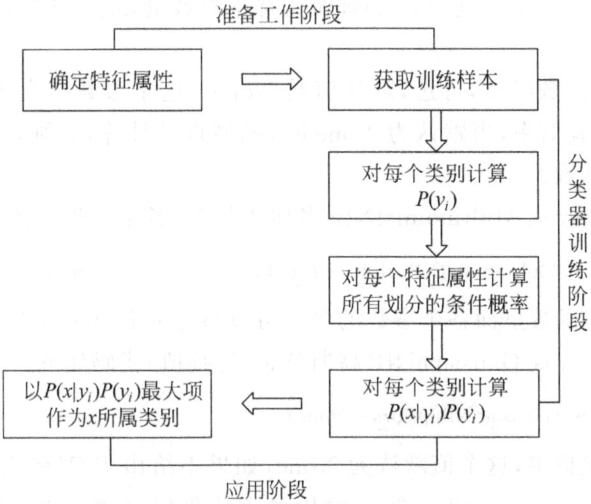

图 18-1　算法流程图

18.2　sklearn 中的朴素贝叶斯算法

sklearn. naive_bayes 库实现朴素贝叶斯算法。

sklearn 关于朴素贝叶斯的算法概述：在 scikit-learn 中，一共有三个朴素贝叶斯的分类算法类。分别是 GaussianNB、MultinomialNB 和 BernoulliNB。

GaussianNB 就是先验为高斯分布的朴素贝叶斯；MultinomialNB 就是先验为多项式分布的朴素贝叶斯；BernoulliNB 就是先验为伯努利分布的朴素贝叶斯。

这三类适用的分类场景各不相同，一般来说，如果样本特征的分布大部分是连续值，使用 GaussianNB 会比较好。如果样本特征的分布大部分是多元离散值，使用 MultinomialNB 比较合适。如果样本特征是二元离散值或者很稀疏（即各个特征出现概率很低）的多元离散值，应该使用 BernoulliNB。

sklearn. naive_bayes. BernoulliNB（伯努利分布、二元离散）代码如下：

```
sklearn.naive_bayes.BernoulliNB(alpha=1.0,binarize=0.0,fit_prior=True,class_prior=None)
```

alpha，浮点型，可选，默认值为 1.0。这个参数的作用是设置拉普拉斯修正（平滑）的数值。如果发现拟合的不好、需要调优时，可以选择稍大于 1 或者稍小于 1 的数。

binarize，浮点型或者 None，可选，默认值是 0.0。这个参数主要是用来帮 BernoulliNB 处理二项分布的，可以是数值或者不输入。如果不输入，则 BernoulliNB 认为每个数据特征都已经是二元的。否则的话，小于 binarize 的会归为一类，大于 binarize 的会归为另外一类。

fit_prior,布尔型,可选,默认值是 True。这个参数是设置表示是否要考虑先验概率(即各个类别的分布概率)。如果是 False,则所有的样本类别输出都有相同的类别先验概率。如果是 True,则可以自己用第四个参数 class_prior 输入先验概率。此时,如果不输入第四个参数 class_prior,则让 MultinomialNB 自己从训练集样本中来计算先验概率,此时的先验概率为 $P(Y=C_k)=m_k/m$。其中 m 为训练集样本总数量,m_k 为输出为第 k 类别的训练集样本数。

class_prior,array 数组型,可选,默认值是 None。这个参数是在需要考虑先验概率的情况下,人为设置先验概率,当默认为 None 时,模型自己计算,否则,就自己输入一个表示各个类别分布概率的数组。

sklearn. naive_bayes. MultinomialNB(多项式分布、多元离散)代码如下:

```
sklearn.naive_bayes.MultinomialNB(alpha=1.0,fit_prior=True,class_prior=None)
```

MultinomialNB 函数里面各个参数的含义可以参考上面 BernoulliNB 函数。

sklearn. naive_bayes. GaussianNB(高斯分布、连续值)代码如下:

```
sklearn.naive_bayes.GaussianNB(priors=None)
```

priors,设置先验概率,这个值默认为 None,如果不给出 $P(Y=C_k)=m_k/m$。其中 m 为训练集样本总数量,m_k 为输出为第 k 类别的训练集样本数。如果给出的话就以 priors 为准。

在进行 fit 样本数据,训练完模型后,有三种预测方法。

predict 方法就是人们最常用的预测方法,直接给出测试集的预测类别输出。predict_proba 则不同,它会给出测试集样本在各个类别上预测的概率。容易理解,predict_proba 预测出的各个类别概率里的最大值对应的类别,也就是 predict 方法得到类别。predict_log_prob,会给出测试集样本在各个类别上预测的概率的一个对数转化。转化后 predict_log_proba 预测出的各个类别对数概率里的最大值对应的类别,也就是 predict 方法得到类别。

案例代码如下(可参考 ch18.01.ipynb):

```
import numpy as np

X = np.array([[-1,-1],[-2,-1],[-3,-2],[1,1],[2,1],[3,2]])
Y = np.array([1,1,1,2,2,2])

from sklearn.naive_bayes import GaussianNB
clf = GaussianNB()                                    #拟合数据
clf.fit(X, Y)

print(clf.predict([[-0.8,-1]]))
print(clf.predict_proba([[-0.8,-1]]))
print(clf.predict_log_proba([[-0.8,-1]]))
```

最终结果如下:

```
[1]
[[9.99999949e-01 5.05653254e-08]]
[[-5.05653266e-08 -1.67999998e+01]]
```

18.3 算法实例1

首先导入一些包,代码如下(可参考 ch18.02.ipynb):

```
import numpy as np
from time import time
import matplotlib.pyplot as plt
import matplotlib as mpl

from sklearn.datasets import fetch_20newsgroups                    #引入新闻数据包
from sklearn.feature_extraction.text import TfidfVectorizer        #做 tfidf 编码
from sklearn.feature_selection import SelectKBest, chi2            #卡方检验——特征筛选
from sklearn.linear_model import RidgeClassifier
from sklearn.svm import LinearSVC, SVC
from sklearn.naive_bayes import MultinomialNB, BernoulliNB         #引入多项式和伯努利的贝叶斯
from sklearn.neighbors import KNeighborsClassifier
from sklearn.ensemble import RandomForestClassifier
from sklearn.model_selection import GridSearchCV
from sklearn import metrics
```

为了防止属性出现中文乱码,还需要以下程序:

```
# 设置属性防止中文乱码
mpl.rcParams['font.sans-serif'] = [u'SimHei']
mpl.rcParams['axes.unicode_minus'] = False
```

接着需要通过交叉验证来获取最优参数值,根据模型不同的参数,分别设置相关参数。

```
def benchmark(clf, name):
    print(u'分类器: ', clf)

    #  设置最优参数,并使用5折交叉验证获取最优参数值
    alpha_can = np.logspace(-2,1,10)
    model = GridSearchCV(clf, param_grid={'alpha': alpha_can}, cv=5)
    m = alpha_can.size

    # 如果模型有一个参数是 alpha,进行设置
    if hasattr(clf, 'alpha'):
        model.set_params(param_grid={'alpha': alpha_can})
        m = alpha_can.size
    # 如果模型有一个 k 近邻的参数,进行设置
    if hasattr(clf, 'n_neighbors'):
        neighbors_can = np.arange(1,15)
        model.set_params(param_grid={'n_neighbors': neighbors_can})
        m = neighbors_can.size
    # LinearSVC 最优参数配置
    if hasattr(clf, 'C'):
        C_can = np.logspace(1,3,3)
        model.set_params(param_grid={'C': C_can})
        m = C_can.size
    # SVM 最优参数设置
```

```
    if hasattr(clf, 'C') & hasattr(clf, 'gamma'):
        C_can = np.logspace(1,3,3)
        gamma_can = np.logspace(-3,0,3)
        model.set_params(param_grid={'C': C_can, 'gamma': gamma_can})
        m = C_can.size * gamma_can.size
    # 设置深度相关参数,决策树
    if hasattr(clf, 'max_depth'):
        max_depth_can = np.arange(4,10)
        model.set_params(param_grid={'max_depth': max_depth_can})
        m = max_depth_can.size
```

紧接着对模型进行训练以及预测：

```
# 模型训练
t_start = time()
model.fit(x_train, y_train)
t_end = time()
t_train = (t_end - t_start) / (5 * m)
print(u'5 折交叉验证的训练时间为: %.3f 秒/(5 * %d)=%.3f 秒' % ((t_end - t_start), m, t_
train))
print(u'最优超参数为: ', model.best_params_)

# 模型预测
t_start = time()
y_hat = model.predict(x_test)
t_end = time()
t_test = t_end - t_start
print(u'测试时间: %.3f 秒' % t_test)

# 模型效果评估
train_acc = metrics.accuracy_score(y_train, model.predict(x_train))
test_acc = metrics.accuracy_score(y_test, y_hat)
print(u'训练集准确率: %.2f%%' % (100 * train_acc))
print(u'测试集准确率: %.2f%%' % (100 * test_acc))

# 返回结果(训练时间耗时,预测数据耗时,训练数据错误率,测试数据错误率,名称)
return t_train, t_test, 1 - train_acc,  1 - test_acc, name
```

基准模型弄好,再导入数据包,由于第一次导入数据包,时间比较长需要等待。

```
print (u'加载数据...')
t_start = time()
# 不要头部信息
remove = ('headers', 'footers', 'quotes')
# 只要这四类数据
categories = 'alt.atheism', 'talk.religion.misc', 'comp.graphics', 'sci.space'

# 分别加载训练数据和测试数据
data_train=fetch_20newsgroups(data_home='./datas/', subset='train', categories=categories,
shuffle=True, random_state=0, remove=remove, download_if_missing=True)
data_test=fetch_20newsgroups(data_home='./datas/', subset='test', categories=categories, shuffle=
True, random_state=0, remove=remove, download_if_missing=True)
```

```
# 完成
print (u"完成数据加载过程.耗时:%.3fs" % (time() - t_start))
```

出现的结果如下：

加载数据...
完成数据加载过程.耗时:1.972s

然后再获取加载数据的相关信息：

```
len(data_train['data'])
print(data_train.target_names)
def size_mb(docs):
return sum(len(s.encode('utf-8')) for s in docs) / 1e6

categories = data_train.target_names
data_train_size_mb = size_mb(data_train.data)
data_test_size_mb = size_mb(data_test.data)

print (u'数据类型：',type(data_train.data))
print("%d 文本数量 - %0.3fMB (训练数据集)" % (len(data_train.data),data_train_size_mb))
print("%d 文本数量 - %0.3fMB (测试数据集)" % (len(data_test.data),data_test_size_mb))
print (u'训练集和测试集使用的%d 个类别的名称：' % len(categories))
print(categories)
```

结果如下：

数据类型：<class 'list'>
2034 文本数量 - 2.428MB (训练数据集)
1353 文本数量 - 1.800MB (测试数据集)
训练集和测试集使用的四个类别的名称：
['alt.atheism', 'comp.graphics', 'sci.space', 'talk.religion.misc']

接着对数据重命名：

```
x_train = data_train.data
y_train = data_train.target
x_test = data_test.data
y_test = data_test.target
```

输出前 5 个文本：

```
print (u' -- 前 5 个文本 -- ')
for i in range(5):
print (u'文本%d(属于类别 - %s):' % (i+1,categories[y_train[i]]))
print (x_train[i])
print ('\n\n')
```

由于结果内容过多，就摘取文本第一个展示如下：

-- 前 5 个文本 --
文本 1(属于类别 - alt.atheism):
If one is a vegan (a vegetarian taht eats no animal products at at i.e eggs, milk, cheese, etc., after about 3 years of a vegan diet, you need to start taking B12 supplements because b12 is found only in animals.) Acutally our bodies make B12, I think, but our bodies use up our own B12 after 2 or 3 years.

Lacto-oveo vegetarians, like myself, still get B12 through milk products and eggs, so we don't need supplements.
And If anyone knows more, PLEASE post it. I'm nearly contridicting myself with the mish-mash of knowledge I've gleaned.

再然后需要把文本转为向量，并且输入的数据类型必须是 list，list 中的每条数据、单词是以空格分割开的。

```
vectorizer = TfidfVectorizer(input='content', stop_words='english', max_df=0.5, sublinear_tf=True)
x_train = vectorizer.fit_transform(data_train.data)  # x_train 是稀疏的, scipy.sparse.csr.csr_matrix
x_test = vectorizer.transform(data_test.data)
print (u'训练集样本个数: %d,特征个数: %d' % x_train.shape)
print (u'停止词:\n')
print(vectorizer.get_stop_words())
# 获取最终的特征属性名称
feature_names = np.asarray(vectorizer.get_feature_names_out())
```

出现的结果如下(由于过长中间省略)：

训练集样本个数: 2034,特征个数: 26576
停止词:
frozenset({'thick', 'very', 'your', '……', 'hence'})

进行特征选择。

```
ch2 = SelectKBest(chi2,k=1000)
x_train = ch2.fit_transform(x_train, y_train)
x_test = ch2.transform(x_test)
feature_names=[feature_names[i] for i in ch2.get_support(indices=True)]
```

使用不同的分类器对数据进行比较。

```
print (u'分类器的比较: \n')
clfs = [
    [RidgeClassifier(), 'Ridge'],
    [KNeighborsClassifier(), 'KNN'],
    [MultinomialNB(), 'MultinomialNB'],
    [BernoulliNB(), 'BernoulliNB'],
[RandomForestClassifier(n_estimators=200), 'RandomForest'],
    [SVC(), 'SVC'],
    [LinearSVC(loss='squared_hinge', penalty='l2', dual=False, tol=1e-4), 'LinearSVC-l2']
]
# 将训练数据保存到一个列表中
result = []
for clf, name in clfs:
    # 计算算法结果
    a = benchmark(clf, name)
    # 追加到一个列表中,方便进行展示操作
result.append(a)
    print ('\n')
# 将列表转换为数组
result = np.array(result)
```

上述代码结果如下：

```
分类器的比较:
分类器: RidgeClassifier()
5 折交叉验证的训练时间为: 0.615s/(5 * 10)=0.012s
最优超参数为: {'alpha': 0.46415888336127775}
测试时间: 0.000s
训练集准确率: 92.63%
测试集准确率: 75.76%

分类器: KNeighborsClassifier()
5 折交叉验证的训练时间为: 1.564s/(5 * 14)=0.022s
最优超参数为: {'n_neighbors': 1}
测试时间: 0.066s
训练集准确率: 96.51%
测试集准确率: 50.55%

分类器: MultinomialNB()
5 折交叉验证的训练时间为: 0.077s/(5 * 10)=0.002s
最优超参数为: {'alpha': 0.01}
测试时间: 0.000s
训练集准确率: 91.40%
测试集准确率: 76.72%

分类器: BernoulliNB()
5 折交叉验证的训练时间为: 0.099s/(5 * 10)=0.002s
最优超参数为: {'alpha': 0.01}
测试时间: 0.000s
训练集准确率: 88.64%
测试集准确率: 74.28%

分类器: RandomForestClassifier(n_estimators=200)
5 折交叉验证的训练时间为: 8.333s/(5 * 6)=0.278s
最优超参数为: {'max_depth': 9}
测试时间: 0.034s
训练集准确率: 75.57%
测试集准确率: 67.11%

分类器: SVC()
5 折交叉验证的训练时间为: 10.258s/(5 * 9)=0.228s
最优超参数为: {'C': 10.0, 'gamma': 1.0}
测试时间: 0.130s
训练集准确率: 95.58%
测试集准确率: 71.10%

分类器: LinearSVC(dual=False)
5 折交叉验证的训练时间为: 0.454s/(5 * 3)=0.030s
最优超参数为: {'C': 10.0}
测试时间: 0.001s
训练集准确率: 95.48%
测试集准确率: 74.58%
```

根据上面结果所示，需要通过绘图方式，更加直接地看清分类器的对比情况，首先获得画图的数据。

```
result = [[x[i] for x in result] for i in range(5)]
training_time, test_time, training_err, test_err, clf_names = result

training_time = np.array(training_time).astype(np.float)
test_time = np.array(test_time).astype(np.float)
training_err = np.array(training_err).astype(np.float)
test_err = np.array(test_err).astype(np.float)
```

最后再根据以下代码进行画图：

```
x = np.arange(len(training_time))
plt.figure(figsize=(10,7),facecolor='w')
ax = plt.axes()
b0 = ax.bar(x+0.1,training_err,width=0.2,color='#77E0A0')
b1 = ax.bar(x+0.3,test_err,width=0.2,color='#8800FF')
ax2 = ax.twinx()
b2 = ax2.bar(x+0.5,training_time,width=0.2,color='#FFA0A0')
b3 = ax2.bar(x+0.7,test_time,width=0.2,color='#FF8080')
plt.xticks(x+0.5,clf_names)
plt.legend([b0[0],b1[0],b2[0],b3[0]],(u'训练集错误率',u'测试集错误率',u'训练时间',u'测试时间'),loc='upper left',shadow=True)
plt.title(u'新闻组文本数据分类及不同分类器效果比较',fontsize=18)
plt.xlabel(u'分类器名称')
plt.grid(True)
plt.tight_layout()
plt.show()
```

最终结果图如图 18-2 所示。

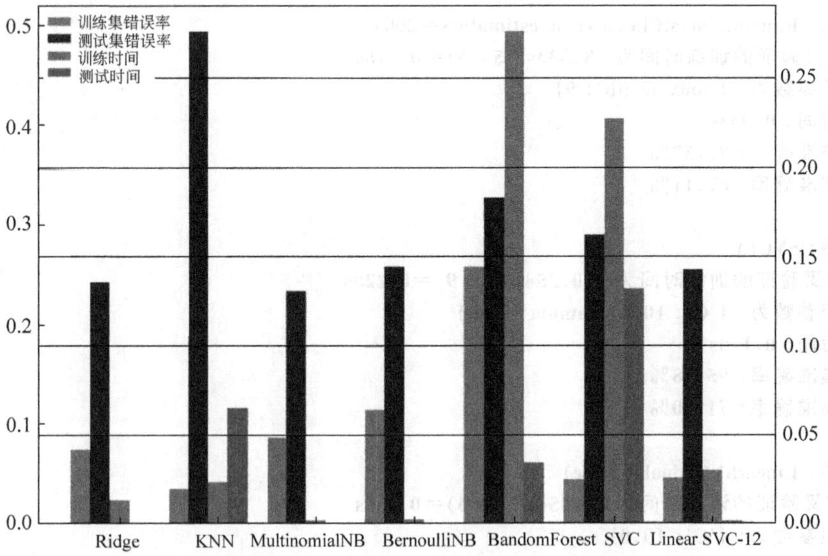

图 18-2 新闻组文本数据分类及不同分类器效果比较

由图 18-2 可知，训练集错误率最高和最低的分类器分别为 RandomForestClassifier，KNeighborsClassifier；测试集错误率最高和最低的分类器分别为 KNeighborsClassifier，MultinomialNB；训练时间最长和最短的分类器分别为 RandomForestClassifier，MultinomialNB；测试时间最长和最短的分类器分别为 SVC，BernoulliNB 和 MultinomialNB 等。

18.4 算法实例 2

首先导入相关数据包(可参考 ch18.03.ipynb)：

```
import numpy as np
import pandas as pd
import matplotlib.pyplot as plt
import matplotlib as mpl
from sklearn.preprocessing import StandardScaler, MinMaxScaler, PolynomialFeatures
from sklearn.naive_bayes import GaussianNB, MultinomialNB    #高斯贝叶斯和多项式朴素贝叶斯
from sklearn.pipeline import Pipeline
from sklearn.metrics import accuracy_score
from sklearn.model_selection import train_test_split
from sklearn.neighbors import KNeighborsClassifier
```

然后为了防止出现中文从而导致乱码，设置属性。

```
# 设置属性防止中文乱码
mpl.rcParams['font.sans-serif'] = [u'SimHei']
mpl.rcParams['axes.unicode_minus'] = False
```

然后设定特征花萼长度、花萼宽度，花瓣长度，花瓣宽度。

```
# 花萼长度、花萼宽度，花瓣长度，花瓣宽度
iris_feature_E = 'sepal length', 'sepal width', 'petal length', 'petal width'
iris_feature_C = u'花萼长度', u'花萼宽度', u'花瓣长度', u'花瓣宽度'
iris_class = 'Iris-setosa', 'Iris-versicolor', 'Iris-virginica'
features = [2,3]
```

读取 Iris.data 的数据，并将数据特征转为 0，1，2。

```
# 读取数据
path = 'Iris.data'                                    # 数据文件路径
data = pd.read_csv(path, header=None)
x = data[list(range(4))]
x = x[features]
y = pd.Categorical(data[4]).codes # 直接将数据特征转换为 0,1,2
print ("总样本数目：%d；特征属性数目：%d" % x.shape)
```

结果如下：

```
总样本数目：150
特征属性数目：2
```

然后对数据进行分割，形成模型训练数据和测试数据。

```
x_train1, x_test1, y_train1, y_test1 = train_test_split(x, y, train_size=0.8, random_state=14)
x_train, x_test, y_train, y_test = x_train1, x_test1, y_train1, y_test1
print ("训练数据集样本数目：%d, 测试数据集样本数目：%d" % (x_train.shape[0], x_test.shape
[0]))
```

从而得出结果如下：

训练数据集样本数目：120
测试数据集样本数目：30

再进行高斯贝叶斯模型构建。

```
clf = Pipeline([
        ('sc',StandardScaler()),#标准化,把它转化成了高斯分布
        ('poly',PolynomialFeatures(degree=1)),
        ('clf',GaussianNB())]) # MultinomialNB 多项式贝叶斯算法中要求特征属性的取值不能
为负数
# 训练模型
clf.fit(x_train, y_train)
```

计算预测值并计算准确率。

```
y_train_hat = clf.predict(x_train)
print ('训练集准确度: %.2f%%' % (100 * accuracy_score(y_train, y_train_hat)))
y_test_hat = clf.predict(x_test)
print ('测试集准确度: %.2f%%' % (100 * accuracy_score(y_test, y_test_hat)))
```

得出以下结果：

训练集准确度：95.83%
测试集准确度：96.67%

产生区域图。

```
N,M = 500,500                                      # 横纵各采样多少个值
x1_min1,x2_min1 = x_train.min()
x1_max1,x2_max1 = x_train.max()
x1_min2,x2_min2 = x_test.min()
x1_max2,x2_max2 = x_test.max()
x1_min = np.min((x1_min1,x1_min2))
x1_max = np.max((x1_max1,x1_max2))
x2_min = np.min((x2_min1,x2_min2))
x2_max = np.max((x2_max1,x2_max2))

t1 = np.linspace(x1_min,x1_max,N)
t2 = np.linspace(x2_min,x2_max,N)
x1,x2 = np.meshgrid(t1,t2)                         # 生成网格采样点
x_show = np.dstack((x1.flat,x2.flat))[0]           # 测试点

cm_light = mpl.colors.ListedColormap(['#77E0A0','#FF8080','#A0A0FF'])
cm_dark = mpl.colors.ListedColormap(['g','r','b'])
y_show_hat = clf.predict(x_show)                   # 预测值
y_show_hat = y_show_hat.reshape(x1.shape)
```

再利用 matplotlib 进行绘图。

```
plt.figure(facecolor='w')
plt.pcolormesh(x1,x2,y_show_hat,cmap=cm_light)     # 预测值的显示
plt.scatter(x_train[features[0]],x_train[features[1]],c=y_train,edgecolors='k',s=50,cmap=cm_
dark)
plt.scatter(x_test[features[0]],x_test[features[1]],c=y_test,marker='^',edgecolors='k',s=120,
cmap=cm_dark)
```

```
plt.xlabel(iris_feature_C[features[0]],fontsize=13)
plt.ylabel(iris_feature_C[features[1]],fontsize=13)
plt.xlim(x1_min,x1_max)
plt.ylim(x2_min,x2_max)
plt.title(u'GaussianNB 对鸢尾花数据的分类结果,正确率:%.3f%%' % (100 * accuracy_score(y_test,y_test_hat)),fontsize=18)
plt.grid(True)
plt.show()
```

最终结果如图 18-3 所示。

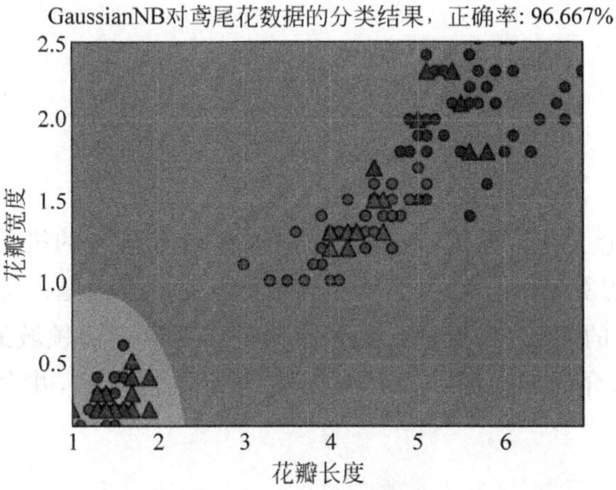

图 18-3　分类结果图

18.5　本章小结

本章主要介绍了朴素贝叶斯算法之朴素的含义：朴素指假定数据的特征变量之间是相互独立的；详细介绍朴素贝叶斯常见模型和定义以及 sklearn 中的朴素贝叶斯算法，最后分析两个实例进行学习。

习　题

1. 简述朴素贝叶斯算法的优点和缺点。
2. 简述朴素贝叶斯“朴素”的来源。
3. 简述朴素贝叶斯常见模型。

第19章

k-均值算法

前面的章节已讨论了有监督机器学习，介绍了多种有监督的机器学习算法。本章将介绍一个无监督机器学习算法——k-均值算法，用来解决聚类问题。无监督的算法不需要标记数据，可以节省大量的人工，近年来受到了越来越多机器学习领域的学者青睐。本章将讨论 k-均值算法的原理，介绍如何用 scikit-learn 实现 k-均值算法，并会带领读者用 k-均值算法解决实际问题。

19.1 算法原理

下面用一个例子开始本章的学习。有 4 个和尚去郊区布道，一开始随意选了几个布道点，并且把这几个布道点的情况公告给了郊区所有的居民，于是每个居民到离自己家最近的布道点去听和尚布道。

听课之后，大家觉得距离太远了，于是每个和尚统计了一下自己的课上所有居民的地址，搬到了所有地址的中心地带，并在公告栏上更新了自己的布道点的位置。

和尚每一次移动不可能离所有人都近，有的人发现和尚 A 移动以后自己还不如去和尚 B 处听课更近，于是有的居民又去了离自己最近的布道点……就这样，和尚每个礼拜更新自己的位置，居民根据自己的情况选择布道点吗，最终稳定了下来。

这个"和尚布道"的例子可以帮助读者理解 k-均值算法的原理。以 k-均值算法为代表的无监督机器学习算法，对一组无标记的数据集 $x^{(1)},x^{(2)},\cdots,x^{(m)}$，目标是找出这组数据的模式特征，即把数据分类，这部分数据是一种类型的，那部分数据又是另一种类型的。无监督学习在人们日常生活中就有体现，典型实例是购物 App 通过分析用户数据，把一个产品的市场进行细分，找出潜在的消费人群。

19.1.1 成本函数

k-均值算法的基本思想是让同一个类内的点尽量靠近，这是通过最小化成本函数来实现的。用数学描述：假设样本可以分为 k 个类，分别是$(C_1,C_2,\cdots,C_k)$，C_i 为第 i 个类的样本的集合，则成本函数为

$$J=\sum_{i=1}^{k}\sum_{x\in C_i}(x-u_i)^2 \tag{19-1}$$

其中，u_i 是第 i 个类的聚类中心。k-均值算法的成本函数的物理意义就是：训练样本到其所属类的聚类中心点的距离平方和。

19.1.2 算法步骤

成本函数 J 的求解过于复杂甚至是不可解的，因此，常采用迭代法求解。算法有两个输入信息，一个是训练数据集 $D=\{x_1,x_2,\cdots,x_m\}$，另一个是聚类个数 k。算法步骤如下：

(1) 从 D 中随机选择 k 个样本 $\{u_1,u_2,\cdots,u_k\}$ 作为初始聚类中心。

(2) 遍历 D 中的样本，计算每个样本到 $u_1,u_2,\cdots,u_k$ 的距离 $x-u_i$，把样本关联到距离最短的聚类中心点 u_i。

(3) 将所有样本划分完毕后，重新计算每个类的聚类中心。对于每一个类，找到其所有关联点的中心点(取所有关联点坐标的平均值)，将中心点作为新的聚类中心。

(4) 重复以上步骤，直到聚类中心不再移动为止。

19.1.3 局部最优解

前面提到实现 k-均值算法的第一步是随机初始化聚类中心点。假设有 k 个聚类，m 个训练样本($k<m$)，在随机初始化时，随机地从 m 个训练样本里选择 k 个样本作为聚类中心点。

在实际解决问题时，最终的聚类结果会和随机初始化的聚类中心点有关。有时这些随机的初始点的选择会非常糟糕，导致 k-均值算法最后收敛到一个局部最优解，而不是全局最优解上。为了避免这种糟糕的初始情况，一种解决办法是多次重复随机初始化的步骤，然后训练出不同的聚类并计算成本函数，选择成本函数最小的初始化点作为最终的方案。

19.1.4 聚类个数的选择

聚类个数 k 的选择是一个重要的问题。如果 k 值不能由问题的背景指定，那么可以用“肘部法”来确定最佳的聚类个数。

可以把聚类个数 k 作为横坐标，平均误差作为纵坐标(也可以拿其他参数作为纵坐标)，画出一条曲线。如图 19-1 所示为用肘部法选择 k 值，随着 k 值的增加，大体的趋势是平均误差会越来越小。在图上，可以找到一个拐点，即在这个拐点之前平均误差下降比较快，在这个拐点之后，平均误差下降比较慢。那么很可能这个拐点所在的 k 值就是我们要找的最佳聚类个数，图 19-1 中的拐点是 $k=2$。

由于拐点像是人的手肘，所以这个判断最佳聚类个数的方法被称为肘部法。下文还会介绍使用轮廓系数来判断最佳聚类个数的方法，以及 K-Means++算法的求最佳聚类个数的方法，这两种方法比肘部法更为精准。

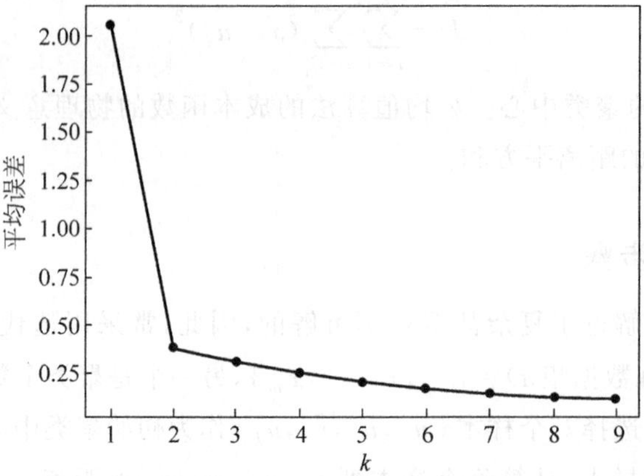

图 19-1 用肘部法选择 k 值

19.2 scikit-learn 里的 k-均值

本节提供了一个简单的例子，向读者展示用 scikit-learn 来使用 k-均值算法。

首先，要生成一组包含两个特征的 300 个样本。

```
from sklearn.datasets import make_blobs

X,y = make_blobs(n_samples=300,
                 n_features=2,
                 centers=5,
                 cluster_std=1.2,
                 center_box=(0,20.0),
                 shuffle=True,
                 random_state=5);

# n_samples: 表示样本的个数
# n_features: 表示每一个样本有多少特征值
# centers: 是聚类中心点的个数，可以理解为类的个数
# cluster_std: 设置每个类别的方差
# shuffle: 是否打乱数据，设置为 True 表示打乱数据，False 则表示不打乱数据，默认为 True
# random_state: 是随机种子，可以固定生成的数据
```

把样本数据以散点图的形式画出来，便于观察样本的分布。

```
%matplotlib inline
import matplotlib.pyplot as plt

plt.figure(figsize=(6,4),dpi=144)
plt.xticks(())
plt.yticks(())
plt.scatter(X[:,0],X[:,1],s=20,marker='o');
```

训练样本结果如图 19-2 所示。

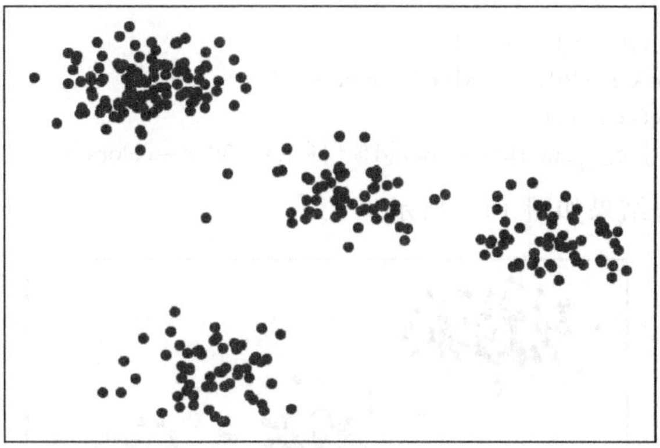

图 19-2 训练样本结果

scikit-learn 里的 k-均值算法由 sklearn. cluster. K-Means 类实现。调用 K-Means 模型来拟合数据，设置聚类个数 k 为 3，并计算出其拟合后的成本。

```
from sklearn.cluster import KMeans

n_clusters = 3
kmean = KMeans(n_clusters=n_clusters)
kmean.fit(X);

# 计算并输出拟合后的成本
print("kmean:k={},cost={}".format(n_clusters, int(kmean.score(X))))
```

笔者计算机上的输出如下：

```
kmean: k=3,cost=-1984
```

***K*-Means. score()函数返回的是负数，表示模型的得分，其绝对值越大，代表模型性能越差。为什么是负数？因为 score()函数必须始终遵循 scikit-learn 的"越大越好"的规则，即如果一个模型比另一个更好，则其 score()函数应该返回更大的值。**

可以把分类后的样本及其所属的聚类中心都画出来，这样可以更直观地观察算法的拟合结果。

```
labels = kmean.labels_
centers = kmean.cluster_centers_
markers = ['o', '^', '*']
colors = ['r', 'b', 'y']

plt.figure(figsize=(6,4), dpi=144)
plt.xticks(())
plt.yticks(())

# 画出样本点
for c in range(n_clusters):
    cluster = X[labels == c]
    plt.scatter(cluster[:, 0], cluster[:, 1],
                marker=markers[c], s=20, c=colors[c])
```

```
# 画出聚类中心点
plt.scatter(centers[:,0],centers[:,1],
            marker='o',c="white",alpha=0.9,s=300)
for i,c in enumerate(centers):
    plt.scatter(c[0],c[1],marker='$%d$'% i,s=50,c=colors[i])
```

$k=3$ 的聚类拟合结果如图 19-3 所示。

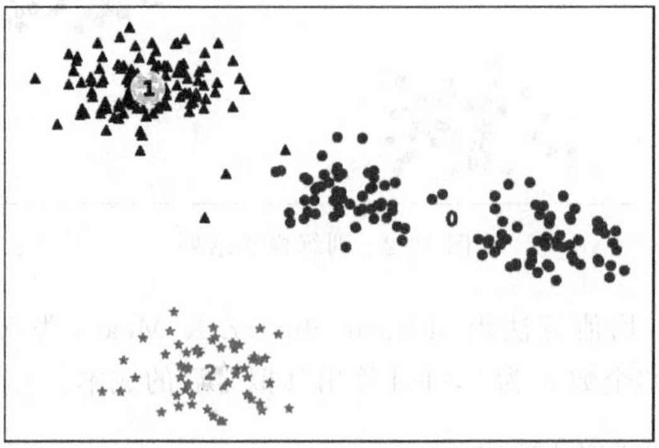

图 19-3　$k=3$ 的聚类拟合结果

前面讲过，k-均值算法的核心参数之一是 k，也就是聚类个数。K-Means. score()函数计算的是训练样本到其所属的聚类中点的距离的总和。k 值越大，聚类个数越多，score()函数计算出的 k-均值算法模型的得分就越高，这不难理解。但从问题的实际出发，k 值未必越大越好。针对本节的例子，分别选择 $k=3$、4、5 这三种不同的聚类个数，来观察 k-均值算法最终拟合的结果。

可以把画出 k-均值聚类结果的代码稍微改造一下，变成一个函数。这个函数会使用 k-均值算法来进行聚类拟合，同时会画出按照这个聚类个数拟合后的分类情况。

```
def fit_plot_kmean_model(n_clusters,X):
    plt.xticks(())
    plt.yticks(())

    # 使用k-均值算法进行拟合
    kmean = KMeans(n_clusters-n_clusters)
    kmean.fit_predict(X)

    labels = kmean.labels_
    centers = kmean.cluster_centers_
    markers = ['o','^','*','s','+']
    colors = ['r','b','y','k','g']

    # 计算成本
    score = kmean.score(X)
    plt.title("k={},score={}"format(n_clusters,(int)(score)))

    # 画出样本点
    for c in range(n_clusters):
        cluster = X[labels == c]
```

```
    plt.scatter(cluster[:,0],cluster[:,1],
                marker=markers[c],s=20,c=colors[c])
  # 画出聚类中心点
  plt.scatter(centers[:,0],centers[:,1],
              marker='o',c="white",alpha=0.9,s=300)
  for i,c in enumerate(centers):
    plt.scatter(c[0],c[1],marker='$%d$'% i,s=50,c=colors[i])
```

该函数接受两个参数，一个是聚类个数，即 k 的值，另一个是数据样本。有了这个函数，接下来的代码就变得简单明了，可以很容易地分别对 3 种不同的 k 值情况进行聚类分析，并把聚类结果可视化。

```
from sklearn.cluster import KMeans

n_clusters = [3,4,5]

plt.figure(figsize=(10,3),dpi=144)
for i,c in enumerate(n_clusters):
    plt.subplot(1,3,i + 1)
    fit_plot_kmean_model(c,X)
```

笔者计算机上输出的不同 k 值的聚类如图 19-4 所示。

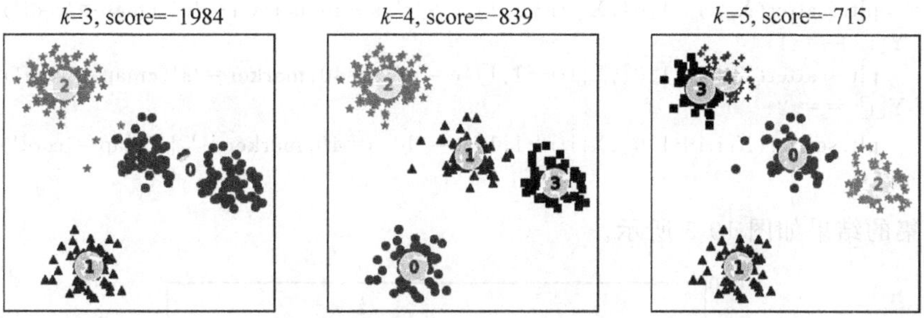

图 19-4 不同 k 值的聚类

可以看出 $k=5$，score 的绝对值最小，效果最好。希望通过本节的例子，读者可以对如何使用 scikit-learn 实现 k-均值算法有一定程度的掌握。读者可以在随书代码 ch19.01.ipynb 中找到本节的示例代码。

19.3 聚类算法性能评估

如果有了类别标签，那么聚类问题也可以像分类问题一样，根据被错误分类的样本数量直接算出准确率。遗憾的是，聚类问题没有标记，不能使用绝对数量的方法进行性能评估。scikit-learn 上说："其实不应该将分类标签作为聚类结果的评价指标，除非你有相关的先验知识或某种假设，知道这种分类效果很好。"

19.3.1 轮廓系数(silhouette coefficient)

轮廓系数是对聚类紧密程度和稀疏程度的衡量，可以在没有已标记的数据集的前提下，对聚类算法的性能进行评估。当聚类内部很紧密且彼此之间距离很远时，轮廓系数很大；而对于体积很大且互相重叠的聚类，轮廓系数很小。轮廓系数的计算公式如下：

$$s = \frac{b - a}{\max(a, b)} \tag{19-2}$$

式中，a 是一个样本与它同聚类中其他样本的平均距离；b 是一个样本与其距离最近的不同聚类中样本的平均距离。对于一个样本集合，它的轮廓系数是所有样本轮廓系数的平均值。轮廓系数的取值范围是[−1,1]，−1 表示完全错误的聚类，1 表示完美的聚类，0 表示聚类重叠。

可以用轮廓系数来选择最佳的聚类个数，这个方法比"肘部法"更加精准。

首先，生成一个数据集，并使其可视化。

```
%matplotlib inline
from sklearn.datasets import make_blobs
import matplotlib.pyplot as plt
centers = [[-7.5,0],[-1,-3],[2.5,5]]
nb_samples = 900
X, Y = make_blobs(n_samples=nb_samples, n_features=2, centers=centers, cluster_std=1.5)
plt.figure(figsize=(8,6), dpi=144)
for i in range(0,899):
    if Y[i] == 0:
        plt.scatter(X[i:i+1,0], X[i:i+1,1], c='r', s=40, marker='o', cmap='cool');
    if Y[i] == 1:
        plt.scatter(X[i:i+1,0], X[i:i+1,1], c='c', s=40, marker='s', cmap='cool');
    if Y[i] == 2:
        plt.scatter(X[i:i+1,0], X[i:i+1,1], c='b', s=40, marker='^', cmap='cool');
plt.show()
```

数据集的结果如图 19-5 所示。

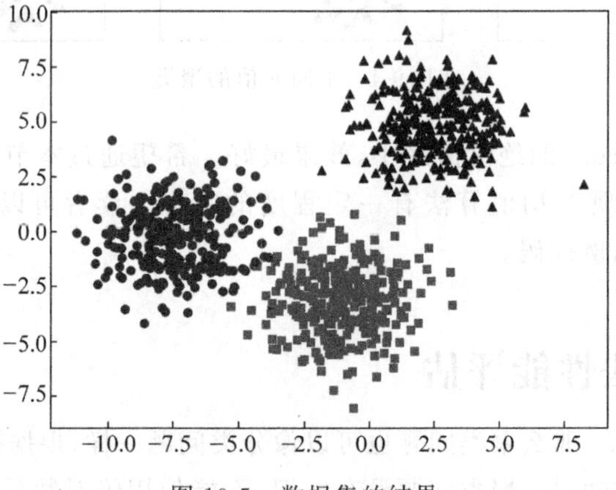

图 19-5 数据集的结果

接下来，绘制不同 k 值的轮廓系数图。

```
import numpy as np
from matplotlib import cm
from sklearn.cluster import KMeans
from sklearn.metrics import silhouette_samples
```

```
fig,ax = plt.subplots(2,2,figsize=(15,10))
nb_clusters = [2,3,4,8]
mapping = [(0,0),(0,1),(1,0),(1,1)]

for i,n in enumerate(nb_clusters):
    km = KMeans(n_clusters=n)
    Y = km.fit_predict(X)

    silhouette_values = silhouette_samples(X,Y)
    # silhouette_samples(X,labels,etric='euclidean')
    # X: 二维数组,样本之间的成对距离数组或特征数组
    # labels: 一维数组,每个样本的预测标签
    # etric: 计算特征数组中实例之间的距离时使用的度量,默认是 euclidean(欧氏距离)

    ax[mapping[i]].set_xticks([-0.15,0.0,0.25,0.5,0.75,1.0])
    ax[mapping[i]].set_yticks([])
    ax[mapping[i]].set_title('%d clusters' % n)
    ax[mapping[i]].set_xlim([-0.15,1])
    ax[mapping[i]].grid()
    y_lower=20

    for t in range(n):
        ct_values = silhouette_values[Y==t]
        ct_values.sort()
        y_upper=y_lower + ct_values.shape[0]
        color= cm.Accent(float(t)/n)
        ax[mapping[i]].fill_betweenx(np.arange(y_lower,y_upper),0,ct_values,facecolor=color,
edgecolor=color)
        y_lower= y_upper+20
```

不同 k 值的轮廓系数结果如图 19-6 所示。

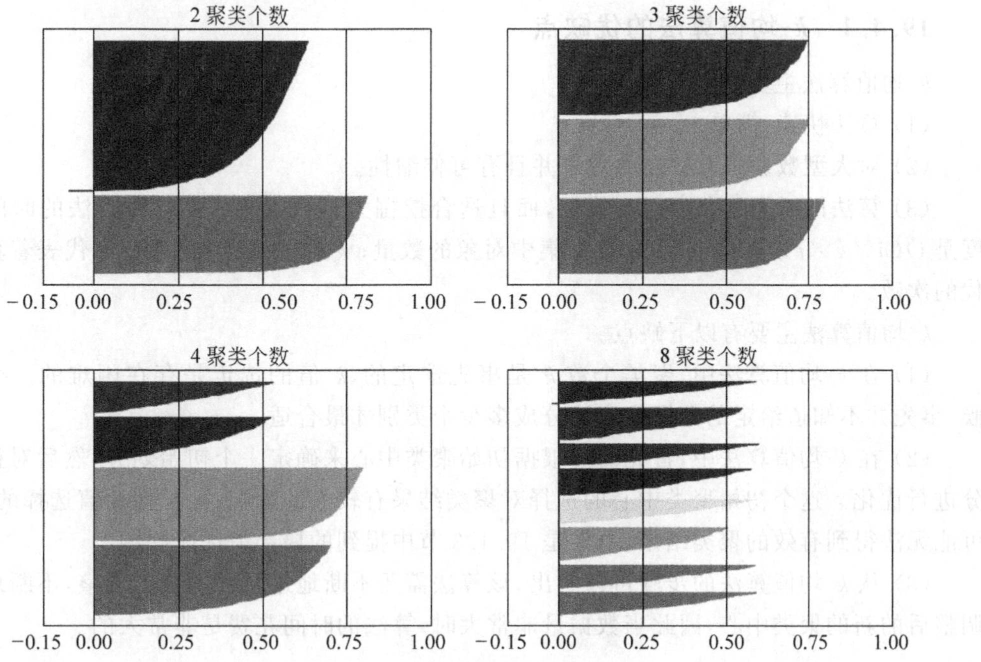

图 19-6 不同 k 值的轮廓系数图

图 19-6 中，每张子图都有若干个“刀形”的聚类，刀的宽度表示聚类包含的样本多少，刀的长度表示聚类中各样本的轮廓系数。我们希望看到的是，每把刀的长度越长越好，且互相差距不大，另外，每把刀的宽度最好也比较接近。根据图 19-6 所示，可以明显地看出 $k=3$ 时的轮廓系数图最理想。

读者可以在随书代码 ch19.02.ipynb 中找到本节的示例代码。

19.3.2 silhouette_samples 参数介绍

示例代码调用了 silhouette_samples(X,labels,metric='euclidean')函数，该函数会返回所有样本的轮廓系数，下面对函数的参数做简单介绍。

1. X

二维数组[n_samples_a,n_samples_a](如果 metric =="precomputed")，否则为[n_samples_a,n_features]。样本之间的成对距离数组或特征数组。

2. labels

一维数组[n_samples]，每个样本的预测标签。

3. metric

计算特征数组中实例之间的距离时使用的度量，默认是欧氏距离(euclidean)。如果 metric 是一个字符串，它必须是允许的选项之一。如果 X 是距离数组本身，则使用 metric="precomputed"。

19.4 *K*-Means++

19.4.1 *k*-均值算法的优缺点

k-均值算法主要有以下优点。

(1) 算法快速、简单。

(2) 对大型数据集有较高的效率并且有可伸缩性。

(3) 算法的时间复杂度近于线性，而且适合挖掘大型数据集。*k* 均值算法的时间复杂度是 $O(n\times k\times t)$，其中，n 代表数据集中对象的数量；k 代表着类的个数；t 代表着算法迭代的次数。

k-均值算法主要有以下缺点。

(1) 在 *k*-均值算法中，聚类个数 k 是事先选定的，k 值的选定是存在困难的。很多时候，事先并不知道给定的数据集应该分成多少个类别才最合适。

(2) 在 *k*-均值算法中，首先需要根据初始聚类中心来确定一个初始划分，然后对初始划分进行优化。这个初始聚类中心的选择对聚类结果有较大的影响，一旦初始值选择的不好，可能无法得到有效的聚类结果，也就是 19.1.3 节中提到的局部最优解问题。

(3) 从 *k*-均值算法的步骤可以看出，该算法需要不断地进行样本分类调整，不断地计算调整后的新的聚类中心，因此当数据量非常大时，算法的时间花费是非常大的。

19.4.2 *K*-Means++介绍

对于k-均值算法的初始聚类中心的选择问题，可以用*K*-Means++算法来解决。

K-Means++算法的基本思想是：初始聚类中心之间的距离要尽可能的远，其步骤如下：

(1) 从输入的数据集中随机选择一个样本作为第一个聚类中心。

(2) 对数据集中的每一个样本，计算它和最近的一个聚类中心(指已选择的聚类中心)的距离$D(x)$，并保存在一个数组里，然后把这些距离加起来得到Sum($D(x)$)。

(3) 然后，再取一个随机值，用权重的方式来决定下一个聚类中心。这个方法的实现过程是：先取一个能落在Sum($D(x)$)中的随机值Random，然后用Random$-=D(x)$，直到Random$\leqslant 0$，此时的样本就是下一个聚类中心。

(4) 重复步骤(2)和(3)直到k个聚类中心被选出。

(5) 利用这k个初始的聚类中心来运行标准的k-均值算法。

从上述步骤可以看出，算法的关键是第(3)步，这一步使用权重来决定新的聚类中心，这样就能保证距离$D(x)$较大的点，会被选出来作为聚类中心了。下面对第(3)步使用的方法做进一步阐述。

假设A、B、C、D的$D(x)$如图19-7所示，当算法取能落在Sum($D(x)$)中的随机值Random时，该值会以较大的概率落入$D(x)$较大的区间内，所以对应的点会以较大的概率被选中作为新的聚类中心。这种思想其实就是“轮盘赌”的思想。

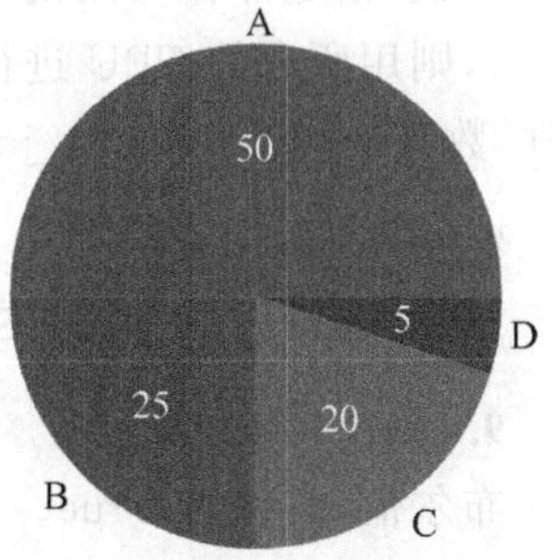

图19-7 权重决定聚类中心

19.4.3 sklearn.cluster.*K*-Means参数介绍

sklearn.cluster.*K*-Means是scikit-learn库提供的*K*-Means类，该类的初始**聚类中心刚好默认选择的就是*K*-Means++**，故对该类的参数做简要介绍，以方便读者使用该类。主要参数如下：

1. n_clusters

整数，默认值为8，要生成的聚类中心个数。

2. max_iter

整数，默认值为300，*K*-Means算法单次运行的最大迭代次数。

3. n_init

整数，默认值为10，用不同的初始聚类中心运行算法的次数，最终解是运行n_init次后选出的最优结果。

4. init

有3个可选值，“*K*-Means++”“random”或者是一个多维数组。此参数指定初始化方法，默认值为“*K*-Means++”。

(1) “*K*-Means++”：用一种特殊的方法选定初始聚类中心从而能加速迭代过程的收敛。

(2) “random”：随机从训练样本中选取初始聚类中心。

(3) 如果传递了一个多维数组，则应该形如 n_clusters、n_features 并给出初始聚类中心。

5. precompute_distances

三个可选值，“auto”、True 或者 False。预先计算距离(更快但占用更多内存)。

(1) “auto”：如果样本数乘以聚类数大于 1200 万，则不预先计算距离。

(2) True：总是预先计算距离。

(3) False：永远不预先计算距离。

6. tol

浮点数，默认值为 1e−4。相对于惯性收敛的容错率，小于该值停止迭代，认为达到收敛。

7. n_jobs

整数，指定计算所用的进程数。内部原理是同时进行 n_init 指定次数的计算。若值为−1，则用所有的 CPU 进行运算；若值为 1，则不进行并行运算；若值小于−1，则用到的 CPU 数为(n_cpus+1+n_jobs)。

8. random_state

整数、numpy.RandomState 类型或 None。用于初始化聚类中心的生成器。

9. copy_x

布尔值，默认为 True。在预先计算距离时，将数据中心化会得到更准确的结果。如果 copy_x 为 True，则不修改原始数据。

19.5 用 *k*-均值进行图像量化

图像量化是一种有损的图像压缩方法，其原理是使用一种颜色来替换一系列相近的颜色。在本章的最后，给出了一个图像量化的例子，使用聚类来找出包含一张图片中最主要颜色的压缩调色盘。然后，使用这个压缩调色盘来重建并压缩图片。

首先，读取图片。

```
import numpy as np
import matplotlib.pyplot as plt
from sklearn.cluster import KMeans
from sklearn.utils import shuffle
from PIL import Image
img = Image.open('ladybug.png')
```

然后，把图片做扁平化处理。image.open()函数只是保持了图片被读取的状态，但是图片的真实数据并未被读取，所以用 np.array()函数把图片转化成 NumPy 类型，得到一个存储图片信息的三维数组。original_img.shape 返回的是三维数组的格式，即图片的(宽度、高度、深度)。用 np.reshape()函数把三维数组转化成二维数组(image_flattened)，实现图片的扁平化。image_flattened 中存储了每一个像素点的颜色信息，以 RGB 形式保存。

```
original_img = np.array(img, dtype=np.float64) / 255            # 将 PIL 类型转化成 NumPy 类型
original_dimensions = tuple(original_img.shape)
# original_img.shape = (533,800,3)
width, height, depth = tuple(original_img.shape)
image_flattened = np.reshape(original_img, (width * height, depth))
# 把数组扁平化, image_flattened.shape = (426400,3)
```

之后，使用 k-均值算法从 1000 个随机选取的颜色样本（像素点）中创建 64 个聚类，每个聚类都将成为压缩调色盘中的一个颜色。

```
# shuffle()函数是打乱序列里面的元素，并随机排列
# 打乱序列顺序后，抽取前 1000 个样本，达到随机选取 1000 个颜色样本的目的
image_array_sample = shuffle(image_flattened, random_state=0)[:1000]
estimator = KMeans(n_clusters=64, random_state=0)
estimator.fit(image_array_sample)
```

为原图中每个像素预测其应该分配在哪个聚类中，即被压缩调色盘中的哪个颜色替代。

```
cluster_assignments = estimator.predict(image_flattened)
```

最后，建立压缩调色盘，根据像素的分配结果来创建压缩图片。

```
# 建立压缩调色盘(compressed_palette)，包含 64 个颜色(聚类)
# cluster_centers_是返回聚类中心
compressed_palette = estimator.cluster_centers_
# 建立空白的压缩照片(compressed_img)
# numpy.zeros(shape)，返回给定形状的数组，用 0 填充；数组形状(533,800,3)
compressed_img = np.zeros((width, height, compressed_palette.shape[1]))
label_idx = 0
# 遍历空白压缩照片(compressed_img)的所有像素
for i in range(width):
    for j in range(height):
        # 从压缩调色盘(compressed_palette)抽取颜色，赋予给每个像素
        # cluster_assignments[label_idx]相当于是调色盘里每个颜色的编号
        compressed_img[i][j] =
compressed_palette[cluster_assignments[label_idx]]
        label_idx += 1
plt.figure(figsize=(8,12), dpi=300)
plt.subplot(1,2,1)
plt.title('Original Image')
plt.imshow(original_img)
plt.axis('off')
plt.subplot(1,2,2)
plt.title('Compressed Image')
plt.imshow(compressed_img)
plt.axis('off')
plt.show()
```

代码的运行结果如图 19-8 所示。

图像量化的步骤，可以简单概括为利用 k-均值算法建立压缩调色盘，把图片转化为像素的形式，再用调色盘上色。决定压缩图片质量的，是调色盘中的颜色个数，即聚类个数。我们可以尝试使用不同的聚类个数，观察效果。

图 19-8 图像量化

如图 19-9 所示，聚类个数越多，调色盘里的颜色就越多，得到的压缩图片质量就越高。

图 19-9 使用各种数量的颜色聚类 k-均值进行图像量化

读者可以在随书代码 ch19.03.ipynb 中找到本节的示例代码。

19.6 本章小结

本章介绍了本书中唯一的无监督机器学习算法——k 均值算法，用来解决聚类问题。除了讨论 k-均值算法的原理外，还向读者展示了如何用 scikit-learn 实现 k-均值算法，讲解了 k-均值算法常用的几个性能评估指标，并带领读者用 k-均值算法解决了一个聚类问题——图像量化。

习 题

1. 什么是 k-均值算法？它与 k-近邻算法有什么区别？
2. k-均值算法的基本迭代步骤是什么？
3. 可以通过什么方法来选择 k-均值算法的 k 值？
4. 聚类算法的常见评估指标有哪些？

第20章 人工神经网络

20.1 神经网络介绍及单层神经网络

20.1.1 神经元结构

每个人都有一组高度相连的大约 10^{11} 个神经元来促使阅读、呼吸、运动和思考。每一个生物神经元都具有微处理器的复杂性。人类的大脑是一台高度复杂、非线性和并行的计算机，它有能力组织它的结构成分，即神经元，以便执行某些计算，且速度比目前现存的最快的数字计算机快许多倍。

具体来说，人类大脑由大量被称为神经元的高度连接的元素（每个元素约 10^4 个连接）组成。这些神经元有 3 个主要成分：树突、细胞体和轴突。树突是一种树状的神经纤维接受网络，它们将电信号携带到细胞体中。细胞体有效地对这些传入信号进行整合并进行阈值处理。轴突是一种单一的长纤维，它将信号从细胞体传递到其他神经元。一个细胞的轴突和另一个细胞的树突之间的接触点被称为突触。是神经元的排列和单个突触的强度，由一个复杂的化学过程决定，建立了神经网络的功能。图 20-1 为两个生物神经元链接的简化示意图。

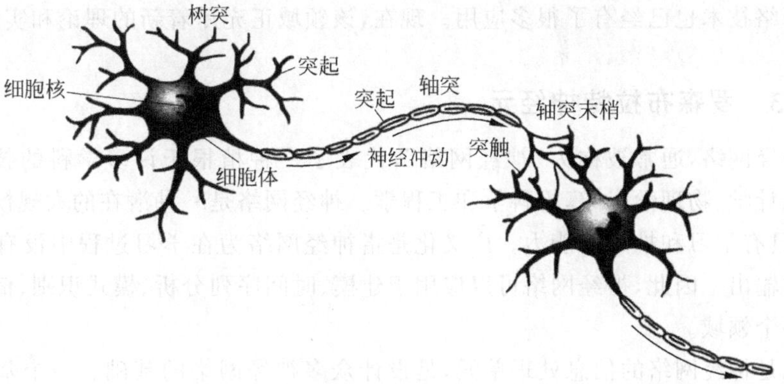

图 20-1 两个生物神经元链接的简化示意图

事实上,科学家们已经开始研究生物神经网络是如何运作的。一般认为,所有的生物神经功能,包括记忆,都存储在神经元和它们之间的连接中。学习被视为在神经元之间建立新的链接或对现有连接的修改。那么,人们可能会有这样的问题:虽然人们对生物神经网络只有一个基本的了解,但是否有可能构建一小组简单的人工神经元,然后训练它们发挥有用的功能?答案是“是的”。这是通过人工神经网络来完成的,通常被称为神经网络,图 20-2 为两个人工神经元的简化示意图。在这里,两个人工神经元连接成一个简单的人工神经网络,每个人工神经元包含一些输入和输出信号。

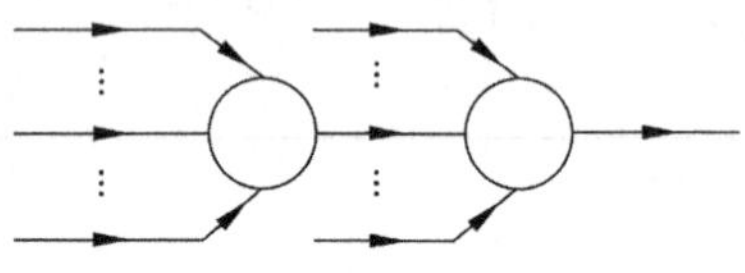

图 20-2 两个人工神经元的简化示意图

20.1.2 神经网络的发展

神经网络领域的一些背景工作发生在 19 世纪末和 20 世纪初。这个主要的跨学科的工作是由许多来自物理学、心理学和神经生理学领域的著名科学家进行的。在这一阶段,神经网络的研究强调了学习、视觉、条件反射等的一般理论,而没有包括神经元操作的具体数学模型。

然后,神经网络的现代观点始于 20 世纪 40 年代,随着沃伦·麦卡洛克和沃尔特·皮特工作的深入,他们表明,人工神经元网络在理论上可以计算任何算术或逻辑函数。

神经网络的第一次实际应用是在 20 世纪 50 年代末,随着感知器网络和相关的学习规则的发明。在这一阶段,这个巨大的成功给神经网络的研究者带来了极大的兴趣。然而,后来人们发现,基本的感知器网络只能解决有限的一类问题。与此同时,科学家们引入了一种新的学习算法,并使用它来训练一种自适应的线性神经网络。

20 世纪 60 年代末,由于缺乏新想法和强大的计算机,人们对神经网络的兴趣下降。然而,在 20 世纪 80 年代,这些障碍逐渐被克服,对神经网络的研究显著增加。在这一阶段,新的个人计算机和工作站开始广泛使用。更重要的是,引入了新的概念,一种是使用统计力学来解释某一类循环网络的操作,它可以被用作一种联想记忆。另一种是反向传播算法的发展,该算法被引入用于帮助训练多层感知器网络。

这些新的发展重新振兴了神经网络领域。在过去的几十年里,写出了数千篇优秀的论文。神经网络技术也已经有了很多应用。现在,该领域正充斥着新的理论和实践应用。

20.1.3 罗森布拉特神经元

人工神经网络,通常被称为“神经网络”,代表了一种植根于许多学科的技术:神经科学、数学、统计学、物理学、计算机科学和工程学。神经网络是一种潜在的大规模并行的分布式结构,并具有学习和推广的能力。广义化是指神经网络为在学习过程中没有遇到的输入产生合理的输出。因此,神经网络可以应用于建模、时间序列分析、模式识别、信号处理和系统控制等多个领域。

神经元是神经网络的信息处理单元,是设计众多神经网络的基础。一个基本的神经模型由以下基本要素组成。

(1) 一组突触或连接链,每一个都具有自身的重量或强度。

(2) 一种用于将输入信号相加的加法器，由神经元各自的突触强度加权。

(3) 一种限制神经元输出振幅的激活函数。

(4) 一种外部应用的偏差，它具有增加或降低激活函数的净输入的效果。

最基本的网络架构是一个单层的神经网络，其中“单层”指计算神经元的输出层。在神经网络中，经常使用信号流图来提供网络中信号流的完整描述。信号流图是一种由有向链路组成的网络，它们在某些点上相互连接，称为节点。各部分的信号流符合以下三个规则：

(1) 信号只沿着链路上箭头所指示的方向流动。

(2) 一个节点信号等于通过传入链路进入相关节点的所有信号的代数之和。

(3) 一个节点上的信号被传输到来自该节点的每个输出链路，该传输完全独立于输出链路的传递函数。

需要指出的是，有两种不同类型的链接，即突触链接和激活链接。

(1) 突触链接的行为受到线性输入-输出关系的控制。如图 20-3 所示，节点信号 x_j 乘以突触权重 w_{kj} 得到节点信号 y_k，即 $y_k = w_{kj}x_j$。

(2) 激活链路的行为是由一个非线性的输入-输出关系控制的。如图 20-4 所示，其中 $\phi(\cdot)$ 被称为非线性激活函数，即 $y_k = \phi(x_j)$。

图 20-3　线性输入-输出关系控制图

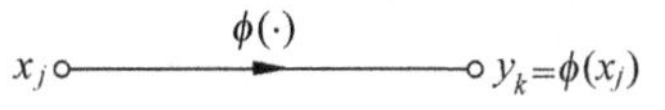

图 20-4　非线性输入-输出关系控制图

另一种也可以用来描述网络的表达式方法称为架构图。与信号流图不同的是，架构图具有以下特征：

(1) 源节点向图提供输入信号。

(2) 每个神经元由一个被称为计算节点的信号节点表示。

(3) 相互连接图的源节点和计算节点的通信链路没有权重。它们只是在图中提供了信号流的方向。

现在，介绍罗森布拉特的神经元。罗森布拉特的感知器在神经网络的历史发展中占据着特殊的地位。这是第一个用算法描述的神经网络，它是围绕一个非线性神经元，即麦卡洛克-皮茨模型。罗森布拉特的感知器是一种用于学习二值分类器的算法：这是一个将其输入 $\boldsymbol{x}$（一个实值向量）映射到一个输出值 $f(\boldsymbol{x})$（一个单一的二进制值）的函数：

$$f(\boldsymbol{x}) = \begin{cases} 1, & \boldsymbol{wx} + b > 0 \\ 0, & \text{否则} \end{cases} \tag{20-1}$$

其中 $\boldsymbol{w}$ 是实值权值的向量；$\boldsymbol{wx}$ 是点积（这里计算加权和）；b（实标量）是阈值或“偏差”，一个不依赖于任何输入值的常量项。图 20-5 显示了罗森布拉特感知器的信号流程图。

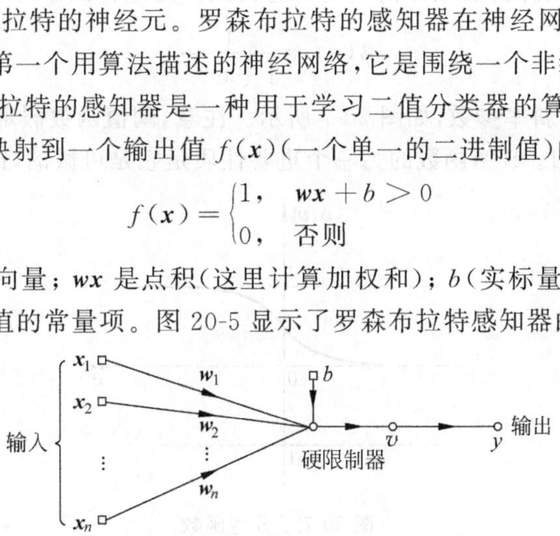

图 20-5　罗森布拉特感知器信号流程图

20.1.4 激活函数

在受生物启发的神经网络中,激活函数通常是一个抽象的概念,代表细胞中动作电位发射的速率。激活函数根据诱导局部场定义了神经元的输出。在这部分中,将介绍两种基本类型的激活函数:一个阈值函数和一个S型函数。

1. 阈值函数

阈值函数被定义为

$$\phi(v)=\begin{cases}1, & v \geqslant 0; \\ 0, & v<0\end{cases} \tag{20-2}$$

使用该阈值函数的神经元 m 的输出表示为

$$y_m=\begin{cases}1, & v_m \geqslant 0; \\ 0, & v_m<0\end{cases} \tag{20-3}$$

注意,在这个模型中,如果一个神经元的诱导局部域是非负的,则该神经元的输出值为1,否则为0。这种神经元被称为麦卡洛克-皮茨模型。

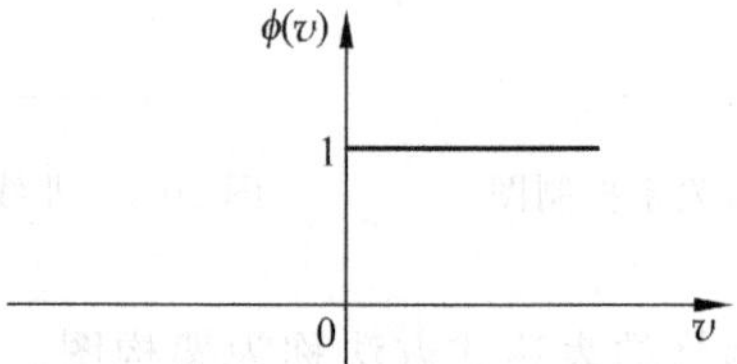

图 20-6 麦卡洛克-皮茨模型

2. Sigmoid 函数

S型函数是神经网络构建中最常见的激活函数形式。它是一个严格递增的函数,它在线性和非线性行为之间保持着极好的平衡。逻辑函数是这种函数的一个典型例子,定义为

$$\phi(v)=\frac{1}{1+\mathrm{e}^{-av}} \tag{20-4}$$

式中,a 是S型函数的斜率参数,如图20-7所示。注意,阈值函数假定值为0或1,而S型函数假定值范围从0到1。S型函数的另一个重要性质是它是可微的,而阈值函数则不是。

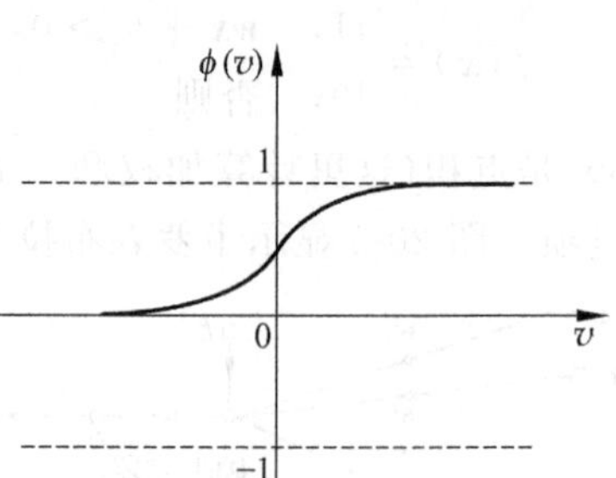

图 20-7 S型函数

S 型函数的对应形式是双曲切线函数，定义为

$$\phi(v)=\tanh(v)=\frac{e^{v}-e^{-v}}{e^{v}+e^{-v}} \tag{20-5}$$

如图 20-8 所示。它允许激活函数可以为负值。

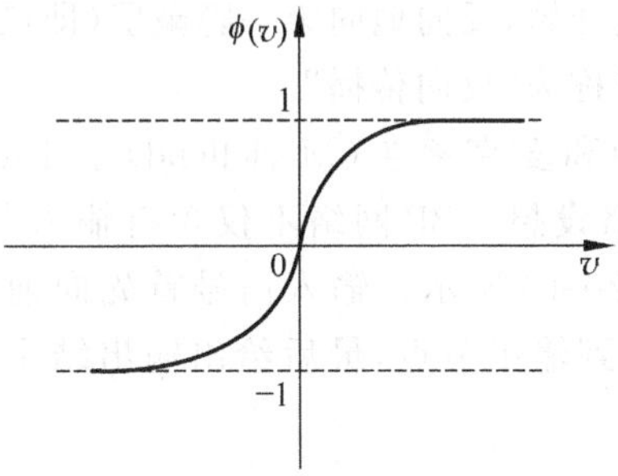

图 20-8　双曲切线函数

20.2　多层神经网络和反向传播算法

20.2.1　多层神经网络

在 20.1.3 节中研究的罗森布拉特感知器基本上是一个单层神经网络，它仅限于线性可分模式的分类。在本章中，为了克服感知器的实际限制，而寻找一种新的神经网络结构，称为多层感知器。

以下是多层感知器的基本特征。

(1) 网络中的每个神经元模型都包含一个可微的非线性激活函数。

(2) 网络包含一个或多个隐藏于输入和输出模式的层。

(3) 该网络具有高度的连通性，其连通性程度由网络的突触权值决定。

图 20-9 描述了一个具有两个隐藏层和一个输出层的多层感知器的架构图。训练多层感知器的一种有效的计算方法是反向传播算法。

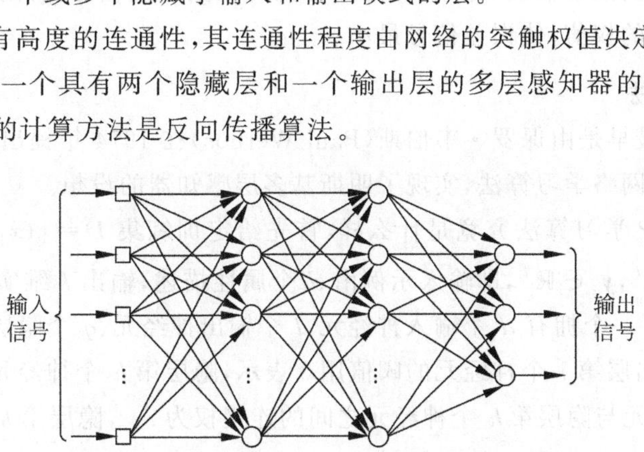

图 20-9　多层感知器架构图

20.2.2 反向传播算法

1. BP(back propagation)神经网络的结构

反向传播算法是一种计算单个权值变化引起网络性能变化值的较为简单的方法。由于BP算法过程包含从输出节点开始,反向地向第一隐藏层(即最接近输入层的隐藏层)传播由总误差引起的权值修正,所以称为“反向传播”。

鲁梅尔哈特(Rumelhart)和麦克莱兰(Mcclelland)于1985年发展了BP网络学习算法,实现了明斯基的多层网络设想。BP网络不仅含有输入节点和输出节点,而且含有一层或多层隐(层)节点,如图20-10所示。输入信号首先向前传递到隐节点,经过作用后,再把隐节点的输出信息传递到输出节点,最后给出输出结果。节点的激发函数一般选用S型函数。

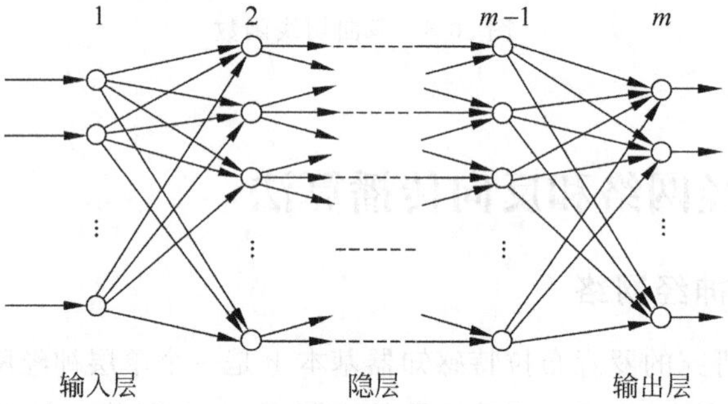

图20-10 BP网络

BP算法的学习过程由正向传播和反向传播组成。在正向传播过程中,输入信息从输入层经隐单元层逐层处理后,传至输出层。每一层神经元的状态只影响下层神经元的状态。如果在输出层得不到期望输出,那么就转为反向传播,把误差信号沿原连接路径返回,并通过修改各层神经元的权值,使误差信号最小。

2. BP学习算法

BP学习算法最早是由保罗·韦伯斯(Paul Werbos)在1974年提出的,Rumelhart等于1985年发展了BP网络学习算法,实现了明斯基多层感知器的设想。

下面来看看BP学习算法究竟是什么样,首先给定训练集$D=\{(\boldsymbol{x}_1,y_1),(\boldsymbol{x}_2,y_2),\cdots,(\boldsymbol{x}_m,y_m)\}$,$\boldsymbol{x}_i\in\mathbb{R}^d$,$\boldsymbol{y}_i\in\mathbb{R}^l$,即输入示例由$d$个属性描述,输出$l$维实值向量。为便于讨论,图20-11给出了一个拥有d个输入神经元、l个输出神经元、q个隐层神经元的多层前馈网络结构,其中输出层第j个神经元的阈值用0表示,隐层第h个神经元的阈值用γ_h表示。输入层第i个神经元与隐层第h个神经元之间的连接权为v_{ih},隐层第h个神经元与输出层第j个神经元之间的连接权为w_{hj}。记隐层第h个神经元接收到的输入为$\alpha_h=\sum_{i=1}^{d}v_{ih}\boldsymbol{x}_i$,输出层第$j$个神经元接收到的输入为$\beta_j=\sum_{h=1}^{q}w_{ih}b_h$,其中$b_h$为隐层第$h$个神经元的输出,假设隐层和输出层神经元都使用S型函数。

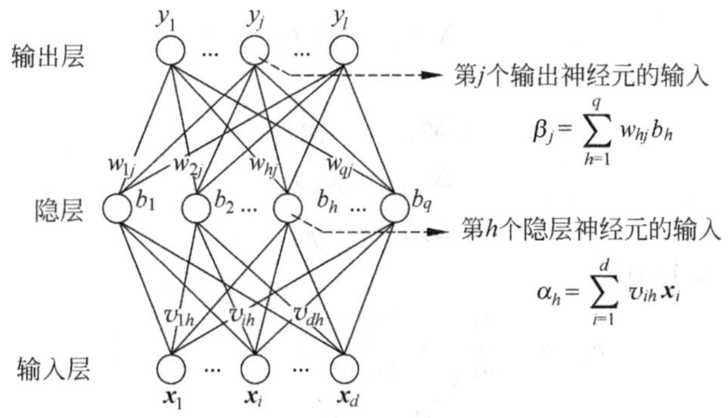

图 20-11　BP 网络及算法中的变量符号

对训练例($\boldsymbol{x}_k$,y_k),假定神经网络的输出为 $\hat{y}_k=(\hat{y}_1^k,\hat{y}_2^k,\cdots,\hat{y}_l^k)$,即

$$\hat{y}_j^k=f(\beta_j-\theta_j)$$

则网络在($\boldsymbol{x}_k$,y_k)上得均方误差为

$$E_k=\frac{1}{2}\sum_{j=1}^{l}(\hat{y}_j^k-y_j^k)^2$$

图 20-11 的网络中有 $(d+l+1)q+l$ 个参数需确定：输入层到隐层的 $d\times q$ 个权值、隐层到输出层的 $q\times l$ 个权值、q 个隐层神经元的阈值、l 个输出层神经元的阈值。BP 是一个迭代学习算法,在迭代的每一轮中采用广义的感知机学习规则对参数进行更新估计,任意参数 v 的更新估计式为

$$v\leftarrow v+\Delta v$$

下面以图 20-11 中隐层到输出层的连接权 w_{hj} 为例来进行推导。

BP 学习算法基于梯度下降(gradient descent)策略,以目标的负梯度方向对参数进行调整。对误差 E_k,给定学习率 η,有

$$\Delta w_{hj}=-\eta\frac{\partial E_k}{\partial \omega_{hj}} \tag{20-6}$$

注意到 w_{hj} 先影响到第 j 个输出层神经元的输入值 β_j,再影响到其输出值 $\hat{y}_1^k$,然后影响到 E_k,有

$$\frac{\partial E_k}{\partial \omega_{hj}}=\frac{\partial E_k}{\partial \hat{y}_j^k}\cdot\frac{\partial \hat{y}_j^k}{\partial \beta_j}\cdot\frac{\partial \beta_j}{\partial wh_j} \tag{20-7}$$

根据 β_j 的定义,显然有

$$\frac{\partial E_k}{\partial \omega_{hj}}=b_h \tag{20-8}$$

上述所说的 S 型函数有一个很好的性质如下：

$$f'(x)=f(x)(1-f(x)) \tag{20-9}$$

即有

$$\begin{aligned} g_i&=-\frac{\partial E_k}{\partial \hat{y}_j^k}\cdot\frac{\partial \hat{y}_j^k}{\partial \beta_j}\\ &=-(\hat{y}_j^k-y_j^k)f'(\beta_j-\theta_j)\\ &=\hat{y}_j^k(1-\hat{y}_j^k)(y_j^k-\hat{y}_j^k) \end{aligned} \tag{20-10}$$

BP 算法中关于 w_{hj} 的更新公式

$$\Delta w_{hj}=\eta g_i b_h \tag{20-11}$$

类似可得

$$\Delta \theta_j=-\eta g_i \tag{20-12}$$

$$\Delta v_{ih}=\eta e_h x_i \tag{20-13}$$

$$\Delta \gamma h=-\eta e_h \tag{20-14}$$

在式(20-13)、(20-14)中

$$\begin{aligned} e_h &= -\frac{\partial E_k}{\partial b_h}\cdot\frac{\partial b_h}{\partial \alpha_h} \\ &= -\sum_{j=1}^{l}\frac{\partial E_k}{\partial \beta_j}\cdot\frac{\partial \beta_j}{\partial b_h}f'(\alpha_h-\gamma_h) \\ &= \sum_{j=1}^{l} w_{hj} g_i f'(\alpha_h-\gamma_h) \\ &= b_h(1-b_h)\sum_{j=1}^{l} w_{hj} g_i \end{aligned} \tag{20-15}$$

需注意的是,BP 学习算法的目标是要最小化训练集 D 上的累积误差,即

$$E=\frac{1}{m}\sum_{k=1}^{m}E_k \tag{20-16}$$

3. BP 学习算法的实现

BP 学习算法的程序框图如图 20-12 所示。

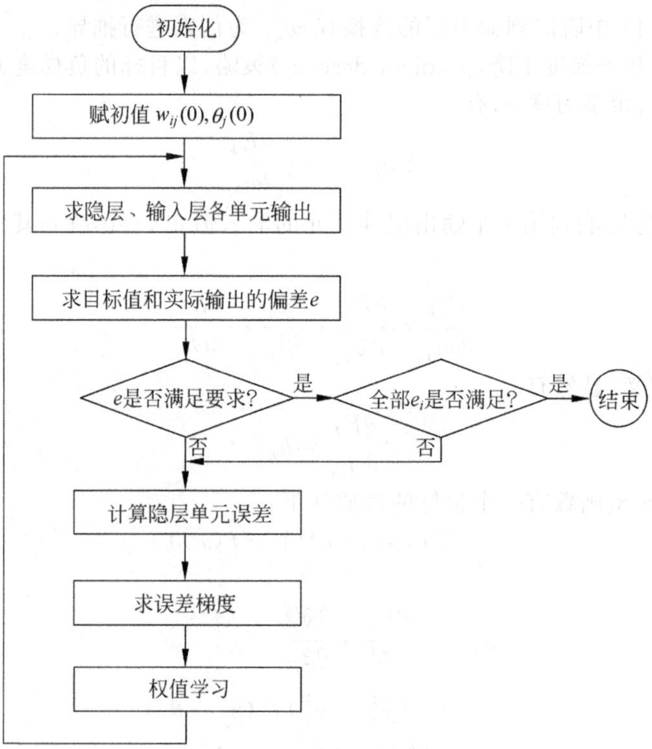

图 20-12 BP 算法程序框图

上面介绍的"标准 BP 学习算法"每次仅针对一个训练样例更新连接权和阈值。如果类似地推导出基于累积误差最小化的更新规则,就得到了累积误差逆传播(accumulate derror back propagation)算法。累积 BP 学习算法与标准 BP 算法都很常用。一般来说,标准 BP 学习算法每次更新只针对单个样例,参数更新得非常频繁,而且对不同样例进行更新的效果可能出现"抵消"现象。因此,为了达到同样的累积误差极小点,标准 BP 学习算法往往需进行更多次数的迭代。累积 BP 学习算法直接针对累积误差最小化,它在读取整个训练集 D 一遍后才对参数进行更新,其参数更新的频率低得多。但在很多任务中,累积误差下降到一定程度之后,进一步下降会非常缓慢,这时标准 BP 往往会更快获得较好的解,尤其是在训练集 D 非常大时更明显。

只需一个包含足够多神经元的隐层,多层前馈网络就能以任意精度逼近任意复杂度的连续函数。然而,如何设置隐层神经元的个数仍是个未解决问题,实际应用中通常靠"试错法"(trial-byerror)调整。

正是由于其强大的表示能力,BP 神经网络经常遭遇过拟合,其训练误差持续降低,但测试误差却可能上升。有两种策略常用来缓解 BP 网络的过拟合。第一种策略是"早停"(earlystopping):将数据分成训练集和验证集,训练集用来计算梯度、更新连接权和阈值,验证集用来估计误差,若训练集误差降低但验证集误差升高,则停止训练,同时返回具有最小验证集误差的连接权和阈值。第二种策略是"正则化"(regularization),其基本思想是在误差目标函数中增加一个用于描述网络复杂度的部分,例如,连接权与阈值的平方和。仍令 E_k 表示第 k 个训练样例上的误差,w_j 表示连接权和阈值,则误差目标函数式(20-16)改变为

$$E=\lambda \frac{1}{m}\sum_{k=1}^{m} E_k + (1-\lambda)\sum_{i} {w_i}^2 \tag{20-17}$$

式中,$\lambda\in(0,1)$用于对经验误差与网络复杂度这两项进行折中,常通过交叉验证法来估计。

4. BP 学习算法的实例

下面用一个简单的三层神经网络的实例来学下 BP 学习算法的计算过程。

如图 20-13 为一个典型的三层神经网络,有一个输入层、一个输出层和一个隐藏层。其中输入层有三个输入神经元,隐藏层有两个神经元,输出有一个输出神经元。

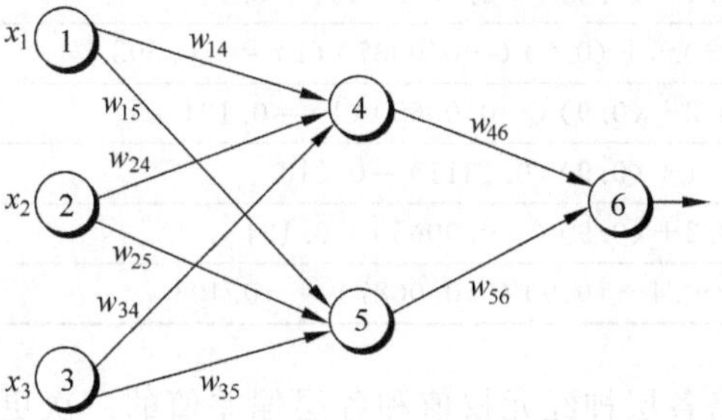

图 20-13 三层神经网络示意图

先将图 20-13 所示的神经网络参数做初始化，各层参数如表 20-1。

表 20-1 输入值，权值，偏差值初始表

x_1	x_2	x_3	w_{14}	w_{15}	w_{24}	w_{25}	w_{34}	w_{35}	w_{46}	w_{56}	θ_4	θ_5	θ_6
1	0	1	0.2	−0.3	0.4	0.1	−0.5	0.2	−0.3	−0.2	−0.4	0.2	0.1

根据各层参数的初始值和 BP 算法计算公式可得各层的输入和输出值如表 20-2 所示。

表 20-2 神经网络输入输出计算值

神经元 j	神经网络输入，I_j	输出，Q_j
4	0.2+0−0.5−0.4=−0.7	$1/(1+e^{0.7})=0.332$
5	−0.3+0+0.2+0.2=0.1	$1/(1+e^{-0.1})=0.525$
6	(−0.3)(0.332)−(0.2)(0.525)+0.1=−0.105	$1/(1+e^{0.105})=0.474$

计算各神经元的误差值如表 20-3 所示。

表 20-3 神经元误差值表

神经元 j	误差值 j
6	(0.474)(1−0.474)(1−0.474)=0.1311
5	(0.525)(1−0.525)(0.1311)(−0.2)=−0.0065
4	(0.332)(1−0.332)(0.1311)(−0.3)=−0.0087

根据输出层连接权值调整公式和隐层连接权值调整公式计算更新的权值和偏差值如表 20-4 所示。

表 20-4 权值、偏差值更新表

权值或偏差值	新 值
w_{46}	−0.3+(0.9)(0.1311)(0.332)=−0.261
w_{56}	−0.2+(0.9)(0.1311)(0.525)=−0.138
w_{14}	0.2+(0.9)(−0.0087)(1)=0.192
w_{15}	−0.3+(0.9)(−0.0065)(1)=−0.306
w_{24}	0.4+(0.9)(−0.0087)(0)=0.4
w_{25}	0.1+(0.9)(−0.0065)(0)=0.1
w_{34}	−0.5+(0.9)(−0.0087)(1)=−0.508
w_{35}	0.2+(0.9)(−0.0065)(1)=0.194
θ_6	0.1+(0.9)(0.1311)=0.218
θ_5	0.2+(0.9)(−0.0065)=0.194
θ_4	−0.4+(0.9)(−0.0087)=−0.408

至此便完成神经网络各层神经元权值和各层偏差值的一次更新，将得到的更新值再代入计算得到新的输入输出值，如此反复更新，直至误差目标函数收敛。

20.3 卷积神经网络

传统的全连接神经网络(fully connected networks)以数值作为输入。如果要处理图像相关的信息,要另外从图像中提取特征并采样。由于BP学习算法需要巨大的计算量,BP神经网络只能包含少许隐层,从而限制了BP学习算法的性能,影响了在诸多工程领域中的应用。许多研究通过很多数学和工程技巧来增加神经网络隐层的层数,也就是深度,所以相应的学习算法被称为深度学习。

20世纪60年代,大卫·H.休贝尔(Hubel)和托斯滕·维塞尔(Wiesel)在研究猫脑皮层中用于局部敏感和方向选择的神经元时,发现其独特的网络结构可以有效地降低反馈神经网络的复杂性,继而提出了卷积神经网络(convolutional neural networks,CNN)。CNN把提取特征、下采样和传统的神经网络整合起来,形成一个新的网络。CNN是深度学习的基础,已经成为当前众多科学领域的研究热点之一,特别是在模式分类领域,由于该网络避免了对图像的复杂前期预处理,可以直接输入原始图像,避免了传统识别算法中复杂的特征提取和数据重建过程,因而得到了更为广泛的应用,特别是成为当前语音分析和图像识别领域的研究热点。

CNN是为识别位移、缩放及其他形式扭曲不变性的二维图形而特殊设计的一个多层感知器。卷积神经网络更像生物神经网络,具有权值共享网络结构,降低了网络模型的复杂度,减少了权值的数量。由于CNN的特征检测层通过训练数据进行学习,所以在使用CNN时,避免了显式的特征抽取,可以隐式地从训练数据中进行学习。另外,同一特征映射面上的神经元权值相同,网络可以并行学习,这也是卷积网络相对于神经元彼此相连网络的一大优势。卷积神经网络以其局部权值共享的特殊结构在语音识别和图像处理方面有着独特的优越性,特别是多维输入向量的图像可以直接输入网络这一特点避免了特征提取和分类过程中数据重建的复杂度。

20.3.1 卷积神经网络的结构

卷积神经网络是一种多层神经网络,每层由多个二维平面组成,而每个平面由多个独立神经元组成,如图20-14所示。

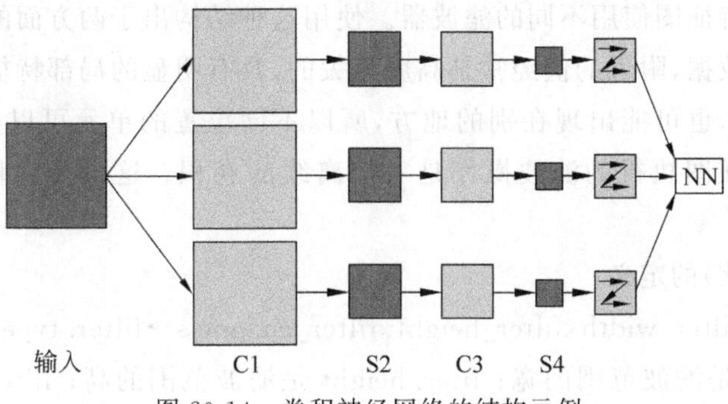

图20-14 卷积神经网络的结构示例

CNN 的基本结构包括两层，即特征提取层和特征映射层。特征提取层中，每个神经元的输入与前一层的局部接受域相连，并提取该局部的特征。一旦该局部特征被提取，它与其他特征间的位置关系也随之确定下来；每一个特征提取层后都紧跟着一个计算层，对局部特征求加权平均值与二次提取，这种特有的两次特征提取结构使网络对平移、比例缩放、倾斜或者其他形式的变形具有高度不变性。计算层由多个特征映射组成，每个特征映射是一个平面，平面上采用权值共享技术，大大减少了网络的训练参数，使神经网络的结构变得更简单，适应性更强。另外，图像可以直接作为网络的输入，因此它需要的预处理工作非常少，避免了传统识别算法中复杂的特征提取和数据重建过程。特征映射预处理工作非常少，避免了传统识别算法中复杂的特征提取和数据重建过程。特征映射结构采用影响函数核小的 Sigmoid 函数作为卷积网络的激活函数，使得特征映射具有位移不变性。

CNN 中的每一个特征提取层 C 都紧跟着一个用来求局部平均与二次提取的计算层 S。C、S 层中的每一层都由多个二维平面组成，每一个二维平面是一个特征图(feature map)。这种特有的两次特征提取结构能够容许识别过程中输入样本有较严重的畸变。

输入图像通过和三个滤波器(filter)和可加偏置进行卷积，卷积后在 C1 层产生三个特征图。C1 层的三个特征图分别通过下采样，对特征图中每组的四个像素再进行求和、加权值、加偏置，得到 S2 层的三个特征图。这三个特征图通过一个滤波器卷积得到 C3 层的三个特征图。与前面类似，下采样得到 S4 层的三个特征图。最后，S4 层的特征图光栅化后，变成向量。这个向量输入到传统的全连接神经网络 NN 中进行进一步的分类，得到输出。

图 20-14 中的 C1、S2、C3、S4 层中的所有特征图都可以用“像素×像素”定义图像大小。由于这些特征图组成了神经网络的卷积层和下采样层，这些特征图中的每一个像素恰恰就代表了一个神经元。每一层所有特征图的像素个数，就是这层网络的神经元个数。

最初的几个阶段是由卷积层和池化层组成，卷积层的单元被组织在特征图中，在特征图中，每一个单元通过一组称为滤波器的权值被连接到上一层的特征图的一个局部块，然后这个局部加权和被传给一个非线性函数，如 ReLU。在一个特征图中的全部单元享用相同的滤波器，不同层的特征图使用不同的滤波器。使用这种结构出于两方面的原因。首先，在数组数据中，如图像数据，附近的值经常是高度相关的，具有明显的局部特征。其次，在一个地方出现的某个特征，也可能出现在别的地方，所以不同位置的单元可以共享权值。在数学上，这种由一个特征图执行的滤波操作是一个离线的卷积。这也是卷积神经网络名称的由来。

滤波器(卷积核)的定义：

filter_widthxfilter_heightxfilter_channels→filter. types

其中，filter. width 是滤波范围的宽；fiter. height 是滤波范围的高；filter_channels 是过滤图像的通道数；filter. types 是滤波器的种类。

例如，5×5×3→20：滤波器宽高各为 5 个像素，卷积通道数为 3，共 20 种滤波器。

卷积层的作用是探测，上一层特征的局部连接，然而池化层的作用是在语义上把相似的特征合并起来，这是因为形成一个主题的特征的相对位置不太一样。一般地，池化单元计算特征图中的一个局部块的最大值，相邻的池化单元通过移动一行或者一列来从小块上读取数据，因为这样做会减少表达的维度以及对数据的平移不变性。卷积和下采样过程如图 20-15 所示。

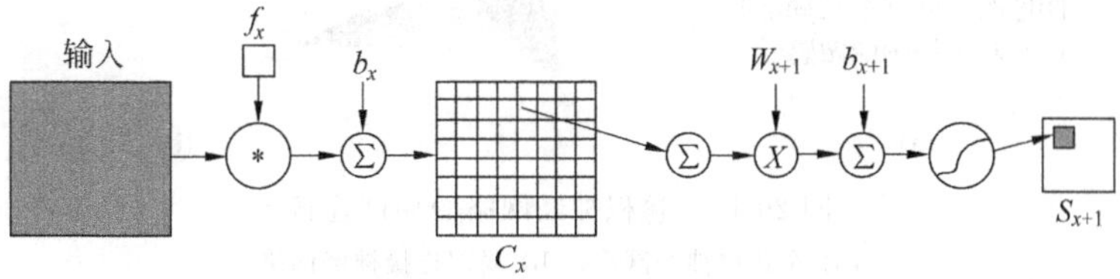

图 20-15　卷积和下采样过程

卷积过程：用一个可以训练的滤波器 f_x。去卷积一个输入的图像(第一阶段是输入图像，画面各阶段为特征图)，然后加上一个偏置 b_x，得到卷积层 C_x。

下采样过程：邻域几个像素(如图 20-15 中 4 个像素)通过池化变为一个像素，然后通过标量 W_{x+1} 加权，加偏置 b_{x+1}，再通过一个 Sigmoid 函数，产生一个缩小几倍的特征映射图 S_{x+1}。

在卷积神经网络上进行反向传播算法和在一般的深度网络上是一样的，可以让所有滤波器中所有的权值得到训练。

卷积神经网络使用 4 个关键技术来利用自然信号的属性：局部连接、权值共享、多卷积核以及池化的使用。下面分别介绍。

20.3.2　卷积神经网络的局部连接

在图像处理中，往往把图像表示为像素的向量。如图 20-16(a)所示 1000×1000 的图像，可以表示为一个 1000000 的向量。在 BP 神经网络中，如果隐含层数目与输入层一样，即也是 1000000 时，那么输入层到隐含层的参数数据为 $1000000\times1000000=10^{12}$，这么多的权值参数很难训练。

CNN 受生物学里面的视觉系统结构启发，每个映射面上的神经元共享权值，因而减少了网络自由参数的个数。

一般认为，人对外界的认知是从局部到全局的，而图像的空间联系也是局部的像素联系较为紧密，而距离较远的像素相关性则较弱。视觉皮层的神经元就是局部接收信息的，这些神经元只接受某些特定区域刺激的响应。因而，每个神经元不是对全局图像进行感知，而只对局部进行感知，然后在更高层将局部的信息综合起来得到全局信息。这样，就可以减少神经元之间的连接数，从而减少神经网络需要训练的权值参数的个数。

如图 20-16(b)所示，假如局部感受域是 10×10，隐层每个感受域只需要和这 10×10 的局部图像相连接，所以 1 百万个隐层神经元就只有 1 亿个连接，即 108 个参数，比原来减少了 4 个数量级，但需要训练的参数仍然很多，可以进一步简化。

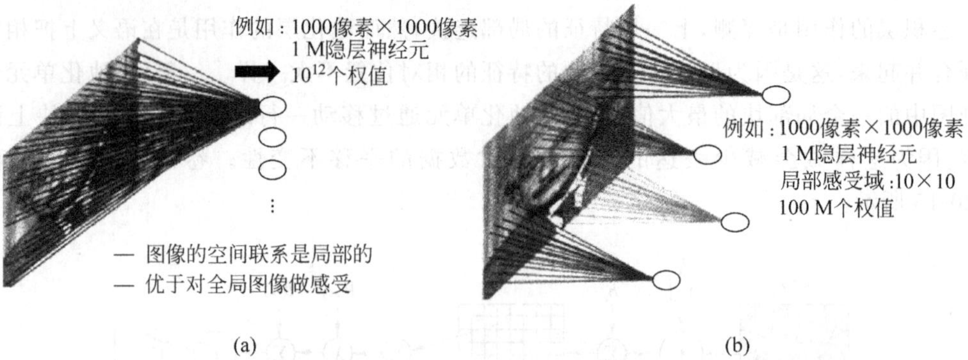

图 20-16 卷积神经网络的局部连接

(a) 全连接神经网络；(b) 局部连接神经网络

20.3.3 卷积神经网络的权值共享

隐含层的每一个神经元如果只和 10×10 个像素连接，也就是说每一个神经元存在 10×10=100 个连接权值参数。如果将每个神经元的 100 个参数设置成相同的，就只有 100 个参数了。不管隐层的神经元个数有多少，两层间的连接都只有 100 个参数，这就是卷积神经网络的权值共享。上述讨论未考虑每个神经元的偏置部分，所以共享权值个数需要加 1，这也是同一种滤波器所共享的。

权值共享隐含的原理则是：图像的一部分的统计特性与其他部分是一样的。这也意味着在这一部分学习的特征也能用在另一部分上，所以对于这个图像上的所有位置，都能使用同样的学习特征。

更直观一些，当从一个大尺寸图像中随机选取一小块，如 8×8 作为样本，并且从这个小块样本中学习到了一些特征，这时可以把从这个 8×8 样本中学习到的特征作为探测器，应用到该图像的任意地方中去。特别是，可以用从 8×8 样本中所学习到的特征跟原本的大尺寸图像做卷积，从而对这个大尺寸图像上的任一位置获得一个不同特征的激活值。

图 20-17 展示了一个 3×3 的卷积核在 5×5 的图像上做卷积的过程。每个卷积都是一种特征提取方式，就像一个筛子，将图像中符合条件(激活值越大越符合条件)的部分筛选出来。

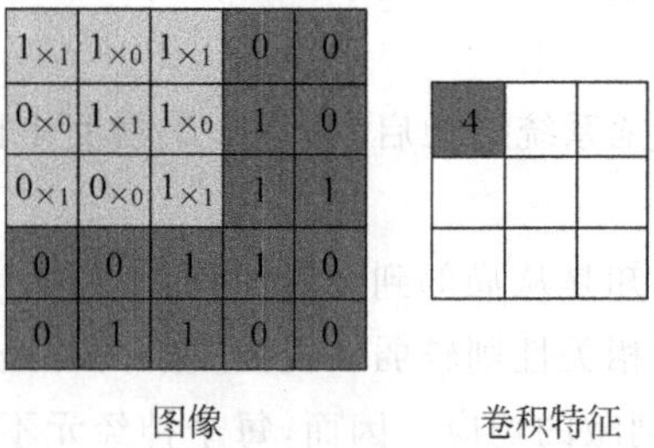

图 20-17 卷积过程

20.3.4 卷积神经网络的多卷积核

上面所述只有 100 个参数时，表明只有 1 个 100×100 的卷积核，显然，特征提取是不充分的。可以添加多个卷积核提取不同的特征。每个卷积核都会将原图像生成为另一幅图像。图 20-18 所示的两个卷积核，生成了两幅图像，这两幅图像可以看作一张图像的不同的通道。

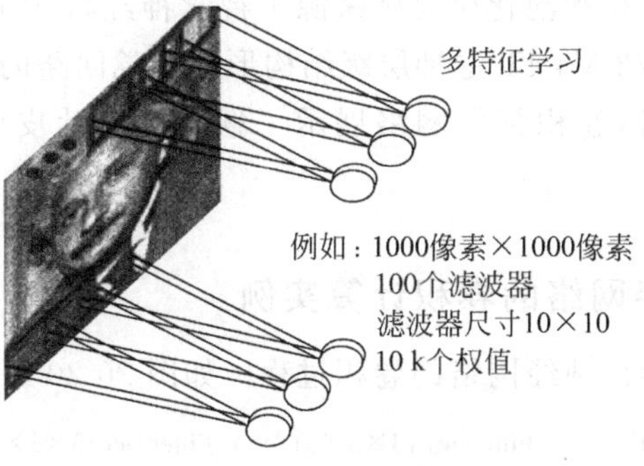

图 20-18　卷积神经网络的滤波器

图 20-19 展示了在 4 个通道上的卷积操作，有 2 个卷积核，生成 2 个通道。其中需要注意的是，4 个通道上每个通道对应一个卷积核，先将 W^1 忽略，只看 W^0，那么在 W^0 的某位置(i,j)处的值，是由 4 个通道上(i,j)处的卷积结果相加然后再取激活函数值得到的。

$$h_{ij}^{k}=\tanh\left((W^{h}x)_{ij}+b_{k}\right)$$

在图 20-19 由 4 个通道卷积得到 2 个通道的过程中，参数的数目为 4×2×2×2 个，其中 4 表示 4 个通道，第一个 2 表示生成 2 个通道，最后的 2×2 表示卷积核大小。

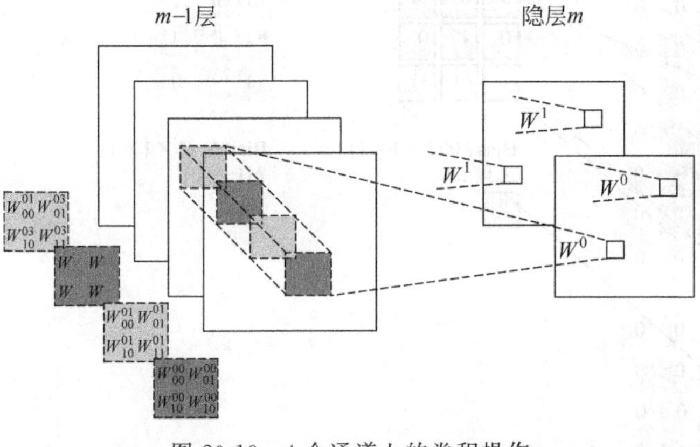

图 20-19　4 个通道上的卷积操作

20.3.5　卷积神经网络的池化

通过卷积获得了特征之后，如果直接利用这些特征训练分类器，计算量是非常大的。例如，对于一个 96 像素×96 像素的图像，假设已经学习得到了 400 个定义在 8×8 输入上的特征，每一个特征和图像卷积都会得到一个(96－8＋1)×(96－8＋1)＝7921 维的卷积特征，由于有 400 个特征，所以每个样本都会得到一个 7921×400＝3168400 维的卷积特征向量。学习一个超过 300 万特征输入的分类器是非常困难的，并且容易出现过拟合。

为了解决这个问题，对不同位置的特征进行聚合统计，例如，可以计算图像一个区域上的某个特定特征的平均值(或最大值)。这些聚合的统计特征不仅具有低得多的维度(相比使用所有提取得到的特征),同时还会改善结果(不容易过拟合)。这种聚合的操作就叫作池化(pooling),有时采用平均池化或者最大池化方法。

卷积神经网络中的卷积和池化层灵感来源于视觉神经科学中的简单细胞和复杂细胞。这种细胞是以 LNG-V1-V2-V4-IT 这种层级结构形成视觉回路的。当给一个卷积神经网络和猴子一幅相同的图片时,卷积神经网络展示了猴子下颞叶皮质中随机 160 个神经元的变化。

20.3.6 卷积神经网络的卷积计算实例

下面以实例来理解卷积神经网络的卷积过程。如图 20-20 所示。

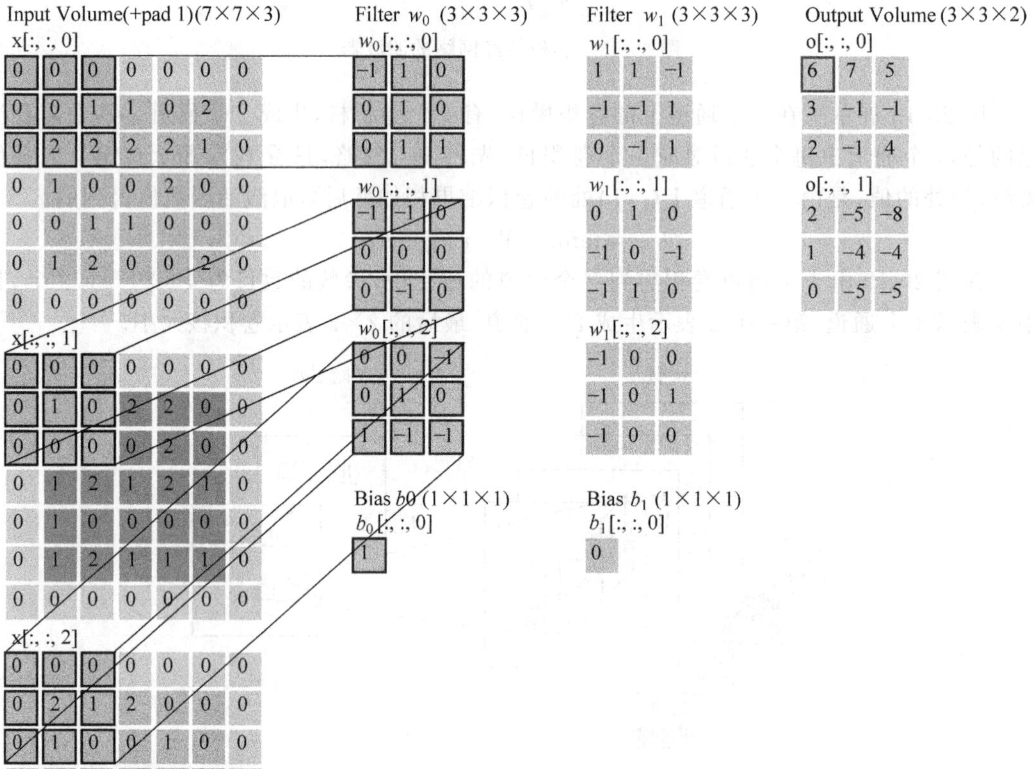

图 20-20 卷积神经网络的卷积计算实例(见文前彩图)

图 20-20 的第 1 列蓝紫色矩阵代表输入的图像,第 2 列粉色矩阵就是卷积层的神经元,这里表示有 2 个神经元(w_0,w_1),第 3 列绿色矩阵就是经过卷积运算后的输出矩阵,这里的步长设置为 2。

蓝色的矩阵(输入图像)与粉色的矩阵(filter)进行矩阵内积计算(就是矩阵对应元素先相乘再相加),具体过程为

$$\begin{bmatrix} a_{11} & a_{12} & a_{13} \\ a_{21} & a_{22} & a_{23} \\ a_{31} & a_{32} & a_{33} \end{bmatrix} * \begin{bmatrix} b_{11} & b_{12} & b_{13} \\ b_{21} & b_{22} & b_{23} \\ b_{31} & b_{32} & b_{33} \end{bmatrix}$$

$$= a_{11}b_{11} + a_{12}b_{12} + a_{13}b_{13} + a_{21}b_{21} + a_{22}b_{22} + a_{23}b_{23} + a_{31}b_{31} + a_{32}b_{32} + a_{33}b_{33}$$

并将 3 个内积运算的结果与偏置值 b 相加，计算后的值就是绿框矩阵的一个元素。计算过程如下。

第 1 步：输入图像通道 1 中元素与 filter w_0 的通道 1 做内积运算

$$\begin{bmatrix} 0 & 0 & 0 \\ 0 & 0 & 1 \\ 0 & 2 & 2 \end{bmatrix} * \begin{bmatrix} -1 & 1 & 0 \\ 0 & 1 & 0 \\ 0 & 1 & 1 \end{bmatrix} = 4$$

第 2 步：输入图像通道 2 中元素与 filter w_0 的通道 2 做内积运算

$$\begin{bmatrix} 0 & 0 & 0 \\ 0 & 1 & 0 \\ 0 & 0 & 0 \end{bmatrix} * \begin{bmatrix} -1 & 1 & 0 \\ 0 & 0 & 0 \\ 0 & -1 & 0 \end{bmatrix} = 0$$

第 3 步：输入图像通道 3 中元素与 filter w_0 的通道 3 做内积运算

$$\begin{bmatrix} 0 & 0 & 0 \\ 0 & 2 & 1 \\ 0 & 1 & 0 \end{bmatrix} * \begin{bmatrix} 0 & 0 & -1 \\ 0 & 1 & 0 \\ 1 & -1 & -1 \end{bmatrix} = 1$$

第 4 步：将 filter w_0 与输入各通道的值叠加，然后加上偏置得到卷积结果

$$4 + 0 + 1 + 1 = 6$$

如此完成了一次卷积计算，依次完成各通道内其他元素的卷积运算便可得到输入图像卷积计算输出结果。

20.4 本章小结

本章主要介绍了人工神经网络的概念，首先介绍了典型的单层和多层神经网络，对神经网络的网络结构和组成要素进行说明。然后讲解神经网络中最基础的学习算法——BP 学习算法，并以一个三层神经网络的实例来讲解 BP 学习算法的计算过程。最后对深度学习中的基础神经网络-卷积神经网络进行介绍，并以一个实例来说明卷积神经网络的计算过程。

习 题

1. 简述人工神经元网络的特点。

2. 一个全连接的前向神经网络具有 6 个源节点，2 个隐层，一个隐层有 4 个神经元，另

一个隐层有 3 个神经元，一个输出神经元。构造这个神经网络的结构图。

3. BP 学习算法的基本思想是什么？它有哪些不足？

4. 请比较前馈神经网络和反馈神经网络的异同点。

5. 自行推导 BP 学习算法中关于 w_{hj} 的更新公式。

6. 网上下载或自行编写一个卷积神经网络，并在手写字符识别数据 MNIST 上进行实验测试。

参考文献

[1] 蔡自兴,蒙祖强.人工智能基础[M].3版.北京：高等教育出版社,2016.

[2] 周苏,张泳.人工智能导论[M].北京：机械工业出版社,2020.

[3] 李连德.一本书读懂人工智能[M].北京：人民邮电出版社,2016.

[4] 陈万米,汪镭,徐萍,等.人工智能：源自·挑战·服务人类[M].上海：上海科学普及出版社,2018.

[5] 蔡自兴,刘丽珏,蔡竞峰,等.人工智能及其应用[M].6版.北京：清华大学出版社,2020.

[6] 王广赞,易显飞.人工智能研究的三大流派：比较与启示[J].长沙理工大学学报(社会科学版),2018,33(4)：1-6.

[7] 徐宝祥,叶培华.知识表示的方法研究[J].情报科学,2007,25(5)：690-694.

[8] 王万良.人工智能及其应用[M].3版.北京：高等教育出版社,2016.

[9] 杨兴,朱大奇,桑庆兵.专家系统研究现状与展望[J].计算机应用研究,2007(5)：4-9.

[10] 姚天顺.自然语言理解：一种让机器懂得人类语言的研究[M].北京：清华大学出版社,2002.

[11] 郭艳华,周昌乐.自然语言理解研究综述[J].杭州电子工业学院学报,2000(1)：58-65.

[12] 李征宇,王晓丽,刘占波.人工智能及其应用[M].哈尔滨：哈尔滨工程大学出版社,2017.

[13] 黄永昌.Scikit-learn 机器学习-常用算法原理及编程实战[M].北京：机械工业出版社,2018.

[14] 王海鹏.Python 编程快速入手-让繁琐工作自动化[M].北京：人民邮电出版社,2016.

[15] VAMEI.从 Python 开始学编程[M].北京：电子工业出版社,2017.

[16] DUCHON F,BABINEC A,KAJAN M,et al. Path planning with modified a star algorithm for a mobile robot[J]. Procedia engineering,2014,96：59-69.

[17] CORNEIL D G,KRUEGER R M. A unified view of graph searching[J]. SIAM Journal on Discrete Mathematics,2008,22(4)：1259-1276.

[18] BONET B,GEFFNER H. Planning as heuristic search[J]. Artificial Intelligence,2001,129(1-2)：5-33.

[19] KOZEN D C,KOZEN D C. Depth-first and breadth-first search[J]. The design and analysis of algorithms,1992：19-24.

[20] 张广林,胡小梅,柴剑飞,等.路径规划算法及其应用综述[J].现代机械,2011(5)：85-90.

[21] 南湖 Giser.最短路径搜寻之 A*算法[EB/OL].2018[2023].https://www.jianshu.com/p/352b348d24ec.

[22] PATRICK LESTER. A* Pathfinding for Beginners[EB/OL].2003[2023].https://www.gamedev.net/reference/articles/article2003.asp.x

[23] 张仰森,黄改娟.人工智能实用教程[M].北京：北京希望电子出版社,2002.

[24] 廉师友.人工智能导论[M].北京：清华大学出版社,2020.

[25] 鲁斌,刘丽,李继荣.人工智能及应用[M].北京：清华大学出版社,2017.

[26] 马少平,朱小燕.人工智能[M].北京：清华大学出版社,2004.

[27] 丁世飞.人工智能[M].2版.北京：清华大学出版社,2015.

[28] 朱福喜,朱丽达.人工智能习题解析与实践[M].北京：清华大学出版社,2019.

[29] 李太福,黄茂林,谢志江.基于语义网络的旋转机械故障诊断知识表示[J].重庆大学学报(自然科学版),2001(6)：18-20.

[30] KATOCH S,CHAUHAN S S,KUMAR V. A review on genetic algorithm：past, present, and future[J]. Multimedia Tools and Applications,2021,80：8091-8126.

[31] HALDURAI L, MADHUBALA T, RAJALAKSHMI R. A study on genetic algorithm and its applications[J]. Int. J. Comput. Sci. Eng,2016,4(10)：139-143.

[32] YU X, GEN M. Introduction to evolutionary algorithms[M]. Springer Science & Business

Media，2010.

[33] 李新宇. 工艺规划与车间调度集成问题的求解方法研究[D]. 华中科技大学，2009.

[34] 边霞，米良. 遗传算法理论及其应用研究进展[J]. 计算机应用研究，2010，27(7)：2425-2429+2434.

[35] 张文金，许爱军. 基于云计算的混合并行遗传算法求解最短路径[J]. 电子技术应用，2015，41(3)：123-125，129.

[36] 李红亚，彭昱忠，邓楚燕，等. GA 与 PSO 的混合研究综述[J]. 计算机工程与应用，2018，54(2)：20-28，39.

[37] 李志坚，吴晓军，任哲坡，等. 基于分布式粗粒度并行计算的遗传规划算法研究[J]. 计算机应用研究，2015，32(1)：48-50.

[38] 黄友锐. 智能优化算法及其应用[M]. 北京：国防工业出版社，2008.

[39] 冯智莉，易国洪，李普山，等. 并行化遗传算法研究综述[J]. 计算机应用与软件，2018，35(11)：1-7，80.

[40] 张步忠，程玉胜，王一宾. 求解 N 皇后问题的片上多核并行混合遗传算法[J]. 计算机工程，2015，41(7)：199-203.

[41] 李建明，迟忠先，万单领. 一种基于 GPU 加速细粒度并行遗传算法的实现方法[J]. 控制与决策，2008，23(6)：697-700.

[42] BENVIDI A，ABBASI S，GHARAGHANI S，etal. Spectrophotometric determination of synthetic colorants using PSO-GA-ANN[J]. Food chemistry，2017，220：377-384.

[43] GOLDBERG D E，RichardsonJ. Genetic algorithms with sharing for multimodal function optimization [C]//Genetic algorithms and their applications：Proceedings of the Second International Conference on Genetic Algorithms. Hillsdale，NJ：Lawrence Erlbaum，1987，4149.

[44] MAHFOUD S W. A genetic algorithm for parallel simulated annealing[J]. Parallel problem solving from nature，1992，2：301-310.

[45] 马永杰，云文霞. 遗传算法研究进展[J]. 计算机应用研究，2012，29(4)：1201-1206，1210.

[46] 葛继科，邱玉辉，吴春明，等. 遗传算法研究综述[J]. 计算机应用研究，2008(10)：2911-2916.

[47] 张超群，郑建国，钱洁. 遗传算法编码方案比较[J]. 计算机应用研究，2011，28(3)：819-822.

[48] 邢文训，谢金星. 现代优化计算方法[M]. 2 版. 北京：清华大学出版社，2005.

[49] RUDOLPH G. Convergence analysis of canonical genetic algorithms[J]. IEEE transactions on neural networks，1994，5(1)：96-101.

[50] 周志华. 机器学习[M]. 北京：清华大学出版社，2016.

[51] 新浪 VR. OpenAIGPT-3AI 演示：对未来的惊鸿一瞥[EB/OL]. (2021-02-20)[2022-05-08]. http：//vr. sina. com. cn/news/hot/2021-02-20/doc-ikftpnny8588485. shtml.

[52] FOGEL D B，LIU D，KELLER J M. Fundamentals of computational intelligence：neural net works，Fuzzy systems，and evolutionary computation[M]. [S. L.]：John Wiley and Sons，2017.

[53] Michael Beyeler. 机器学习：使用 OpenCV 和 Python 进行智能图像处理[M]. 北京：机械工业出版社，2019.

[54] AURELIEN G. 机器学习实战：基于 Scikit-Learn、Keras 和 TensorFlow[M]. 北京：机械工业出版社，2020.

[55] 李立宗. OpenCV 轻松入门：面向 Python[M]. 北京：电子工业出版社，2019.

[56] GAVIN H. scikit-learn 机器学习[M]. 2 版. 北京：人民邮电出版社，2019.

[57] CSDN 博客. sklearn 中 SVM 的可视化 [EB/OL]. (2022-10-02) [2023-05-10]. https://blog. csdn. net/Mr_111000/article/details/127144312.

[58] CSDN 博客. 手写数字识别算法之 kNN[EB/OL]. (2020-04-05)[2022-05-08]. https://blog. csdn. net/weixin_46824122/article/details/105322643.

[59] CSDN 博客. 教你用 OpenCV 实现机器学习最简单的 k-NN 算法[EB/OL]. (2019-06-16)[2022-05-

08]. https://blog. csdn. net/dQCFKyQDXYm3F8rB0/article/details/92419041.
[60] s1awwhy. 机器学习之决策树(Decision Tree)[EB/OL]. (2020-12-09)[2022-04-25]. 博客园. https://www. cnblogs. com/s1awwhy/p/14094133. html.
[61] CSDN 博客. [机器学习]sklearn 实现 SVM 分类算法[EB/OL]. (2021-10-22)[2022-05-08]. https://blog. csdn. net/weixin_43332715/article/details/120864251.
[62] CSDN 博客. 围观 SVM 模型在分类和预测问题上的强悍表现[EB/OL]. (2019-11-04)[2022-05-08]. https://blog. csdn. net/weixin_41666747/article/details/102908347.
[63] CSDN 博客. 03 贝叶斯算法-案例二-新闻数据分类[EB/OL]. (2018-12-18)[2022-05-08]. https://blog. csdn. net/cpongo1/article/details/89535709.
[64] 忆凡人生. [ML-11]朴素贝叶斯算法[EB/OL]. (2020-03-22)[2022-04-25]. 博客园. https://www. cnblogs. com/yifanrensheng/p/12548019. html.
[65] 刘建平 Pinard. 主成分分析(PCA)原理总结[EB/OL]. (2016-12-31)[2022-04-25]. 博客园. https://www. cnblogs. com/pinard/p/6239403. html.
[66] 知乎. 特征选择——高级部分(线性模型正则化,随机森林、基于顶层模型的方法实现特征选择)[EB/OL]. [2017-07-05][2022-05-08]. https://zhuanlan. zhihu. com/p/141704199.
[67] CSDN 博客. Scikit-Learn 绘制学习曲线[EB/OL]. (2018-05-31)[2022-05-08]. https://blog. csdn. net/made_in_china_too/article/details/82146188.
[68] CSDN 博客. 二分类指标:正确率、精确率、召回率等的区别,区分正确率与精确率的意义[EB/OL]. (2018-09-25)[2022-05-08]. https://blog. csdn. net/HappyRocking/article/details/80082304.